Guido Knopp
Hitlers nützliche Idole

Guido Knopp

Hitlers nützliche Idole

In Zusammenarbeit
mit Anja Greulich, Rudolf Gültner, Marc Peschke,
Friedrich Scherer, Mario Sporn, Annette Tewes

Redaktion:
Mario Sporn

C. Bertelsmann

FSC
Mix
Produktgruppe aus vorbildlich
bewirtschafteten Wäldern und
anderen kontrollierten Herkünften
Zert.-Nr. SGS-COC-1940
www.fsc.org
© 1996 Forest Stewardship Council

Verlagsgruppe Random House FSC-DEU-0100
Das für dieses Buch verwendete FSC-zertifizierte Papier *EOS*
liefert Salzer, St. Pölten.

1. Auflage
© 2007 by C. Bertelsmann Verlag, München,
in der Verlagsgruppe Random House GmbH
Umschlaggestaltung:
R·M·E Roland Eschlbeck und Rosemarie Kreuzer
Satz: Uhl + Massopust, Aalen
Druck und Bindung: GGP Media GmbH, Pößneck
Printed in Germany
ISBN 978-3-570-00835-5

www.cbertelsmann-verlag.de

Inhalt

Vorwort 7

Heinz Rühmann
Knopp/Greulich
-14-

Hans Albers
Knopp/Tewes
-66-

Marika Rökk
Knopp/Peschke
-112-

Heinrich George
Knopp/Sporn
-152-

Max Schmeling
Knopp/Gültner
-208-

Leni Riefenstahl
Knopp/Scherer
-266-

Literatur 317
Register 321
Abbildungsnachweis 333

Vorwort

Die Idole der NS-Zeit, Hitlers Stars – waren sie nur willfährige Handlanger der Nazis? Oder konnten oder wollten sie sich der Vereinnahmung durch Hitlers Diktatur nicht entziehen?

Um die Fassade schönen Scheins zu wahren, um das Volk bei Laune zu halten, um die Tyrannei ins beste Licht zu setzen, brauchte das NS-Regime Idole für die Massen. Das »Dritte Reich« bot die Chance für kometenhafte Karrieren. Hitlers Stars sollten ihre Begabung in den Dienst des Staates stellen. Wer sich da verweigerte, riskierte zwar nicht immer, aber oft, in Ungnade zu fallen. Nicht wenige entzogen sich all dem durch Emigration.

Wer blieb, geriet zwangsläufig in den Sog der Diktatur. Manche warfen sich den neuen Herren an den Hals; andere versuchten, nur das Nötigste zu tun. Doch alle sagten nach dem Krieg, sie hätten lediglich das eigene Metier im Blick gehabt und nicht die Machenschaften des Regimes.

Wer Star in Hitlers Reich sein wollte, musste damit leben, von der Propaganda zum Aushängeschild, zum Instrument des NS-Regimes gemacht zu werden. Einige wenige nutzten ihre Popularität und setzten Zeichen gegen Auswüchse der Tyrannei – oder nutzten ihre Position, um Verfolgten zu helfen. Doch die Regel war das nicht.

Heinz Rühmann, Hans Albers, Marika Rökk, Heinrich George, Max Schmeling, Leni Riefenstahl – sechs Karrieren unterm Hakenkreuz, Karrieren zwischen Mitwirkung, Anpassung und Ablehnung.

Der Deutschen liebster Schauspieler *Heinz Rühmann* war bereits vor Hitlers Machtantritt ein Star. Doch seinen großen Durchbruch schaffte er im »Dritten Reich«. Während manche seiner Filmkollegen ihrem Land den Rücken kehrten, machte Rühmann Karriere. Ließ sich der Mime bewusst für die Propagandazwecke der Nazis einspannen? War er einfach nur ein Opportunist, wie so viele? Oder war er auch privat jener listige, lustige »kleine Mann« von der Straße, der sich irgendwie durchschlägt und alle Probleme in den Griff bekommt, auch wenn die Zeiten hart sind? So, schreibt der Rühmann-Biograph Fred Sellin, wollten ihn die braunen Machthaber gern sehen: als kleinen Mann, mit dem sich viele Menschen identifizieren konnten.

Heinz Rühmann liebte die leisen Töne. Es gab Schauspieler, die profiliertere Darsteller waren als er. Doch wie kein anderer vermittelte er seinem Publikum das Gefühl, »ein Freund, ein guter Freund« zu sein.

Im politischen Milieu bewegte sich »das lebende Denkmal des kleinen Mannes« stromlinienförmig. »Keiner aus meinem Freundeskreis hat sich nach dem Wohlwollen der braunen Herren gedrängt. Aber wenn ein Künstlerempfang angesetzt war, mussten wir hin«, sagte Rühmann später. Es war schon etwas mehr als nur ein Empfang. Goebbels machte Rühmann 1940 zum »Staatsschauspieler« – die höchste Auszeichnung des Genres im Regime.

Rühmann selbst sah sich stets als »unpolitischen Künstler«, der mit der Gabe gesegnet war, die Menschen zum Lachen zu bringen. »Wir lebten, als ginge uns das alles nichts an.«

1938 ließ sich Rühmann von seiner jüdischen Ehefrau Maria Bernheim scheiden und organisierte ihre Scheinheirat mit einem schwedischen Schauspieler. Als naturalisierte Schwedin war die Ex-Frau vorerst sicher vor dem Zugriff des Regimes – und Rühmann wurde wieder in die »Reichsfilmkammer« aufgenommen, aus der er wegen seiner Ehefrau schon Jahre vorher ausgeschlossen worden war. Pragmatismus oder Opportunismus? Maria Bernheim emigrierte 1943. Heinz Rühmann blieb. Er wollte spielen, nur spielen – und ließ sich dann und wann für Propagandabilder des Regimes einspannen. Als der Krieg zu Ende war, konnten es die Deutschen ihrem emigrierten Star Marlene Dietrich lange nicht verzeihen, dass sie Hitlers Reich bekämpft hatte. Heinz Rühmann wurde sein Lavieren während der NS-Zeit von den eigenen Landsleuten nie angekreidet. Allenfalls noch anfangs von den Alliierten: Bis zum Frühjahr 1946 durfte er nicht auftreten. Erst dann erhielt er den »Persilschein« für die Rückkehr auf die Bühne und die Filmleinwand. Zwölf Jahre nach seinem Tode wählten ihn die ZDF-Zuschauer zu ihrem liebsten deutschen Schauspieler des 20. Jahrhunderts.

Hans Albers, der Prototyp des Volksschauspielers, entsprach dem Zeitgeist der dreißiger Jahre. Mit einer Mischung aus Berliner Schnoddrigkeit und hanseatischer Direktheit war der »blonde Hans« einer der wenigen echten »Actionhelden« des deutschen Films. Ein Mann der Tat, ein Kämpfer und Sieger, der mit seinem »Hoppla-jetzt-komm-ich«-Charme alle Hürden des

Lebens mit Leichtigkeit zu nehmen schien. Zwei Bilder prägen sein Image bis heute: als »Münchhausen« auf der Kanonenkugel und als »Hannes Kröger« mit dem Schifferklavier. Der unbeschwerte Draufgänger und der melancholische Seemann »auf der Reeperbahn nachts um halb eins«.

Mit Politik wollte der »blonde Hans« nichts am Hut haben. Er ließ sich von niemandem dreinreden, auch nicht von Goebbels und Co. Dabei bewegte er sich auf einem immer schmaler werdenden Grat. Auch seine Lebensgefährtin, die Schauspielerin Hansi Burg, war Jüdin. Goebbels tobte, als sich der Liebling des Volkes weigerte, seine Liebste zu verlassen: »Es macht mich geradezu krank, dass dieser blonde, blauäugige Mann, das Ideal so vieler deutscher Frauen, mit einer Jüdin zusammenlebt.« Albers ignorierte die Gefahr. Als seine Lebensgefährtin 1938 nach England floh, blieb der blonde Hans in Deutschland. Emigrieren kam für ihn nicht in Frage: Er sprach nur Deutsch und wollte auf den schwer erkämpften Rang als populärster Volksschauspieler nicht verzichten. Ohne Anerkennung und Applaus zu leben war für ihn nicht vorstellbar. Die Einsamkeit ertränkte er in Alkohol – und eilte von Erfolg zu Erfolg. So war er schließlich auch Nutznießer des Systems, doch willfährig wie viele andere war er nicht. Ganz blütenweiß war seine Weste nach zwölf Jahren Diktatur am Ende freilich auch nicht mehr. Doch Albers hatte Anstand bewahrt.

Heinrich George war unter den prominenten deutschen Schauspielern gewiss derjenige, der sich am meisten mit der NS-Führungsclique einließ. Aber war er nur deshalb der »Pfingstochse des nationalsozialistischen Unterhaltungsprogramms«, wie eine deutsche Zeitung unlängst schrieb? Unbestritten ist, George war ein Jahrhunderttalent. Er spielte Hauptrollen in Stücken von Goethe und Schiller, Barlach und Brecht, Gorki und Tolstoi, Shakespeare und Ibsen. Er drehte mehr als 75 Filme, prägte mit seiner Darstellungskraft cineastische Meisterwerke wie »Metropolis« und »Berlin Alexanderplatz«, aber auch perfide NS-Propagandastreifen wie »Hitlerjunge Quex« oder »Jud Süß«. Er war mit verfemten Malern wie Max Beckmann und Oskar Kokoschka befreundet, doch Hitler und Goebbels zählten zu seinen Bewunderern und ernannten ihn zum »Staatsschauspieler«, machten ihn zum Intendanten eines der wichtigsten Theater in der Reichshauptstadt. Nur wenige Tage vor dem Ende der NS-Herrschaft verbreitete Heinrich George noch flammende Durchhalteparolen. Ein Dr. Jekyll und Mr. Hyde.

Freilich: Als Theaterintendant half er verfolgten Juden und bot politisch missliebigen Personen Unterschlupf.

Er war kein glühender Nationalsozialist – doch ließ er sich ohne Widerstand zu einem Zugpferd der Nazi-Propaganda machen. Als »Götz von Berlichingen« ging er fürs NS-Winterhilfswerk sammeln und rühmte Hitler als Patron der deutschen Kunst.

Ein Freund aus alten Tagen fragte ihn einmal, warum er denn so »zu Hofe« gehe. Das habe er doch gar nicht nötig. Aus Dankbarkeit, erwiderte der Künstler. »Sie lassen uns spielen, wie uns noch niemals jemand hat spielen lassen.« Das war naiv.

Seit 1941 trug er alle Jahre wieder im Silvesterprogramm des »Großdeutschen Rundfunks« einen Text des preußischen Generals Carl von Clausewitz vor: »Ich beteuere der Welt und Nachwelt, dass ich mich nur zu glücklich fühlen würde, in dem herrlichen Kampf um Freiheit und Würde des Vaterlandes einen glorreichen Untergang zu finden.« Zum Untergang sollte es kommen. Aber glorreich war der nicht – zumal nicht für George.

Die sowjetischen Besatzer steckten ihn ins Lager – zuerst nach Hohenschönhausen, dann nach Sachsenhausen. Ende September 1946 starb George an »Lungenentzündung und Herzschwäche«, wie der Totenschein des russischen Lagerarztes nüchtern vermerkte. In einem Nachruf schrieb ein Freund: »Er brauchte Applaus, er fraß Applaus, gierig wie ein Raubtier, zum Schluss blind vor den Nazi-Größen Harfe spielend.« Georges Sohn Götz resümiert: »Er hat wirklich bezahlt.«

Marika Rökk, die Tänzerin, war sicherlich die Unpolitischste von allen. Für ihre Filme, ihre Wirkung galt, was Goebbels einst erkannt hatte: »Gute Laune ist einer der wichtigsten Kriegsartikel. Unter Umständen ist er kriegsentscheidend.« Und weiter: »Die gute Laune muss erhalten bleiben. Denn ein Krieg von diesen Ausmaßen kann nur mit Optimismus gewonnen werden.« Dafür war, neben anderen, Marika Rökk zuständig. Die ideale Stilform dieses ungarischen Show-Imports war der musikalische Revuefilm nach dem immer gleichen Schema: Ein Bühnenstar wird von Intrigen oder Missverständnissen gepeinigt, bis er am Ende in einer grandiosen Schlussrevue brilliert und obendrein noch den Mann fürs Leben gewinnt. Unterhaltung, gute Laune, Ablenkung, Zerstreuung, die Illusion einer noch immer heilen Welt – all das stabilisierte die Lage an der Heimatfront. Auch im Lagerkino Auschwitz sahen die SS-Wächter am Abend die Revuen mit Marika Rökk. Ihre Filme erfüllten, was eine Wirklichkeit aus Bomben und Gaskammern versagte: Sie inszenierten Glück und rührselige Romantik, die Erfüllung aller Träume. Sie zeigten nicht die Wirklichkeit. Sie verhüllten sie.

»Ich war total unpolitisch. Ich habe mich immer auf meinen Beruf konzentriert«, schrieb die Tänzerin in ihren Memoiren. Auf den wenigen Seiten über ihre Zeit als »Hitlers Star« sind Begriffe wie Scham oder Mitleid für die Opfer der Diktatur nicht zu finden. Auch insofern ist die begabte, quirlige Marika Rökk ein typisches Exempel für die Künstler des NS-Regimes.

Die Geschichte des *Max Schmeling* ist das wohl erstaunlichste Kapitel dieses Buches: Wie kein anderer deutscher Sportler jener Jahre brachte er es fertig, seine Popularität von Weimar über Hitlers Reich bis in die Bundesrepublik und ins vereinte Deutschland zu bewahren.

Die Nazis machten ihn zum Sportstar ohnegleichen, zum »Inbegriff des deutschen Boxers«. Der politischen Vereinnahmung hat er sich nicht entziehen können. Doch Schmeling war ein sperriger Held.

Er hatte Gönner unter den höchsten Nazi-Größen, trat aber nie der Partei bei. Er hob die Hand zum Hitler-Gruß, wies jedoch NS-Auszeichnungen wie den Ehrendolch der SA zurück. Er widersetzte sich der Nähe zur NS-Führung nicht – und hielt doch innere Distanz zur NS-Ideologie. Er verteidigte mit Ergebenheitsadressen die nationalsozialistische Politik, bestand aber auf seine jüdischen Manager und rettete Juden vor den Schergen des rassistischen Regimes.

Am liebsten hätte er Sport und Politik getrennt. Doch der Zeitgeist erlaubte dies nicht. So war er unter Hitlers Herrschaft nicht nur ein Idol der Massen, sondern auch ein Liebling der Mächtigen.

An *Leni Riefenstahl*, der Regisseurin, scheiden sich die Geister noch bis heute. Sie schuf den wirkungsvollsten Propagandafilm des 20. Jahrhunderts mit »Triumph des Willens«, sie bannte bei Olympia 1936 in Berlin den schönen Schein der Diktatur auf Zelluloid. Und doch gilt sie auf Filmhochschulen in der ganzen Welt als eine der ganz großen Regisseurinnen der Zeit. Politisch sei sie nie gewesen, sagte die schon Hundertjährige vor ihrem Tod: »Ich habe in meinem ganzen Leben nur sieben Monate für Hitler gearbeitet.«

In ihren Memoiren zeichnet sie den Lebensweg einer »unpolitischen Künstlerin«, die stets allein die Schönheit, oder wenigstens die Wirklichkeit, habe abbilden wollen. Doch es waren ihre Filme, die aus einem hergelaufenen Demagogen einen übermächtigen Heilsbringer zu machen suchten. Vor den Linsen ihrer Kameras gerieten die Aufmärsche der Nazis zur Verheißung von Ordnung und Stärke. Es war die Macht ihrer Bilder, die mithalf, eine ganze Generation zu verführen. Letztlich sind es »nur« zwei Filme, die die Nachwelt ihr zum Vorwurf machte. »Triumph des Willens« mit seinen geometrisch anmutenden Menschenblöcken und den stets präsenten Fahnenmeeren übte auf die Zeitgenossen eine fatale Magie aus. Mit der Stilisierung Hitlers zum »Erlöser« seines Volkes legte Riefenstahls Parteitagsfilm den Grundstein für den ominösen »Führer«-Kult.

Der zweite schwarze Fleck war »Tiefland« – ein Spielfilm, der schon 1934 begonnen wurde und erst 1954 in die Kinos kam. Als Statisten für die in Spanien angesiedelte Handlung wurden aus einem Internierungslager bei Salzburg Zigeuner zwangsverpflichtet. Nach dem Krieg führte Leni Riefenstahl zahlreiche Prozesse gegen den Vorwurf, sie habe vom weiteren Schicksal der Sinti und Roma gewusst. Die meisten von ihnen fanden in Auschwitz den Tod.

Nach dem Krieg wurde Leni Riefenstahl als »Mitläuferin« eingestuft – für Hitlers Lieblingsregisseurin ganz gewiss ein schmeichelhaftes Urteil. Zweifellos war sie ein Filmgenie – doch eben ein Genie, das seine Gabe in die Dienste einer kriminellen Diktatur gestellt hatte.

Was lernen wir aus alledem? Unpolitisch ist in einer Diktatur gar nichts und niemand – schon gar kein prominenter Künstler oder Sportler. Auch wenn sie sich, je nach Charakter oder Haltung, mehr oder minder den Avancen, Forderungen und Geboten des Regimes zu entziehen suchten – sie alle hatten ihre Zeche zu bezahlen. Wenn nicht vor der Nachwelt, dann zumindest vor sich selbst. Sie alle waren gut geübt im Wegsehen und Verdrängen. Und manche wussten immerhin genug, um ganz genau zu wissen, dass sie nicht mehr wissen wollten.

Es bleibt das Fazit: Deutschlands wahre Stars – das waren die, die sich dem Zugriff des Regimes entzogen haben: von Thomas Mann bis Marlene Dietrich. Emigranten wie sie vertraten das andere, bessere Deutschland.

Heinz Rühmann

Der Propagandaminister war entzückt: Im Film zu seinem dreiundvierzigsten Geburtstag brachten ihm seine Kinder ein kleines Ständchen: »Lieber Papi, wie Soldaten / siehst du uns hier aufmarschieren, / und du hast es schon erraten, / wir sind da und gratulieren. / Brust heraus und Tritt gefasst, / weil du heut' Geburtstag hast.« Der Streifen war eigens für den Jubilar produziert worden; in Lederhose und Dirndl wurden die reizenden Kinder des Propagandaministers in Szene gesetzt, spielten fröhlich mit einem Grammophon, wienerten eifrig das Haus und ahmten schließlich eine lustige Blaskapelle nach. Als Regisseur des Geburtstagsfilms, der obligatorisch Jahr für Jahr für Joseph Goebbels in Auftrag gegeben wurde, hatte sich diesmal kein Geringerer als Heinz Rühmann verpflichtet. Der Schauspieler gehörte im »Dritten Reich« zu den großen Stars, drehte seit 1930 einen Film nach dem anderen. Hitler selbst, so hieß es, liebte Rühmanns Rollen, vor allem aber Joseph Goebbels zeigte sich von dem Mimen beeindruckt und suchte auch privat Kontakt. Erwartungsgemäß begeistert äußerte sich der Propagandaminister über den von Rühmann inszenierten Geburtstagsfilm: »Gestern 43 Jahre alt. Wir schauen gemeinsam den Film an, den Heinz Rühmann mit den Kindern gedreht hat, zum Lachen und zum Weinen, so schön«, heißt es in Goebbels' Tagebuch am 30. Oktober 1940.

Zeit seines Lebens sah Heinz Rühmann sich als unpolitischen Menschen. Doch fällt es schwer zu glauben, dass der Schauspieler eine derartige »Gefälligkeit« gegen seinen Willen erbracht hat. Zweifelsohne wäre das Ministerium niemals an einen Künstler herangetreten, dessen Loyalität es sich nicht sicher sein konnte oder der gar als Regimegegner galt. Gewiss wird sich Rühmann nicht darum gedrängt haben, den »ehrenvollen« Auftrag des Propagandaministeriums zu erfüllen, doch wies er ihn auch nicht zurück,

> Rühmann ist ein durch und durch deutscher Schauspieler. Aus seiner Herkunft und der genauen Beobachtung sehr deutscher Eigenschaften bezieht er seine Wirkung, im Guten wie im Bösen.
>
> Michael Verhoeven, Regisseur

> Ein Opportunist, das war Rühmann wahrscheinlich. Aber das waren wir letztendlich zwangsläufig alle. Wir wollten unseren Beruf behalten.
>
> Bruni Löbel, Schauspielerin

> Rühmann ist die Verkörperung der deutschen Strategie, sich vor den Anforderungen der Wirklichkeit, vor den Widrigkeiten von Macht und Ausbeutung wie vor gefährlicher Lust und anstrengendem Glück klein zu machen.
>
> Georg Seeßlen, Filmkritiker

sondern erfüllte die ihm gestellte Aufgabe zur vollsten Zufriedenheit seines Dienstherrn. Ließ sich der Lieblingsschauspieler der Deutschen also bewusst für Propagandazwecke der Nazis einspannen? Oder war er einfach nur ein Opportunist wie viele andere in jenen Jahren? Fast alle großen deutschen Stars, die zwischen 1933 und 1945 Karriere machten, mussten sich nach dem Krieg die Frage nach ihrer Haltung zum Nationalsozialismus gefallen lassen. Vielen wurde ihre Rolle im »Dritten Reich« zum Verhängnis. Nicht so bei Heinz Rühmann. Obwohl er mit ranghohen Nationalsozialisten enge Kontakte pflegte, nahm sein Ansehen keinerlei Schaden. Zwar hatte auch er nach 1945 zunächst eine Durststrecke zu überwinden, Kritiker glaubten aus manchen seiner Filme einen »staatspädagogischen« Unterton herauszuhören. Doch schon bald drehte Heinz Rühmann wieder so viele Filme wie zuvor – die Deutschen liebten den Mimen wegen seines komödiantischen Talents und seiner Paraderollen als »kleiner Mann«. Bis heute, mehr als ein Jahrzehnt nach seinem Tod, sind seine Filme unvergessen, seine Figuren zu Legenden geworden. Jüngst wurde Heinz Rühmann in der ZDF-Sendung »Unsere Besten« zum beliebtesten deutschen Schauspieler des 20. Jahrhunderts gewählt. »Man schaute ihm zu, als blickte man sich selbst über die Schulter – und dachte gern, in einen Spiegel zu sehen. Natürlich erkannten alle sich sofort und immer wieder«, heißt es in einer Biographie über den Schauspieler.

Dabei war Heinz Rühmann privat ein ganz anderer als auf der Bühne oder vor der Kamera. Als ernst und in sich gekehrt beschreiben ihn Kollegen, die mit ihm gearbeitet haben. Seine Filmpartnerin Bruni Löbel stellte bei ihrem ersten Treffen mit Rühmann fest, dass dieser im Alltag nur wenig Spaß verstand. Stets wahrte der gefeierte Schauspieler Distanz und erwartete, dass man ihm mit Respekt beggenete. »Manche Leute betrachteten Heinz Rühmann geradezu als ihr Eigentum«, erinnerte sich die beliebte Schauspielerin. »Sie klopften ihm auf die Schulter, sagten: ›Na, du alte Pflaume!‹, und dachten, das sei ein lustiger Ton, so könne man mit ihm umgehen. Aber da schrumpfte er förmlich und wurde ganz eisig. Viele empfanden das dann als arrogant.« Heinz Rühmann, der so viele Menschen mit seinen komischen Rollen zum Lachen brachte, den Millionen als lustigen Pennäler »Pfeiffer mit drei f« in der »Feuerzangenbowle« oder »Quax, den Bruchpiloten«

kannten, hatte privat zeit seines Lebens ein Problem mit dem Lachen. »Eigentlich hasste er es, wenn man über ihn lachte«, meint sein Biograph Fred Sellin. Und auch Bruni Löbel bestätigte: »Er hatte es gar nicht gern, wenn er privat nicht ernst genommen wurde.«

> Rühmann war wirklich ein Wunder an Präzision und schauspielerischer Kreativität. – Aber privat strahlte er eine Eiseskälte aus. Wenn er das Atelier betrat, erfror die gute Laune der Mitarbeiter.
>
> Thomas Engel, Regisseur

Dass Heinz Rühmann, der sich in seinen 1982 erschienenen Lebenserinnerungen »*Das war's*« selbst als »schüchtern« beschrieb, ausgerechnet Komödiant wurde, war vor allem seinem Äußeren zu schulden: Mit seinen 1,65 Meter Körpergröße, Pausbacken und einem schalkhaften Lächeln war Rühmann keineswegs für Heldenrollen geeignet. »Mein großer Kummer«, schrieb er in »*Das war's*«, »war meine Kleinheit; ich wollte doch jugendlicher Held werden, und kleine Helden gibt es eben nicht. Jedenfalls nicht am Theater.« Daran änderten selbst die Einlagen nichts, die Rühmann in den Schuhen trug, und auch die Streckübungen mit Stahlfedern, die er sich auf eine Annonce hin gekauft hatte, brachten nicht die »versprochenen 3–5 Zentimeter mehr Größe«. »Rühmann hatte keine andere Wahl«, meint sein Biograph Torsten Körner. »Er… hatte dieses pausbäckige Gesicht, ein Jungengesicht, er wirkte nicht heroisch. Wenn man so von der Natur ausgestattet ist, dann ist man kein Heldendarsteller. Er hatte gar keine andere Wahl, als ins komische Fach zu wechseln, um erfolgreich zu sein.«

Und erfolgreich sein wollte Heinz Rühmann um jeden Preis. 1902 in Essen, mitten im Kohlenpott, geboren, hatte Heinrich Wilhelm, kurz Heinz, schon früh die berauschende Mischung von Aufmerksamkeit, Bewunderung und Applaus kennen gelernt: Vater Hermann hatte im Frühjahr 1902 die Bahnhofsgaststätte in Wanne, unweit von Essen, gepachtet. Der Tresen, an dem Hermann Rühmann und seine Frau Margarethe die zu jeder Tages- und Nachtzeit einströmenden Gäste mit Getränken und belegten Brötchen versorgten, sollte für Heinz buchstäblich die erste Bühne seines Lebens werden. »Vater lebte für seine Gäste, vor allem aber für die zahlreichen Stammtischfreunde, die allesamt fröhliche Zecher gewesen sein müssen. Vor diesen Gästen gab ich als Kind von vielleicht fünf Jahren meinen ersten ›öffentlichen‹ Auftritt«, schilderte Heinz Rühmann selbst die »Urszene meiner Karriere«. »Um seine Freunde zu amüsieren, holte mich mein Vater eines

> Bereits mit zwei oder drei Jahren soll ich versucht haben, Bilder aus Illustrierten oder Zeitungen nachzuspielen, deren Unterschriften man mir vorlesen musste.
>
> Heinz Rühmann

»Die erste Bühne seines Lebens«: Heinz Rühmann (rechts) mit seinen Geschwistern Ilse und Hermann im Jahr 1908

Abends aus dem Bett. Ich musste ein Gedicht rezitieren. Mutter protestierte vergeblich. Stolz wie alle Väter, stellt er mich im wehenden Nachthemd auf einen Stuhl mitten im Gästezimmer. Er strahlte über das ganze Gesicht, als seine Gäste und Freunde mir für meine Vortragskunst lauten Beifall zollten.« Wegen des großen Erfolgs wurde der kleine Heinz fortan noch öfter aus dem Schlaf gerissen und zur Belustigung der Zecher auf den Tresen der Bahnhofskneipe gestellt. Doch Heinz weinte nie – er spielte seine Rolle, wie man es von ihm erwartete, und genoss den Applaus seines Publikums.

1913 übernahm Hermann Rühmann einen monumentalen Hotelkomplex in Essen mit Cafés, Restaurants, Weinsalon und Geschäften. Doch der Gastwirt hatte sich mit dem »Geschäftspalast« übernommen – die Einnahmen reichten nicht einmal aus, um die laufenden Kosten zu decken. Schon Ende des Jahres 1913 musste er sein Geschäft verkaufen und Bankrott anmelden. Die Ehe zwischen Margarethe und Hermann, in der es zuvor schon heftig gekriselt hatte, zerbrach endgültig. Im März 1915 wurden die Ehegatten vom Landgericht Essen geschieden. Während Margarethe mit Heinz und seinen beiden Geschwistern Hermann Heinrich und Ingeborg Ilse vorerst in Essen blieb, zog Hermann Rühmann nach Berlin, wo er sich wenig später das Leben nahm. Die genauen Todesumstände konnten nie ermittelt werden.

1916, im zweiten Kriegsjahr, litt die deutsche Bevölkerung unter den Folgen des Weltenbrands. Lebensmittel wurden immer knapper, Krankheiten brachen aus. War die Mobilmachung am 1. August 1914 von den meisten noch mit Jubel begrüßt worden, so war diese Begeisterung inzwischen einem Gefühl der Ernüchterung und Depression gewichen. Auch der vaterlosen Rühmann-Familie ging es schlecht; eine Jugendfreundin überredete Margarethe schließlich, nach München umzusiedeln. »Dies sei die billigste Stadt Deutschlands«, erinnerte sich Heinz Rühmann in seiner Autobiographie an den Umzug. Auch wenn sich die Lebensumstände für die Rühmanns in München etwas verbesserten, herrschte weiterhin Not. Selbst in der bayerischen Landeshauptstadt waren Lebensmittel rationiert; Margarethe Rühmann musste zusehen, wie sie mit ihrer schmalen Witwenrente die vierköpfige Familie über die Runden brachte.

Hier, in München, war die eigentliche Geburtsstunde der schauspielerischen Laufbahn Heinz Rühmanns. Im Frühjahr 1919 war der Junge an die Luitpold-Oberrealschule gewechselt, um Abitur zu machen. Doch seine Leistungen ließen mehr und mehr nach, den Unterricht verfolgte der Siebzehnjährige nur noch lustlos. »Daran war keine Primanerliebe schuld«, schrieb Heinz Rühmann rückblickend, »sondern in mir rumorte das Theater. Mit einem Mal! Wodurch? Wieso? Warum? – Ich weiß es nicht. Außer Märchenvorstellungen hatte ich kein Theatererlebnis. Aber ich konnte an nichts anderes mehr denken. Es war wie ein Zwang.« Vielleicht war es das Bedürfnis nach Anerkennung und Beifall, das den aus Essen stammenden Außenseiter zur Schauspielerei trieb. Hatte er nicht damals, auf dem Tresen der väterlichen Kneipe, sein Publikum begeistert? Jetzt hoffte der junge Heinz, der so anders war als seine meist bayerischen Mitschüler, auf gleiche Weise Aufmerksamkeit zu ernten, und trat einer Münchner Laienspielbühne bei. Einmal in der Woche besuchte der Siebzehnjährige den Theaterverein in der Augustenstraße, paukte Bühnentexte und übte Heldenrollen. Doch zunächst ließ man den Jüngling keine tragenden Rollen spielen. In einem rührseligen Volksstück gab Rühmann als Geist sein Debüt – »in meinem eigenen Nachthemd«, wie er sich später erinnerte. Von Abitur war bald keine Rede mehr. Heinz Rühmann wollte Schauspieler werden; seine Mutter unterstützte ihn in seinem Streben.

Bei dem angesehenen Hoftheaterschauspieler und Regisseur Friedrich Basil versuchte der junge Heinz Rühmann sein Glück. Im großen Ballsaal des Münchner Hoftheaters sprach er ihm den »Leon« aus Grillparzers »Weh dem, der lügt« vor, dann den Anfangsmonolog aus Goethes »Faust« und schließlich Mortimers Liebeserklärung an »Maria Stuart«. Geduldig hörte sich Basil an, wie der junge Rühmann mit großem Pathos die Texte deklamierte – fehlerhaft betont und auf Effekt bedacht. Als Basil erklärte, dass er keinen weiteren Schüler mehr zu nehmen gedenke, brach für Rühmann eine Welt zusammen. »Die nächsten Tage waren schlimm. Sicher auch für meine Mutter und meine Geschwister. Ich war mit mir und der Welt zerstritten«, schilderte er seine Gefühlslage nach der Absage in seinen Lebenserinnerungen. Doch Rühmann gab nicht auf; mit Hartnäckigkeit erreichte er, dass er Basil ein zweites Mal vorsprechen durfte – und diesmal nahm ihn der große Mime an.

Zweimal wöchentlich wurde Heinz Rühmann nun in Stimmbildung, Atmung und Artikulation sowie Mimik und Gestik unterrichtet. Mit einem Korken im Mund machte der junge Schauspieler fleißig seine Sprechübungen – oft an der Isar, wo Rühmann versuchte, »mit meiner Stimme das Rauschen des Wehres zu übertönen«. Nach einigen Wochen begann Basil endlich auch Rollen mit ihm einzustudieren. Und wie wohl jeder junge Schauspieler träumte auch Heinz Rühmann davon, die großen, klassischen Helden des Theaters zu spielen. Doch es sollte ganz anders kommen.

Im März 1920 – Rühmann versuchte sich gerade am »Bleichenwang« aus »Was ihr wollt« – besuchte Direktor Richard Gorter aus Breslau die Proben.

Mein Schauspiellehrer war eine imposante Erscheinung im Münchener Kulturleben. Er verkörperte noch den Hoftheaterstil mit rollendem Zungen-R. Bei ihm nahm auch der Schriftsteller Frank Wedekind Schauspielunterricht, und später hörte ich, er habe Adolf Hitler in Gestik unterwiesen. Zuzutrauen wäre es beiden.
Heinz Rühmann

Eine Weile sah er dem jungen Schauspieler zu, schließlich bot er Rühmann ein Engagement an den Vereinigten Theatern an – mit 80 Mark Monatsgage. Basil protestierte: Seine Schüler seien mindestens zwei Jahre bei ihm, Rühmann aber probe erst seit sechs Monaten. Doch Gorter ließ nicht locker. Für seine zwei Bühnen in Breslau, das Lobe- und das Thalia-Theater, suchte er dringend junge Talente. »Ich werde wie ein Vater zu ihm sein!«, versicherte er Basil. Schließlich gab dieser dem Drängen seines Kollegen nach. Für Heinz Rühmann, gerade 18 Jahre alt, schien unverhofft schnell sein größter Traum in Erfüllung zu gehen: Endlich würde er ein richtiger Schauspieler sein, auf der Bühne stehen und sein Publikum begeistern.

Doch als Rühmann eines Morgens erwachte, war plötzlich seine linke Gesichtshälfte schief. Sein Bruder, der ihn immer mit den Worten »Guten Morgen, großer Schauspieler«, begrüßte, hatte ihn noch geneckt: »Lass doch das ewige Grimassenschneiden! Was spielst du heute, den Mephisto?« Doch Heinz Rühmann war gewiss nicht nach Scherzen zumute. Der eilends konsultierte Hausarzt diagnostizierte eine Lähmung des Fazialisnervs infolge einer verschleppten Erkältung. Eine Prognose, wie lange die Gesichtslähmung dauern würde, oder gar ein Gegenmittel konnte er dem unglücklichen Rühmann nicht anbieten. Trotz des schiefen Gesichts war der junge Mann entschlossen, seinen Vertrag in Breslau zu erfüllen. Aus den Anzügen seines verstorbenen Vaters schneiderte die Mutter eine komplette Garderobe – Abendanzug, Straßenanzug, Mäntel, Hut, Zylinder, Socken, Handschuhe –, so wie es der Kontrakt vorschrieb. Dann stieg Rühmann in den Zug nach Breslau – noch immer war seine linke Gesichtshälfte gelähmt. Die Begeisterung über den so rasch erfolgten Vertrag, die Vorfreude auf sein erstes Engagement waren mit einem Mal verflogen. Wie sollte er mit diesem Gesicht eine Rolle spielen? Was würde Direktor Gorter sagen, wenn er ihn so zu sehen bekam? Als Rühmann nach 23 Stunden Zugfahrt endlich wie ein Häufchen Elend vor seinem neuen Chef stand, war dieser ehrlich bestürzt: »So können Sie nicht auftreten, gehen Sie zum Arzt!«, wies er sein jüngstes Talent an. Ein Schauspielkollege, Walter Franck, der das Zimmer betrat und dem ihn Direktor Gorter mit den Worten: »Das ist Herr Rühmann aus München, er sollte unter Ihrer Spielleitung den Bleichenwang spielen – das geht nun nicht«, vorstellte, meinte nur: »Mit diesem Gesicht kann er überhaupt nicht spielen!« Kein guter Start für den jungen Schauspieler, der sich so auf seine ersten Rollen gefreut hatte.

Wie tief Rühmann diese Episode verletzte, geht aus seiner Autobiographie hervor: »Bei vielen Kollegen galt ich als arrogant und war nicht beliebt.

> *Die erste Unterredung mit dem bestürzten Direktor Gorter endete damit, dass er mich krankschreiben ließ. Einen derart entstellten Schauspieler konnte er nicht auf die Bühne lassen. Am liebsten hätte er mir wohl geraten, sofort eine Fahrkarte nach München zurück zu lösen!*
> Heinz Rühmann

Dabei war ich einfach nur schüchtern. So schüchtern, dass ich mich nicht vorzustellen getraute. Schuld an dieser Unsicherheit war ein Nervenleiden, dass ich mir in München, als ich noch bei meiner Mutter wohnte, zugezogen hatte.« Ob es tatsächlich die Gesichtslähmung war, die Rühmann schwierig im Umgang mit Kollegen und anderen machte, bleibt dahingestellt. Tatsächlich wirkte er zeit seines Lebens auf seine Umwelt verschlossen und distanziert. Der große Komiker und Possenreißer war Heinz Rühmann stets nur auf der Bühne oder vor der Kamera.

Nach einigen Wochen war die Gesichtslähmung verschwunden, Rühmann konnte endlich mit den Proben beginnen. Die ersten Stücke, mit denen der junge Schauspieler jeden Abend um halb acht auf der Bühne stand, waren die drei Thoma-Einakter »Brautschau«, »Gelähmte Schwingen« und »Erster Klasse«. »Heinz Rühmann... hätte als heiratsbedürftiger Bauernsohn wohl noch etwas urwüchsiger und als Flitterwöchner in ›Erster Klasse‹ etwas ausgewachsener... wirken können«, beurteilte die Theaterkritik am 10. Juni 1921 seine ersten Auftritte. Doch auch: »Die vergnügten Zuschauer ließen es am Beifall nicht fehlen.« Dennoch – der große Erfolg blieb in Breslau aus. Heinz Rühmann selbst formulierte es sogar noch drastischer: »Was immer ich spielte – Erfolg hatte ich wenig. Eigentlich gar keinen.« Tatsächlich erntete Rühmann eher schlechte Kritiken, vor allem wenn er Rollen spielte, die einen männlichen, heldenhaften Typ verlangten. »Dass Heinz Rühmann den einfältigen Rodrigo zu einem kompletten Trottel machte, hätte der sonst so einsichtige Spielleiter nicht dulden sollen«, hieß es in der Theaterkritik nach einer Aufführung des »Othello« im Lobe-Theater. Lob und Beifall erntete Rühmann nur dann, wenn seine Rolle starke Übertreibungen, schrille Kostüme und eine gehörige Portion Klamauk erlaubte. Seinen mangelnden Erfolg am Breslauer Theater versuchte der junge Mime durch auf-

---

Breslau und seine Theater waren in den zwanziger Jahren das Sprungbrett für junge Schauspieler zur Großstadtkarriere. Käthe Gold, Walter Franck, Berta Drews und viele andere wurden dort entdeckt. Nur bei mir ging es schief.
Heinz Rühmann

»Auffallen um jeden Preis«: Was ihm an Bühnenerfolg fehlte, versuchte der junge Schauspieler durch extravagante Kleidung wettzumachen

> Bei meinem ersten Engagement in Breslau lachten die Leute Tränen, doch bedauerlicherweise an Stellen, die Ergriffenheit verlangt hätten.
> Heinz Rühmann

fälliges Äußeres wettzumachen. »Auffallen wollte ich. Um jeden Preis. Nicht nur auf der Bühne«, schrieb Rühmann rückblickend. »Deshalb kleidete ich mich auch privat höchst exzentrisch. Kariert, mit lila Socken, lila Band am Strohhut und kleinem Spazierstock. Ich fand mich chic. Die Leute lachten und drehten sich nach mir um.« Rühmann hatte erkannt, dass er als komische Figur Beachtung fand. Doch als »Held« nahmen ihn die Menschen nicht ernst. Als nach einem Jahr die Direktion des Breslauer Theaters wechselte, wurde Rühmanns Vertrag nicht verlängert. Doch der junge Schauspieler hatte erneut Glück: Das Residenztheater in Hannover bot ihm einen Jahresvertrag an – als Liebhaber und Naturbursche. 120 Mark Monatsgage sollte er erhalten – 40 Mark mehr als in Breslau. »Bin frei«, telegrafierte Rühmann nach Hannover. Zu mehr reichte sein Geld nicht.

Die Zeit am Residenztheater in Hannover behielt Rühmann in guter Erinnerung. Zum ersten Mal fühlte er sich auf der Bühne wohl und verstand sich auch mit seinen Kollegen, darunter Theo Lingen und Rudolf Platte. Als melancholisch-jungenhafter »Leander« in Grillparzers Trauerspiel »Des Meeres und der Liebe Wellen« erhielt er positive Kritik: »Heinz Rühmann gab den Leander und erfreute nicht nur durch seine knabenhafte Erscheinung, sondern auch durch sein wohl klingendes Organ und jugendliches Feuer, das von ihm noch manche schöne Gabe erhoffen lässt.« Was der Theaterkritiker nicht erwähnte, war eine Anekdote, die Rühmann später selbst zum Besten gab: Während er in einer Szene allein auf der Bühne stand und Grillparzers Verse in den Zuschauerraum schmetterte, bemerkte er zunehmende Erheiterung des Publikums. Was war geschehen? War eine Naht am Kostüm aufgeplatzt? Doch das Publikum amüsierte sich über etwas anderes. Der Rosshaarbusch auf Rühmanns Helm wippte während seines Vortrags lustig auf und ab, schließlich fiel er ihm ganz ins Gesicht. Tapfer wischte der junge Mime das lästige Ding immer wieder zur Seite, deklamierte weiter seinen Text – bis der »ganze Kladderadatsch und der mächtige Haaraufbau« zu Boden fielen. »Die Menschen im Theater, Zuschauer wie Kollegen« bogen sich vor Lachen und »wischten sich die Tränen aus den Augen.« An diesem Abend wurde aus dem »jugendlichen Helden« ein »komischer Held«.

Es war offensichtlich: Rühmann war einfach zu klein, zu jungenhaft und unbeholfen, um den großen Mann zu mimen. Er war eben kein Kerl wie Hans Albers oder Gustav Knuth. Denen nahm man die großen Heldenrollen ab. Bei Rühmann hingegen wirkten sie unfreiwillig komisch, sah das

Publikum stets den naiven, scheuen Pennäler in ihm.

Privat hingegen konnte Rühmann endlich den Helden spielen: Der Zwanzigjährige hatte sich verliebt und »schwamm auf einem rosa Wölkchen«. Mit seinem Mädchen radelte er vergnügt durch den Stadtpark, wurde sogar zum Kaffee bei der Mutter eingeladen. »Primanerliebe, meine erste!«, erinnerte sich Rühmann später mit leiser Wehmut. Doch so rosig auch die Zeiten für ihn in Herzensangelegenheiten sein mochten – wirtschaftlich waren sie es nicht. Die Inflation galoppierte in Deutschland unaufhaltsam, Tag für Tag machten Unternehmer und Geschäftsleute Pleite. Auch das Residenztheater in Hannover schloss 1922 seine Pforten.

> Schauspieler wird Heinz Rühmann mitten in der Not, und zwar einer, mit dem man zunächst nicht viel anfangen kann. Er fällt aus der Rolle, er hat keine Ahnung, was Stück, Regie und Publikum von ihm erwarten. Er will nur etwas spielen, was ihn von sich selbst entfernt und zu sich selbst bringt.
>
> Georg Seeßlen, Filmkritiker

Schweren Herzens kehrte Rühmann zurück nach München, um von dort aus eine neue Stellung zu suchen. Schon im August wurde er fündig: Das Bremer Schauspielhaus nahm den jungen Mann unter Vertrag; bereits am 23. August stand er als Maler »François« in dem Lustspiel »Mein Freund Teddy« auf der Bühne. Immer häufiger geschah es nun, dass das Publikum den kleinen, lustigen Kerl wahrnahm, der sich neben den starken männlichen Figuren nach vorne spielte. Mit witzigen Bemerkungen, die nicht im Text standen und die Kollegen nicht selten aus dem Tritt brachten, gelang es ihm, die Aufmerksamkeit der Zuschauer auf sich zu lenken. Als er im Oktober 1922 zum ersten Mal mit dem »Mustergatten«, einem Stück von Avery Hopwood, auf der Bühne stand, schien es, als habe er die Rolle seines Lebens gefunden: »Das verehrte Publikum, ob Männlein oder Weiblein, kicherte, lachte, wieherte, brüllte vor Vergnügen, und zwar vom Anfang bis zum guten Ende«, schrieb die Kritik. Weit über 2000 Mal sollte Rühmann in den nächsten 30 Jahren den »Mustergatten« spielen. Mit dieser Rolle eroberte er Berlin, drehte 1937 einen gleichnamigen Film, der zum Kassen-

---

»*Das Publikum sprang mit beiden Füßen in den bunten Trubel hinein, wirbelte und schleifte lustig mit herum, anspruchslos, sorgenvergessen, schwankvergnügt, wie es die heitere Stunde erforderte. Übermut ist die Parole, Triumph der leichten Muse, Sieg war auf der ganzen Linie.*«
Die Bremer Weser-Zeitung, 16. Oktober 1922, über Rühmann im »Mustergatten«

schlager wurde und ihn unvergesslich machte. Die Rolle des »braven Sünders«, des unschuldigen »Mustergatten«, der »angestrengt versucht, ein wüster Lebemann zu sein« – wie es der Theaterwissenschaftler Torsten Körner beschreibt –, schien ihm wie auf den Leib geschneidert. Im Laufe der Jahre gelang es Rühmann, die zahlreichen Facetten, die ihm der »Mustergatte« bot, zu kultivieren und zu gestalten. Immer wieder gab er den »Möchtegern-Bonvivant«, den Tölpel, den Betrunkenen, den Naiven, den Unschuldigen, den Spießer und den Bürokraten, der keiner sein will. Für das Bremer Schauspielhaus war »Der Mustergatte« die erfolgreichste Aufführung des Jahres 1922. Dennoch kündigte man Heinz Rühmann den Vertrag im Dezember. Der junge Schauspieler hatte mehr als einmal den Spielbetrieb gestört, mit eigenwilligen Textinterpretationen Kollegen wie Direktion verärgert und war unpünktlich oder betrunken zu den Vorstellungen erschienen.

Wieder einmal packte Rühmann seine Koffer und fuhr zurück nach München zu seiner Mutter. Die Krisenjahre der Weimarer Republik boten dem jungen Schauspieler ein reichhaltiges Angebot an Möglichkeiten: Die Menschen sehnten sich nach Ablenkung und Amüsement, kaum jemand mochte über die graue Wirklichkeit nachdenken. Spielbühnen, Varietés und Theater erlebten einen erstaunlichen Zulauf; Schauspieler und Akteure waren gefragt. Engagements brachten Rühmann nach Braunschweig, in die bayerische Provinz und schließlich wieder zurück nach München, wo er zunehmend an Popularität gewann.

Im Sommer 1923 lernte er eine Frau kennen, die sein Leben entscheidend verändern sollte: Maria Bernheim, Jüdin und selbst Schauspielerin. Bei einer Probe der Bayerischen Landesbühne, wo Rühmann wieder einmal den »Bleichenwang« gab, sollen sich Maria und Heinz laut einem Zeitungsbericht von 1932 zum ersten Mal begegnet sein. Rühmann selbst hingegen schildert in seiner Autobiographie, er habe Maria Bernheim zunächst nur vom Hörensagen gekannt und mit einem Freund darum gewettet, wer die schöne Unbekannte als Erster erobern würde. »Um wie viel wir gewettet haben, weiß ich nicht mehr, auf alle Fälle gewann ich die Wette. Und die Frau«, heißt es da lakonisch. Maria Bernheim, die sich als Künstlerin »Herbot« nannte, war fast fünf Jahre älter als Rühmann und wirkte gegenüber dem jungenhaften Springinsfeld beinahe wie eine Matrone. Sie überragte Rühmann um gut zehn Zentimeter, trat selbstbewusst auf und hatte eine anziehende, feste Stimme. Die attraktive, lebenserfahrene Frau mochte dem jungen Schauspieler imponiert haben, vielleicht war auch sein Jagdinstinkt geweckt

> »Herr Rühmann war so klar, sicher, einfach, fast möchte man sagen, ›nett‹, dass nichts zu wünschen übrig blieb. Ich nenne ihn besonders, weil er für alle anderen Vertreter wohltuender Zurückhaltung und frischen Spiels gelten kann.«
> Münchner Neueste Nachrichten, 19. September 1924

worden, weil Kollegen für Maria schwärmten. Wie es jedoch ausgerechnet dem kleinen Rühmann gelang, Maria Bernheim zu erobern, darüber schweigt er sich in seiner Autobiographie aus. Auch über seine Gefühle für die schöne Kollegin schreibt er nur wenig: »Maria hat mir in den folgenden Jahren schauspielerisch sehr geholfen. Sie selbst gab das Theaterspielen bald auf und wurde meine ›Privatregisseurin‹ beim Rollenstudium«, heißt es in »Das war's« eher nüchtern.

Am 9. August 1924 heirateten Maria Bernheim und Heinz Rühmann in München. »Am Abend des Hochzeitstages hatte ich Premiere. Im Schauspielhaus«, erinnerte sich Rühmann später. »Sinnigerweise hieß das Stück ›Die Erwachsenen‹.« Rückblickend betrachtete Rühmann seine Eheschließung offensichtlich als den eigentlichen Schritt ins Erwachsenenleben. Hatte früher seine

> Sie war zu gescheit für eine Schauspielerin, ihr Geist stand ihr im Wege.
> Adolf Wohlbrück, Schauspieler

Mutter für ihn gesorgt und sich rührend um ihren »Lieblingssohn« gekümmert, so übernahm diese Rolle nun Maria. Sie managte den Haushalt ihrer gemeinsamen Wohnung in Schwabing und unterstützte ihren Mann nach Kräften. Als dieser nach seiner Berufung ans Deutsche Theater mehr und mehr in Berlin arbeitete, bekam sie ihn jedoch immer seltener zu Gesicht.

Ende der zwanziger Jahre nahm Rühmanns Bühnenkarriere einen steilen Verlauf. Als »Charley's Tante« feierte Rühmann – gehüllt in Frauenkleider – Erfolg um Erfolg. Auch der »Mustergatte« wurde nach wie vor aufgeführt, und Heinz Rühmann erwies sich dabei als Kassenmagnet. In Berlin, wo es in den letzten Tagen der Weimarer Republik brodelte wie in keiner anderen Stadt Deutschlands, wo »Talente ... mit beispiellosem Heißhunger« gefressen wurden, »um sie ebenso rasch zu verdauen, klein zu mahlen und wieder auszuspucken«, hatte Rühmann endlich seinen großen Durchbruch.

Die erste Rolle in einem Tonfilm machte den »kleinen Mann« beinahe über Nacht zum großen Star. Die Universum Film-AG – besser bekannt unter ihrem Kürzel »Ufa« – produzierte im Berlin der zwanziger Jahre Lein-

»Sieg auf der ganzen Linie«: Rühmann (Mitte) in einer der zahlreichen Aufführungen des »Mustergatten«

wandträume für die Massen. Angesichts der bedrückenden Wirklichkeit, der Weltwirtschaftskrise und des langsamen Sterbens der Weimarer Republik strömten die Menschen ins Kino, um sich für kurze Zeit von ihren Nöten ablenken zu lassen. »Ich sehe die Aufgabe des Films darin, den von schwersten Existenzsorgen bedrückten Zeitgenossen aufzuheitern und ihn aus einer Atmosphäre von Pessimismus und Mutlosigkeit zu befreien, indem man ihn mit frischer Hoffnung und Energie vollpumpt – diesen wichtigen Waffen, mit denen man den Sieg im Kampf ums Dasein erringen vermag«, ließ Heinz Rühmann kurz nach seinem Kinodebüt verlauten. Sein erster Tonfilm, »Die Drei von der Tankstelle«, wurde ein Riesenerfolg, weil er die Zuschauer mit seiner übermütigen, beinahe albernen Stimmung mitriss. Bei der feierlichen Premiere am 15. September 1930 im Gloria-Palast am Kurfürstendamm waren alle Plätze ausverkauft, vor dem Lichtspielhaus drängten sich die Menschen, um einen Blick auf die Stars des Abends zu werfen: Lilian Harvey, Willy Fritsch, Oskar Karlweis und – Heinz Rühmann. Als die letzten Bilder des Films auf der Leinwand erloschen, war das Publikum vor Begeisterung kaum zu bändigen, klatschte, johlte und trampelte mit den Füßen. Rühmann, der zum ersten Mal in einem Tonfilm zu sehen war, erhielt für seine Rolle als »Hans« einen Extraapplaus. Noch Tage später pfiff und sang das Publikum die Hymne des im Film beschworenen Männerbundes:

»Ein Freund, ein guter Freund, das ist das Beste, was es gibt auf der Welt«. »Die Drei von der Tankstelle« wurde der erfolgreichste Film der Saison, er spielte insgesamt 4,3 Millionen Reichsmark ein.

Mit seiner lustigen runden Brille, seinem frechen Benehmen und dem jungenhaften Äußeren hatte der Filmdebütant Heinz Rühmann sogar seine berühmten Filmpartner Harvey, Fritsch und Karlweis an die Wand gespielt. Den Frechdachs mit dem schelmischen Grinsen, der lausbubenhaften Unbekümmertheit und den albernen Possen hatten die Zuschauer von der ersten Filmminute an in ihr Herz geschlossen.

Im Freundestrio des Kinostreifens sorgte er für die meisten Lacher – Publikum wie Kritiker waren gleichermaßen begeistert von dem neuen, frischen Gesicht auf der Leinwand.

Heinz Rühmann, dem in diesem Film ein großer Ruf vorausging, hatte einen zu schwachen Text, um seine wirkliche Tonfilmbegabung unter Beweis stellen zu können.

Herbert Ihering, Theaterkritiker, September 1930

Der Film war im In- und Ausland ein ganz großer Erfolg. Auch für mich persönlich, wenn auch die Zuschauer erst ins Programmheft schauen mussten, um zu lesen, wie der Kleine mit der Brille hieß.

Heinz Rühmann

Erich Pommer, Produktionschef bei der Ufa, hatte mit Rühmann einen Glücksgriff gemacht. Er war es, der den hinlänglich bekannten Theaterschauspieler im Frühjahr 1930 in sein Büro bestellt hatte. Rühmann stand gerade mit »Wie werde ich reich und glücklich« auf der Bühne am Kurfürstendamm, einer Komödie, in der er einen schüchternen jungen Mann spielte. In Motorrad-Knickerbockern, die Mütze in der Hand, betrat Rühmann das Büro Pommers. Der war über den legeren Auftritt des Jungschauspielers amüsiert und veranlasste umgehend Probeaufnahmen. Die starken Scheinwerfer, die vielen Licht- und Tonkabel, das Surren der Filmkameras – all das verwirrte den Neuling zunächst. »Es wimmelte von Menschen, alle redeten durcheinander. Dazu die ungeheuren Apparate, das viele Licht, das mich blendete«, schilderte Rühmann seinen ersten Kameraauftritt. Im hellen Sonntagsanzug versuchte der Filmdebütant dennoch eine gute Figur zu machen und sich nichts von seiner Unsicherheit anmerken zu lassen. Doch als Pommer das Ergebnis der Aufnahmen sah, war er enttäuscht: »Das ist nicht der junge Mann, der bei mir im Büro war!«, soll er ausgerufen haben. Rühmann bekam eine zweite Chance. Diesmal sollte er sich wieder so anziehen wie bei seinem Vorstellungsgespräch: Knickerbocker und Mütze. Statt als herausgeputzter Gockel vor der Kamera herumzustolzieren, mimte Rühmann nun den ungehorsamen Schüler, fläzte sich auf einem Stuhl und

»Ein Freund, ein guter Freund«: Heinz Rühmann mit seinen Filmpartnern Willy Fritsch (links) und Oskar Karlweis (Mitte) im Erfolgsfilm »Die Drei von Tankstelle«

gab – einem imaginären Pauker – freche Antworten. In dieser Rolle, das wusste er, würde er Pommer überzeugen. Tatsächlich war der Ufa-Produktionschef diesmal zufrieden. Willy Fritsch und Oskar Karlweis, die bereits für den Film engagiert waren, hatten nun einen Dritten im Tankstellen-Bunde.

Heinz Rühmann, der Filmschauspieler – mit dem Vertragsabschluss bei der Ufa wurde ein neues Kapitel im Leben des Mimen aufgeschlagen. Zum einen gehörte er nun zu den bekanntesten Schauspielern seiner Tage, zum anderen stieg er auf in den Zirkel der Spitzenverdiener: Für seine Rolle als Hans in »Die Drei von der Tankstelle« erhielt Rühmann eine Gage von 7000 Reichsmark – bis dahin waren seine Theaterauftritte mit 80 bis 100 Reichsmark honoriert worden. Zum ersten Mal in seinem Leben rückte sein großer Traum in greifbare Nähe: ein eigenes Flugzeug! Schon lange steckte Rühmann die Fliegerei in der Nase. Als Kind hatte er bei einem Flugtag unweit seines Elternhauses sehnsüchtig den Himmelsstürmern zugesehen, die akrobatischen Flugvorführungen der tollkühnen Piloten bewundert. Mit einem Sonnenschirm wäre er als Knabe beinahe vom fünften Stock des Hotels seines Vaters gesprungen, hätte ihn ein Nachbar nicht im letzten Moment davon abgehalten. Sein zweiter »Flugversuch« fand rund 15 Jahre später, im Spätsommer 1929, statt: Auf dem Kopilotensitz einer Klemm erhielt Rühmann seine erste Flugstunde von dem berühmten Fliegerhelden Ritter von Schleich. Bis ins hohe Alter sollte Heinz Rühmann fortan der Fliegerei verfallen sein. »Fliegen,

Ich habe viele schlechte Filme gedreht, weil ich unbedingt ein Flugzeug kaufen wollte.
Heinz Rühmann

das bedeutet für mich das Losgelöstsein von der Erde, das Erhobensein in eine Atmosphäre, in der man sich frei fühlt, zugehörig zu den Elementen«, erklärte er einmal. Im Frühjahr 1930 legte er seine Flugprüfung ab.

Genauso steil, wie er als Pilot sein Flugzeug in den Himmel lenkte, verlief seine Karriere als Filmschauspieler: Kaum hatte er »Die Drei von der Tankstelle« abgedreht – der Film lief noch nicht einmal in den Kinos –, stand Rühmann erneut vor den Kameras der Ufa. »Einbrecher« hieß die neue Produktion unter der Regie von Hanns Schwarz, erneut spielte Rühmann an der Seite von Lilian Harvey und Willy Fritsch. Das Drehbuch ähnelte dem Film »Die Drei von der Tankstelle«: Drei Männer buhlen um die Gunst einer schönen Frau, die am Ende erwartungsgemäß dem Helden (Willy Fritsch) in die Arme sinkt. Rühmanns Rolle war erneut die des linkischen Liebhabers, der zwar nicht die Frau, aber die Sympathien des Zuschauers gewinnt. Noch während der Dreharbeiten versuchte die Ufa, das junge Talent längerfristig an sich zu binden. 55 000 Reichsmark Jahresgage garantierte man ihm darin, doch der Vertrag kam nicht zustande. Dennoch musste sich Rühmann über seine Zukunft keine Sorgen machen. Bei seinem nächsten Ufa-Film, »Der Mann, der seinen Mörder sucht«, verdoppelte sich seine Gage; in der Kriminalfilmgroteske spielte er erstmals die Hauptrolle. In »Bomben auf Monte

> Albers und ich gingen dann die Zusammenarbeit sehr vorsichtig an; doch als er spürte, dass ich ihm nichts von seinem möglichen Erfolg wegnehmen wollte, lief alles reibungslos. Wir hatten sogar viel Spaß an der Arbeit.
>
> Heinz Rühmann

> »Heinz Rühmanns groteske Begabung, die sich schon ohnehin in diesem brutalen Sujet nicht recht entfalten kann, bleibt im Hintergrund.«
>
> Deutsche Allgemeine Zeitung, 1. September 1931

Carlo«, der im Frühjahr 1931 abgedreht wurde, stand Heinz Rühmann mit Hans Albers, der zu den ganz großen Stars der Filmleinwand zählte, vor der Kamera. Die beiden Filmpartner hätten unterschiedlicher nicht sein können: Neben dem kräftigen, männlichen »Hoppla-jetzt-komme-ich!«-Typen Hans Albers wirkte der kleine Rühmann erst recht wie ein Pennäler. Albers' Faulheit und Textunsicherheit beim Drehen waren in Filmkreisen Legende. Rühmann hingegen lehnte es ab, sich »Neger« – große Papptafeln, auf denen die Textpassagen der jeweiligen Szene geschrieben standen – aufstellen zu lassen. Seine Rollen beherrschte er aus dem Effeff – selbst wenn er in der Nacht zuvor ausgiebig gefeiert hatte. Das kam bei Rühmann nun immer öfter vor. Mit Theaterfreunden und Kollegen vom Film stieß er auf jede Gelegenheit an, die sich bot: eine gelungene Vorstellung, eine Premiere, ein neuer Filmvertrag. Nicht selten soll Rühmann am Ende solcher Trinkgelage in den Armen einer Frau gelandet sein – Maria Bernheim, seine eigene, war ja meist weit weg in München.

Zu Rühmanns neuen Freunden zählte seit 1932 auch Ernst Udet, der Fliegerheld aus dem Ersten Weltkrieg. 62 Luftsiege und der Pour le Mérite, die höchste Kriegsauszeichnung des Kaiserreichs, hatten den Piloten zu einer lebenden Legende gemacht. Kein Wunder, dass ihn Rühmann, der Flugenthusiast, glühend verehrte. In Udets Junggesellenbude in der Pommerschen Straße 4 nahe dem Hohenzollerndamm fand sich in jenen Tagen eine seltsame Runde ein: Der Schriftsteller Carl Zuckmayer und der Lyriker Joachim Ringelnatz gehörten ebenso zu den Bewunderern Udets wie der Boxweltmeister Max Schmeling und die berühmte Fliegerin Elly Beinhorn. »Ernst Udet, einige Jahre älter als ich, war mir schon in frühen Jahren ein Vorbild«, beschrieb Heinz Rühmann die Männerfreundschaft im Rückblick. »Wir lernten uns Anfang der dreißiger Jahre auf einem Faschingsball im Regina-Hotel in München kennen. Ich hörte, dass er im Saal sei, ging wie selbstverständlich in seine Loge und grüße ihn wie einen alten Freund. Ich, der ich mich sonst aus Hemmungen lieber absonderte! Aber so war das mit uns. Zwei, die sich gesucht und gefunden hatten.«

> *Weihnachten, Ostern, Pfingsten und alle anderen Feiertage zusammengerechnet, würden nicht ausreichen, meine Erregung begreifen zu lassen. Mein Kindertraum war im Sommer 1931 in Erfüllung gegangen. Da stand sie, meine kleine Klemm, funkelnagelneu, glitzernd im Sonnenlicht! Wie hätte ich mich gefreut, als ersten Fluggast die Mutter mitnehmen zu können, wie ich es ihr so oft versprochen hatte.*
> Heinz Rühmann über sein erstes Flugzeug

Udet und Rühmann verabredeten sich fortan häufig zu Flugtouren. Dabei gab stets Udet das Ziel vor und bestimmte den Ablauf: »Wir besuchen erst eine Freundin von mir, die am Englischen Garten wohnt, zwei, drei Ehrenrunden, aber nicht zu tief, sonst fallen ihr die Tassen vom Tisch! Dann zurück, machen überm Platz etwas Kunstflug, du fliegst mir jede Figur nach, nur am Schluss, wenn ich durch die Halle fliege, kannste draußen bleiben, wir treffen uns in der Kantine. Servus, Kleiner!« Rühmann war dem tollkühnen Fliegerhelden hoffnungslos ergeben. Seine Wohnung an der Salzbrunner Straße in Berlin-Wilmersdorf richtete er nach dessen Vorbild ein. Im »Fliegerzimmer« hingen etliche Fotos, die Rühmann und Udet in Fliegermontur vor ihren Maschinen zeigten. Seinen Traum vom eigenen Flugzeug hatte sich Rühmann im Sommer 1931 erfüllt: eine Klemm 25, die ihm die Testfliegerin Elly Beinhorn vom Werk in Böblingen nach Berlin überführte. Im Mai 1932 erwarb er eine De Havilland D. H. 60 Moth – von Rühmann liebevoll »Motte« genannt. Udet flog die gleiche Maschine. Als die Ufa im Januar 1932 endlich einen Jahresvertrag mit Rühmann abschloss und ihm die bislang höchsten Gagen seiner Karriere zusicherte, hatte Rühmann finanziell ausgesorgt. Seine Zukunftsaussichten waren blendend. Allein die politische Lage gab Anlass zur Sorge.

Am 14. September 1930, einen Tag vor der Premiere von »Die Drei von der Tankstelle«, hatten die Nationalsozialisten bei der Reichstagswahl ein sensationelles Ergebnis erzielt. Während mit Rühmann ein neuer Stern am Kinohimmel aufging, verhieß Hitlers Erscheinen auf der politischen Bühne Düsternis. Am 22. Februar 1932 verkündete Joseph Goebbels, Gauleiter der NSDAP in Berlin: »Hitler wird unser Reichspräsident!« Die Amtszeit des amtierenden Reichspräsidenten Hindenburg lief nach sieben Jahren aus – verbissen rang Hitler um Wählerstimmen. Bei ihrem Wahlkampf mobilisierten die Nationalsozialisten alle Kräfte und setzten modernste Mittel ein: »Hitler über Deutschland« hieß die Kampagne, bei der der Herausforderer

»Sie hat mir sehr geholfen«: Heinz Rühmann 1932 in Fliegermontur mit seiner ersten Frau Maria Bernheim

»Zwei, die sich gesucht und gefunden hatten«: Mit dem Fliegerass Ernst Udet verband Rühmann eine enge Freundschaft

> Ich habe damals mit rasch hingeworfenen Worten die Gefahr bagatellisiert. Es war meine Überzeugung, dass dieser Spuk rasch verfliegen werde. Ich war Schauspieler, sonst nichts.
>
> Heinz Rühmann

mit dem Flugzeug von Ort zu Ort eilte, um zu Hunderttausenden zu sprechen.

Rühmann, der in dieser Zeit zu sehr mit seiner eigenen Karriere beschäftigt war, um sich um den Aufstieg Hitlers zu kümmern, interessierte sich eher wenig für Politik. Eine – wahrscheinlich erfundene – Episode berichtet von Rühmann als Wahlkämpfer für die demokratischen Kräfte. So soll Rühmann mit einer Klemm 25 über den umkämpften Arbeiterbezirken Berlins Flugblätter abgeworfen haben, die für Hindenburg warben. Tatsächlich hätte Heinz Rühmann gute Gründe gehabt, die Nationalsozialisten zu fürchten: Maria Bernheim, seine Frau, war Jüdin; die antisemitischen Hetzreden der Nationalsozialisten ließen – zu Recht – das Schlimmste befürchten. Doch Tatsache ist, dass sich Rühmann wenig Gedanken um die politische Zukunft seines Landes machte. Er selbst hat seine damalige Haltung, die für seine Frau sehr verletzend gewesen sein muss, niemals beschönigt: »Maria hatte als Jüdin mehr Grund als ich, besorgt zu sein. Sie hat schon sehr früh, zur Zeit, da wir uns kennen lernten (Hitlers Wirken in München hatte sie sehr erschreckt), die Gefahr erkannt, die aus dieser ›Bewegung‹ kommen musste. Ich habe damals mit rasch hingeworfenen Worten die Gefahr bagatellisiert. Nicht nur, um sie zu beruhigen, sondern weil es meine Überzeugung war, dass dieser Spuk rasch verfliegen werde. Ich war Schauspieler, sonst nichts. Ich war erfolgreich.«

In der Tat folgte jetzt ein Film dem anderen. 1932 stand Rühmann mit dem blonden Leinwandstar Lilian Harvey in dem Film »Ich und die Kaiserin« vor der Kamera. Eigentlich sah das Drehbuch vor, dass die schöne Lilian diesmal Heinz Rühmann in die Arme sinken sollte. Harvey spielte die Fri-

> *»Was?? Ich krieg' den Rühmann? – Der ist ja noch ein ganz junger Schauspieler! Mit dem kann eine Harvey plänkeln, aber den heiratet sie doch nicht! Ich bin der Star – ich muss doch selbstverständlich den Star kriegen. ... Wer ist der Star? Der Zuschauer oder ich? Abbrechen! Sofort die Aufnahmen abbrechen!« Ich fühlte den Boden des Ateliers unter mir wanken. Wo ist Pommer? Wo ist unser Produzent? »Pommer wird dir auch nicht helfen! Ich mach' den ganzen Film nicht, wenn ich den Veidt nicht kriege!«*
>
> Friedrich Hollaender, Regisseur und Filmkomponist

»Was, ich krieg den Rühmann?«: Nach Protesten von Lilian Harvey musste das Drehbuch des Films »Ich und die Kaiserin« umgeschrieben werden

seuse einer Kaiserin, die irrtümlich für ihre Herrin gehalten wird und das Herz eines schönen Marquis erobert, sich aber am Ende aber doch für den kleinen Kapellmeister – gespielt von Heinz Rühmann – entscheiden sollte. Als die Filmdiva während der Dreharbeiten – 2000 Meter Zelluloid waren bereits abgedreht – realisierte, dass sie nicht den Marquis, sondern den Kapellmeister abkriegen sollte, bekam sie einen hysterischen Anfall und drohte die Filmarbeiten umgehend abzubrechen. Der Regisseur Friedrich Hollaender gab zähneknirschend nach: Das Drehbuch wurde umgeschrieben, der kleine Kapellmeister ging am Ende leer aus. Als »Ich und die Kaiserin« am 22. Februar 1933 im Gloria-Palast uraufgeführt wurde, fiel der Film gnadenlos durch. Das lag nicht etwa am bizarren Handlungsverlauf. Für die neuen Machthaber, die seit dem 30. Januar 1933 in Deutschland den Ton angaben und nun in ihren braunen Hemden in den ersten Reihen saßen, war der Film schlichtweg ein »Machwerk von Juden«. »Wie ich auf den Kurfürstendamm hinaustrete«, erinnerte sich später Friedrich Hollaender an den Premierenabend, »schlägt mir jemand von hinten auf den Kopf.« Hollaender war Jude.

Er verstand die Zeichen. Wenig später emigrierte er mit seiner Familie nach Paris. Auch Conrad Veidt, der im Film den schönen Marquis gegeben hatte und mit einer Jüdin verheiratet war, floh nach England.

Hitlers Machtergreifung stellte auch Heinz Rühmann vor eine schwierige Situation. Als Ehemann einer Jüdin konnte er die Hasstiraden der Nationalsozialisten gegen die jüdische Bevölkerung nicht ignorieren. Andererseits kam es ihm nicht in den Sinn, wie seine Kollegen Veidt und Hollaender – und viele andere mehr – das Land zu verlassen, in dem er gerade zum Star avancierte. Joseph Goebbels, der am 13. März 1933 von Hitler zum »Reichsminister für Volksaufklärung und Propaganda« ernannt worden war, nahm sich persönlich der »Förderung der Filmindustrie« an; Ufa-Generaldirektor Ludwig Klitsch bekundete gehorsamst die »Bereitwilligkeit seiner Mitarbeiter«.

Auch Heinz Rühmann war bereit, im NS-Staat weiterhin Filme zu drehen. Schon im Frühjahr 1933 arbeitete der Schauspieler an seinem nächsten Kinohit, »Heimkehr ins Glück«, der im August desselben Jahres – ohne Beanstandung – in die Lichtspielhäuser kam. »Drei blaue Jungs, ein blondes Mädel« mit Heinz Rühmann in einer der Hauptrollen lief nur zwei Monate später. Der Film knüpfte an »Die Drei von der Tankstelle« an: Zwei Matrosen verlieben sich in dasselbe Mädchen, ihre Freundschaft zerbricht. Erst als der eine dem anderen das Leben rettet, finden die beiden Männer wieder zusammen, während sich ihr »Mädel« für einen Dritten entscheidet.

Rühmann glaubte sicher, harmlose Unterhaltungsstreifen zu drehen. Doch tatsächlich passten seine Filme Hitlers Propagandachef ins Konzept: Nicht emotionale Liebe, sondern Treue, Heldenmut und Kameradschaft wurden da beschworen – das entsprach genau dem neuen Denken. Platte Propagandastreifen wie etwa »SA-Mann Brand« lehnte Goebbels hingegen ab, weil er sie für allzu durchschaubar hielt. Um die braune Ideologie zu bemänteln, kamen ihm Unterhaltungsfilme mit Stars wie Heinz Rühmann gerade recht.

Wenn ich an jene Zeit zurückdenke, darf ich zu meiner Beruhigung sagen, dass ich keinen Film gemacht habe, dessen ich mich gesinnungsmäßig zu schämen hätte. Ich habe in keinem Film mitgewirkt, der parteipolitische Tendenzen vertrat. Das war gar nicht so leicht, wie man heute glauben möchte, denn Goebbels, der Schirmherr des Films, und seine »Reichsfilmkammer« wachten über unser Tun und Treiben.
Heinz Rühmann

Drei weitere Filme drehte Rühmann 1933, sechs im Jahr darauf. Die Höhe seiner Gagen schnellte im gleichen Maße nach oben wie seine Popularität. »Rühmann ist nicht zufällig in den Jahren des Nationalsozialismus so berühmt geworden«, schreibt der Rühmann-Biograph Fred Sellin. »Er war genau das, was die Machthaber auf der Leinwand sehen wollten: ein Mann, mit dem sich viele Menschen identifizieren konnten, der ›kleine Mann von der Straße‹, der sich irgendwie durchschlägt und alle Probleme in den Griff bekommt, auch wenn die Zeiten hart sind.«

In der Wirklichkeit waren die Probleme für den Filmstar allerdings nicht so leicht zu lösen. Das Terrorregime hatte ein Gesetz erlassen, das jeden Filmschaffenden zwang, Mitglied in der »Reichsfilmkammer« zu werden. Aufgenommen wurden jedoch nur Künstler mit einwandfrei »arischem« Hintergrund. Ziel von Goebbels war es, alle Juden aus dem Kunst- und Kulturleben zu verbannen und die Filmindustrie vollständig zu kontrollieren. Auch Heinz Rühmann erhielt ein Aufnahmeformular der Reichsfilmkammer. Der Fragebogen enthielt diverse Fragen zur politischen und religiösen Zugehörigkeit. Rühmann wusste, was von der Aufnahme in die Reichsfilmkammer abhing: Würde er als Mitglied abgelehnt, so wäre seine Karriere beendet gewesen. Also gab er in der Spalte »Mitgliedschaft in der NSDAP« vor, er sei »Mitglied des Kampfbundes« gewesen. Dieser Eintrag sollte nach 1945 für reichlich Wirbel sorgen. Tatsächlich sei er niemals dem »Kampfbund« beigetreten, sondern habe dies nur angegeben, um sich und seine Frau zu schützen, sagte er später vor dem Entnazifizierungsausschuss aus. Auch in der Spalte »Religionszugehörigkeit der Frau« nahm es Heinz Rühmann mit der Wahrheit nicht so genau. »Seit 1917 keiner Religionsgemeinschaft angehörig« stand da zu lesen, was keinesfalls den Tatsachen entsprach. Doch Rühmann hatte Glück – sein Antrag ging anstandslos durch. Am 7. Oktober 1933 wurde sein Eintritt in die Reichsfilmkammer registriert; Rühmann erhielt die Mitgliedsnummer 1357. Ob sich bei der Vielzahl der damals gestellten Anträge niemand die Mühe machte, seine Angaben zu überprüfen oder es sich bei einem so berühmten Filmstar wie Heinz Rühmann nur um eine Pro-forma-Befragung handelte, ist bis heute nicht endgültig geklärt.

An Filmangeboten mangelte es dem beliebten Komiker im »Dritten Reich« nicht. Bis zu fünf Filme pro Jahr drehte Heinz Rühmann bis 1939, daneben spielte er nach wie vor am Deutschen Theater Berlin und trat in den Münchner Kammerspielen auf. Doch auf Dauer ließ sich Marias jüdische Herkunft nicht verheimlichen. Als Ehepartner einer so genannten »Misch-

> *»Er habe in dem Fragebogen der damaligen Reichsfilmkammer angegeben, Mitglied des ›Kampfbundes‹ zu sein, weil er glaubte, dort nicht aufgenommen zu werden, falls er nicht irgendeiner nationalsozialistischen Organisation angehörte, besonders da er mit einer Volljüdin verheiratet war. Er habe diese Frage mit seiner früheren Frau erörtert. Andere Zeugen für diese Tatsache gebe es nicht.«*
> Protokoll einer Entnazifizierungssitzung Rühmanns, 1946

ehe« sah sich auch ein Filmstar wie Rühmann zunehmend Anfeindungen ausgesetzt. »Heinz Rühmann und Albert Lieven sind mit Jüdinnen verheiratet«, hetzte am 28. August 1935 das Propagandablatt der SS, *Das Schwarze Korps*. »Ist es nun ein Mangel an Taktgefühl oder Klugheit, wenn sich einer dieser Künstler bei nationalsozialistischen Veranstaltungen ein bisschen gar zu auffällig in den Vordergrund drängt?« Solche Denunziationen blieben für Rühmann nicht ohne Folgen. Als die NS-Kulturgemeinde in Remscheid im Herbst 1935 ein Gastspiel mit dem Mimen plante, wurde sie vom »Kulturpolitischen Archiv der NS-Kulturgemeinde« in Berlin schriftlich gewarnt: »Rühmann ist einer unwidersprochen gebliebenen Meldung des *Schwarzen Korps* zufolge mit einer Jüdin verheiratet und daher für die NS-Kulturgemeinde nicht tragbar.« In Oldenburg verhinderten lokale SS- und SA-Gruppen den Auftritt des berühmten Schauspielers, indem sie Ankündigungsplakate mit der Aufschrift »Ist mit einer Jüdin verheiratet« überklebten.

Immer mehr empfand Heinz Rühmann seine Ehe mit Maria Bernheim, die ohnehin nur noch auf dem Papier bestand, als Belastung. Längst hatten sich die beiden Ehepartner, die einander wohl nie in tiefer Leidenschaft verbunden gewesen waren, auseinander gelebt. Die räumliche Trennung München–Berlin hatte ihr Übriges getan, um Maria und Heinz zu entfremden. Rühmann war sich bewusst, was er Maria zu verdanken hatte. In den vergangenen neun Jahren ihrer Ehe hatte sie ihm stets den Rücken gestärkt, sein Leben organisiert und ihn in seiner künstlerischen Entwicklung unterstützt. Wenn er sich jetzt von ihr trennte, bedeutete dies, Maria großer Gefahr auszusetzen. Noch schützte seine Popularität sowohl ihn als auch seine Frau. Doch wie lange noch? Was, wenn seine Ehe mit einer Jüdin schließlich das Ende seiner Karriere bedeutete? Der Druck auf Rühmann wurde immer größer.

Als sich der Schauspieler 1936 bei den Dreharbeiten zu dem Lustspiel

»Von Anfang an fasziniert«: Rühmann und seine Filmpartnerin Leny Marenbach aus dem Streifen »Wenn wir alle Engel wären« wurden auch privat ein Paar

»Wenn wir alle Engel wären« in seine Filmpartnerin Leny Marenbach verliebte, schien der Bruch mit Maria Bernheim unausweichlich. Sicher hatte Heinz Rühmann auch in den vergangenen Jahren seiner Ehe hin und wieder Techtelmechtel gehabt. Doch mit Leny Marenbach war die Sache ernster. Gemeinsam mietete das Paar eine Wohnung in Berlin-Grunewald. Selbstverständlich war auch Maria Bernheim über die außereheliche Beziehung im Bilde. Von Heimlichtuerei hielt Heinz Rühmann nichts. Ohnehin wussten nur die wenigsten, dass Heinz Rühmann verheiratet war. Da sich Rühmanns Ehefrau seit Hitlers Machtergreifung immer häufiger in Wien aufhielt, wo sie sich vor Anfeindungen gegen Juden sicherer fühlte, war sie in Berlin beinahe unbekannt. In den seltenen Fällen, bei denen Maria ihren berühmten Mann in der Öffentlichkeit begleitete, kam kaum jemand auf die Idee, dass es sich bei der eher mütterlich wirkenden Frau um Rühmanns Gattin handelte. Leny Marenbach hingegen, die wie Rühmann aus Essen stammte, wirkte mit ihren 28 Jahren frisch und sprühend. Die selbstbewusste junge Frau, die nicht wie zahllose andere Verehrerinnen Rühmann kritiklos anhimmelte, faszinierte den Star von der ersten Begegnung an. Die Beziehung

> *Goebbels hatte sich für private Einzelheiten interessiert, aber als ich ihm auf die Frage: »Hängen Sie denn noch an dieser Frau, ist Ihre Ehe noch gut?«, antwortete: »Herr Minister, ich verdanke meiner Frau alles. Sie hat mich zu dem gemacht, was ich bin!«, war seine Anteilnahme erschöpft, und er entließ mich mit einem kühlen »Machen Sie sich mit dem Gedanken vertraut, dass es über kurz oder lang zu einer Trennung kommen muss!«*
> Heinz Rühmann

der beiden verlief stürmisch – auch dies ganz im Gegensatz zu Rühmanns Ehe mit Maria. Leny Marenbach galt als exaltiert und temperamentvoll, ehrgeizig und willensstark. Bald schon sprach Rühmann von Heirat. Doch davor stand die Scheidung von Maria.

Ende 1936 ersuchte der Schauspieler Propagandaminister Joseph Goebbels höchstpersönlich um einen Ausweg aus seinem Dilemma. »Heinz Rühmann klagt uns sein Eheleid mit einer Jüdin. Ich werde ihm helfen. Er verdient es, denn er ist ein ganz großer Schauspieler«, lautete dessen Tagebucheintrag am 6. November 1936. Goebbels schätzte den »kleinen Mann« – seine Filme kamen beim Publikum an, unterhielten es und lenkten es ab von den Schattenseiten des NS-Regimes. »Rühmann übertrifft sich selbst. Ich bin begeistert«, notierte er bestens gelaunt nach der Uraufführung des Lustspiels »Wenn wir alle Engel wären« in sein Tagebuch. »Auch der Führer ist begeistert«, hieß es eine Woche später darin. Der Film erhielt das Prädikat »staatspolitisch besonders wertvoll« – die Diktatur belohnte Filme, die der Welt zeigen sollten, dass man »im neuen Deutschland wieder lachen kann«. Auf ein so berühmtes Zugpferd wie Heinz Rühmann wollte der gewiefte Propagandaminister nicht verzichten. Dennoch konnte auch Goebbels nicht verhindern, dass sich wenig später ein Leitartikel des *Schwarzen Korps* erneut mit Rühmanns Ehe befasste: »Heinz Rühmann, führender Mann in Theater und Film, ist immer noch mit einer Jüdin verkuppelt und nicht bereit, Konsequenzen zu ziehen.«

Rühmann wandte sich schließlich an Gustaf Gründgens, Regisseur und Intendant des Staatstheaters in Berlin. Gründgens, der wiederum mit Emmy

---

»Auch der Führer ist begeistert von dem Frölich-Film ›Wenn wir alle Engel wären‹.«
Goebbels, Tagebuch, 11. Oktober 1936

»Es ist bezaubernd, wie dieser Schauspieler den drolligen kleinen Bürohengst in allen Gangarten der Subalternität vorführt.«
Deutsche Allgemeine Zeitung, 11. Oktober 1936

Sonnemann, Schauspielerin und Ehefrau Hermann Görings, befreundet war, vermittelte Rühmann einen Termin beim »Reichsmarschall« in dessen Prunksitz »Karinhall«: »Ich war für zehn Uhr dreißig bestellt, musste aber warten, bis ich in das Empfangszimmer gebeten wurde, wo Göring hinter einem gewaltigen Schreibtisch saß«, schilderte Rühmann die Begegnung in seinen Memoiren. »Das Gespräch verlief ohne Floskeln. Göring kam schnell zur Sache und empfahl mir: Sehen Sie zu, dass Ihre Frau einen neutralen Ausländer heiratet. Das ist die einfachste Lösung. Meinen Segen haben Sie.«

Nach Rühmanns Unterredung mit Göring ging alles sehr schnell. Tatsächlich gebot die Situation für sämtliche noch in Deutschland lebenden Juden Eile: Im August 1938 zwang das Terrorregime die jüdische Bevölkerung, den Vornamen »Sara« beziehungsweise »Israel« zu führen; im Oktober wurde allen Juden der Buchstabe »J« leuchtend rot in den Reisepass gestempelt. Etwa gleichzeitig wurde Heinz Rühmann erneut wegen seiner Ehe mit Maria Bernheim unter Druck gesetzt. Die Postille *Der SA-Mann* fragte bei der Reichskulturkammer an, warum er immer noch in Deutschland filmen dürfe, obwohl er mit einer Jüdin verheiratet sei. Das Amtsgericht Berlin verurteilte den Filmstar zu einer Geldstrafe von 500 Reichsmark, weil er das Vermögen seiner Frau nicht ordnungsgemäß gemeldet hatte. »Der Ring um mich zog sich immer enger«, schrieb Rühmann im Rückblick. »Systematisch versuchte man, mir das Wasser abzugraben. Das war am einfachsten dadurch zu erreichen, dass man mich blockierte. Das hieß, man bot mir keine Filmverträge mehr an.« Auch wenn Rühmann die Denunziationen und Anfeindungen als bedrohlich empfunden haben mag – Auswirkungen auf seine Karriere hatten sie eigentlich keine. Rühmann stand wegen seiner Ehe mit einer Jüdin keinesfalls auf der »Abschussliste«, wie er es einmal bezeichnete. Obwohl er aus der Reichsfilmkammer ausgeschlossen wurde, durfte er mit einer Sondergenehmigung weiterhin Filme drehen. 1936 liefen neben »Wenn wir alle Engel wären« drei weitere Kinohits an; 1937 waren es drei Filme – darunter »Der Mustergatte«, der für Rühmann zu einem seiner größten Erfolge werden sollte.

Als im März 1938 deutsche Truppen in Österreich einmarschierten, war Rühmanns Ehefrau auch in Wien nicht mehr sicher. Ihr Bruder Otto Bernheim, der für Rühmann als Manager gearbeitet hatte, bis ihn die Nazis mit Berufsverbot belegten, emigrierte noch im selben Jahr nach England. Görings Vorschlag, Maria mit einem neutralen Ausländer zu verheiraten, wurde nun endlich in die Tat umgesetzt. Rolf von Nauckhoff, ein in Stockholm geborener Schauspieler, der seit langem in Deutschland lebte und mit den Rüh-

> **Da ich in einer derartigen Situation meiner Frau nicht mehr genügend Schutz und Sicherheit bieten konnte, ließ ich mich scheiden.**
> Aussage Rühmanns in seinem Entnazifizierungsverfahren, 1946

> **Es gehen so viele Ehen in die Binsen, und da redet kein Mensch drüber. Rühmann hat seine Frau trotz der Scheidung geschützt und dafür gesorgt, dass sie in Sicherheit kam.**
> Bruni Löbel, Schauspielerin

manns befreundet war, schien der geeignete Kandidat für die Scheinehe mit Maria zu sein. Nachdem die Details besprochen waren und der »Preis« für die Scheinehe ausgehandelt – ein schicker Sportwagen und ein größerer Geldbetrag –, wurde die Ehe von Heinz und Maria Rühmann, geborene Bernheim, am 19. November 1938 am Landgericht Berlin geschieden. Zehn Tage zuvor hatten braune Horden, aufgehetzt von Propagandaminister Joseph Goebbels, in der »Kristallnacht« jüdische Geschäftshäuser und Synagogen angezündet, über 20 000 Juden misshandelt, geschlagen und in Konzentrationslager verschleppt, hunderte ermordet.

Die Eheschließung Marias mit Rolf von Nauckhoff fand am 2. Mai 1939 statt. Sie erhielt die schwedische Staatsbürgerschaft und war so vorerst vor dem Zugriff des NS-Regimes geschützt. Die Scheidung von seiner jüdischen Frau hat Heinz Rühmann nach 1945 ins Zwielicht gerückt: Trennte er sich von Maria Bernheim, um seine Karriere nicht zu gefährden? Schob er seine jüdische Ehefrau herzlos nach Schweden ab, als sie in Gefahr war? »Ich habe die Ehe, um meine Frau zu schützen, bis 1938 aufrechterhalten«, rechtfertigte sich der Schauspieler vor der Entnazifizierungskommission. »Da ich in einer derartigen Situation meiner Frau nicht mehr genügend Schutz und Sicherheit bieten konnte, ließ ich mich scheiden. ... Meine Frau hatte jetzt die Möglichkeit, einen Schweden... zu heiraten; sie wurde Schwedin.« Tatsächlich hätte sich Rühmann viel früher von Maria Bernheim trennen können – die Ehepartner liebten sich längst nicht mehr. Wahrscheinlich gab schließlich nicht nur der zunehmende Druck von außen den Ausschlag zur Scheidung, sondern auch Rühmanns Liebesbeziehung zu Leny Marenbach.

Dennoch musste sich der Schauspieler nach 1945 die Kritik gefallen lassen, dass andere Künstler – im Gegensatz zu ihm – während der NS-Diktatur zu ihren jüdischen Ehepartnern standen. Hans Moser beispielsweise lehnte es strikt ab, sich von seiner jüdischen Frau Blanca zu trennen. »Mein Führer! Ich lebe mit meiner Frau seit 25 Jahren in glücklichster Ehe. Ich bin vollkommen arischer Abstammung, während meine Frau Jüdin ist«, wandte er sich in einem persönlichen Schreiben an Hitler. »Die für Juden geltenden Ausnahmegesetze behindern mich außerordentlich, insbesondere zermürben sie mich seelisch, wenn ich ansehen muss, wie meine Frau, die so viel

Gutes für mich getan hat, dauernd abseits stehen muss. ... Ich bitte Sie deshalb inständigst, meiner Gattin die für Juden geltenden Sonderbestimmungen gnadenweise zu erlassen, insbesonders von der Eintragung des ›J‹ in ihrem Pass und von der Führung des ihr auferlegten jüdischen Vornamens zu befreien.« Der Mut Mosers wurde nicht bestraft: Zwar gewährte ihm Hitler nicht den erbetenen Schutz für seine Frau, doch gelang es ihm, Blanca zunächst nach Zürich, später nach Budapest in Sicherheit zu bringen, wo er sie bis 1945 regelmäßig besuchte.

Auch der prominenteste Filmstar in diesen Jahren, Hans Albers, war von antisemitischen Aktionen betroffen, die gegen seine Lebensgefährtin und spätere Ehefrau Hansi Burg gerichtet waren. Auch er lehnte es ab, sich von ihr zu trennen, nur weil sie Jüdin war, und entzog sich dem Regime weitgehend – ohne Folgen.

Doch stellte die Scheidung der Rühmanns und Marias Scheinehe mit einem Schweden für alle Beteiligten damals wohl die beste Lösung dar. Marias Leben war nun nicht mehr unmittelbar bedroht. Auch Heinz Rühmann zog aus der Trennung Vorteile: Am 18. Januar 1939 entschied Propagandaminister Joseph Goebbels: »Hiermit verfüge ich aufgrund der Tatsache, dass Heinz Rühmann rechtskräftig geschieden ist, seine Wieder-

»Kleines Haus am See«: Rühmann im Garten seiner Villa am Kleinen Wannsee in Berlin

aufnahme in die Reichsfilmkammer. Rühmann ist die Mitgliedskarte zuzustellen.« Ganz unten fügte er dem Schreiben hinzu: »Von Judenliste streichen.«

Noch im Jahr seiner Scheidung, 1938, beschloss Heinz Rühmann, sein bisheriges Nomadenleben aufzugeben und ein Haus zu erwerben. Bei einem Spaziergang am Wannsee war ihm ein »kleines, nach schwedischem Muster gebautes Haus« aufgefallen – für das sich auch sein berühmter Kollege Hans Albers interessierte. Das »kleine Haus« war in Wirklichkeit eine beachtliche Villa mit großem Gartengrundstück und privatem Zugang zum See. Über einen Freund und Mittelsmann gelang es Rühmann, die Immobilie für 100 000 Reichsmark zu erwerben – was weit unter dem Verkehrswert lag. Doch die Besitzerin, Helene Jandorf, war Jüdin und 1937 nach Den Haag ausgewandert. Rühmann schien wegen der Notlage der Hausbesitzerin und des Schleuderpreises keinesfalls ein schlechtes Gewissen zu haben. Glücklich und verliebt bezog er mit Leny Marenbach das neue Heim »Am Kleinen Wannsee 15«. Bald schaukelte am eigenen Bootssteg ein nagelneues Motorboot aus edlem Mahagoniholz, ließ sich der Filmstar als stolzer Hausbesitzer in seinem Garten ablichten.

Der Beziehung zu Leny jedoch brachte das neue Haus auf Dauer kein Glück: Es kriselte – Anfang 1939 zog Leny Marenbach aus. Lag es an der attraktiven Kollegin Hertha Feiler, die Rühmann bei den Dreharbeiten zum Film »Lauter Lügen« kennen gelernt hatte, bei dem er zum ersten Mal auch Regie führte? Die zweiundzwanzigjährige »zierliche Wienerin mit kirschförmigen Gesicht, lustig und listig, gescheit, unaufdringlich, überlegen, nicht mondän, aber mit liebem, sozusagen melodischem Charme«, bezauberte Rühmann wohl vom ersten Augenschein an. Doch weil Hertha kurzfristig als Ersatz für Lida Baarovà – Goebbels' Geliebter, von der er sich auf Hitlers Befehl trennen musste – in »Männer müssen verrückt sein« besetzt wurde, verging fast ein Jahr, bis sich Rühmann und Feiler wiedersahen. Dann ging alles sehr schnell. Am 1. Juli 1939 heirateten die beiden in Berlin-Wannsee. Auf den erhaltenen Hochzeitsfotos sieht man eine ausgelassen-fröhliche Hertha Feiler, einen glücklichen Heinz Rühmann – und, neben dem Brautpaar, eine freundlich lächelnde Maria Bernheim! Die Ex-Gattin des Filmstars hegte keinen Groll gegen Rühmann – im Gegenteil. Auch nach der Trennung blieben Maria und Heinz freundschaftlich verbunden. Heinz Rühmann sorgte für

Meiner geschiedenen Frau verdanke ich sehr viel, ich profitierte von ihrer geistigen Beweglichkeit, sie stärkte mein Selbstvertrauen und beschaffte mir als Anfänger Engagements. Sie ist auf meiner Hochzeit mit Hertha Feiler gewesen.
Heinz Rühmann

»Weiter freundschaftlich verbunden«: Maria Bernheim (rechts) auf der Hochzeit von Rühmann mit Hertha Feiler (2. v. links)

seine Ex-Frau, die bis 1943 in Berlin blieb, und schickte ihr auch nach ihrer Auswanderung nach Schweden regelmäßig Geld.

Für Schauspieler und Kinostars wie Heinz Rühmann bedeutete der Kriegsausbruch am 1. September 1939 zunächst einmal steigende Zuschauerzahlen. Die Menschen strömten förmlich in die Lichtspieltheater, um sich via Film von den Alltagssorgen ablenken zu lassen. Während die Welt um sie herum in Flammen stand, Millionen auf den Schlachtfeldern und in Konzentrationslagern starben, das Antlitz Europas unersetzlichen Schaden nahm, sorgten Heinz Rühmann und seine Kollegen auf Leinwand und Bühne für gute Laune. Viele Stars, so scheint es, waren so mit sich und ihrer Arbeit beschäftigt, dass sie das politische Geschehen um sich herum kaum wahrnahmen – oder es nicht wahrnehmen wollten. »Wir Künstler, gewohnt, von einer Premiere zur nächsten zu denken, von einem Film zum nächsten, hatten kaum mitgekriegt, was sich auf politischer Ebene abspielte«, rechtfertigte sich einmal die Filmschauspielerin Lil Dagover. Auch Heinz Rühmann blendete die Realität aus, schottete sich ab in den Filmstudios von Babelsberg und seiner Villa am Wannsee.

»Meinen Segen haben Sie«: Rühmann unterhält sich während eines Künstlerempfangs im März 1937 mit Hermann Göring

»Der Preis des Ruhms«: Heinz Rühmann erhält am »Tag der nationalen Solidarität« einen Obulus von Adolf Hitler, 1937

> *Als der Film herauskam, dichtete irgendein Mensch in einer Berliner Zeitung eine Parodie darauf, die lautete: »Das kann den Ersten Seelord nicht erschüttern.« Es war ein gehässiger Text, der auf Winston Churchill gemünzt war. Und nun kam eine Weisung des Propagandaministeriums, Rühmann solle diesen Text auf Schallplatten oder im Rundfunk singen. Ich weiß nicht mehr genau, wie wir uns damals geholfen haben, ob Rühmann sich krankschreiben ließ oder was er sonst unternahm. Auf jeden Fall hat er diesen schäbigen Text nicht gesungen.*
> Alf Teichs, Filmproduzent

Das Propagandaministerium verstand es geschickt, die Popularität der Stars für seine Zwecke einzusetzen. So wurden prominente Schauspieler für Sammelaktionen wie das »Winterhilfswerk« verpflichtet. Für Künstler im »Dritten Reich« war es nur schwer möglich, sich einer solchen Veranstaltung zu entziehen – die zuständige Kammer übte massiven Druck aus. Auch Heinz Rühmann musste immer wieder mit der Sammelbüchse scheppern. Einmal erhielt er sogar von Hitler persönlich eine Spende – was als besondere Auszeichnung galt. Die bei solchen Gelegenheiten entstandenen Fotos von Hitler und seinem Star Rühmann suggerierten eine enge Verbundenheit des Schauspielers mit dem Regime – der Preis für den Starruhm in der NS-Diktatur. Auch für den 1940 produzierten Propagandafilm »Wunschkonzert« ließ sich Heinz Rühmann einspannen. Rühmanns berühmtes Lied »Das kann doch einen Seemann nicht erschüttern« aus dem Film »Paradies der Junggesellen« erklang darin in neuer Textversion: »Das wird den Ersten Seelord doch erschüttern, lügt er auch, lügt er auch wie gedruckt«, schmetterte Rühmann mit seinen Filmpartnern Hans Brausewetter und Josef Sieber. Gemeint war Winston Churchill, britischer Premierminister und vormals Erster Seelord. Hatte sich auch Heinz Rühmann von der Kriegsbegeisterung und den »Blitzsiegen« der ersten Kriegsjahre anstecken lassen? Oder tat er nur, was das Regime von ihm verlangte?

Brachte ihm seine Beteiligung am »Wunschkonzert« noch das Lob des Propagandaministers ein, so hieß es am 7. April 1940 in Goebbels' Tagebuch: »Rühmann benimmt sich reichlich unverschämt. Ich lasse ihn verwarnen.« Was war geschehen? Bei einer Reise nach Dänemark hatte Rühmann »das Feld nach einer Arbeitsmöglichkeit« für sich und seine Frau sondiert, wie er 1946 zu Protokoll gab. Grund dafür war Hertha Feilers »nichtarische« Abstammung – nach den Gesetzen der Nationalsozialisten galt sie wegen

»Das wird den Ersten Seelord doch erschüttern, lügt er auch, lügt er auch wie gedruckt«:
Rühmann singt mit Hans Brausewetter (links) und Josef Sieber (rechts)

ihres jüdischen Großvaters als »jüdischer Mischling zweiten Grades«. Rühmanns Auswanderungsabsichten – die er nur als vage Möglichkeit ins Auge gefasst hatte – wurden dem Propagandaminister hinterbracht, und es begann eine für Rühmann unangenehme und gefährliche Untersuchung der Ange-

> Er schrie dann los, was sich dieser Rühmann denn einbilde, warum er glaube, im Ausland besser arbeiten zu können. Er wolle auf jeden Fall reinen Tisch machen und wenn nötig ein Exempel statuieren, damit Filmleute, die so fürstlich bezahlt werden wie Rühmann, daran erinnert werden, wie gut sie es in Deutschland haben.
>
> Fritz Hippler, späterer »Reichsfilmintendant«

legenheit. Doch Joseph Goebbels lag viel daran, den Unterhaltungsstar von allen Verdächtigungen zu befreien. Rühmanns gute Kontakte zu Udet, der inzwischen von Reichsmarschall Göring zum »Generalluftzeugmeister« ernannt worden war, und anderen prominenten Fürsprechern halfen ihm schließlich, seinen Kopf aus der Schlinge zu ziehen. »Kleinigkeiten: Rühmann hat sich positiv erklärt«, notierte Goebbels abschließend am 10. April 1940 in sein Tagebuch. Heinz Rühmann war rehabilitiert – und beim Propagandaminister wieder gern gesehener Gast. Auch Am Kleinen Wannsee 15 ließ sich Joseph Goebbels hin und wieder blicken – eine Auszeichnung, für die das Propagandaministerium bald ihren Preis einforderte: 1940 feierte Joseph Goebbels seinen dreiundvierzigsten Geburtstag, den obligatorischen Geburtstagsfilm sollte in diesem Jahr Heinz Rühmann übernehmen. Das Angebot abzulehnen hätte für den Filmstar sicher nicht sofort Konsequenzen gehabt. Doch nach der gerade erst zurückliegenden »Dänemark-Affäre« war es wichtig, beim Propagandaminister Punkte zu sammeln. Ein privater Geburtstagsfilm, den ohnedies nur Eingeweihte zu sehen bekamen, schien da nur ein geringes Opfer.

Als Hitlers Vorzeigekünstler diente Heinz Rühmann schließlich dem Regime mehr, als er je beabsichtigt hatte. Denn je berühmter Rühmann wurde, desto mehr Anforderungen zu Propagandaauftritten erhielt er – und desto schwerer wurde es, sich diesen zu entziehen. Auch 1941 trat das Propagandaministerium an ihn heran: »Ich musste mich für Filmaufnahmen zur Verfügung stellen, die zeigten, wie ich in Luftwaffenkombination mit Feldwebelrangabzeichen in ein Flugzeug stieg«, erinnerte sich der Schauspieler später. »Die Aufnahme wurde an einem Vormittag in Rangsdorf bei Berlin gedreht. Später sah ich sie in einer Wochenschau, und die markige Stimme des Sprechers verkündete, dass auch Heinz Rühmann als Kurierflieger seine Pflicht für Volk und Vaterland erfülle...« Tatsächlich wurde der Schauspieler nicht für den Kriegseinsatz herangezogen, auch wenn er einen vierwöchigen Grundwehrdienst absolvieren musste. Doch als nach Ausbruch des Krieges der zivile Flugverkehr stark einge-

> »Angetreten zum Befehlsempfang: Heinz Rühmann. Der bekannte Schauspieler nahm als Freiwilliger an einem Ausbildungslehrgang als Kurierflieger teil.«
>
> Berliner Illustrirte, 22. Mai 1941

Oben: »Seine Pflicht für Volk und Vaterland erfüllen«: Im Jahr 1941 posierte Rühmann als Kurierflieger für die NS-Wochenschau
Unten: »Komödie im Dienst eines kriegführenden Staates«: An »Quax der Bruchpilot« scheiden sich die Geister – unpolitisches Fliegerepos oder Werbefilm für die Luftwaffe?

schränkt wurde, hatte sich Rühmann nach einer Möglichkeit umgesehen, seiner Leidenschaft weiterhin zu frönen. Über seinen alten Freund Udet hatte er Kontakt zu Admiral Wilhelm Canaris, Chef der Abwehr, aufgenommen. Der gestattete dem Schauspieler, hin und wieder Flugzeuge zu überführen, weshalb Rühmann in den Akten des OKW-Amts »Ausland/Abwehr« als Kurierflieger geführt wurde. Den Vorwurf, er sei »schwarzer Agent« der Spionageabwehr gewesen, wies Rühmann nach Kriegsende strikt von sich: »Die Wahrheit ist, dass ich, um meinen Flugschein zu erhalten, unter Einschaltung von Herrn Udet... als Flugzeugführer angestellt wurde, um Kurierflüge durchzuführen. Ich war kein ›schwarzer Agent‹ und kein V-Mann der Abwehr.«

Für seine große Liebe, das Fliegen, war der Schauspieler bereit, sich vom NS-Staat vereinnahmen zu lassen – der bedankte sich wiederum mit einem Filmauftrag, von dem Rühmann seit Jahren träumte: einem eigenen Fliegerfilm. Im Mai 1941 begannen die Aufnahmen zu einem der bekanntesten, aber auch umstrittensten Filme Heinz Rühmanns: »Quax, der Bruchpilot«. Einen solchen Film im dritten Kriegsjahr zu drehen bedeutete, auf die Unterstützung des Reichsluftfahrtministeriums angewiesen zu sein, das der Filmcrew die notwendigen Flugzeuge zur Verfügung stellte, Fluggenehmigungen erteilte und darüber hinaus einen erfahrenen Flieger, Werner Zober, vom Kriegseinsatz freistellte, um Rühmann zu doubeln. Heinz Rühmann, der selbstverständlich im Film auch selbst flog, spielte die Rolle eines unverbesserlichen Flugschülers, der sich schließlich in einen verantwortungsbewussten Piloten verwandelt. Dass es sich bei »Quax, der Bruchpilot« um einen militärischen Erziehungsfilm handelte, wies Rühmann später stets zurück. Doch muss man Rühmanns Biographen Torsten Körner sicher beipflichten, wenn er sagt: »Die Komödie steht im Dienst des Stars, aber nicht weniger im Dienst eines kriegführenden Staates.« Disziplin, Zucht und vor allem die »Idee«, für die man »kämpfen und nicht müde werden soll«, stehen in Rühmanns Film im Vordergrund.

Ernst Udet, den Rühmann in »Quax, der Bruchpilot« besonders ehrte, indem er einen von ihm entwickelten Flugzeugtypen, den »Udet-Flamingo«, verwendete, sollte die Premiere des Kinostreifens nicht mehr erleben. Am 17. November 1941 erschoss sich der berühmte Flieger. Nach den Miss-

---

»Quax, der Bruchpilot« ist zwar ganz klar ein komödiantischer Rühmann-Film, er ist aber auch ein Disziplinierungsfilm mit starkem militärischem Gestus.
Torsten Körner, Rühmann-Biograph

»Dieser richtige Rühmann-Film ist ein Flieger-Film. Er bringt ein Stück, und ein sehr wesentliches sogar, der Entwicklungsgeschichte unserer Luftwaffe.«
Der Deutsche Film, 1941

erfolgen der deutschen Luftwaffe hatte er die Rückendeckung Görings verloren, mit seinem Amt als »Generalluftzeugmeister« war er hoffnungslos überfordert. Als er erkannte, welches Unheil Hitler über Europa brachte, sah Udet keinen anderen Ausweg mehr, als sich selbst das Leben zu nehmen. Das Nazi-Regime verbrämte den Freitod des berühmten Fliegers als Unfall »beim Erproben einer neuen Waffe«. Das pompöse Staatsbegräbnis fand am 21. November 1941 statt, auch Rühmann befand sich unter den Trauergästen.

Selbst in den letzten Kriegsjahren drehte Heinz Rühmann weiter erfolgreiche Kinofilme, auch wenn die Produktionsbedingungen immer schwieriger wurden. Bombenalarm zwang die Filmcrew häufig nun auch am Tage, die Dreharbeiten zu unterbrechen und in Bunkern Schutz zu suchen. 1944 erschien »Die Feuerzangenbowle« nach dem Roman von Heinrich Spoerl – eine Neuverfilmung von und mit Heinz Rühmann –, ohne Zweifel sein bekanntester und beliebtester Film. Schon 1934 hatte er in der Erstverfilmung mit dem Titel »So ein Flegel« die Hauptrolle gespielt. Doch erst das Remake sollte »Pfeiffer mit drei f« unvergessen machen. Der Film gehört heute zu den Klassikern der Kinogeschichte und ist längst zum Kultfilm avanciert. Sowohl in der DDR als auch in der Bundesrepublik lief die Komödie mit

»Pfeiffer mit drei f«: »Die Feuerzangenbowle« ist bis heute Rühmanns bekanntester und beliebtester Film geblieben

> *In einem Brief aus Meersburg am Bodensee wurde mir mitgeteilt, dass ein Schüler – genau wie im Film – ein Schild an das Schulgitter gehängt hatte: »Wegen Bauarbeiten bleibt die Schule heute geschlossen.« Nicht nur die Schüler, auch die Lehrer kehrten morgens um, und der Direktor saß wie in der »Feuerzangenbowle« allein in der Schule.*
>
> Heinz Rühmann

Heinz Rühmann außerordentlich erfolgreich im Fernsehen: Bei der ZDF-Erstausstrahlung im Jahr 1969 schalteten 20 Millionen Zuschauer ein, zu Rühmanns fünfundachtzigstem Geburtstag 1987 waren es noch 13,4 Millionen.

Obwohl Heinz Rühmann bereits die vierzig überschritten hatte, reizte ihn die Rolle als Pennäler – auch wenn mit Schwierigkeiten wegen der Zensur zu rechnen war. Wie schon bei der ersten Verfilmung hatte das Erziehungsministerium schwere Bedenken angemeldet, weil die Klamotte Lehrer zu simplen Witzfiguren abstempele. Doch Rühmann hielt an seinem Vorhaben fest. Das Städtchen Babenberg und sein Gymnasium – beides reine Phantasiegebilde – entstanden komplett als Kulissen auf dem Babelsberger Filmgelände, Rühmann spielte die Hauptrolle des Hans Pfeiffer und führte obendrein Regie. Drei Monate dauerten die Dreharbeiten, Primaner aus einer Berliner Schule wurden als Statisten verpflichtet. Viele ihrer gleichaltrigen Kollegen hatten in diesen Tagen weniger Glück: In Hitlers Krieg wurden nun selbst Vierzehnjährige als Kanonenfutter verheizt.

Im Herbst 1943 unternahm Reichserziehungsminister Bernhard Rust den Versuch, den Start des Kinofilms zu verhindern. Wenn es um »seine Lehrer« ging, verstand der Minister keinen Spaß. »Unter den jetzigen Umständen würde ein derartiger Film auf die Schulerziehung geradezu verheerend wirken...«, hieß es in einer Vorlage für den Propagandaminister Joseph Goebbels. »Die ordnungsgemäße Schulerziehung ist heute durch den Lehrermangel an sich schon erschwert. Ein solcher Film aber würde die Autorität der Schule und Lehrer geradezu gefährden.« Als Rühmann von der drohenden Blockade hörte, entschloss er sich zu handeln. Über einen Bekannten im »Reichsluftfahrtministerium« verschaffte er sich Ausweispapiere, die es ihm ermöglichten, in die »Wolfsschanze« nach Rastenburg zu fahren – Hitlers Hauptquartier in Ostpreußen. Mit den Filmrollen unterm Arm fuhr er mit dem Zug in die abgeschirmte Militärzone, wo man ihn zunächst im Gästehaus zwei Tage lang warten ließ. Schließlich teilte man ihm mit, Reichsmarschall Göring habe sich im Kreise seines Stabes den Film angesehen – und dabei schallend gelacht. Als Hitler davon beim Frührapport erfuhr, fragte er: »Ist er wirklich komisch?« Göring beteuerte, dass dies der Fall sei, worauf Hitler befahl: »Dann ist dieser Film sofort für das deutsche Volk freizugeben.« Rühmann konnte getrost die Rückreise nach Berlin antreten. Wie wichtig Hitler selbst im vorletzten Kriegsjahr der Unterhaltungsfilm noch war, bezeugt ein Tagebucheintrag von Joseph Goebbels am 25. Januar 1944: »Der neue Rühmann-Film ›Feuerzangenbowle‹ soll unbedingt aufgeführt werden. Der Führer gibt mir den Auftrag, mich nicht durch Einsprüche von Lehrerseite oder vonseiten des Erziehungsministeriums einschüchtern zu lassen.« Am 28. Januar 1944 fand die Premiere von »Die Feuerzangenbowle« in Berlin statt. Der Film entrückte die Menschen von der schrecklichen Realität, den Bombennächten und dem grausamen Sterben in den Städten. Der Primaner Hans Pfeiffer entführte sie in die unschuldig-heile Welt der Klassenzimmer, wo es außer trotteligen Lehrern keine Feindbilder gab. Die Botschaft des Films, die Heinz Rühmann vor den flackernden Flammen der Feuerzangenbowle direkt zum Publikum sprach – »Wahr sind nur die Erinnerungen, die wir mit uns tragen, die Träume, die wir spinnen, die Sehnsüchte, die uns treiben. Damit wollen wir uns bescheiden« –, traf ins Herz der Menschen.

> Die Filmindustrie war darauf ausgerichtet, Filme zu zeigen, die mit dem Krieg nichts zu tun hatten, zum Beispiel »Die Feuerzangenbowle« mit Heinz Rühmann – ein Film, den ich für dusselig halte. Ich höre immer mit Erstaunen, dass es einer der großen Straßenfeger ist, wenn das Ding im Fernsehen läuft.
> Bernhard Heisig, damals Soldat

Am frühen Morgen des 2. Mai 1945 war der Krieg in Berlin beendet, zwei Tage zuvor hatte Hitler in seinem Bunker unter der Reichskanzlei Selbstmord begangen. Die großen Ufa-Stars, eben noch verehrt, gefeiert und privilegiert, fanden sich unversehens endlosen Verhören der Alliierten ausgesetzt. Auch Heinz Rühmann musste nun um seine Zukunft bangen. Zwar hatte er nicht der NSDAP angehört, dennoch war er durch seine Popularität

> »26. April. ... Jetzt sind wir in der ›Festung Wannsee‹, und zwar im Hause Heinz Rühmanns und Hertha Feilers. Eben sind beide hier und haben uns Wein gebracht. Heinz R. hat aber scheinbar seinen Humor verloren. Er ist sehr still.«
> Tagebuch des Soldaten Hans-Erich Brand, 1945

im »Dritten Reich« belastet. Der berühmte Schauspieler stand buchstäblich vor dem Nichts. Im April 1945 hatten sowjetische Stalinorgeln die Villa Am Kleinen Wannsee 15 komplett zerstört. Die Familie war bei einem Nachbarn untergekommen, wo sie um den 29. April herum von sowjetischen Soldaten entdeckt wurde. Die Rotarmisten sperrten die Männer in den Keller, die Frauen zwangen sie mit Waffengewalt, ihnen zu Willen zu sein. Auch Hertha Feiler, Rühmanns Ehefrau, war darunter. »Das war die schrecklichste Nacht meines Lebens«, erinnerte sie sich später voller Entsetzen.

Als sich die Familie nach dieser Nacht wieder in den Armen lag, war nichts mehr, wie es einmal war: Heinz Rühmann schien um Jahre gealtert, sein Haar war ergraut, sein Blick stumpf. Auch Hertha Feiler war kaum wiederzuerkennen. Sie zitterte, ihr Gesicht wirkte grau und leer. Eine befreundete Schauspielerin, die das Ehepaar in diesen Tagen traf, erinnerte sich später: »Die beiden wirkten völlig verstört, sprachen kaum. Ich setzte mich neben Hertha und fragte, was denn passiert sei. Erst sah sie mich nur an, dann sagte sie leise, dass sie von den Russen vergewaltigt worden sei, und weinte.« Doch sie hatten überlebt. Auch der kleine Peter, 1942 geboren, war am Leben. Jetzt galt es, an ihn zu denken, an die Zukunft – nicht zurückzuschauen. Doch daraus wurde vorerst nichts.

Zunächst schien es, als hätte Heinz Rühmann Glück: Schon wenige Tage nach Kriegsende hatte er seinen ersten Auftritt: Vor den sowjetischen Besatzern trug Rühmann russische Verse, Gedichte von Rilke und Morgenstern vor. Walter Ulbricht, der für die Sowjets in Berlin den Neuaufbau der KPD und die Errichtung einer Stadtverwaltung organisieren sollte, wurde auf den Schauspieler aufmerksam. Hitlers einstiger Star sollte nun als Aushängeschild für die Kommunisten dienen. Die Paraderolle Rühmanns als »kleiner Mann« kam den Kommunisten dabei gerade recht. Als am 19. Mai 1945 in Berlin die konstituierende Sitzung des Magistrats stattfand, trat der Schauspieler als prominenter »bürgerlicher Kunstschaffender« ans Rednerpult. »Ernste, leidenschaftliche Arbeit an der Zukunft schließe keineswegs die Freude und den Humor aus. Im Gegenteil: wer wirklich arbeite, habe umso mehr Freude und Entspannung verdient«, gab die *Berliner Zeitung* in ihrer ersten Ausgabe die Worte Rühmanns wieder. »Diese Aufgabe ist umso schöner für uns«, schloss Heinz Rühmann, »als jetzt die Kunst befreit sein wird von allen Schikanen und Fesseln, unter denen sie bis vor wenigen Tagen litt.«

Dieses Treffen fand am Vormittag des 19. Mai 1945 statt – anlässlich der Eröffnung der konstituierenden Sitzung des Berliner Magistrats. Rühmann hat an der Sitzung, die sich um 13 Uhr anschloss, teilgenommen und eine kleine Rede gehalten.
Wolfgang Leonhard, damals Mitarbeiter Ulbrichts

»Aushängeschild für die Kommunisten?«: Heinz Rühmann und Walter Ulbricht am Rande der konstituierenden Sitzung des Berliner Magistrats, 19. Mai 1945

Rühmann schien mit dem »Lagerwechsel« keinerlei Probleme zu haben. Er verstand sich als unpolitischer Künstler. Für wen er arbeitete, war ihm im Grunde gleichgültig – Hauptsache, er stand auf der Bühne und konnte »die bedrückten Zeitgenossen aufheitern«, wie er seine Rolle als Schauspieler einmal definiert hatte. Die Amerikaner sahen das etwas anders. Als Anfang Juli die westlichen Alliierten in Berlin eintrafen, änderte sich Rühmanns

»Heinz Rühmann ist auch nicht der richtige Mann am richtigen Platz – ein unverkennbarer Opportunist.«
Bericht des US-Geheimdienstes ICS, 14. Juli 1945

Lage schlagartig. Hatten die Sowjets die »Kulturschaffenden« bis zu diesem Zeitpunkt weitgehend unbehelligt gelassen, so legten die Amerikaner und Briten strengere Maßstäbe bei der politischen Beurteilung an. Jeder, der weiterhin künstlerisch tätig sein wollte, musste sich eine genaue Überprüfung seiner Vergangenheit gefallen lassen. »Es begann die Zeit der Viermächte-Besatzung, der Fragebogen und Untersuchungskommissionen«, hielt Rühmann später in seinen Lebenserinnerungen fest. Der berühmte Filmschauspieler war den amerikanischen Offizieren suspekt, da er »nach ihrer Ansicht zu sehr den ›Filmboom‹ der unter Goebbels' Regiment in Deutschland herrschte«, repräsentierte, schreibt der Theaterwissenschaftler und Biograph Torsten Körner. Die westlichen Alliierten ließen ihn nicht auftreten – für die Amerikaner gehörte er zu den »unerwünschten Deutschen«, auch wenn sie für ihre Verdächtigungen keine Beweise finden konnten. Bis zum Frühjahr 1946 war Rühmanns berufliche und private Zukunft ungewiss – dann kam der Prüfungsausschuss zu einem Urteil: »Keine Bedenken gegen eine weitere künstlerische Betätigung des Herrn Rühmann.« Für den Schauspieler, bedeutete dies »die endgültige Arbeitserlaubnis. Ich durfte – endlich, endlich – wieder spielen!«, heißt es in seinen Lebenserinnerungen.

Für die Deutschen war Heinz Rühmann zu keinem Zeitpunkt »unerwünscht« gewesen. In der Trümmerlandschaft ihrer Städte und Herzen war die Sehnsucht nach Unterhaltung und ein wenig Heiterkeit groß. Die Filmbranche boomte auch nach dem Krieg und die alten Stars des »Dritten Reiches« gehörten alsbald zu den Stars des deutschen Wirtschaftswunders. Doch Heinz Rühmann wollte nicht da weitermachen, wo er aufgehört hatte. Er wollte endlich seinen alten Traum verwirklichen und ernste Rollen spielen – und Filme drehen, die nicht nur unterhaltsam, sondern auch künstlerisch anspruchsvoll waren. Unter dem Namen »Comedia« gründete er in München eine eigene Produktionsfirma, produzierte unter anderem die »Berliner Ballade« mit dem klapperdürren Gerd Fröbe als »Otto Normalverbraucher«. Der Film erhielt Preise und begeisterte Kritiken, doch das Publikum war enttäuscht: Es wollte im Kino keine Ruinen sehen – die hatte es schon den ganzen Tag vor Augen. Der Film geriet zum Flop – wie viele andere Produktionen der »Comedia«. Nach drei Jahren machte Rühmanns Firma Pleite.

Schon aus finanziellen Gründen musste Heinz Rühmann nun doch wieder an die Rollen von einst

> Die ersten der angeblich so goldenen fünfziger Jahre – für meine Frau und mich waren sie alles andere als golden. Der Gerichtsvollzieher kam fast täglich.
> Heinz Rühmann

»Balance zwischen dem Komischen und dem Tragischen«: Rühmann während einer Drehpause des Films »Charley's Tante« (links) und als »Hauptmann von Köpenick« (rechts), 1956

anknüpfen: Mit »Der Mustergatte«, »Mein Freund Harvey« oder »Charley's Tante« war er nach wie vor erfolgreich. Das war der Heinz Rühmann, den das Publikum liebte und sehen wollte. An den nachdenklichen, ernsten Rühmann wollte man sich nur schwer gewöhnen. Doch mit dem »Hauptmann von Köpenick« bewies Heinz Rühmann, dass er ein ungewöhnlicher Schauspieler war, dem die »ganz große Kunst der Balance zwischen dem Komischen und dem Tragischen« gelang, wie die Kritik schwärmte. Auch in »Es geschah am hellichten Tag«, »Ein Mann geht durch die Wand« und vor allem in »Der brave Soldat Schweijk« zeigte sich Rühmanns Ausnahmetalent, seine Begabung, aus Filmfiguren eigensinnige Charaktere zu entwickeln, die am Ende doch »typisch Rühmann'sche Figuren« waren.

> »Man wird weit zurückdenken müssen, um für seine Leistung im deutschen Film (und nicht nur im deutschen) vergleichbare Maßstäbe zu finden.«
> Die Zeit, 6. September 1956 (über »Der Hauptmann von Köpenick«)

In den sechziger Jahren näherte sich der Filmstar – wenngleich nur zögernd – dem »neuen« Medium Fernsehen an, mit episodischen Fernsehspie-

Oben: »Prototyp des kleinen Mannes«: Aus den Händen von Bundespräsident Walter Scheel erhält Heinz Rühmann das Bundesverdienstkreuz, 1977
Unten: »Tausende zu Tränen gerührt«: Heinz Rühmann liest in der Hamburger Michaeliskirche weihnachtliche Texte, 1984

Oben: »Hommage des neuen deutschen Kinos an das alte«: Rühmanns letzter Auftritt als Schauspieler im Film »In weiter Ferne so nah« (hier in einer Szene mit Otto Sander)
Unten: »Mein Leben war schön«: Heinz Rühmann bei einem »Wetten-dass«-Auftritt wenige Monate vor seinem Tod im Jahr 1994

len und großen Produktionen wie »Der Tod eines Handlungsreisenden«. »Das Fernsehen hat die größte Nähe zum Zuschauer«, sagte Heinz Rühmann einmal. »Das Herz jedes Schauspielers aber gehört dem Theater. Es ist sein geistiger Jungbrunnen.« Neben seinen Film- und Fernsehengagements stand der Schauspieler nach wie vor auf der Bühne, trat in den großen Theatern in München, Berlin oder Wien auf. Doch 1970 hatte Rühmann weder eine Film- noch eine Theaterpremiere. Am 2. November starb Hertha Feiler mit nur 53 Jahren an Krebs. 31 Jahre lang waren sie und Heinz Rühmann verheiratet gewesen. »Ich habe nur schöne Erinnerungen an sie. Zehn Jahre ist es nun her, dass sie mich verließ, nach über dreißig Jahren gemeinsamen Lebens«, schrieb Rühmann in seinen Lebenserinnerungen über seine zweite Ehefrau. »Wir bleiben miteinander verbunden – auch in meinem neuen Leben.«

Im »neuen Leben« von Heinz Rühmann dominierten die leisen Töne. Der Schauspieler rezitierte und sprach Märchen auf Schallplatten, mit vorweihnachtlichen Lesungen in der Hamburger Michaeliskirche rührte er Jahr für Jahr Abertausende zu Tränen. Noch mit 90 Jahren schaffte er es mit dem Schlaflied »La le lu, nur der Mann im Mond schaut zu« aus dem Film »Wenn der Vater mit dem Sohne« in die Musikcharts. Seine dritte Frau, Hertha Wohlgemuth, die er 1974 auf Sylt geheiratet hatte, begleitete den Schauspieler auf dem letzten Abschnitt seines Lebenswegs, der Rühmann auch in hohem Alter noch an ferne Orte brachte. In Hongkong drehte er 1975 »Das chinesische Wunder« und absolvierte im selben Jahr als Kopilot zum ersten Mal eine Landung auf einem Gletscher. »Da habe ich mir doch noch einen Uralt-Wunsch erfüllt«, kommentierte der Flieger aus Leidenschaft das gewagte Unternehmen. 1992 stand Heinz Rühmann ein letztes Mal als Schauspieler

> Als junger Mensch störte mich die vordergründige Heiterkeit nicht. Die Hauptsache war, die Leute amüsierten sich. Heute bin ich glücklich, wenn sie mitten aus dem Lachen heraus ganz still werden.
> Heinz Rühmann

> *An seinem ersten Drehtag habe ich eine Gänsehaut bekommen, als er vor der Kamera stand. Bei Proben sind ja immer tausend Leute um einen herum, und man muss brüllen, damit es ruhig wird. Bei den Proben mit Rühmann herrschte absolute Stille. Bis zum letzten Bühnenarbeiter und Beleuchter standen alle mucksmäuschenstill da und hörten zu.*
> Wim Wenders, Regisseur

vor der Kamera: Der Regisseur Wim Wenders hatte die »lebende Legende« für seinen Film »In weiter Ferne, so nah« als melancholischen, greisen Chauffeur besetzt: »eine Hommage des neuen deutschen Kinos an das alte« – und zugleich ein Abschied.

Am 3. Oktober 1994 starb Heinz Rühmann in seinem Haus am Starnberger See, friedlich, im Kreis seiner Familie. »Siebzig Jahre Heinz Rühmann im Theater, im Kino, im Fernsehen, auf dem Podium – ein versöhnlicher, ein versöhnender Schauspieler«, schrieb *Die Zeit* in ihrem Nachruf. Rühmann als Inbegriff des »kleinen Mannes«, als Gasmann, Schneider, Buchhalter, Flieger, Mustergatte, Droschkenkutscher, Briefträger, Pennäler und Landstreicher ist unvergessen geblieben. »Der Tod hat für mich seine Schrecken verloren«, hatte er einmal gesagt. »Ich weiß genau, dass wir nicht nur für diese lächerlichen ... Jahre auf die Welt gekommen sind. ... Ich glaube fest, dass es irgendwie weitergeht nach unserem Tod. Dieser ganze komplizierte Mensch – nur für ein einziges kleines Leben? Das wäre doch zu wenig.«

> Ich bin nicht mit Absicht neunzig geworden. Ich habe nichts unternommen, es unbedingt zu werden. Ich habe halt so gelebt, wie ich immer gelebt habe. Manchmal kann ich mein Alter selbst nicht glauben. Mein Leben war schön, ich bin zufrieden, und ich würde nichts anders machen.
>
> Heinz Rühmann, 1993

Hans Albers

Die meiste Zeit verbringt er allein auf seinem Bootssteg am See. Hier kann er in Ruhe über sich und seine Zukunft nachdenken. In sein Haus mag er nicht, da ist es zu eng. Das hatten zunächst Franzosen besetzt, nun haben sich amerikanische Soldaten dort einquartiert.

> Er hätte auch ohne Film Karriere gemacht, aber – er war für den Film wie geschaffen.
> Marlene Dietrich

Es ist ein heißer Sommertag, als eine schöne Frau in Uniform ihren US-Jeep über die oberbayerischen Landstraßen steuert. Sie ist auf dem Weg zu ihrem alten Freund am See. Viele Jahre ist es her, seit sie Nazi-Deutschland den Rücken gekehrt hat. Marlene Dietrich reist nicht allein. Neben ihr sitzt ein französischer Schauspieler, der zuerst in Frankreich und dann wie sie in Hollywood Karriere gemacht hat: Jean Gabin. Die beiden haben einen langen, beschwerlichen Weg hinter sich, als sie sich im heißen Sommer des Jahres 1945 im besiegten Deutschland treffen. Marlene Dietrich ist mit den US-Truppen durch die Ardennen gezogen, Jean Gabin als Panzerführer mit einer französischen Division von Royan nach Berchtesgaden. Für Marlene ist es eine Heimkehr mit gemischten Gefühlen, denn viele Deutsche nehmen es ihr übel, dass sie sich mit dem Kriegsgegner USA gegen die eigenen Landsleute verbündet hat.

In Garatshausen am Starnberger See endet die Fahrt. Das Haus, vor dem Marlene Dietrich hält, liegt direkt am Wasser. Es gehört Hans Albers, ihrem alten Kollegen, dem sie seit fast zwanzig Jahren freundschaftlich verbunden ist. Der neben Heinz Rühmann populärste Schauspieler seiner Zeit hat das NS-Regime und die Bombennächte von Hamburg und Berlin unbeschadet überlebt und sich kurz vor Kriegsende aus dem umkämpften Prag nach Bayern durchgeschlagen. Als die Freundin aus besseren Tagen unerwartet vor ihm steht, ist die Wiedersehensfreude groß.

Erinnerungen an den ersten Stummfilm werden wach, bei dem sie sich 1926 kennen und schätzen gelernt haben. Damals standen sie noch am An-

»Die Wiedersehensfreude war groß«: Jean Gabin und Marlene Dietrich bei Hans Albers am Starnberger See, Mai 1945

fang ihrer Karrieren. Zwei Jahre später drehten sie den nächsten Film, in dem sie ein Ganovenpärchen mimten. 1930 spielten sie Seite an Seite im legendären »Blauen Engel« unter der Regie von Josef von Sternberg: Marlene Dietrich unvergessen als Lola Lola und Hans Albers als halbseidener Artist Mazeppa. Die Rolle der Lola Lola brachte der jungen Schauspielerin den ersehnten Ruhm. Eine große deutsche Filmkarriere schien ihr beschieden. Doch als 1933 die Nazis die Macht erlangten, wandte sie sich wie viele ihrer Kollegen von einem Deutschland ab, das sie ohnedies bereits in Richtung Hollywood verlassen hatte. Hans Albers aber, damals schon ein Star, blieb. Emigrieren kam für ihn nicht in Frage, weil er nur Deutsch sprach und auf seine Spitzenposition als gefragtester Volksschauspieler nicht verzichten wollte.

Zwei Bilder sind bis heute mit seinem Namen untrennbar verbunden: das als Münchhausen auf der Kanonenkugel und jenes als Hannes Kröger mit dem Schifferklavier – der unbeschwerte Draufgänger und der melancholische Seemann im Hamburger Hafen. »Auf der Reeperbahn nachts um halb eins« und »La Paloma« sind Ohrwürmer, die sein Image unverwechselbar geprägt haben. Doch das ist nur ein Teil seines Erfolgsgeheimnisses. Mit einer Mischung aus Berliner Schnoddrigkeit und hanseatischer Direktheit entsprach der blonde Hans dem Zeitgeist der dreißiger Jahre. Er war einer der wenigen echten Actionhelden des deutschen Films, ein Mann der Tat, ein Kämpfer und Sieger. Ein Mann aus dem Volk, der mit seinem berühmten »Hoppla-jetzt-komme-ich«-Charme alle Probleme des Lebens mit Leichtigkeit zu meistern schien. Ein fortschrittlicher Zeitgenosse, der rauchte, trank, Rennwagen und Flugzeuge steuerte und die Herzen der Frauen im Sturm eroberte. Mit seinen stahlblauen Augen, seiner Natürlichkeit und Vitalität, seiner forschen, zupackenden Art galt er als Ebenbild des Ideals von Männlichkeit. Der Halunke mit Herz, der mit Politik nichts am Hut haben wollte, ließ sich nichts sagen, auch nicht von den neuen Machthabern. Dabei bewegte er sich auf einem immer schmaler werdenden Grat. Seine Lebensgefährtin, die Schauspielerin Hansi Burg, war Jüdin. Joseph Goebbels tobte, als sich der Volksliebling weigerte, sich von seiner Liebsten zu trennen: »Es macht mich geradezu krank, dass dieser blonde, blauäugige Mann, das Ideal so vieler deutscher Frauen, mit einer Jüdin zusammenlebt«, giftete der Reichspropagandaminister. Albers zeigte sich unbeeindruckt und ignorierte die Gefahr – im Gegensatz zu seiner Lebensgefährtin, die 1938 nach England floh. Der blonde Hans blieb in Deutschland, ertränkte seine Einsamkeit in Alkohol und eilte weiter von Erfolg zu Erfolg. Ohne Applaus und Anerkennung wollte er nicht leben, dazu war sein Verlangen, geliebt und bewundert zu werden, zu groß. Er war zwar Nutznießer des Systems, doch war er nicht willfährig wie viele andere. Seine Weste war nach zwölf Jahren des NS-Regimes nicht mehr ganz blütenweiß, doch er hatte Anstand bewahrt.

»Die Kunde vom widerstandkräftigen Verhalten« seines Freundes sei »bis nach Hollywood gedrungen«, ließ der emigrierte Regisseur Fritz Kortner nach dem Krieg die alliierten Besatzer wissen und entlastete damit Hans Albers. Ein anderer prominenter Emigrant, Carl Zuckmayer, hatte bereits

> Der Hans beschäftigt mich schon seit frühester Kindheit. Ich habe seine Gassenhauer und Balladen schon immer gern gesungen und seine Filme angeschaut – obwohl die meisten Filme gar nicht so gut waren. Nur zwei sind hängen geblieben: »Münchhausen« und »Große Freiheit Nr. 7«.
> Karl Dall, Komiker

> Hans Albers war der Einzige in unserer Zeit, der in seiner Filmarbeit internationales Format erreicht hat und am ehesten den Vergleich mit Gary Cooper, Clark Gable oder John Wayne aushält.
> Carl Raddatz, Schauspieler

1942/43 dem amerikanischen »Office of Strategic Services« zu Protokoll gegeben, dass Albers »weder ein großer Schauspieler noch ein bedeutender Mensch« sei, dafür aber »ein durchaus anständiger und famoser Kerl«, der »mehr Charakter bewiesen [habe] als viele andere«. Auch Marlene Dietrich machte ihren Einfluss geltend: Kurz nach ihrem Besuch am Starnberger See räumten die Amerikaner das Haus ihres alten Freundes.

Wie alle Deutschen musste auch Hans Albers im Jahr 1945 den Fragebogen der Alliierten zur Entnazifizierung ausfüllen. Aus seinen Antworten ging hervor, dass er 83 Kilo wog, 1,76 Meter groß war, nie Mitglied der NSDAP war und keiner Kirche mehr angehörte. Als Grund für den Austritt aus der evangelischen Kirche nannte er ehrlich die »steuerliche Belastung«. Das Entnazifizierungsverfahren wurde von den Alliierten zügig abgeschlossen. Der Vierundfünfzigjährige durfte ab sofort wieder arbeiten. Da die deutsche Filmproduktion noch ruhte, ging er dorthin zurück, wo er einst angefangen hatte: ans Theater. Mit fast sechzig spielte er den Mackie Messer an den Münchner Kammerspielen. Bertolt Brecht hatte ihn zuvor bei seiner letzten Theatertournee gesehen. »Ein großer eleganter Kerl mit vulgärem Charme, nicht ohne Gewalttätigkeit«, notierte der Autor der »Dreigroschenoper«, »wir sprechen davon, mit ihm ein Volksstück zu machen, Ulenspiegel etwa, ... er ist durch den Film weithin bekannt, wohl der einzige Volksschauspieler. Er ist freilich nicht jung.«

Schon im Alter von 13 oder 14 wusste der kleine Hans, dass er Schauspieler werden wollte. Mit großen Bewegungen schrieb er immer wieder seinen Namen an die Tapete über seinem Bett. Ja, so musste sie aussehen, die Unterschrift eines Stars. Dabei war ihm die Schauspielerei nicht gerade in die Wiege gelegt worden.

Am 22. September 1891 erblickte Hans Philipp August Albers als sechstes Kind im Hamburger Stadtteil Sankt Georg das Licht der Welt. Seine Mutter Johanna war eher von zierlicher Gestalt. Seinen Vater Philipp, einen Schlachtermeister aus der Langen Reihe 71, eine imposante Erscheinung mit wilhelminisch aufgezwirbeltem Backenbart, nannten alle nur den »schönen Wilhelm«. Nach einem arbeitsreichen Tag suchte Albers senior immer wieder gern die Gesellschaft von Schauspielern und Regisseuren des nahe gelegenen Deutschen Schauspielhauses. Mit dem späteren Albers-Freund Eugen Burg verbrachte er so manch feuchtfröhliche Nacht. Da blieb wenig Zeit für den kleinen Hans, der den übermächtigen Vater bewunderte. Bei gemeinsamen Theaterbesuchen mit dem »schönen Wilhelm« entdeckte der jüngste

»Wenig Zeit für den kleinen Hans«: Albers wuchs im Schatten eines übermächtigen Vaters auf

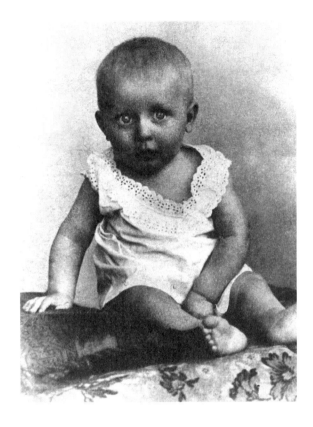

Spross der Albers-Familie seine Liebe für die Bühne. Schillers »Wilhelm Tell«, behauptete er rückblickend, habe die Initialzündung gegeben. Später besuchte Hans Albers öfter Vorstellungen im Hansa-Theater mit dem berühmten Otto Reutter. Von da an war alles, was Hans gefiel, »ein toller Otto«.

Ich hatte in der Zeichenstunde ein Kastanienblatt entworfen, das mir wohl zu gut gelungen war, als dass man mir diese Leistung zutraute. Jedenfalls trat eines Tages der Lehrer von hinten an mich heran, guckte mir über die Schulter und meinte: »Das hast du doch nicht selber gezeichnet!«, worauf er mir mit dem Lineal einen Schlag auf den Hinterkopf versetzte. Diese ungerechte Behandlung brachte mich derart in Harnisch, dass ich ihn packte und zu Boden warf, wobei er sich den Fuß verstauchte. Natürlich flog ich in hohem Bogen.
Hans Albers

»Ich kann nicht behaupten, dass ich ein Musterschüler war«: Der junge Hans Albers glänzte nur selten mit guten Zensuren

In der Schule glänzte der Junge weniger durch gute Zensuren als durch seine Schlagkraft. »Ich kann nicht behaupten, dass ich ein Musterschüler war«, bekannte Hans Albers wenig bescheiden, »denn mit Ausnahme der Nebenfächer Zeichnen, Turnen, Singen und Geographie wiesen alle übrigen Zeugnisspalten sehr mangelhafte Zensuren auf. Ich galt damals schon als couragierter Junge, der sich besonders bei den Schlachten hervortat, die zwischen einzelnen Anstalten ausgetragen wurden. Es kam auch vor, dass ich an eine höhere Klasse ausgeborgt wurde, wenn Not am Mann war.« Nachdem er die Hand gegen einen Lehrer erhoben hatte, musste der temperamentvolle Hans die Schule verlassen und auf Befehl des Vaters eine Drogistenlehre machen.

Doch der Wunsch, Schauspieler zu werden, brannte so heftig in ihm, dass er heimlich Schauspielunterricht nahm. Nichts in der Welt, auch nicht der dominante Vater, sollte ihn davon abhalten, geschweige denn das vernichtende Urteil nach einem mit Mühe erkämpften Vorsprechen. »Junger Mann«, beschwor ihn der Spielleiter des Hamburger Schauspielhauses, »Sie haben nicht die Spur von Talent, geben Sie alle Hoffnung auf.« Der »schöne Wilhelm« war trotz seiner eigenen Theaterbegeisterung wenig erbaut, als er von den heimlichen Aktivitäten seines ungeratenen Sohnes erfuhr, und schickte »Hanne«, wie sie ihn alle nannten, noch vor Ende der Lehrzeit ins ferne Frankfurt am Main, um ihm die »Theaterflausen« auszutreiben. Dort arbeitete Hans tagsüber für 250 Mark im Monat in einer jüdischen Seidenfirma, abends ging er, der väterlichen Kontrolle entzogen, seiner Theaterleidenschaft nach. Seine Hartnäckigkeit zahlte sich aus: 1911, mit knapp 20 Jahren, erhielt er seine erste Nebenrolle in einem Theaterstück. Jetzt gab es für ihn kein Halten mehr. In einem Brief teilte er seinem Vater mit, dass er den Kaufmannsberuf endgültig an den Nagel gehängt habe und sein Glück nun am Theater suchen werde. Fortan tingelte er von Provinztheater zu Provinztheater, keine Rolle war ihm zu schal. Erst 1913 kehrte er nach Hamburg zurück, um als teutonischer Recke in »Wallensteins Lager« mitzuwirken. Die Kritiker hatten wenig Erbarmen mit dem jungen Künstler. »Hans Albers war anscheinend vom Lampenfieber befallen«, urteilten sie über seinen Auftritt im Thalia-Theater, »seine Kriegsbegeisterung war die Mut vortäuschende Angst eines schwindsüchtigen Hospitalinsassen.« Der Jungschauspieler war über solche Verrisse erhaben. Er glaubte fest an sich und sein Talent.

Da fielen am 28. Juni 1914 die tödlichen Schüsse von Sarajevo.

Nur wenige Wochen später, am 1. August, erklärte Deutschland zuerst Russland, zwei Tage später auch Frankreich den Krieg. Von Bestürzung oder Angst war im Kaiserreich nichts zu spüren, eher Zuversicht, Ergriffenheit, ja Euphorie. Mit Hurrageschrei zogen hunderttausende junge Männer an die Front, viele von denen, die überlebten, kamen verstümmelt und entstellt nach Hause zurück. 1915 meldete sich auch Hans Albers freiwillig zum Einsatz; weniger aus Patriotismus als aus Pflichtgefühl. Er hatte »Glück«: Nach zwei Jahren des Kampfes an der Ost- und an der Westfront zerfetzte eine feindliche Kugel sein Schienbein im flandrischen Stellungskrieg. Für »Hanne« aus Hamburg war der Krieg vorüber. Über seine traumatischen Erlebnisse hat er später kaum gesprochen. Die Ärzte im Wiesbadener Krankenhaus

> Ich hatte auch Glück, denn ich wurde von einer Seidenfirma in Frankfurt am Main engagiert. Mein Gehalt betrug 250 Mark, ich stand also damit auf eigenen Füßen.
> Hans Albers

> »Ganz aus der Art geschlagen hingegen ... Hans Albers. Derartige Darstellungen, die alles zu wünschen übrig lassen, sind wir Gott sei Dank an unserem Theater nicht gewohnt.«
> Erste Theaterkritik, 1911

> Ich hatte meiner Mutter erklärt, wenn es mir innerhalb von drei Jahren nicht gelungen sein sollte, in meiner Vaterstadt Theater zu spielen, so will ich zum kaufmännischen Beruf zurückkehren.
> Hans Albers

73

> *In der Wiesbadener Soldatenzeit hatte ich Gelegenheit, am dortigen Residenztheater zu spielen. ... Finanziert hat uns Eugen Klöpfer, der gerade am Neuen Theater in Frankfurt am Main engagiert war und auch bei uns spielte. Während er den seriösen Teil bestritt, trat ich in Possen, Lustspielen und Operetten auf.*
> Hans Albers

wollten das verletzte Bein amputieren, doch Albers, so heißt es, habe sich lautstark geweigert. Er wollte lieber sterben als verkrüppelt sein. Das Bein konnte schließlich gerettet werden.

Kaum war er genesen, stand er schon wieder auf der Bühne im Wiesbadener Residenztheater. Dass der Krieg nicht mehr zu gewinnen war, interessierte den unpolitischen Hans wenig. Das unterschied ihn von dem österreichischen Gefreiten Hitler, der seinen Weg noch öfter kreuzen sollte. Hans hatte andere Sorgen: Die Haare fielen ihm büschelweise aus, sein wichtigstes Kapital, sein gutes Aussehen, drohte ihm verloren zu gehen. Dank eines Toupets, das mit einer neuen Knüpftechnik angefertigt worden war, konnte schlimmerer Schaden abgewendet werden. Es gibt nur sehr wenige Fotografien, die ihn ohne Toupet oder Perücke zeigen. Das Toupet blieb die wichtigste Requisite bis zu seinem Tod.

Wiesbaden schien ihm schon bald nicht mehr geeignet, seine Karriere voranzutreiben. Also sagte er der beschaulichen Stadt am Rhein 1917 Ade und zog mittellos in die Stadt seiner Träume: Berlin, die Metropole, die schon seit der Jahrhundertwende den Ruf eines bedeutenden kulturellen Zentrums genoss. Die letzten Tage des Kaiserreichs waren angebrochen, doch die Berliner Gesellschaft lebte weiter wie bisher. Was Hans Albers nun am dringendsten brauchte, war Geld. Er bewarb sich überall, putzte Klinken und sprach vor. Schließlich entdeckte er das Pokern, mit dem er sich zunächst über Wasser hielt.

Noch konnte es sich Hans Albers nicht leisten, wählerisch zu sein. Das Kino mit seinen laufenden Bildern nahm er nicht ernst. Hatte er überhaupt die Gründung der »Universum-Film AG« (Ufa) im Jahr 1917 mitbekommen, die dem deutschen Film den entscheidenden Impuls gab? Damals war ihm die Wirkkraft dieses Mediums noch nicht bewusst. Sonst hätte er nicht so gleichgültig auf das Angebot eines Aufnahmeleiters reagiert, dem er in einem Berliner Café wegen seiner eleganten Abendgarderobe aufgefallen war. Lediglich die Tagesgage von acht Mark, so Albers, habe ihn schließlich überzeugt, den Job anzunehmen. Schon in den letzten Tagen des Kaiserreichs entstand in Berlin eine wild wuchernde Filmindustrie. Über Nacht wurden Produktionsfirmen von windigen Geschäftsleuten aus dem Boden gestampft, die das Publikum mit anspruchslosen Unterhaltungsfilmen versorgten. Die Produktionsbedingungen waren mit den heutigen nicht annähernd vergleichbar. Gedreht wurde in Scheunen und Fabrikhallen, die Kulissen bestanden in der Regel aus primitiven Pappen. Das Equipment war denkbar einfach, die Ware auch. Die Drehzeit betrug selten länger als eine Woche. Bis 1929 spielte Albers in über 100 Stummfilmen mit, wenn auch ohne sonderlich aufzufallen. Meist mimte er den Hochstapler, den Betrüger oder den Verführer, Gamaschen und Monokel waren damals seine Markenzeichen. Das Publikum im Kinosaal des Alhambra-Palasts am Kurfürstendamm schätzte seine stereotypen Auftritte nicht besonders. Auch die Kritiker urteilten wenig zimperlich: »Hans Albers gibt eine Schiebertype und scheut keine Lächerlichkeit, um seine Rolle saftig zu gestalten«, schrieb der eine, und ein anderer höhnte: »Hans Albers als Troubadour des 20. Jahrhunderts, etwas farblos, aber von gewinnender seelischer Blondheit.« Die Filmjobs brachten Albers zwar nicht den erhofften Ruhm, aber immerhin so viel Geld ein, dass er überleben konnte.

Nach dem Schock der Niederlage von 1918 schossen in Berlin Kabaretts, Varietés und Theaterbühnen wie Pilze aus dem Boden. Auch der Bedarf an neuen Filmen erhöhte sich stetig. Die Unterhaltungs- und Vergnügungsbranche boomte wie nie zuvor. Die goldenen zwanziger Jahre waren angebrochen. Junge Talente wurden gesucht – für viele berühmte Schauspieler war das der Beginn einer glänzenden Karriere. Doch die großen Regisseure Friedrich Wilhelm Murnau, Fritz Lang und Ernst Lubitsch nahmen keine Notiz von Hans Albers. Filme wie »Nosferatu« und »Golem« wurden ohne ihn gedreht. Es ärgerte ihn zunehmend, dass er über unbedeutende Nebenrollen nicht hinauskam. Dabei war er selbst das Problem. Seine berühmten blauen Augen wirkten auf dem wenig lichtempfindlichen Filmmaterial der frühen zwanziger Jahre wie weiße Löcher. Erst als der Farbschleier erfunden wurde, den man vor das Kameraobjektiv setzte, erhielten die blauen Augen des blonden Hans ihre ganze Strahlkraft. Doch bis es so weit war, musste Albers sich in Geduld üben.

Seine eigentliche Leidenschaft galt nach wie vor dem Theater. Er bewarb sich weiterhin beharrlich und ließ sich durch keine Absage entmutigen. Die Mühe wurde schließlich mit einem Fünfjahresvertrag am Theater in der

Königgrätzer Straße, am Berliner Theater und am Komödienhaus belohnt. Allerdings spielte er auch hier nur unbedeutende Nebenrollen, die ihm nicht viel Geld einbrachten. Mit Ende zwanzig lebte der Schlachtersohn aus Hamburg noch immer von der Hand in den Mund. Macht nichts, dachte sich der Beau und vertraute darauf, dass seine Zeit noch kommen würde. In der Zwischenzeit arbeitete er hart an sich und seinen Sprechhemmungen. Albers habe damals Schwierigkeiten gehabt, erinnerte sich später der Regisseur Rudolf Bernauer, »einen Satz rein menschlich zu sprechen«. Wenn er aufgeregt war, soll er mitunter den Text vergessen und unzusammenhängendes Zeug geplappert haben. »Vorsprechen war schon immer für mich etwas Unangenehmes. Ich hatte jedes Mal Hemmungen«, bekannte Albers später. »Wie ich nun sah, mit welchem Ernst diese Kollegen da auftraten, sank mir vollends der Mut. Da kam mir der Zufall zu Hilfe. Gerade hatte ein Schauspieler aus der Provinz den Franz Moor gesprochen und wollte sich vom Regisseur sein Soufflierbuch holen, da fiel diesem das Monokel aus dem Auge, es rollte mir direkt vor die Füße, und so wurde der Regisseur auf mich aufmerksam. ›Wollen Sie jetzt an die Reihe?‹, fragte er; da wurde ich erneut verlegen, stammelte ein paar Worte und fragte, ob ich zur Abwechslung einmal den Kosinsky aus den ›Räubern‹ modern sprechen könnte, als Gardeleutnant vielleicht. Das hatte ich lediglich gesagt, um über meine Hemmungen hinwegzukommen, ich wollte keinesfalls Schiller verspotten; der Regisseur schien aber irgendwie Interesse an dem Experiment zu haben und war einverstanden. Ich trat an die Rampe, machte eine kurze Verbeugung, streifte mit einem raschen Blick die großen Kollegen, die da unten im Parkett saßen, und begann dann mit näselnder Stimme: ›Habe immer gewünscht, Mann zu sehen mit vernichtendem Blick, wie er da saß auf Dingsda, Ruinen von Dingsda...‹ Kaum waren diese ersten Worte heraus, da ging eine Welle der Heiterkeit durch die Reihe der Anwesenden, und je weiter ich fortfuhr, desto stärker wurde das Lachen. Zum Schluss erntete ich dröhnenden Beifall.« Keine Frage, der Beau mit der schnoddrigen Sprache hatte Humor. Gegen das Lampenfieber, das ihn immer wieder befiel, trank er allerdings schon damals regelmäßig Alkohol. Zuerst war es nur ein Schluck Eierlikör, schließlich musste es eine Flasche Cognac sein. »Albers kokettierte mit seiner Liebe zum Alkohol, und niemand nahm daran Anstoß, ganz im Gegenteil, man bewunderte ihn«, schreibt der Albers-Biograph Matthias Wegener. »Der Hang zum Alkohol und die Spielleidenschaft,

---

Einen Satz rein menschlich auszusprechen fiel ihm so schwer, dass er in der Aufregung zuweilen die Worte vergaß und alles Mögliche zusammenplapperte.
Rudolf Bernauer, Berliner Theaterdirektor

»Wenig galanter Liebhaber«: Hans Albers mit der Sängerin Claire Dux am Strand von Heringsdorf an der Ostsee, 1921

das ›Zocken‹, verleiteten ihn dazu, immer öfter die Nächte durchzuzechen – wir würden heute von einer Suchtstruktur sprechen.« Seine Spielleidenschaft bekam er später in den Griff, doch der Alkohol sollte ihn sein ganzes Leben begleiten.

Die Wende in Albers' beruflichem Leben brachte das Wiedersehen mit einem väterlichen Freund aus Hamburger Kindertagen. Der jüdische Schauspieler Eugen Burg, der bei Max Reinhardt in Berlin und als Leiter des Deutschen Theaters in New York Karriere gemacht hatte, schätzte »Hanne« sehr und empfahl ihn bei allen sich bietenden Gelegenheiten wärmstens weiter. Ein Glücksfall für Albers, wie sich herausstellen sollte, denn nach und nach trafen interessante Rollenangebote ein. Der Bonvivant der leichten Muse spielte nun Operettenhelden, komische Figuren und galante Liebhaber. Dabei machte er keine schlechte Figur, immerhin wurde eine echte Diva auf ihn aufmerksam: Die sechs Jahre ältere Primadonna der Staatsoper, Claire Dux, verliebte sich unsterblich in den aufstrebenden Hans. Obwohl der Starsopran zu dem Zeitpunkt mit dem Generaldirektor der IG Farben verheiratet war, wurden die beiden ein Paar. Nun hatte Albers neben seinem Förderer auch noch eine einflussreiche Gönnerin, die ihm Zugang zu den »feinen Kreisen« verschaffte. Nachdem der betrogene Ehemann die vornehme Wohnung am Kaiserdamm 31 verlassen hatte, zog Hans Albers bei seiner Geliebten ein. Das traute Glück bekam jedoch bald Risse. Vielleicht konnte er es auf Dauer nicht ertragen, im Schatten der berühmten Diva, die gemeinsam mit dem großen Caruso auftrat, zu leben. Claire Dux trat die Flucht nach vorne an und unternahm eine lange USA-Tournee. Vergeblich wartete sie auf ein Zeichen ihres wenig galanten Liebhabers. In Chicago verliebte sie sich in einen reichen Fleischkonserven-Fabrikanten, den sie schließlich auch heiratete. War Albers am Ende erleichtert, dass sich die Affäre von selbst erledigte? Der Bonvivant lebte noch eine Zeit lang in der schönen Berliner Wohnung, bevor er schließlich ins Hotel Adlon übersiedelte. Schon damals zeichnete sich das Wesen von Hans Albers im Umgang mit den für ihn wichtigen Frauen ab: Zwar nahm er ihre Fürsorge und Liebe gern entgegen, doch dachte er nicht daran, sich dafür erkenntlich zu zeigen. Hans Albers interessierte sich nur für Hans Albers.

Der Charmeur ließ sich von den Frauen verwöhnen. Je erfolgreicher er war, desto dreister wurde er. Er brauchte die Bestätigung von Frauen wie die Luft zum Atmen. Auf der Bühne fand er immer wieder neue Objekte seiner Begierde. Hatte er ein neues Opfer gefunden, so zog er alle Register, um Beute zu machen. Ließ ihn eine der Damen

---

Hans Albers hatte einen einzigen Liebhaber: Das war er selbst.
Margot Hielscher, Schauspielerin

Albers war nicht der Typ des intellektuellen Schauspielers, er war ein Mime durch Intuition. Er machte alles aus der »Lamäng«, wie er sagte. Und wenn es einigermaßen hinhaute, war die Sache für ihn »Otto-Otto«. Wenn etwas okay für ihn war, dann war es »Otto-Otto«.
Helmut Käutner, Regisseur

»Von gewinnender seelischer Blondheit«: Gemeinsam mit Henny Porten stand Hans Albers 1923 in dem Stummfilm »Inge Larsen« vor der Kamera

abblitzen, verlor er sofort jedes Interesse. Sein Stolz stand über allem. Immer öfter sprach er von sich in der dritten Person als »Otto-Otto«, was so viel bedeutete wie ein »ganz besonders toller Hecht«. »Otto-Otto macht das schon«, wurde zu einem seiner Lieblingssprüche. Trotz der zunehmenden Trinkgelage, Zockereien und Amouren drehte er diszipliniert tagsüber Filme und stand abends auf der Bühne. Ohne seine starke körperliche Konstitution hätte er das nicht lange durchhalten können.

Mitte der zwanziger Jahre verliebte er sich doch noch bis über beide Ohren in die hübsche Tochter seines Mentors, die er schon im Kinderwagen gesehen hatte. Hansi Burg war sieben Jahre jünger als Hans Albers und inzwischen Schauspielerin. Mit den Eltern hatte sie mehrere Jahre in New York gelebt, und die englischen Sprachkenntnisse, die sie dort erwarb, sollten sich später noch als Segen herausstellen. In Berlin hatte sie Engagements bei verschiedenen Revuen und Filmen angenommen. Über den Augenblick, in dem es zwischen Hans Albers und Hansi Burg gefunkt hatte, existieren mehrere Versionen. Die einen behaupten, es sei in einem Stück von Oscar Wilde an den Berliner Rotter-Bühnen geschehen, andere hingegen, sie seien beide in einer Revue nach Texten von Kurt Tucholsky aufgetreten. Der Albers-Biograph Hans-Christoph Blumenberg meint, dass beide in der Revue »Ich will Sie küssen, wenn Sie es verlangen« am Kurfürstendamm im Jahr 1925 im Duett gesungen hätten. Wie dem auch sei – es war gegenseitige Liebe auf den ersten Blick. Es scheint, als hätte Hans Albers sein Leben lang auf diese Frau gewartet, die zu seiner wichtigsten Bezugsperson werden sollte. Beim Sechstagerennen stellte er Hansi Burg seinen Freunden vor. »Ich schmeiße euch jetzt eine große Lage, denn hier ist das Mädchen, mit dem ich leben werde«, berlinerte er. »Also, Jungs, benehmt euch wie Kavaliere, det is eene Dame.«

Wohl wissend, dass ihr keine große Karriere an der Bühne beschieden war, zog sich Hansi Burg schon bald aus dem Künstlerleben zurück. Stattdessen kümmerte sie sich hingebungsvoll um die geschäftlichen und privaten Angelegenheiten ihres Hans, der sie gewähren ließ. Als seine Managerin sorgte sie dafür, dass sein Leben in etwas ruhigeren Bahnen verlief. Sie gewöhnte ihm das Zocken ab, außerdem überredete sie ihn, aus seinem kostspieligen Appartement im Adlon auszuziehen und sich eine Wohnung in der Lennéstraße 7 am Tiergarten zu nehmen. Sie selbst wohnte ganz in seiner Nähe. Bei einem gemeinsamen Spaziergang auf dem Boulevard Unter den Linden

»Gegenseitige Liebe auf den ersten Blick«: Der Schauspieler und seine Lebensgefährtin Hansi Burg

soll der Blick von Hans Albers auf einen glitzernden Cadillac im Schaufenster eines teuren Automobilgeschäfts gefallen sein. »Den kannst du haben«, habe Hansi ihrem Hans versprochen, »wenn du nur endlich von der Stelle kommst.« Der Automarke blieb Hans Albers sein Leben lang treu, nicht aber seiner geliebten Hansi. Auch wenn das Paar immer öfter zusammen in der Öffentlichkeit zu sehen war, konnte der Herzensbrecher nicht von anderen Frauen lassen. Noch bis ins hohe Alter flirtete er mit jungen Kolleginnen wie Sabine Sinjen und Romy Schneider, die vierzig Jahre jünger waren als er. Angeblich hat er Hansi Burg wegen seiner Schwäche zum weiblichen Geschlecht nie geheiratet. Seine Ehefrau zu betrügen, hielt er, wie er immer wieder betonte, für höchst unmoralisch. Was seine Lebenspartnerin, die ihm über seinen Tod hinaus die Treue hielt, dabei empfunden haben mag, ist nicht bekannt. Überhaupt weiß man insgesamt sehr wenig über das Leben von Hansi Burg. Der Albers-Biograph Matthias Wegener hat den Eindruck, »als sei es ihr geradezu darum gegangen, die eigene Lebensspur zu verwischen. ... Sie bleibt die große Unbekannte, die Frau ohne Schatten.«

Der Durchbruch auf der Bühne kam für Hans Albers mit einem relativ jungen Genre des Theaters: der Revue. In den großen Metropolen Paris, London und New York hatte sie schon ihren Siegeszug gefeiert, als sie schließlich mit ungebremster Kraft Berlin erreichte. Der Tanz auf dem Vulkan – in der Revue konnte man ihn förmlich greifen: rasend schnelle Szenenwechsel, immer bunter, immer exaltierter, immer verrückter. Als die schwarze Tänzerin Josephine Baker in ihrem berühmten Bananenrock Paris unsicher machte, Männer und Frauen gleichermaßen in Ohnmacht fielen, war Hans Albers gerade dabei, die Revue für sich zu entdecken. Man könnte auch sagen, die

Ich spiele seit 20 Jahren Theater, und ich habe mit den größten Schauspielern und Schauspielerinnen zusammengearbeitet, nie sind mir derart hanebüchene Dinge passiert wie mit Albers. Seit ungefähr acht Wochen verging kaum ein Abend, an dem er mich nicht auf grobe Art anging, mit Boxschlägen und Jiu-Jitsu-Griffen. Das Tollste passierte in einer der letzten Aufführungen, wo Albers zu einem gewaltigen Schwinger ausholte, mich aber verfehlte und nun von seinem eigenen Schwung bis hart an die Rampe geschleudert wurde, wo er sich gerade noch an den Souffleurkasten klammern konnte.
Fritz Kortner, Schauspieler, Januar 1930

Revue entdeckte ihn. Für stolze 150 Mark stürzte sich der sportliche Mime in dem Stück »Tausend süße Beinchen« im Jahr 1925 Abend für Abend kopfüber im Frack von einem schwankenden Kronleuchter in ein Wasserbassin und tauchte nur wenige Minuten später wieder in trockenen Kleidern auf der Bühne auf. Die nicht ungefährliche akrobatische Einlage machte ihn stadtbekannt, wenn auch nicht für seine schauspielerische Leistung.

Die Theaterkritiker rümpften die Nase. Die Revuen seien nur noch Mittel, damit »Hans Albers tanzen kann«, beklagte sich Kurt Tucholsky. »Was das noch mit dramatischer Kunst zu tun hat, ahnen die Götter.« Was kümmerte es den blonden Hans, der sich vor Angeboten kaum retten konnte? Jetzt hatte er endlich die Gelegenheit, sein Showtalent zu beweisen, sich freizuspielen vom allzu künstlichen Theatergehabe. Seine Schnoddrigkeit, seine Kraftmeierei, seine Natürlichkeit waren es, die das Publikum sehen wollte.

1928 erhielt er die einmalige Chance, an der renommierten Bühne von Max Reinhardt für einen der großen Theaterstars einzuspringen. Nur wenige Wochen vor der Uraufführung des Mietshaus-Melodrams »Die Verbrecher« hatte Oskar Homolka, der später in Filmen Alfred Hitchcocks mitwirkte, keine Lust mehr, den halbseidenen Kellner Tunichtgut zu spielen. Ersatz musste schleunigst herbei – die Wahl fiel auf Albers. Eine gewagte, aber gute Entscheidung, wie sich zeigen sollte. Endlich konnte der blonde Hans beweisen, dass ein ernst zu nehmender Mime in ihm steckte. Tatsächlich spielte er alle anderen Darsteller an die Wand. Filmkollege Heinz Rühmann bestätigte, dass Albers' Karriere erst an jenem 23. Oktober 1928 wirklich begonnen habe. »Ganz Berlin stand kopf«, erinnerte er sich, »es war großartig, er spielte nicht, er war der Weiberheld, der ans Gesparte seiner Bräute ging und der unser aller Mitleid hatte, als er für einen Mord büßen soll, den er gar nicht begangen hat.«

»Es war eine Sternstunde des Theaters«, kommentierte Regisseur Heinz Hilpert voller Anerkennung die Leistung des Schauspielers, »Albers ist kein Durchschnittsmime, sondern ein Vollblutkünstler.« Kein Zweifel, der Schlachtersohn aus Hamburg hatte sich in zwanzig Jahren harter Arbeit erfolgreich nach oben gekämpft. Dort wollte er auch bleiben. Seinen Lieblingsspruch »Der liebe Gott bin doch ich« hörte man von ihm nun immer öfter.

Ein ähnlich starker Premierenerfolg ist kaum erinnerbar. Wahrscheinlich hätte das Stück auch ohne Hans Albers Erfolg gehabt – mit ihm wurde es zum Tagesgespräch.
Kurt Pinthus, Schriftsteller

Hans Albers als Kellner, gebändigt und ins Ensemble gefügt, mit ausgezeichneten, treffsicheren Zügen. Ein Erfolg.
Herbert Ihering, Theaterkritiker

Oben: »Ein Vollblutkünstler«: Im Zuckmayer-Stück »Rivalen« feierte Albers (Mitte) 1929 in Berlin Theatererfolge
Unten: »Hohe Schule für Tonfilmstars«: Hans Albers mit Marlene Dietrich und Emil Jannings in Josef von Sternbergs »Der blaue Engel«

Ein halbes Jahr nach dem großen Erfolg erhielt er die nächste anspruchsvolle Rolle in Carl Zuckmayers Antikriegsdrama »Rivalen«, mit großen Effekten inszeniert von Erwin Piscator. Mit rauer, leicht heiserer Stimme sang Albers darin eine Ballade, die die Herzen der Menschen berührte. Es sollte nicht sein letztes Lied gewesen sein.

Mit dem Tonfilm gelang ihm der ganz große Durchbruch. Doch zuerst einmal wurden die Dreharbeiten für »Die Nacht gehört uns« zu einer einzigen Tortur für den blonden Hans. Er soll unter schrecklichem Lampenfieber gelitten und am Tag gleich mehrere Hemden durchgeschwitzt haben. Es heißt, seine Freundin Hansi Burg hätte ihn gemeinsam mit Regisseur Carl Froehlich zu der Rolle überreden müssen. »Mensch, Hans, ick sare dir: Du kannst det«, soll Froehlich auf ihn eingeredet haben, »unfrisierte Schnauze, keen jeschminktet Wort – du machst det aus die kalte Lamäng.« Der Einsatz zahlte sich aus. Die Zuschauer und Kritiker waren restlos begeistert. »Er bewegt sich nicht zierlich, er läuft gewichtig vom Stapel, es ist, als müsste immer erst eine Sektflasche an seinem Bug zerschellen, bevor er einen Ortswechsel vornimmt«, beschrieb Rudolf Arnheim in der *Weltbühne* Albers' Auftreten, »und er hat, als unbefangener, mutiger Kerl, die Tonfilmsprache erfunden. Viele Filmschauspieler sprechen bis zum heutigen Tag ein feierliches Bühnendeutsch, während Albers schon in einem der allerersten Tonfilme, in ›Die Nacht gehört uns‹, etwas ganz Neues und Passendes machte: Da saß er über ein ohnmächtiges Mädchen gebeugt und sprach ihr gut zu. Aber er sprach keinen reinen Text, er murmelte Trostgeräusche, er streute unverständliches Zeug zwischen die Zeilen, allerlei akustischen Kehricht, halbe Wörter, kleine Seufzer, befriedigtes Gebrumm.«

Der Tonfilm markierte für viele Stummfilmstars das Ende ihrer Karriere. Für Albers aber, den Enddreißiger, war die technische Neuentwicklung ein Segen. In den letzten drei Jahren der Weimarer Republik drehte er zehn Filme, in

Die Premiere von »Die Nacht gehört uns« wurde ein enormer Erfolg, vor allem durch Hans Albers, der bis dahin nur relativ kleine Rollen gespielt hatte. Albers... quatschte so, wie ihm die Schnauze gewachsen war. Wo wir noch steif waren, war er schon einfach, schnoddrig, zynisch, menschlich; von einer Stunde zur anderen war Hans Albers ein Star geworden.
Willy Fritsch, Schauspieler

denen er auch als Sänger auftrat. An die Filme »Hans in allen Gassen« (1930) oder »Der Sieger« (1932) erinnert sich heute kaum noch jemand, doch seine Lieder sind unvergessen: »O Susanna«, »Hoppla, jetzt komm ich«, »Komm auf die Schaukel, Luise«, »La Paloma« und »Auf der Reeperbahn nachts um halb eins« sind unvergängliche Evergreens.

Die Weltwirtschaftskrise, die auch Deutschland erfasste, ging spurlos an ihm vorüber. Nun erfüllte sich, was Hansi Burg ihm prophezeit hatte: Weil er von der Stelle gekommen war, konnte er sich den begehrten Cadillac leisten, eine Stadtwohnung in Berlin und die Wochenendvilla am Wannsee. Nach seinen abendlichen Bühnenauftritten zeigte er sich noch gern in den Bars und Restaurants der Stadt, auf Festen und Bällen, beim Sechstagerennen und bei Boxkämpfen. Er liebte das Bad in der Menge, den Applaus, nachdem der Vorhang schon gefallen war. Seinen Ruhm genoss der blonde Hans in vollen Zügen. Er hatte auch lange genug darauf gewartet. Überall dort, wo er auftauchte, verbreitete er mit seinem Optimismus und seiner Fröhlichkeit gute Laune. Kein Zweifel, Hans Albers war ein begehrter Gast.

> »Albers' Spiel und Sprache sind Hohe Schule für Tonfilmstars – so absichtslos, so natürlich, so ohne jeden Aufputz spielt und spricht Albers.«
> Reichsfilmblatt, September 1930

> Der kann seinen Text nicht, man hört den Souffleur selbst in den hinteren Reihen – aber was schadet das.
> Rolf Nürnberg, Theaterkritiker, 1930

»Den Ruhm in vollen Zügen genossen«: Der Schauspieler auf einem Filmball Ende der zwanziger Jahre – ohne das sonst unvermeidliche Toupet

Von den immer schneller wechselnden Regierungen und den unübersehbaren Aufmärschen der Braunhemden nahm der selbstverliebte Aufsteiger, über den bereits ein erstes Buch erschienen war, keine Notiz. Das Chaos um ihn herum ließ ihn unberührt. Der Erfolg trieb den Narziss immer weiter, immer schneller voran. Endlich hatte er ein Mitspracherecht bei den Besetzungen der Rollen, den Stoffen und den Regisseuren. Dabei schoss er zuweilen über das Ziel hinaus. Doch wer konnte es sich leisten, wenn nicht er?

Der einflussreiche Kritiker Herbert Ihering stellte 1932 fest, dass der Mann mit den durchdringenden blauen Augen auch deshalb zum populärsten deutschen Schauspieler aufgestiegen war, weil sich in ihm volkstümlicher Kitsch und moderne Rollen begegneten. Andere sahen nach seinem Auftritt im Film »Der Sieger« in ihm den Prototypen des Nationalsozialisten. Der Film, der am 21. März 1932 uraufgeführt wurde, erzählt die Geschichte eines kleinen Mannes, der für ein Mädchen, das er liebt, alles wagt und am Ende gewinnt. Linke wie rechte Genossen strömten gleichermaßen in die Vorstellungen. »Der, den sie alle anhimmeln«, schreibt der Albers-Biograph Hans-Christoph Blumenberg, »die Braunen wie die Roten, die Dienstmädchen wie die Literaten, ist ja einer, der bei allen ankommt, weil er bei sich angekommen ist – ein Anarchist des Alltags, ein Desperado, der auf keine Fahne schwört als auf den frechen Wimpel der eigenen Unwiderstehlichkeit.« Dass die Nazis ihn für sich vereinnahmen wollten, hatte nicht nur mit der außerordentlichen Popularität des strahlenden Siegertypen zu tun. Hans Albers entsprach mit seinem scharfkantigen Gesicht, seinen auffallend blauen Augen und seinem blonden Haar dem nationalsozialistischem Ideal des deutschen Mannes. Die Werbeplakate der Filme »F. P. 1 antwortet nicht« (1932) und »Flüchtlinge« (1933) zeigen den blonden Siegfried im scharfen Profil als harten, entschlossenen Kämpfer. Michaela Krützen, die Hans Albers' Wirken in Hitlers Reich kritisch untersuchte, weist darauf hin, dass »sich sein Gesicht auch ganz im Sinne nationalsozialistischer Ästhetik inszenieren ließ. ... Was den Führungsoffizieren der NSDAP nur über massive Retusche ins Gesicht geschrieben werden kann, bringt Albers als natürliche Anlage mit.« Im *Berliner Tageblatt* hieß es,

»Albers, die Verkörperung des über die Misere der Zeit sich souverän hinwegsetzenden gesunden Optimismus. Hier liegt der Schlüssel seiner sich immer mehr noch steigernden Popularität: Albers ist gewissermaßen ein ins Filmische transportierter Nationalsozialismus.«
Berliner Tribüne, 29. März 1932

Jeder Albers-Film brachte volle Häuser in den proletarischen Vierteln wie auch auf dem Kurfürstendamm. Dieser menschliche Dynamo mit dem goldenen Herzen verkörperte im Film, was jeder im Leben gerne wäre.
Siegfried Kracauer, Filmkritiker

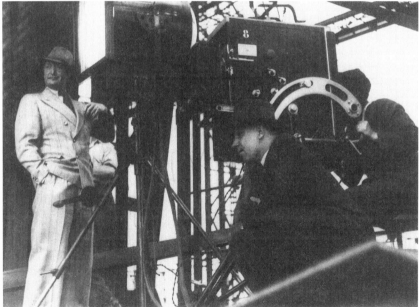

Oben: »Menschlicher Dynamo mit goldenem Herzen«: Der 1931 entstandene Film »Der Draufgänger« war voll auf seinen Hauptdarsteller zugeschnitten
Unten: »Mann mit Hollywood-Qualitäten«: Hans Albers bei den Dreharbeiten zum Film »F. P. 1 antwortet nicht«

Albers sei »für den Nazi der blonde Nationalschauspieler und für den Proletarier der Mann aus dem Volk«. Kein Wunder, dass auch Goebbels das Potenzial des Mimen erkannte. Dreimal während seiner gesamten Karriere im »Dritten Reich« ließ sich Albers von den Nazis für reine Propagandazwecke vereinnahmen. In den Filmen »Flüchtlinge«, »Henker, Frauen und Soldaten« und »Carl Peters« bediente er das Klischee des deutschen Siegertypen: hart und unbeugsam im Einsatz für das »Volk ohne Raum«. Warum sich der blonde Hans, der kein Freund der Nazis war, in diesen drei Fällen ohne Not zu deren Handlanger machte, ist unklar. Noch unter dem Eindruck des Films »F. P. 1 antwortet nicht« notierte Goebbels am 26. Dezember 1932 in seinem Tagebuch: »Dieser Albers ist ein Teufelskerl.« In dem Fliegerdrama durfte der Held des deutschen Kinos zum ersten Mal auch Schwächen zeigen. Dass er am Ende die Frau, die er liebte, und seinen besten Freund, der ihm die Frau ausgespannt hatte, vor bösen Angreifern rettete, machte ihn zum moralischen Gewinner eines spannungsreichen Konflikts.

Albers wollte nicht unbedingt den Siegertypen darstellen. Es ging ihm vielmehr darum, einen Menschen zu spielen, »der leben und kämpfen muss wie jeder andere auch«. »Blutvolle Kerle sollen es sein mit all ihren Sorgen und Freuden«, sagte er 1938, »keine Marionetten, die sich irgendein Drehbuchschreiber hinter dem Schreibtisch ausheckt. Und Männer, die... unbeirrbar ihren Weg gehen, wenn sie auch manchen Nackenschlag einstecken müssen. Ich will in meinen Filmen das Echte, Natürliche und Ursprüngliche geben, so wie es ist, ohne etwas abzustreichen oder hinzuzutun.« Keine Frage, dieser Mann hatte Hollywood-Qualitäten. Wer von den anderen Schauspielern besaß eine vergleichbare Ausstrahlung, um es mit einem Clark Gable, Gary Cooper oder Spencer Tracy aufnehmen zu können? Dessen war sich Goebbels bewusst, doch Albers ließ sich, bis auf drei unrühmliche Ausnahmen, nicht ohne weiteres vor den nationalsozialistischen Karren spannen. Das musste auch Hitlers Propagandaminister erfahren. Die einzige Autorität, die Hans Albers anerkannte, war Hans Albers.

Mit der Machtübernahme Hitlers am 30. Januar 1933 änderte sich alles, auch wenn Goebbels den Künstlern das Gegenteil vorgaukeln wollte. »Glauben Sie nicht, dass wir uns berufen fühlen, Ihnen das Leben sauer zu machen«, verkündete der neu ernannte Reichsminister für Volksaufklärung und Propa-

---

»Hans-Albers-Film ›F. P. 1 antwortet nicht‹. Uraufführung. Zum Teil fabelhaft. Zum Teil sehr schwach. Mischung von technischer Tragödie und Burleske. Keine innere Linie. Aber Albers spielt fabelhaft.«
Goebbels, Tagebuch, 23. Dezember 1932

ganda am 28. März 1933. Er versicherte, dass »die jungen Männer, die jetzt in der Regierung sitzen,... den deutschen Filmkünstlern im Herzen zugetan« seien. »Die Kunst ist frei, und die Kunst soll frei bleiben«, versprach er, »allerdings muss sie sich an bestimmte Normen gewöhnen.« Was er mit »bestimmten Normen« meinte, sollten die Künstler schon am nächsten Tag erfahren, als sich der Ufa-Vorstand in Babelsberg von seinen jüdischen Mitarbeitern trennte. Kurt Gerron, der noch zuletzt mit Hans Albers gedreht hatte, wurde mit der Order »Alle Juden verlassen das Studio!« des Geländes verwiesen. Albers' väterlicher Freund Eugen Burg wurde Ende 1933 aus der »Reichstheaterkammer« und der »Reichsfilmkammer« ausgeschlossen. Viele bedeutende Künstler verstanden die Zeichen der Zeit und verließen Deutschland nach dem Reichstagsbrand vom 27. Februar 1933. Unter ihnen: die Komponisten Werner Richard Heymann (»Die Drei von der Tankstelle«) und Friedrich Hollaender, die Schauspieler Peter Lorre und Fritz Kortner, die Regisseure Max Ophüls und Samuel (»Billy«) Wilder. Über tausend Künstler waren betroffen.

Der Aderlass erstklassiger Talente konnte Goebbels, der die Bedeutung des Films für die Ziele seiner Partei erkannt hatte, nicht verborgen bleiben. Auch nicht Hans Albers, der das Verschwinden seiner Freunde aus nächster Nähe miterlebte. Er hätte wie sie gehen können, doch er wollte weder auf seinen Ruhm noch auf die zahlreichen Privilegien verzichten. Hat er vielleicht wie so manch anderer darauf vertraut, dass der ganze Spuk irgendwann vorüber sein würde? Sorgte er sich nicht um die Sicherheit seiner jüdischen Freunde? Immerhin war er seit Jahren mit einer Jüdin liiert. Er hätte es besser wissen müssen. Am Abend, an dem der Reichstag brannte, speiste er mit Hansi Burg im Berliner Hotel Adlon. Als ein Nazi am Nachbartisch abfällige Bemerkungen über »jüdische Weiber« machte, die deutschen Männern nachstellten, drohte eine Schlägerei. Hansi war die Szene

Warum folgt Albers seinen Freunden nicht ins Exil? Er fürchtet sich vor der Fremde, auch vor den fremden Sprachen. Er ahnt, dass seine Ausstrahlung, die das deutsche Publikum nahezu hypnotisiert, in Frankreich, in England, gar in Hollywood nicht ankommen würde. Er müsste – mit höchst zweifelhaften Erfolgsaussichten – wieder ganz von vorn anfangen. Er hat nicht ein halbes Leben um die ganz große Karriere gekämpft, um sie jetzt aufs Spiel zu setzen.
Hans-Christoph Blumenberg, Filmkritiker und Regisseur

peinlich, sie fürchtete den Skandal und zog ihren Hans an den Tisch zurück. Hatte Albers bis dahin noch die Augen vor der Entwicklung in Deutschland verschließen können, so musste ihm doch bald klar geworden sein, was vor sich ging. Die beiden »Gelegenheitskäufe«, eine Apotheke und ein Warenhaus, die ihm sein langjähriger Anwalt weit unter Wert als Kapitalanlage offerierte, kamen nicht von ungefähr. Spätestens als Mitte 1933 die Starfotos in der Ufa-Kantine gegen ein einziges Bild mit dem Konterfei Hitlers ausgetauscht worden waren, hätten seine Alarmglocken schrillen müssen. »Er blieb sich selbst der Nächste und verschloss die Augen vor den Tragödien, die sich in seiner unmittelbaren Nähe abspielten«, meint sein Biograph Matthias Wegener. »Er teilte das Versagen so vieler anderer Deutscher: Indem er die Dinge geschehen ließ, indem er einfach weiter das tat, was er auch schon zuvor getan hatte, schloss er einen Pakt mit dem Teufel.«

Schauspieler wie Emil Jannings, dem es in Hollywood nicht gefallen hatte, und Heinrich George gingen noch einen Schritt weiter – sie dienten sich dem NS-Regime regelrecht an. Jannings wurde aus Dank für seine Heimatliebe zum Reichskultursenator und Staatsschauspieler erhoben, Heinrich George, früher ein linker Kampfgenosse, mimte in seinen Filmen fortan den glühenden Nationalsozialisten. Das unterschied sie von Albers, der in Filmen wie »Jüd Süß« nie mitgespielt hätte. »Der Film ›Jud Süß‹ ist eine antisemitische Fehlkonstruktion und ein Machwerk des Propagandaministeriums«, soll er ziemlich betrunken im kleinen Kreis von sich gegeben haben. Aus seiner Abneigung gegen die neuen Machthaber machte er keinen Hehl. Gemütlichen Abenden mit NS-Prominenz ging er nach Möglichkeit aus dem Weg. So soll er nach einem Bühnenauftritt eine Einladung bei den Goebbels, bei der auch Hitler angekündigt war, mit den Worten ausgeschlagen haben, er sei müde und müsse schlafen. Nicht von ungefähr finden sich keine Fotos, auf denen Deutschlands beliebtester Schauspieler mit hochrangigen Nazis zu sehen ist. Ein Schlüsselereignis im Jahr 1934 erschütterte sein Menschenbild nachhaltig. Bei einem Besuch der »Kameradschaft der deutschen Künstler« wurde Albers von einem Angestellten zur Seite gezogen. Er sei ja herzlich willkommen, aber seine Begleitung – es handelte sich um den väterlichen Freund Eugen Burg, den Vater seiner Liebsten – könne gleich wieder gehen. Wütend nahm er beide Mäntel und verließ umgehend das ungastliche Haus. Mit solchen Kameraden wollte er nichts zu tun haben. Einer Mitgliedschaft in der neu gegründeten »Reichsfachschaft

> Er war einer der wenigen, die ihre Meinung über die Nazis nicht zurückhielten. Albers war ein mutiger Kollege.
> Camilla Horn, Schauspielerin

Film« vermochte er sich auf Dauer jedoch nicht zu entziehen. Ein Jahr lang ignorierte er die Aufforderung zum Beitritt und ließ starrköpfig verschiedene Fristen verstreichen. Es galt nur, ein Formular auszufüllen, mehr nicht. Die darin enthaltenen Fragen mussten aber auch einem unpolitischen Menschen wie Hans Albers vor Augen führen, worauf das Ganze hinauslaufen sollte: nämlich weniger auf die Aufnahme als auf den Ausschluss vieler Schauspieler. Erst als ihm Berufsverbot drohte, fügte er sich. Es sollte nicht das einzige Zugeständis bleiben. Im Film »Flüchtlinge« spielte er einen strammen deutschen Offizier, der eine Gruppe Wolgadeutsche aus der Mandschurei »heim ins Reich« führt und dabei die Sowjets erfolgreich austrickst. Als der Film Ende 1933 in die Kinos kam, wurde er von den Nazis als Musterfilm euphorisch gefeiert. Es war die aufwändigste Produktion im Jahr – mit Hans Albers in der Hauptrolle. Für den im Exil lebenden Ernst Bloch offenbarte der Film, dass Albers »jeder Zoll ein Nazi-Führer« war. Goebbels trug dem Volksliebling weitere solcher Rollen an, doch bis auf zwei Ausnahmen lehnte er immer ab. In »Henker, Frauen und Soldaten« ging es 1935 wieder gegen den Kommunismus in der Sowjetunion, im Kolonialfilm »Carl Peters« von 1941 gegen Juden, Sozialdemokraten und Briten. Nur das Mitwirken in »Carl Peters« wurde ihm nach dem Krieg von der Spruchkammer der Alliierten vorgehalten, die über seine Entnazifizierung zu befinden hatte. Albers reagierte auf den Vorwurf in einer für ihn bezeichnenden Weise: Er räumte zwar ein, dass in dem Film einiges propagandistisch verfälscht worden sei, blieb aber dabei, dass die Engländer ihre kolonialen Untertanen wenig zimperlich behandelt hätten.

Eigentlich hätte es für den Erfolgsdarsteller beruflich kaum besser laufen können, wären da nicht die Versuche der Reichsfilmkammer gewesen, das Starsystem zu unterlaufen. Die Verehrung der Darsteller sei eine rein amerikanische Erfindung, hieß es da. Hollywood sei eine verlogene Wunschtraumfabrik, in der aus rein kommerziellen Gründen ein grotesker Kult um die Schauspieler getrieben werde. Die hohen Gagen seien der »Auswuchs« einer als »verjudet« bezeichneten Filmindustrie. Und in der Tat ging es den deutschen Schauspielern auch deshalb so gut, weil so viele ihrer Kollegen 1933 Deutschland verlassen hatten. »Die Gagen müssen herunter. Vor allem für Albers«, schrieb Goebbels am 18. Juni 1937 genervt in sein Tagebuch. Der blonde Hans verdiente inzwischen 120 000 Reichsmark pro Film. Bei »Der Mann, der Sherlock Holmes war« erhöhte die Ufa das Honorar sogar auf 150 000 Mark plus Gewinnbeteiligung. Damit war Albers der bestbezahlte männliche Schauspieler in Hitlers Reich. Beliebte Darsteller wie Willy Fritsch verdienten gerade mal die Hälfte. Das Reichsministerium für Volksaufklärung und Propaganda versuchte dem entgegenzuwirken, indem es die Filmproduktionsfirmen anwies, die Gagen der Schauspieler und besonders die von Hans Albers zu drücken. Trotz seiner Prominenz musste der Volksliebling nun um die Höhe seiner Einkünfte fürchten. Der erfolgverwöhnte Star nahm den Kampf mit den Instanzen auf und setzte seine Interessen durch. Goebbels hatte das Nachsehen: Albers' Gagen stiegen auch weiter von Jahr zu Jahr.

Der Star reizte Goebbels nicht nur in Finanzfragen. Eine noch größere Angriffsfläche bot das Privatleben des Schauspielers, der unbeirrt an seiner Beziehung zu der Jüdin Hansi Burg festhielt. Die 1935 erlassenen Rassegesetze schwebten wie ein Damoklesschwert über dem Paar Albers-Burg. Offiziell lebte jeder von ihnen in einer eigenen Berliner Wohnung. Die Villa am Wannsee hatte Albers einst gemietet, um mit Hansi Burg halbwegs unbehelligt leben zu können. Doch schon 1933, kurz nach der Machtergreifung, suchte er nach einem neuen Domizil, das ihm und seiner Geliebten mehr Anonymität bot. Er fand es im oberbayerischen Garatshausen am Starnberger See, weit weg von Berlin. Da er aber die meiste Zeit in Berlin arbeitete, hatte er nur selten Gelegenheit, sich mit Hansi dorthin zurückzuziehen.

»Der Schauspieler Hans Albers, der seit der Machtergreifung unserer Bewegung stark in den Vordergrund der Partei getreten ist, ist seit fast zehn Jahren mit der Jüdin Hansi Burg verheiratet.«
Denunziationsschreiben der »Fachgruppe Kleinkunstbühnen« an die »Reichsfachschaft Film«, 17. August 1933

Zunächst hatten die Nazis den Lieblingsschauspieler der Deutschen wegen seiner jüdischen Lebensgefährtin in Frieden gelassen. Noch durften die meisten seiner Kollegen, die Jüdinnen geheiratet hatten, mit Sondergenehmigung weiterarbeiten. In seinem Fall bedurfte es nicht einmal einer Sondererlaubnis, denn er war nicht verheiratet. In der Öffentlichkeit und bei einigen Behörden herrschte zwar die Meinung vor, die beiden seien ein Ehepaar, doch dass dem nicht so war, brachte eine Untersuchung der Privatkanzlei Adolf Hitlers im Mai 1934 zutage. Auch wenn außereheliche Beziehungen zu Juden dem damals geltenden Recht zufolge noch nicht strafbar waren, versuchte nun Goebbels seiner Autorität Geltung zu verschaffen. Seine Emissäre sollen dem Star mit Nachdruck »empfohlen« haben, sich von seiner jüdischen Freundin zu trennen. Es heißt, Albers habe sie bebend vor Zorn aus dem Haus geworfen.

»Der NS-Prominenz nach Möglichkeit aus dem Weg gegangen«: Der Schauspieler in seiner Berliner Wohnung, Mitte der dreißiger Jahre

Im Frühjahr 1935, Hans Albers weilte gerade zu Dreharbeiten für »Varieté« in Paris, kursierten Gerüchte, die Filme des Volksschauspielers seien in Zukunft verboten. Die Branche reagierte verunsichert, in einigen Kinos wurde der fertige Film nicht vorgeführt. Der äußere Druck nahm offensichtlich so stark zu, dass sich Albers gegen seine innere Überzeugung schließlich doch offiziell von Hansi Burg trennte. In einem Brief an Goebbels vom 15. Oktober 1935 bestätigte er »in Erfüllung meiner Pflicht gegen den nationalsozialistischen Staat und im Bekenntnis zu ihm«, die »persönlichen Beziehungen zu Frau Hansi Burg gelöst« zu haben. »Ich darf Sie, verehrter Herr Reichsminister, nunmehr bitten«, schrieb er weiter, »dass unter der veränderten Sachlage der nationalsozialistische Staat auch mir den Schutz angedeihen lässt, den er seinen Künstlern gibt. Heil Hitler! Gez. Albers.« Schon am nächsten Tag sicherte ihm Goebbels seinen vollen Schutz zu: »Sollten Sie im Einzelfall seiner bedürftig sein, so bitte ich um gfl. Mitteilung.«

Hansi Burg hatte inzwischen einen Norweger namens Erich Blydt zum Schein geheiratet. Die fingierte Eheschließung verlieh ihr zumindest vorübergehend einen gewissen Schutz. Offiziell gingen sie und Hans Albers nun getrennte Wege. Doch in Wirklichkeit wollte Hans Albers mit seiner Hansi trotz aller Widrigkeiten zusammenbleiben – ähnlich wie Hans Moser mit seiner Frau. Dass die Trennungserklärung eine Farce war, ließ sich im Herbst 1936 nicht mehr verheimlichen. Nach einem gemeinsamen Aufenthalt in England reiste das Paar wie in alten Zeiten glücklich vereint zurück nach Berlin. Goebbels reagierte auf den Affront mit der geheimen Order an alle Filmfirmen, dem Schauspieler nur noch mit Genehmigung seines Ministeriums weitere Aufträge zu erteilen. 1938 wurde diese Weisung dahingehend verschärft, dass mit Albers überhaupt nicht mehr über Rollen verhandelt werden sollte. Die Produzenten hielten sich aber nicht daran, weil der blonde Hans nach wie vor für volle Kassen sorgte.

Hansi Burg blieb in Deutschland, bis im November 1938 die Synagogen brannten. Nach den Schrecken der Reichspogromnacht nutzte sie ihren norwegischen Pass, um sich gerade noch rechtzeitig über die Schweiz nach London abzusetzen. Gerüchte, denen zufolge Albers die Flucht organisiert und sie auch weiterhin finanziell unterstützt habe, treffen wohl nicht zu. Er hätte es sicherlich getan, wenn er es gekonnt hätte. Doch damals war es nicht mehr ohne weiteres möglich, größere Summen ins Ausland zu transferieren.

In einem handschriftlichen Brief erläuterte Hansi Burg den Grund ihrer hastigen Abreise: »Hans, ich schreibe dir heute, weil ich dir erklären will, warum ich wegfahre.« Sie könne, fuhr sie fort, »diese Tage, die nun kommen, nicht ertragen«. Aus dem Weiteren geht hervor, wie sehr es sie in der

Vergangenheit gekränkt habe, dass sie am gesellschaftlichen Leben ihres »Hanne« nicht mehr teilhaben durfte. Was sollte sie also noch in diesem Land, das ihr ein normales, glückliches Leben verwehrte? Am Ende des Briefes, der ein bewegendes Dokument ihrer Liebe zu Hans Albers ist, ließ sie ihn noch wissen, dass sie ganz aufgewühlt und in Gedanken nur bei ihm sei. »Du weißt doch«, versicherte sie ihm verzweifelt, »dass sich alle, alle meine Gedanken nur auf das eine konzentrieren, auf die Wiedervereinigung mit dir.«

Die Trennung, so schmerzhaft sie auch gewesen sein mag, rettete Hansi Burg das Leben. Es folgten harte Jahre im englischen Exil. Die mittellose Frau hielt sich zunächst mit Hilfe von Almosen über Wasser. Dank ihrer Sprachkenntnisse und ihres Organisationstalents fand sie schließlich eine Anstellung in einer englischen Textilfirma. Mit dem Einkommen, das ihr diese Beschäftigung einbrachte, überlebte sie die nächsten Jahre in der Fremde, ohne jeden Kontakt zu ihrem »Hanne«.

Wie Albers die Trennung verkraftete, ist nicht bekannt. Sein ohnehin schon hoher Alkoholkonsum nahm in der Folgezeit jedenfalls beträchtlich

»Schmaler Grat zwischen Renitenz und Anpassung«: Nur widerwillig ließ sich Albers von der NS-Propaganda einspannen, wie hier bei einer Spendensammlung 1937

zu. »Was ich in Berlin getrunken habe«, gestand er später, »darauf könnte ein Panzerkreuzer schwimmen.« Seiner Hansi ins Ausland zu folgen, brachte er aber nicht übers Herz, obwohl die Möglichkeit bestanden hätte. Er glaubte, dass die Emigration nach England für ihn das berufliche Ende bedeutet hätte. Im Ausland kannte man ihn nicht, außerdem war er mit 45 Jahren nicht mehr der Jüngste. Wie Hansi Burg hoffte er, dass sich die Nationalsozialisten nicht lange an der Macht halten würden und beide bald wieder vereint sein würden. Ein Irrtum, wie sich zeigen sollte. Wollte er in Hitler-Deutschland bleiben, blieb ihm nichts anderes übrig, als sich mit den herrschenden politischen Verhältnissen zu arrangieren. Dabei bewegte er sich auf einem sehr schmalen Grat zwischen Renitenz und Anpassung.

»Keiner aus meinem Freundeskreis hat sich nach dem Wohlwollen der braunen Herren gedrängt«, rechtfertigte sich Heinz Rühmann nach dem Krieg, »aber wenn ein Künstlerempfang angesetzt war, mussten wir hin.« Sein Kollege Albers war da anderer Ansicht. Er glänzte auf den meisten Veranstaltungen mit NS-Größen durch Abwesenheit.

Überhaupt war Albers selten der gleichen Meinung wie Rühmann, mit dem er schon 1931 »Bomben auf Monte Carlo« gedreht hatte. Auch wenn das Publikum das Duo liebte, Sympathie füreinander empfanden die beiden Schauspieler von Anfang an nicht. Dazu waren sie zu verschieden. Albers hasste es, Texte auswendig zu lernen. Allerdings nicht etwa, weil er faul war, wie Rühmann andeutete, sondern weil sein Gedächtnis oft nicht mitspielte. Dann fing er an zu improvisieren, was vielleicht nicht immer von Nachteil war, aber alle Beteiligten ins Schwitzen brachte. Übermäßiger Alkoholkonsum verstärkte das Problem noch, das er schließlich mit schwarzen Texttafeln, den so genannten »Negern«, in den Griff bekam. Albers bestimmte, wo die Tafeln aufgestellt wurden und damit auch, in welche Richtung er schaute. Damit trieb er so manchen Regisseur zur Verzweiflung. »Ich bin der Neger-König«, scherzte Albers einmal über sich selbst. Für Heinz Rühmann, den Albers als pedantisch und humorlos ansah, muss die Zusammenarbeit ein Graus gewesen sein. »Mein großer Kollege lernte damals nicht gern«, erzählte er von den Dreharbeiten mit Albers. »Die Tafeln standen außerhalb der Dekoration, von kleinen Scheinwerfern angestrahlt, damit sie bei seinen Bewegungen und Gängen immer in seinem Blickfeld waren. Er hatte das Ablesen zu

> Er war in seiner ganzen Art in vielem das Gegenteil von mir. Er liebte das Bad in der Menge, er improvisierte gern und konnte dadurch seine Partner gelegentlich ganz schön aus dem Konzept bringen. Wenn es das Wort »Volksschauspieler« nicht schon gäbe, für ihn hätte es erfunden werden müssen.
> Heinz Rühmann

»Keine Sympathie füreinander empfunden«: Die beiden beliebtesten deutschen Schauspieler in »Der Mann, der Sherlock Holmes war«

einer Perfektion entwickelt. Wenn zum Beispiel eine Stelle kam, an der er gern seine blauen Augen blitzen lassen wollte, war die Texttafel oberhalb eines Fensters angebracht.« 1936 standen sie im Film »Der Mann, der Sherlock Holmes war«, einer Gaunerkomödie, gemeinsam vor der Kamera. Als Rühmann einmal seinen Text vergessen hatte, empfahl ihm Albers mit einem Augenzwinkern einen seiner »Neger«. »Ist ja keiner mehr frei«, soll der Blamierte gekontert haben.

Die Zusammenarbeit mit Albers verlangte aber auch anderen Kollegen mitunter ein hohes Maß an Toleranz ab. Er genoss den Ruf, ein wenig kapriziös zu sein. So setzte er sich gerne so in Szene, dass er im Mittelpunkt stand. Das führte wohl öfter dazu, dass er seine Filmpartnerinnen bei einer Liebesszene in Großaufnahme so vor die Kamera schob, dass er voll, sie aber nur mit dem Rücken zu sehen waren. Die zierliche, aber energische Lilian Harvey ließ sich das nicht gefallen. »Gestatten Sie, lieber Hans, ich soll hier auch mit aufs Bild«, be-

> Wenn die »Neger« im Studio nicht ausreichten, mussten alle möglichen und unmöglichen Stellen zur Anbringung von Gedächtnisstützen herhalten. Stand er zum Beispiel hinter mir und musste mit mir reden, wurden die entsprechenden Textstellen auf einem Zettel an mein Kleid gesteckt.
>
> Hilde Weissner, Schauspielerin in »Der Mann, der Sherlock Holmes war«

»Die Menschen bei Laune halten«: Hans Albers besucht im Sommer 1939 einen Boxkampf zwischen Max Schmeling und Adolf Heuser

schwerte sie sich bei ihrem Kollegen, der sich über solche Klagen mit einem Lächeln hinwegsetzte.

Bei gefährlichen Szenen ließ sich Hans Albers zum Entsetzen seiner Regisseure nie doubeln. »Einen Sprung... sollte ein anderer für mich tun, ein Artist, ein Springer«, erzählte er. »Das ging mir gegen den Strich. Niemand hätte es gemerkt, jeder Zuschauer im Saal hätte darauf geschworen, dass ich selbst gesprungen wäre – aber für mich war es ganz klar, dass ich selbst springen musste. Nicht aus sportlichem Ehrgeiz..., sondern einfach weil ich musste.« In der Chefetage der Ufa häuften sich die Beschwerden über seine Widerspenstigkeit. Albers konnte einfach seinen Mund nicht halten. »Er war einer der wenigen, die mit ihrer Meinung über die Nazis nicht zurückhielten«, erinnerte sich Camilla Horn. »Albers war ein mutiger Kollege..., mehr als einmal habe ich gehört, dass er grundsätzlich vom ›Herrn Führer‹ und von dem ›Dr. Göhbels‹ sprach.« Bei den weitaus meisten Kollegen war er trotz oder gerade wegen seiner Macken überaus beliebt. »Die Begegnung mit Hans Albers zählt zu meinen beglückendsten Erlebnissen«, schwärmte der Berufsbösewicht Gert Fröbe viele Jahre später. »Er ist mein Vorbild geworden, als Künstler wie als Mensch. Er war nie verzagt, nie humorlos.«

Albers wusste, dass die Nazis ihn in Ruhe lassen würden, solange er die Menschen in den Kinos bei Laune hielt. Doch der blonde Hans war vorsichtiger geworden. Die Zeiten, in denen er sich lautstark damit brüstete, bei seiner Schwester Mimi in Hamburg zu frühstücken, während gleichzeitig Goebbels in Berlin auf ihn wartete, waren vorbei. Flops konnte er sich nicht leisten. Er brauchte den Erfolg zum Überleben, und das im doppelten Sinne: Denn nur seine Popularität schützte ihn auf Dauer vor dem Zugriff der Nazis.

Zwischen 1938 und 1941 arbeitete er nur mit einem einzigen Regisseur zusammen. Der erst sechsunddreißigjährige Herbert Selpin erwies sich als Glücksfall für Albers. Der junge Regisseur, der amerikanische Filme liebte, hatte einige Gemeinsamkeiten mit dem schon etwas in die Jahre gekommenen Star: Beide standen dem NS-Regime kritisch gegenüber, doch versuchten sie auch das Leben zu nehmen, wie es war. Mit Selpin drehte Albers insgesamt fünf Filme. Mit der ersten Produktion »Sergeant Berry« von 1938 erfanden die beiden den deutschen

> Er behandelte Albers wie jeden anderen Schauspieler und nicht wie einen Star, und der Star ließ sich das gefallen. Er wusste, Selpin ließ ihn laufen, solange er das verantworten konnte; dann fing er ihn wieder ein. Und das war genau der Stil, den Albers mochte.
> Hans Dublies, Maskenbildner von Albers

Oben: »Den deutschen Western erfunden«: Hans Albers und Rudolf Koch-Diehl in »Sergeant Berry«
Unten: »Permanent betrunken«: Albers' Rolle in »Wasser für Canitoga« entsprach kaum dem von Goebbels geforderten NS-Heldenbild.

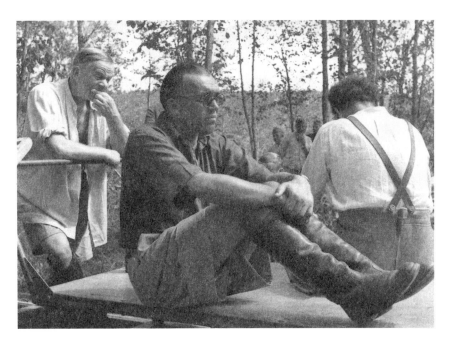

Oben: »Schwerstens gegen die Kriegsmoral vergangen«: Der Regisseur Herbert Selpin bei den Dreharbeiten zum Film »Carl Peters«, 1941
Unten: »Zu viel Leitartikel und zu wenig Handlung«: Mit dem Kolonialstreifen »Carl Peters« stellte sich Albers in den Dienst der NS-Ideologie

Western. In allen Filmen brillierte Albers als gebrochen-witzige, robustdraufgängerische Figur. Mal spielte er den Streifenpolizisten, mal den »Maharadscha von Whiskypur«. Natürlich waren auch diese Abenteuerfilme nicht unpolitisch. Die Reichsfilmkammer zensierte seit 1933 jede einzelne Produktion und sorgte dafür, dass ein bestimmtes Menschenbild vermittelt wurde: Die deutsche Frau hatte blond, treu und lieb zu sein, nur darauf erpicht, in den sicheren Hafen der Ehe einzulaufen, während sich der deutsche Mann kämpferisch und patriotisch gab. Bei der Uraufführung von »Trenck, der Pandur« im August 1940 hatten deutsche Truppen bereits Polen überfallen und Frankreich besetzt. Goebbels forderte nun noch mehr Unterhaltungsfilme, war er doch der festen Überzeugung, dass »die gute Laune ... ein Kriegsartikel ist« und nicht nur kriegswichtig, »sondern auch kriegsentscheidend sein« könnte. Die letzten Albers-Filme waren allerdings nicht nach seinem Geschmack. In »Wasser für Canitoga«, einem Pseudowestern von 1939, mimte Albers einen permanent betrunkenen Ingenieur, der schließlich im Kampf gegen das Böse, wenn auch stark wankend, den Heldentod starb. So hatte sich Goebbels deutsches Heldentum nicht vorgestellt.

Dass Albers 1941 unbedingt am Propagandafilm »Carl Peters« mitwirken wollte, ja sogar regelrecht um die Rolle kämpfte, überrascht dann doch. Unbedrängt stellte sich der Volksliebling der Deutschen in den Dienst der nationalsozialistischen Ideologie. Der Film »Carl Peters« war stark antisemitisch und antibritisch ausgerichtet. Albers spielte den deutschen Herrenmenschen, der als selbstloser Eroberer einen afrikanischen Stamm nach dem anderen der deutschen Kolonie einverleibte, während in Berlin hinter seinem Rücken ein jüdischer Geheimrat und hinterhältige Sozialdemokraten im Reichstag sein Werk vernichten wollten. »Die Biographie des zwielichtigen Kolonialpioniers wird zu Albers' moralischer und künstlerischer Niederlage«, urteilt Hans-Christoph Blumenberg, Albers-Biograph und Filmemacher. »Mag sein«, schreibt er, »dass er sich ein afrikanisches Abenteuer vorgestellt hat, aber der Film, von Selpin mit auffälliger Lustlosigkeit inszeniert, ist durch und durch verlogen.« Goebbels, der anfangs gegen den Schauspieler votiert hatte, besuchte persönlich die Dreharbeiten in Prag. »Daraus wird etwas«, notierte er am 8. November 1940 in seinem Tagebuch, »100 Neger aus der Gefangenschaft wirken da mit. Die armen Teufel stehen angetreten und zittern vor Angst und Kälte. Ich sehe Muster zum Peters-Film.« War es Zufall, dass sich Albers ausgerechnet an diesem Tag nicht am Drehort aufhielt? Vermutlich war ihm inzwischen klar geworden, auf was er sich eingelassen hatte. Der Druck auf Selpin und Albers wurde immer stärker. Am Ende zerstritt sich das Duo nach Jahren harmonischer Zusammenarbeit über das propagandistische Machwerk.

Als Goebbels den fertigen Film sah, war er vom Ergebnis zutiefst enttäuscht. »Der Film ist nicht gemeistert«, schrieb er am 15. März 1941, »zu viel Leitartikel und zu wenig Handlung. Die Tendenz ist zu dick aufgetragen. ... Ich bin sehr unbefriedigt davon.« Auch beim Publikum kam der Streifen nicht an. Seine hohe Gage erhielt Albers trotzdem, außerdem war er inzwischen von Hitler zum »Staatsschauspieler« erhoben worden. Sein Freund Herbert Selpin fiel dagegen ein Jahr später in Ungnade, nachdem er bei Dreharbeiten von Parteigenossen wegen »defätistischer Äußerungen« wie »Scheißritterkreuzträger« denunziert worden war. Zunächst schien es so, dass die Angelegenheit mit einer Geldstrafe bereinigt werden könnte. Doch dann wurde Selpin verhaftet und Goebbels vorgeführt. Der Denunzierte nahm auch vor dem Propagandaminister nichts zurück. Am nächsten Morgen fand man ihn erhängt in seiner Zelle. Bis heute ist nicht geklärt, wie er zu Tode kam. Hans Albers hat sich zur Verhaftung Selpins nicht geäußert. Er blieb stumm wie schon zuvor beim Verschwinden seines alten Freundes und Förderers Eugen Burg, der 1944 in Theresienstadt ermordet wurde. Anders als etwa Gustaf Gründgens unternahm er offenbar nichts, um bedrohten Freunden und Kollegen zu helfen. Mutig verhielt er sich nur in eigener Sache.

> *»Der Filmregisseur Herbert Selpin hat sich durch niederträchtige Verleumdungen und Beleidigungen deutscher Frontsoldaten und Frontoffiziere schwerstens gegen die Kriegsmoral vergangen. Er wurde deshalb in Haft genommen, um dem Gericht überstellt zu werden. ... Selpin hat in der gerichtlichen Untersuchungshaft in der Nacht zum 1. August seinem Leben durch Erhängen ein Ende gemacht.«*
> Film-Kurier, 7. August 1942

Je länger der Krieg dauerte, desto stärker setzte Goebbels auf die Ablenkung durch Filme. Nur einen Monat nach der Niederlage von Stalingrad im Februar 1943 wurde der monumentale Farbfilm »Münchhausen« mit Albers in der Rolle des Lügenbarons im Berliner Ufa-Palast uraufgeführt. »Die Zeit ist kaputt«, sagte darin der alte Edelmann auf dem Mond. So mancher Zuschauer wird die Anspielung Erich Kästners verstanden haben, der, obwohl offiziell mit Schreibverbot belegt, unter Pseudonym das »Münchhausen«-

»Die Rolle seines Lebens«: Im Monumental-Film »Münchhausen« brillierte Hans Albers als Lügenbaron

Drehbuch verfasst hatte. Goebbels hatte sich für das fünfundzwanzigste Jubiläum der Ufa einen ganz besonderen Film gewünscht, der alle Hollywood-Produktionen in den Schatten stellen sollte. Dafür waren die besten Kräfte engagiert worden – wobei es auch nicht störte, dass einige von ihnen, wie eben Erich Kästner, zu den Verfemten zählten. Sechs Millionen Reichsmark machte Goebbels für die Produktion locker. Ungeachtet der militärischen Lage an den Fronten wurden alle erforderlichen logistischen Mittel zur Verfügung gestellt, die besten Trickspezialisten verpflichtet und jede Menge Stars zusammengetrommelt. Für Hans Albers war »Münchhausen« die Rolle seines Lebens. Mit Leichtigkeit trotzte er als Lügenbaron den Elementen, sei es als Hasardeur auf der Kanonenkugel oder beim Sprung von der Kirchturmspitze. Während der neun Monate dauernden Dreharbeiten soll der sonst so froh gelaunte Albers jedoch immer stiller und verschlossener geworden sein. »Spätestens seit dem Tod von Selpin ist ihm klar geworden, dass sein Ritt auf dem Tiger bald enden wird«, meint Hans-Christoph Blumenberg.

Im Mai 1943 wurde der »Münchhausen«-Star von der Gestapo vorgeladen, weil er sich geweigert hatte, seine exklusive Hotelsuite dem bulgarischen König anlässlich dessen Staatsbesuchs zu überlassen. »Das ganze Benehmen von Albers war derart großkotzig«, heißt es im Vernehmungsprotokoll, »und auf seine mehr als joviale Art respektlos, dass meines Erachtens Folgendes daraus zu schließen ist: 1. Leute vom Schlage eines Albers sind scheinbar in den vergangenen Jahren von den direkt vorgesetzten Dienststellen zu großzügig beurteilt und auch behandelt worden.... 2. Albers verdient unseres Erachtens eine wirksame Dusche, damit er sich auch als Staatsschauspieler unseres Reiches einmal bewusst wird, was Deutschland für ihn darstellt.« Die geforderte »Dusche« blieb aus. Stattdessen erhielt der widerspenstige Star das Angebot, in dem Film mit dem Arbeitstitel »Große Freiheit« die Hauptrolle zu spielen. »Von den mehr als hundertfünfzig Filmen mit Hans Albers sollte dieser sein wohl berühmtester, manche sagen: sein bester, werden«, schreibt der Albers-Biograph Matthias Wegener. Zu verdanken hatte er das seiner Meinung nach »vor allem dem Regisseur Helmut Käutner, dem es gelang, in dem ewigen Sieger und Herzensbrecher die melancholischen, sanftmütigen und resignativen Saiten anzuschlagen«.

Ursprünglich kam die Idee vom Propagandaministerium, das einen Durchhaltefilm wünschte, in dem die deutsche Marine glorifiziert wurde. Dem Regisseur Helmut Käutner gelang es nach zähen Verhandlungen mit dem Ministerium, einen Film

> Man musste ihn einfach gewähren lassen, es kam immer mehr dabei heraus, als man im Moment glaubte. Der Volksmund gebrauchte dafür den Begriff »ungeschminkt«. Und genau das war es: Albers, der Ungeschminkte, der Naive, der Unverstellte.
>
> Helmut Käutner, Regisseur

»Heimatstadt in Flammen aufgegangen«: Zerstörte Gebäude an der Reeperbahn nach den schweren Bombenangriffen auf Hamburg vom Juli 1943

Oben: »Sentimentaler Traum von einer heilen Welt«: Der Film »Große Freiheit Nr. 7« wurde wegen »Verunglimpfung der Reichsmarine« verboten
Unten: Erst nach dem Zweiten Weltkrieg kam der Film in die Kinos. Andrang vor einem Berliner Kino im September 1945

mit einem ganz anderen Inhalt zu produzieren. Da ging es weniger um deutsches Heldentum als um den sentimentalen Traum von einer heilen Welt. Hans Albers spielte einen alternden Seemann, der sich in eine junge Frau verliebte, sie aber an den jüngeren Nebenbuhler verlor. Gedreht wurde zunächst in den realen Kulissen von Hamburgs Vergnügungsviertel Sankt Pauli, doch hatte niemand mit den verheerenden Bombardierungen durch die alliierten Luftstreitkräfte gerechnet. Unter dem Decknamen »Gomorrha« griffen zwischen dem 24. Juli und 3. August 1943 3000 alliierte Bomber die Hafenstadt an. In zehn Tagen und zehn Nächten legten sie Hamburg in Schutt und Asche. Mindestens 35 000 Menschen starben, hunderttausende waren obdachlos. Inmitten von Tod und Zerstörung arbeitete der Regisseur Helmut Käutner mit den Schauspielern Hans Albers, Ilse Werner und Hans Söhnker unter lebensgefährlichen Bedingungen weiter an der »Großen Freiheit«. Die Nächte verbrachte das Filmteam im Luftschutzkeller des Hotels Atlantik. Jeder neue Tag konnte der letzte sein. Die Drehorte mussten ständig neu disponiert werden, weil die vorgesehenen nicht mehr existierten. Es wurde immer schwieriger, neben den Hakenkreuzfahnen auch noch die Trümmer aus dem Szenenbild herauszuhalten. Für Hans Albers war es besonders dramatisch, mit ansehen zu müssen, wie seine Heimatstadt in Flammen aufging. Seinen Kummer ertränkte er in Alkohol. Schließlich wurden die Dreharbeiten nach Berlin-Babelsberg verlegt. Doch als auch das Ufa-Gelände bombardiert wurde, musste der blonde Hans sein legendäres Lied »Auf der Reeperbahn nachts um halb eins« im besetzten Prag singen. Die Stadt an der Moldau wurde die letzte Station der »Großen Freiheit«. Als der Film im Dezember 1944 endlich fertiggestellt war, sorgte Großadmiral Dönitz dafür, dass er verboten wurde. Der Titel allein klang schon verdächtig, doch auch der Inhalt überzeugte ihn nicht. Aus seiner Sicht schadete der Film dem Image des deutschen Seemanns. Bezeichnenderweise wurde »Die große Freiheit Nr. 7«, wie der Film dann hieß, nach dem Krieg ein großer Erfolg.

Für jeden Tag, den Albers nicht drehen konnte, bezog er sein vertraglich vereinbartes Honorar. Durch die Verzögerungen und mehrmaligen Drehortwechsel belief sich seine Gage am Ende auf 460 000 Reichsmark. Als Goebbels davon Kenntnis erhielt, kürzte er im Nachhinein das Honorar des Volkslieblings auf 8000 Reichsmark pro Monat. Zur gleichen Zeit musste sich Albers mit der Berliner Polizei herumschlagen. Der Schauspieler wurde beschuldigt, während der Dreharbeiten in Hamburg Cognac auf dem Schwarzmarkt erworben zu haben. In einem Brief stritt Albers jede

Schuld ab. »Als Beweis führe ich die Tatsache, dass ich mit Scheck und nicht mit Bargeld bezahlt habe«, rechtfertigte er sich. »Da ich schon im Frieden gewohnt war, für eine Flasche Cognac – französischen – 40 bis 50 Reichsmark zu zahlen, war ich bei dem gegenständlichen Einkauf der Meinung, dies sei der übliche Preis, der jetzt im Kriege für einen guten französischen Marken-Cognac bezahlt wird, abgesehen davon, dass ich glaubte, ihn aus dem Privatbesitz eines Offiziers des Propagandaministeriums zu erwerben.«

Bis kurz vor Kriegsende drehte er noch in Prag. »Shiva und die Galgenblume« lautete der Titel des unvollendeten Kriminalfilms, der sein letzter Film unter dem NS-Regime werden sollte. Eines Tages lud Wilhelm Frick, der Reichsprotektor für Böhmen und Mähren, die Hauptdarsteller des Films, Hans Albers und Olga Tschechowa, zum Abendessen auf den Hradschin ein. Dabei kam es zu einem Eklat, weil Frick sich abfällig über Schauspieler geäußert hatte, die sich nicht von ihren jüdischen Partnern scheiden ließen. »Herr Reichsprotektor, bei uns gibt es ein ungeschriebenes Gesetz«, soll Albers ihm ruhig entgegnet haben, »über Abwesende lästern wir nicht. ... Lassen Sie mich bitte ins Hotel fahren.«

Die Dreharbeiten in der letzten deutschen Filmhochburg endeten, als auch Prag belagert wurde. Der Regisseur Hans Steinhoff, ein glühender Nationalsozialist, der dem Filmteam mit seinen Durchhalteparolen auf die Nerven gegangen war, wollte sich mit einem der letzten Flugzeuge aus der Stadt absetzen. Als es hieß, er sei von den Sowjets abgeschossen worden, sagte Albers: »Das waren nicht die Russen, das war ich. So wahr ich der liebe Gott bin.«

Noch am 4. April 1945, als die Rote Armee schon vor den Toren Berlins stand, verfügte Goebbels absurderweise, dass alle Verträge mit Albers aufzulösen seien. Den blonden Hans hielt nun nichts mehr in Prag. Mit dem Auto gelangte er schließlich wohlbehalten in sein Haus am Starnberger See. Dort erlebte er das Kriegsende und die Besatzung durch französische und amerikanische Truppen. Schon bald stand er wieder auf einer Bühne. Albers startete seine Karriere wieder da, wo sie einst begonnen hatte: in Berlin. Die Trümmerfrauen, die ihm begegneten, sollen Tränen in den Augen gehabt haben. Der Volksheld zeigte sich seinem Volk – und dieses dankte es ihm. Immer noch gelang es ihm, Optimismus und gute Laune zu verbreiten. Das kam in Zeiten der Not und Orientierungslosigkeit besonders gut an. Über Politik äußerte er sich auch nach dem Krieg nur sehr selten. Offenbar hatte er aber, wie der Filmproduzent Gyula Trebitsch bestätigte, nach dem Krieg nie Probleme, über die »deutsche Schande« der NS-Zeit zu sprechen. Als

»Nichts sollte sie mehr auseinanderbringen«: Hansi Burg und Hans Albers im Jahr 1955

Leni Riefenstahl bei Dreharbeiten zu einem Remake ihres alten Films »Die weiße Hölle von Piz Palü« im Studio auftauchte, soll Albers seine Arbeit mit den Worten »Es stinkt hier nach Nazi« niedergelegt haben.

Hansi Burg, die langjährige Lebensgefährtin, sah ihren »Hanne« nach der deutschen Kapitulation erstmals im Kino in »Große Freiheit Nr. 7« wieder. Sie ließ sich von einer englischen Zeitung anstellen, um als Berichterstatterin möglichst schnell nach Deutschland zu gelangen. So geschah es, dass nach Marlene Dietrich eines Tages auch Hansi Burg in einer alliierten Uniform bei Hans Albers auftauchte. Später erzählte sie, dass er bei dem unverhofften Wiedersehen in einen Weinkrampf ausgebrochen sei. Nichts sollte die beiden mehr auseinanderbringen. Im gemeinsamen Domizil am Starnberger See verbrachten sie die dreh- und spielfreie Zeit miteinander. »Er war zufrieden, dass er arbeiten konnte«, erzählte Hansi Burg einmal, »allzu viel Freiheit machte ihn wild.« Mit über sechzig spielte er noch in »Die Nacht gehört uns« oder »Das Herz von St. Pauli«.

Doch es gab für Hans Albers immer weniger attraktive Rollen. Der Alkohol setzte seinem Körper zunehmend sichtbarer zu. Manchmal soll ihn die Sehnsucht nach seiner Heimatstadt Hamburg geplagt haben. In seinem Bootshaus hatte er eigens ein Tonband installieren lassen, von dem er die Hafengeräusche Sankt Paulis abspielen konnte. Doch er hatte wohl nie ernsthaft darüber nachgedacht, nach Hamburg umzusiedeln. Er wusste, was er an Bayern hatte. »Er liebte Bayern, aber er hat immer gesagt, begraben wolle er in Hamburg sein«, erzählte sein Maskenbildner Hans Dublies. Albers hatte seinen eigenen Heimatbegriff. »Heimat ist nicht da, wo man lebt, sondern wo man hinkommt, wenn man den Allerwertesten mal zugekniffen hat«, sagte der Schauspieler, der sich immer öfter in seinem alten Cadillac um den See chauffieren ließ. Dass das Ende dann doch früher kam als erwartet, war den endlosen Alkoholexzessen zu schulden. Am 24. Juli 1960 starb er in einer Klinik am Starnberger See. Zehntausende gaben ihm das letzte Geleit, als er in Hamburg auf dem Ohlsdorfer Friedhof bestattet wurde. Heute ist das Bild von dem ehemals beliebtesten Schauspieler Deutschlands merkwürdig verblasst, vielleicht wohl auch, weil Albers, wie Michaela Krützen schreibt, »ein Star ist von einem Film, der nicht mehr läuft«.

Er lebte mit einer anderen Frau zusammen. Hansi war erstarrt, aber Albers sagte nur: »Schmeiß sie raus, wenn du es fertigbringst.« Natürlich flog die andere.
Robert Siodmak, Regisseur

Ohne Maske und Toupet war er schon ein alter Mann. Aber wenn er für die Aufnahme zurechtgemacht war, sah er zwanzig Jahre jünger aus. Das jedoch machte nicht allein die Schminke, das machte vor allem die innere Strahlkraft, über die er verfügte.
Annemarie Düringer, Schauspielerin

Er sprach schon mal vom Sterben. Aber er sagte sich: »Was kann mir schon geschehen, ich bin doch überall der liebe Gott – und hast du schon mal gesehen, dass der liebe Gott stirbt? Ich kann doch nicht sterben.«
Rudolf Fernau, Schauspieler

Marika Rökk

Captain Marshal, dem Truppenbetreuer der amerikanischen Soldaten in Mayrhofen, war es ein wenig unangenehm. Eine Zeit lang druckste er herum, bis er schließlich mit der Wahrheit herausrückte: »Eine ernste Sache, Marika, Sie müssen aus der Show raus.« Sie müssen aus der Show raus? So etwas hatte Marika Rökk noch nie gehört. Was war geschehen? Marika Rökk, Ufa-Filmdiva und Star unzähliger enorm erfolgreicher Revuefilme, hatte es in den letzten Kriegstagen von Babelsberg nach Bayern verschlagen. In ihrer Babelsberger Villa waren sowjetische Offiziere einquartiert; gemeinsam mit den Eltern, ihrer kleinen Tochter Gabriele und dem Pianisten Theo Nordhaus wohnte Rökk nun auf einem Bauernhof in Mayrhofen, hamsterte in den Dörfern der Umgebung, lebte von dem Schmuck, der ihr noch geblieben war.

> Sie war eine Vollblutschauspielerin. Sie war unglaublich präzise und genoss es, im Mittelpunkt zu stehen.
> Peter Schamoni, Regisseur

Doch allzu lange konnte die Diseuse das Tanzen und Singen nicht lassen: Für Lebensmittel, Zigaretten, ein bisschen Cognac und eine Aufenthaltsgenehmigung war sie in der Revue »Glory Road« zu sehen, die amerikanischen Soldaten und Offizieren die Abende versüßen sollte. Schuhplattler, nicht Csárdás oder Walzer, war jetzt der Tanz der Stunde – die GIs jauchzten und pfiffen, als sie die Rökk in Lederhosen sahen. Noch mehr, als sie das ganz kurze Röckchen trug, »Somewhere over the Rainbow« säuselnd. Und wie wild, als sie anfing zu steppen. Das Englisch war ohnehin kein Problem, das konnte die Rökk noch aus der Vorkriegszeit, vom Broadway.

Doch damit war es nun vorbei. »Sie müssen aus der Show raus«, hatte Marshal gesagt, die Sache war ernst. Nicht, dass die Amerikaner der Rökk ihre Ufa-Filme übel genommen hätten – das nicht. Doch jetzt hieß es, Marika Rökk sei eine Nazi-Spionin. In den USA hatte der 1911 in Wien als »Kurt Deutsch« geborene Kurt Singer ein Buch über Nazi-Agenten geschrieben, in dem auch der Name Marika Rökks auftauchte. Singer galt als bedeutender Journalist und Buchautor, er war vor den Nationalsozialisten nach Schweden geflohen, hatte in Norwegen Leo Trotzki interviewt, Bücher über Carl von Ossietzky, Ernest Hemingway und Hermann Göring geschrieben und gehörte zu den Freunden Willy Brandts. Nun hatte er – ein Mann mit respektabler, antifaschistischer Vergangenheit – Marika Rökk in seinem Buch »*Spies and Traitors of World War II*« schwer belastet. Er selbst war als Agent für den schwedischen und den amerikanischen Geheimdienst tätig gewesen, sollte also wissen, wen er beschuldigte. Marika Rökk, so Singer, sei Spionin unter Admiral Wilhelm Canaris, dem deutschen Geheimdienstchef, gewesen und habe neben anderem einen Spezialauftrag in Lissabon erledigt: »In der portugiesischen Hauptstadt war sie unter verschiedenen Namen bekannt; bisweilen nannte sie sich selbst Mary, dann wieder, intimer, Muckie oder Liebling!«

Drei Jahre durfte Marika Rökk nicht auf die Bühne – eine Katastrophe für jemanden wie sie, der sein ganzes Leben Erfolg hatte, der kaum in Schwierigkeiten geraten war, der immer von sich selbst behauptete: »Jeder liebt mich.« Drei Jahre war Marika Rökk verboten. Lange wurde die Akte Rökk geprüft, dann prozessierte die Diva gegen eine Wiener Zeitung, welche die Anschuldigungen Singers nachgedruckt hatte. 1947 gewann der Ufa-Star das Verfahren und wurde von einem Ehrengericht der österreichischen Schauspielervereinigung rehabilitiert. Schon 1948 drehte sie wieder ihren ersten Film. Marika Rökk schien – im Gegensatz zu Europa, das nach Ende des Zweiten Weltkriegs in Trümmern lag – einfach unverwüstlich.

Unverwüstlich, von Anfang an: Geboren wurde sie als Marie Karoline Rökk am 3. November 1913 in Kairo, wo ihre Eltern – der erfolgreiche ungarische Bauunternehmer und Architekt Eduard Rökk und seine Frau Maria Caroline Charlotte Karoly – einige Zeit lang lebten. Ärzte hatten der kränkelnden jungen Frau den Umzug empfohlen – des Klimas wegen. Marikas Vater fand schnell als Architekt Arbeit.

> Ich liebte immer die Sonne.
> Ich bin ja in Kairo geboren.
> Ich habe meiner Mutter immer gesagt: Wie kann man ein so sonniges Kind im November gebären?
> Marika Rökk

Im Frühsommer 1914 zog die Familie nach Budapest, der Vater wurde als Leutnant eingezogen, kehrte jedoch nach dem Ersten Weltkrieg unversehrt wieder zurück. Marika Rökk wuchs mit ihrem Bruder Edus behütet und wohl situiert in Budapest auf – mit immer größerem Interesse für die internationalen Tanzbühnen.

> *Immer hatte ich eigentlich schon Tänzerin werden wollen. In jedem Lokal, in dem auch nur einer fiedelte, ließ ich meinen Teller stehen und schwebte als lästige Elfe zwischen den Tischen umher, fiel den Leuten fast in die Suppe, riss Blümchen aus den Vasen und streute sie rhythmisch über Tisch und Schweinshaxe.*
> Marika Rökk

1921, in der Kurstadt Héviz, der Sommerfrische des eleganten, aristokratischen Ungarn, wo die Familie ihrer Mutter Urlaub machte, stand die Achtjährige mit den großen blaugrünen Augen vor dem Musikpavillon, sah die Tänzer und Tänzerinnen, versuchte sich am Walzer, am Csárdás, lüpfte das Röckchen, fühlte sich als Tänzerin. Und es ging, ja, es ging beinahe von allein. Ihr wurde applaudiert, als süßem Kind, aber auch schon als Tänzerin. »Erster Rausch, von Bewunderung erzeugt, nie mehr zu entbehren, immer neu begehrt«, schilderte sie das Erlebnis in ihren 1974 erschienenen Lebenserinnerungen »*Herz mit Paprika*«. Und was für ein Zufall: Die damals bedeutende Schauspielerin Marie Jászai sah das tanzende Kind, prophezeite ihm eine große Zukunft und fragte die Mutter, wo die Kleine denn tanzen gelernt habe. Als die Antwort lautete: »Nirgends«, Marika habe es nie erlernt, ermunterte sie die Mutter, das Mädchen eine Tanzausbildung absolvieren zu lassen. Endlich wurde dem Wunsch Marikas nachgegeben: Sie begann eine Tanzausbildung, zu der sie die Mutter heimlich anmeldete. Erst nach vier Monaten wurde Vater Rökk eingeweiht. Das Wunder nahm seinen Lauf: Schon ein Jahr später war Marika als Solistin bei einem großen Tanzabend in Budapest zu sehen.

1924 zog die Familie nach Paris, wo Marika ihre Ausbildung bei der bekannten russischen Tänzerin Rudkowska fortsetzte. Bereits mit elf Jahren – unterdessen hatte ihr Vater sein Vermögen durch die Inflation verloren, die Familie war verarmt und auf finanzielle Unterstützung seitens der Tochter angewiesen – tanzte Marika Rökk bei den »Hoffmann Girls«, der achtzehnköpfigen Startruppe der erfolgreichen Tänzerin und Choreographin Gertrude Hoffmann, am »Moulin Rouge«.

Keine konnte solche Pirouetten drehen. Sie war ein Wunderkind mit enormem Ehrgeiz, wie Rökk in »*Herz mit Paprika*« geschrieben hat: »Akrobatik

> Madame Rudkowska hievte mich nun auf das internationale Niveau. Und ich wusste tatsächlich sofort, dass sie das schaffen würde. Ich ackerte. Ich schuftete, Ich wurde einer von Madames Lieblingen, das ehrte mich – und es verpflichtete. Ich dampfte förmlich vor Eifer und Begeisterung.
> Marika Rökk

»60 Dollar Wochengage«: Mit elf Jahren tanzte Marika Rökk bei den berühmten »Hoffmann Girls« in Paris

»Verführerischer Sweetheart«: Die kleine Marika galt als tänzerisches Wunderkind

Oben: »Erste Stufe der Karriereleiter«: Im Pariser Moulin Rouge feierte Marika Rökk früh Erfolge als Tänzerin
Unten: »Amerika war gewaltig«: Auch auf dem Broadway in New York war Marika Rökk bald ein Star

wurde zuerst noch ausgeklammert bei mir, die musste ich erst studieren – und das tat ich. Mein Pensum war unheimlich reichhaltig, aber ich schaffte alles mit unverwüstlicher Gesundheit und einer überschäumenden Lebensfreude.« Immer warf Marika Rökk ihre Beine ein paar Zentimeter höher als die anderen, und stets trug sie dabei ein strahlendes Lächeln auf ihrem Gesicht.

Schon bald drehte sich das Karriererad schneller. In einer Show der »Hoffmann Girls« war sie eine von nur sechs Solistinnen, tanzte gleich zwei Solonummern: »Ich war selber ziemlich stolz auf mich – besonders auf das Foto, das ein bekannter Starfotograf von mir anfertigte. Ich wurde mit aufgedonnerter Frisur und Schminke als verführerischer Sweetheart aufgemotzt, und so hing nun mein Bild am Moulin Rouge.... Jeden Tag betrachtete ich die auf dem Foto, die ich ja schließlich war, mit riesiger Bewunderung. Jessas, ich war eine Beauty!«

60 Dollar Wochengage erhielt ich – Jessas! Als ich die erste auf den Familientisch legte, weinten alle: Mama, Papa und Edus. Nur ich sah düster unter zusammengewachsenen Augenbrauen auf meine Familie. Gott, war ich stolz! Elf Jahre, und Ernährerin!
Marika Rökk

Zuerst Paris, und dann die ganze Welt: Von Le Havre aus ging es mit dem Schiff nach Amerika. Zwölf Jahre alt war Marika jetzt. Der New Yorker Broadway war im Jahr 1925 die nächste, aufregende Station in einem noch ganz jungen Leben. »Mein erster Eindruck angesichts der Skyline von New York: Amerika war gewaltig. Das gefiel mir, passte gut zu meiner eigenen Stimmungslage, in der Überschwang einen Ehrenplatz hatte.« Sie tanzte am Broadway, reiste durch die Vereinigten Staaten, gab Gastspiele in den größten Städten der USA. Auch das amerikanische Publikum war begeistert von Marika Rökk: »The little queen of pirouettes« nannten ihre New Yorker Fans die junge Ungarin, deren kraftvoller Tanzstil mit dem des amerikanischen Tänzers, Broadway-Stars und Hollywood-Musical-Revolutionärs Gene Kelly verglichen wurde.

Doch kurz darauf löste Gertrude Hoffmann ihre Truppe auf. Marika Rökk absolvierte zunächst weiteren Tanzunterricht in der renommierten New Yorker Tanzschule von Nat Wayburn und nahm alsbald die nächste Sprosse auf der Karriereleiter mit Schwung: Beim legendären Revuearrangeur Florence Ziegfeld durfte sie vortanzen. Seine Geschichte wurde 1941 in »Ziegfeld Girl« mit James Stewart, Judy Garland und Hedy Lamarr verfilmt. »Ziegfeld – das war einfach Girls-Legende. Ziegfeld-Show, Ziegfeld-Star – das waren Zauberworte für jeden Showmenschen«, schwärmte die Tänzerin in ihren Lebenserinnerungen. Das große Vorbild von Marika Rökk – an das sie freilich, da sind sich Tanzexperten einig, niemals heranreichen konnte –

> *Ich durfte vortanzen. Ein Pianist spielte etwas, und ich musste dazu improvisieren. ... Mister Ziegfelds Augen ruhten auf mir, wahrhaftig. Und er lächelte, wahrhaftig! Trotzdem wurde nichts aus dem Arrangement, denn meine Aufenthaltsgenehmigung war schon zweimal verlängert worden – gegen das Gesetz, und selbst unseren vereinten Vorstellungen gelang es nicht, die Vereinigten Staaten zu einem Einsehen zu bewegen.*
> Marika Rökk

war bereits in dieser Zeit die 1912 geborene amerikanische Tänzerin, Sängerin und Schauspielerin Eleanor Powell. Auch sie hatte – wie die Rökk – schon früh in einer Kinderrevue gearbeitet und war bereits kurze Zeit später am Broadway zu sehen gewesen. Powells bekanntester Film war »Broadway Melody« aus dem Jahr 1940, in dem sie zu dem Cole-Porter-Stück »Begin The Beguine« mit Fred Astaire tanzte.

Es folgte ein Karriereknick für Marika, ein ganz kleiner – ausnahmsweise: Aus dem Engagement bei Ziegfeld wurde nichts. Die Aufenthaltsgenehmigung von Marika Rökk wurde nicht verlängert, die Familie siedelte nach Hamburg über, wo Marika Rökk im »Trocadero« als »Sensation aus Amerika« angekündigt wurde. Anschließend ging sie nach Berlin, wo sie im »Wintergarten« und in der »Scala« tanzte. In den folgenden Jahren war Marika Rökk in verschiedenen sehr erfolgreichen Operetten und Musikkomödien als Sängerin und Tänzerin zu erleben – so etwa in Wien, Budapest, Monte Carlo, Cannes, London und Paris. Stets wurde sie begleitet von Vater Eduard, der ihre Karriere anfangs eher misstrauisch beäugt hatte, doch dann voller Stolz behauptete: »Meine Tochter kann alles!«

Zusätzlich komplettierte Marika Rökk ihre Ausbildung mit Gesangsunterricht, wohl wissend, dass ihre stimmlichen Fähigkeiten eher begrenzt waren. »Sagen wir mal: Ich war eine Tänzerin, die die Frechheit hatte zu singen. Dabei habe ich mich jedoch stets in meinen Grenzen gehalten. Nie habe ich mich an Sachen gewagt, für die man eine ausgebildete Stimme braucht.« Mit eiserner Disziplin arbeitete sie an sich und meisterte trotz des beschränkten Stimmumfangs problemlos Operettenarien und Schlager. Gerade ihr glockenhelles Timbre, das von Kritikern häufig als »zu leicht« und »zu dünn« bemäkelt worden ist, sollte – verbunden mit dem ungarischen Akzent, dem rollenden »Rrrrrr«, das Rökk hegte und pflegte – zu ihrem Markenzeichen mit Wiedererkennungswert werden.

»The little queen of pirouettes«: Marika Rökk beim Spitzentanz im Jahr 1930

1930, mit nur 17 Jahren, drehte sie den ersten Film in London: »Why Sailors Leave Home«. »Kiss me, Sergeant«, eine weitere englische Kolonialkomödie des Regisseurs Monty Banks, folgte wenig später. 1933 war Rökk in dem ungarischen Film »Kísértetek vonata« – »Geisterzug« – zu sehen, in

> Eines Tages stieg Ufa-Regisseur Herbert Ucicky aus klassischen Höhen in unseren Zirkus hinab. Er bereitete gerade die »Jungfrau von Orléans« mit Angela Sallocker in der Titelrolle vor. Er fuhr nach Berlin zurück und sagte: »Meine Herren, auf schnellstem Wege nach Wien! Da tobt eine kleine Ungarin umher, die kann was, und, das werden Sie nicht glauben, sie ist schön – und jung!« Sie kamen, sahen, und ich siegte – ohne gerannt zu sein.
> Marika Rökk

dem sie neben Oskar Beregi, einem Star aus Fritz Langs »Das Testament des Dr. Mabuse«, spielte.

Daneben arbeitete Marika Rökk in der Zirkusrevue »Stern der Manege«, wo sie im Wiener Zirkus Renz als Kunstreiterin, mit und ohne Sattel, brillierte. Regisseur Herbert Ucicky von der Babelsberger Ufa, der »Universum Film-AG«, einer der größten Filmgesellschaften Europas, war von dem Energiebündel mit dem reizenden ungarischen Akzent begeistert: Genau das war es, was der deutschen Filmbranche fehlte. Denn diese musste bluten in den Monaten nach Hitlers Machtergreifung im Jahr 1933: Viele der besten Schauspieler und Regisseure – wie Fritz Lang, Marlene Dietrich, die Propagandaminister Joseph Goebbels noch im Jahr 1936 aus London zurück nach Deutschland holen wollte, Fritz Kortner, Peter Lorre oder Billy Wilder –, darunter vor allem die jüdischen Filmschaffenden, waren bereits ins Ausland emigriert.

Nicht so Marika Rökk: Am 14. November 1934 gelang es der Ufa, die junge Schauspielerin mit einem Zweijahresvertrag an das Unternehmen zu binden: »Jetzt kam das ungebärdige Füllen in die strenge Ufa-Schule«, kommentierte Rökk in ihren Memoiren. Es war der Wille des neuen Propagandaministers Goebbels, eine eigene deutsche Traumfabrik aufzubauen, neben dem Propagandafilm auch ein Starsystem nach Hollywood-Vorbild zu schaffen. Er wollte nationalsozialistische Stars kreieren – echte Filmdiven, die es mit den großen Vorbildern aus Hollywood aufnehmen konnten. Die waren zwar im nationalsozialistischen Deutschland verpönt, jedoch noch bis 1939 in den Lichtspielhäusern zu bewundern.

> Ich mochte, liebte, bewunderte Deutschland und konnte das Regime nicht beurteilen, denn ich war total unpolitisch. Ich habe mich immer auf meinen Beruf konzentriert.
> Marika Rökk

Doch so weit war Marika Rökk noch nicht: Die erste deutsche Filmrolle in der Zirkuskomödie »Leichte Kavallerie« von Werner Hochbaum – der

> Mein erster Film hieß »Leichte Kavallerie«. Er hatte viel Reklame und wenig Erfolg.
>
> Marika Rökk

Film kam 1935 in die Kinos – war zwar nicht sonderlich erfolgreich, doch führte er die Schauspielerin in die Babelsberger Filmszene ein. »Mit meinem ›Bittäärrrschön‹ wirkte ich wohl sehr exotisch«, erinnerte sich Marika Rökk in ihren Memoiren an die Anfangszeit beim Film. »Ich war ein wildes Bretterkind, an riesige Häuser und große Gesten gewöhnt. Ich hatte immer mit starken Mitteln gearbeitet, eine Publikumsdompteuse, ein Ausbund an Temperament, ein mimischer Vulkan. Mein Ausdruck war viel zu kräftig für die intime Nähe, die eine Kamera zum Publikum herstellen kann.« In »Leichte Kavallerie« war Rökk als »Rosika« zu sehen, die ihrem Stiefvater entflohen ist und in einem Zirkus arbeitet, wo sie sich in den Stallburschen verliebt – der sich bald als ungarischer Adliger entpuppt. Rökk selbst war ganz und gar unzufrieden mit sich: »Ich wusste mit mir noch nicht genug anzufangen, und die anderen kannten meine Möglichkeiten natürlich erst recht nicht. Ich war kein Kind mehr, aber auch noch keine Frau. In Damenkleidern sah ich aus wie die Teilnehmerin an einem Schülerfasching, und in Teenagergarderobe wie eine zu jugendlich gewandete Madame.«

Marika Rökks Metier sollte der Revuefilm werden, der sich an amerikanischen Vorbildern, etwa an den Filmmusicals von Fred Astaire und Ginger Rogers, orientierte, doch heute als typisch deutsches Filmgenre gilt und seine große Zeit in den dreißiger bis fünfziger Jahren, vor allem aber während der NS-Diktatur hatte. Rökks Revuefilme folgten dabei stets einem ähnlichen Muster: Die Handlung – zumeist eine Liebesgeschichte, die gespickt ist mit Elementen einer Verwechslungskomödie und naturgemäß glücklich endet – wird garniert durch eine Vielzahl von Tanz- und Gesangseinlagen.

Im Jahr 1936 drehte Marika Rökk, die inzwischen mit ihren Eltern in der Potsdamer Chaussee lebte, gleich drei Filme: In »Heißes Blut«, dem ersten Film mit ihrem Hauptregisseur und späteren Ehemann Georg Jacoby, war sie als »Baroness Marika von Körössy« zu sehen, die sich in einen Husarenoffizier verliebt. Bei den Dreharbeiten der Außenaufnahmen in Ungarn – hier zahlten sich ihre bei »Stern der Manege« erworbenen Reitkünste aus – verliebte Rökk sich wirklich, nämlich in ihren mehr als dreißig Jahre älteren Regisseur, und fragte ihn auch gleich: »Darf ich Ihnen ein Bussi geben?« Georg Jacoby, der nicht Nein sagte, war bereits ein erfahrener Filmemacher: Geboren 1882 in Mainz, begann er als Schauspieler, arbeitete aber seit 1913 als Regisseur. Bekannt wurde er für die international besetzte »Quo-vadis«-

»Viel Reklame und wenig Erfolg«: »Leichte Kavallerie« (rechts) und »Heißes Blut« (links) hießen die ersten Rökk-Filme in Deutschland

Verfilmung mit Emil Jannings als Kaiser Nero; Ko-Regie führte damals Gabriele d'Annunzio. Jacobys Sittenfilm »Moral und Liebe« wurde im Erscheinungsjahr 1933 von den Nationalsozialisten verboten. Dennoch durfte Jacoby weiter für die Ufa arbeiten – und sollte mit »Die Csárdásfürstin«, »Heißes Blut«, »Der Bettelstudent« oder »Eine Nacht im Mai« eine ganze Reihe von Rökk-Filmen inszenieren. »Wie wir uns ergänzten!«, schwärmte die Rökk in ihren Memoiren. »Ich war der rhythmische Motor, er der musikalische Teil. ... Als ich ihn eines Tages sagen hörte: ›Ich muss mich jetzt ganz umstellen für diese kleine Frau‹, da wusste ich: Ich hatte eine Heimat gefunden.« 1940 heiratete Rökk Georg Jacoby gegen den Willen ihrer Eltern, nachdem nicht *er*, sondern *sie* ihm einen Antrag gemacht hatte. »Er wusste ja schon, ich war nicht verrückt, nur eigenartig. So gab er mir sein Jawort.« Die Hochzeit fand 1940 während der Dreharbeiten zum Film »Kora Terry« in Babelsberg statt. »Es war ein Sonnabendnachmittag, da hatten wir drehfrei. Georg dachte praktisch. Ein Standesamt in der Nähe der Babelsberger Studios erklärte sich ausnahmsweise zu Überstunden bereit.« Für ihre Beziehung zu Jacoby fand Marika Rökk in ihrer Autobiographie ein schönes Bild: »Was mögen die Zugucker und Verehrer von dieser Braut gedacht

> Jacoby war gemäßigt freundlich und sehr höflich. Er ließ mich dies und das tun. Schließlich musste ich einen Brief vorlesen, strahlend am Anfang, dann zunehmend enttäuscht, zuletzt bitterlich weinend. Nun, weinen konnte ich immer vorzüglich. Ich las zwar sehr stockerig in meinem miserablen Deutsch, aber zuletzt konnte ich vor Schluchzen sowieso kaum noch reden. Da sagte der große Regisseur zur kleinen Rökk-Marika: »Ein Menschlein, das so was kann, wird es zu etwas bringen!« So machten wir unseren ersten Film zusammen. Er hieß »Heißes Blut«, aber wir und die Berliner nannten ihn »Kalter Kaffee«. Immerhin: Ein Anfang war gemacht.
> Marika Rökk

haben? Sicher fanden sie: der arme Mann. Aber gerade dass er langsam gehen konnte, wenn ich rannte, war eine seiner Stärken. Wir kamen trotzdem immer gleichzeitig an.«

Nicht nur Jacoby begleitete Rökk durch die Ufa-Jahre. Auch der Kameramann Konstantin Irmen-Tschet, später verheiratet mit der Schauspielerin Brigitte Horney, die Filmkomponisten Franz Grothe und Peter Kreuder, die Choreographin Sabine Ress, der Filmarchitekt Erich Kettelhut und der Produktionsleiter Max Pfeiffer wirkten immer wieder in Rökk-Produktionen mit.

»Und du, mein Schatz, fährst mit«, ebenfalls von Georg Jacoby, zeigte 1936 Rökk als Sängerin »Maria«, der ein Jahresvertrag an einem Theater am Broadway angeboten wird. Dort startet sie eine große Karriere, doch bald packt sie das Heimweh: Marika alias Maria verzich-

»Darf ich Ihnen ein Bussi geben?«: Marika Rökk mit Ehemann Georg Jacoby, hier während eines Paris-Besuchs 1942

tet auf allen Ruhm und kehrt lieber wieder nach Deutschland zurück. Die Story des Films klingt harmlos, doch den neuen Machthabern gefiel sie ohne Zweifel, entsprach sie doch ganz dem Wunsch des Propagandaministers, der Traumfabrik Hollywood die Zähne zu zeigen. In »Der Bettelstudent«, einer Verfilmung der Operette von Karl Millöcker, wiederum von Georg Jacoby gedreht, spielte Marika Rökk zum ersten Mal neben Johannes Heesters – es war der Auftakt zu einer regen Zusammenarbeit: »Wir standen auf geschwisterlich gutem Fuß miteinander – zwei Lausbuben, immer zu Albernheiten aufgelegt, mit unverwüstlichem Schwung begabt.« Doch dann bemerkte Rökk »bei aller geschwisterlicher Verbundenheit schließlich gewisse Vorbehalte bei Juppi. Und Jacoby und ich verstanden es, als er uns eines Tages erklärte, er wolle nicht länger ›Rökk-Filme‹, sondern fortan lieber ›Heesters-Filme‹ machen. Recht hatte er. Hatte er es nötig, die zweite Stimme zu übernehmen?«

Trotzdem bildeten Marika Rökk und Johannes Heesters das Traumpaar des deutschen Tanzfilms. Gerüchte über eine Liebesaffäre mit ihrem Kollegen hat Marika Rökk jedoch stets heftig dementiert. »Privat waren wir nur Freunde«, sagte sie 2003 in einem Interview. »Ich hätte die Liebesszenen nie so spielen können, wenn ich was mit meinem Filmpartner gehabt hätte. Damals galt ich als sexy, weil ich immer meine Beine zeigte. Aber ich musste ja meine Beine zeigen, denn ohne Beine kann man nicht tanzen.« Propagandaminister Goebbels notierte über den Film am 14. Juni 1936 in sein Tagebuch: »Zu viel Singerei. Sonst aber flott, amüsant, pomphaft. Gut tanzt Marika Rökk...«

Schon nach ihren ersten drei Filmen war Marika Rökk ein Publikumsliebling des »Dritten Reiches«, die umjubelte Protagonistin von Filmen, die ganz und gar auf sie, den Star, zugeschnitten waren. Umjubelt vor allem auch, weil sie als Tänzerin, Sängerin und Schauspielerin ein echtes Universaltalent des deutschen Films darstellte. Das war einzigartig, eine wie die Rökk gab es nicht noch einmal. Die frühe Rökk, das war – zumindest für deutsche Verhältnisse – jede Menge Glamour, ein wenig Sehnsucht in den Augen obendrauf und eine gute Portion cineastische Verführungskunst. Fast wie Amerika, fast wie Hollywood – und das galt viel im deutschen Unterhaltungskino der dreißiger Jahre.

> Ihr früher Partner Johannes Heesters suchte nach den ersten gemeinsamen Filmen das Weite, weil er keine Lust hatte, immer nur in »Rökk-Filmen« zu spielen.
> Michael Althen, Filmkritiker

> Nie hat sich ein Partner während der Arbeit in mich verliebt. Wer mich da erlebte, konnte keine feminine Anschmiegsamkeit entdecken.
> Marika Rökk

> In ihrem Fach war sie eine tolle Person. Wir waren ein Film-, aber nie ein Liebespaar.
> Johannes Heesters

»Das Verruchte war nicht unbedingt ihre Spezialität«: Der Ufa-Star lässt sich für eine Homestory an der Hausbar ablichten

Doch was hatte die Rökk? Was machte sie für ihr Publikum, aber auch für die nationalsozialistischen Machthaber so attraktiv? Vor allem waren es wohl ihre Energie, ihr Charme, ihr unerschütterliches Selbstbewusstsein, ihr Optimismus, ihre lautstarke Lebenslust, für welche die blonde Schauspielerin von so vielen geliebt wurde. Sie hatte Chuzpe, kannte aber auch ihre Grenzen. »Herz mit Paprika« nannte sie sich in ihren gleichnamigen Memoiren, ein ganz und gar »ehrgeiziges Kind, das Karriere machen wollte«.

Herz, Temperament, komödiantisches *und* musikalisches Talent, all das spielte Marika Rökk seit ihrem ersten Film immer wieder aus. Eine der stärksten Charaktereigenschaften Rökks aber war ihr Arbeitsethos. Ihr Können, ihre Begabung empfand sie zeit ihres Lebens als Aufgabe: »Wer so begabt auf diese Welt gekommen ist, der muss weiter daran arbeiten. Weiter lernen. Immer das Schwerste. Immer das Aktuellste.«

Ihre Regisseure und Drehbuchschreiber kannten die Stärken von Marika Rökk – aber auch ihre Schwächen. Nachdem der Star einmal aufgebaut war, hielt man am Erfolgskonzept fest, wie der Autor Gerhard Rhode 1979 geschrieben hat: »Nach dem immer gleichen Drehbuchrezept, dessen einmal gefundenes Schema rigoros eingehalten wird, ist sie in ständiger Variation des eigenen Typs immer der Bühnenstar, der durch eine flache Fabel banaler Intrigen, Verwechslungen oder Missverständnisse geschickt wird, bis er am Ende im überwältigenden Arrangement einer Schlussrevue brillieren kann und obendrein den Mann fürs Leben gewinnt.«

Was ihrem Spiel bisweilen etwas Künstliches gab, ist das im nationalsozialistischen Film so typische Fehlen des Eros, von Filmwissenschaftlern als »Geschlechterangst« bezeichnet, das Fehlen des Sündhaften, auch wenn Rökk etwa in ihrem späteren Film »Die Frau meiner Träume« ein tief geschlitztes Kleid trug, das Goebbels' Missmut erregen sollte. Rökk zeigte kaum verführerische, doppelbödige Sexualität – bei ihr kam Weiblichkeit stets zusammen mit Geschwindigkeit, ihrem wirbelnden Temperament daher. Die Femme fatale zu geben war nie ihre Spezialität. Gegen Feinheit im Ausdruck setzte sie die Geschwindigkeit der Bewegung, wie Wolfgang Sandner 1983 in der *Frankfurter Allgemeinen Zeitung* erkannte: »Marika Rökk warf unentwegt ihre Beine, sie ist überhaupt nur existent in der multiplizierten Bewegung: die verspätete Inkarnation futuristischer Kunstästhetik, der Filmakt, eine Treppe herabsteigend, nein – wirbelnd. Temperament ist ihr Beruf, das Stakkato ihre Artikulationsform, das Allegro con brio ihr Lebensrhythmus.«

> Natürlich legte die Ufa Wert darauf, dass ich herausgestellt wurde. Ich war ihr hochbezahlter Star. Die Rollen, die Gags, die Szenen waren auf mich zugeschnitten, das Drehbuch wurde auf mich geschrieben.
> Marika Rökk

> Das Verruchte war nicht unbedingt ihre Spezialität, dazu fehlte es ihr an Abgründigkeit oder an Regisseuren, die es verstanden hätten, hinter ihrer strotzenden Lebensfülle ein Geheimnis zu ergründen.
> Michael Althen, Filmkritiker

Die gesamte Kinoproduktion unterlag während des nationalsozialistischen Terrorregimes der Kontrolle der Machthaber und wurde bewusst zu Propagandazwecken missbraucht. Schon früh erkannten die Nationalsozialisten die immense Bedeutung des Massenmediums Film. Bereits am 28. März 1933, nur zwei Monate nach der Machtübernahme und erst zwei Wochen nach seiner Ernennung zum »Minister für Volksaufklärung und Propaganda«, definierte Joseph Goebbels im Berliner Hotel Kaiserhof die Konturen seiner Politik in einer Rede vor Vertretern der Filmbranche. Es ging vor allem darum, »völkisches Denken« in die Filme zu bringen, denn, so Goebbels, Kunst könne sich nur nennen, was mit den »Wurzeln in das nationalsozialistische Erdreich eingedrungen ist«.

Bereits anlässlich seiner Regierungserklärung vom 23. März 1933 hatte Hitler die Rolle der Kunst, insbesondere des Films, umrissen, den er dem »Erziehungswesen« unterordnete: »Unser gesamtes Erziehungswesen – das Theater, der Film, Literatur, Presse, Rundfunk –, sie werden als Mittel zu diesem Zweck angesehen und demgemäß gewürdigt. Sie haben alle der Erhaltung der im Wesen unseres Volkstums liegenden Ewigkeitswerte zu dienen; die Kunst wird stets Ausdruck und Spiegel der Sehnsucht oder der Wirklichkeit einer Zeit sein.« Erstes Ziel der nationalsozialistischen Filmpolitik war die »Arisierung« der Branche: Die Vernichtung des »Berliner Filmjudentums« war bereits lange vor der Machtergreifung angekündigt worden. Wer nicht »arischer« Herkunft war, konnte nicht in der gleichgeschalteten »Reichskulturkammer« verbleiben und damit seinen Beruf nicht mehr ausüben. Schon im Frühjahr 1933 entließ die Ufa ihre jüdischen Mitarbeiter. Mehr als 1500 Filmschaffende – Juden oder politisch Andersdenkende, die nicht mit den neuen Machthabern zusammenarbeiten wollten, wie etwa Marlene Dietrich, Greta Garbo oder die Regisseure Ernst Lubitsch, Georg Wilhelm Pabst und Fritz Lang – verließen Deutschland und wurden mitunter, so der Filmhistoriker Eric Rentschler, »durch sich politisch anbiedernde Schreiberlinge und zweitklassige Opportunisten ersetzt«. Wer als Jude in Deutschland verblieb und später nicht entkommen konnte, wurde, wie etwa der jüdische Schauspieler Kurt Gerron, ermordet.

Marika Rökk verhielt sich wie die Mehrheit der »arischen« Beschäftigten in der deutschen Filmindustrie: Die Umklammerung des Films und der Filmpresse durch den Nationalsozialismus, die vollkommene Kontrolle des Filmwesens, wurde nicht nur hingenommen, sondern von vielen sogar begrüßt – vor allem auch, weil der Unterhaltungsbetrieb in den ersten Jahren der Nazi-Diktatur einen willkommenen Auf-

> Ich bin unpolitisch. Durch und durch. Ich wähle nie, war nie bei einer Partei. Ich bin froh, wenn man mich in Ruhe lässt – alles andere ist mir schnuppewurscht.
> Marika Rökk

»Natürlich war ich der Star«: Die Schauspielerin auf einem Filmball im März 1939

schwung vollzog, von dem jene profitierten, welche die nach der »Arisierung« vakanten Positionen in der Branche besetzten.

1937 kamen zwei weitere Filme mit Marika Rökk in die Kinos: In »Karussell« spielte Rökk eine arbeitslose Tänzerin. Goebbels, wiederum nicht ganz zufrieden, notierte in sein Tagebuch: »Abends noch Filme geprüft. ... ›Karussell‹, in dem Marika Röck sehr gut tanzt, aber schlecht spielt.« In »Gasparone«, der Jacoby-Verfilmung einer Operette von Karl Millöcker, gab sie neben Johannes Heesters den Revuestar »Ita«, die am Ende eines munteren, verwirrenden Treibens im Phantasiestaat »Olivia« in die Arme des Sohnes des Präfekten sinkt.

Marika Rökk schrieb in »*Herz mit Paprika*« über ihr Vorbild Eleanor Powell, dem sie jetzt immer deutlicher nacheiferte: »In ›Gasparone‹ steppte ich zum ersten Mal. Ich hatte Eleanor Powell im Film ›Broadway Melody‹ gesehen, der damals – man denke! – noch im Marmorhaus laufen durfte. ... Das machst du auch, dachte ich. ... Einer der strengen Berliner Kritiker schrieb

»Brillant Trommelwirbel aufs Parkett gesteppt«: Der Film »Gasparone« wurde 1937 zu Rökks erstem großem Erfolg

nach der Aufführung: ›Was brauchen wir die Powell? Wir haben die Rökk.‹« Goebbels dagegen, der oberste Zensor, hielt am 17. Dezember enerviert in seinem Tagebuch fest: »Abends Filme geprüft. ... ›Gasparone‹ mit Marika Rökk. Ein typischer Operettenfilm, aber ganz unfilmisch, stilwidrig und unerträglich. Ich kann das nicht mehr ansehen.«

»›Gasparone‹«, erinnerte sich Marika Rökk, »war der letzte Schritt zum großen Erfolg. Für mich folgten meine schönsten und bekanntesten Filme.« Kurz vor Kriegsbeginn entstand noch ein weiterer Film: 1938 war Marika Rökk in »Eine Nacht im Mai« als Inge Fleming zu sehen, die nach einem Unfall Fahrerflucht begeht, bald jedoch den Mann ihrer Träume kennen lernt. Regie führte wiederum Georg Jacoby.

> Ihr Vorbild war Eleanor Powell, aber das, was die Rökk von ihr unterschied, fehlte auch dem ganzen Genre im Vergleich mit amerikanischen Vorbildern.
> Michael Althen, Filmkritiker

Am 1. September 1939 gab Hitler den Befehl zum Überfall auf Polen – ohne vorherige Kriegserklärung. Über den Reichssender Hamburg hörte die deutsche Bevölkerung die Worte des Diktators, der die Invasion des Nachbarlandes als Verteidigungsmaßnahme ausgab: »Seit 5.45 Uhr wird jetzt zurückgeschossen. Und von jetzt an wird Bombe mit Bombe vergolten.« Während der blutigste Krieg aller Zeiten seine ersten Opfer fraß, war Marika Rökk in »Hallo, Janine« zu sehen, einer Verwechslungskomödie von Carl Boese mit Rökk in der Rolle der Revuetänzerin Janine. Johannes Heesters spielte den Komponisten Pierre, dessen neueste Revue im »Moulin Rouge« aufgeführt werden soll. Der *Film-Kurier* war begeistert und lobte die Vorzüge der Protagonistin: »Etwas hat sie dabei der amerikanischen Konkurrenz voraus, den burschikosen Schalk im Nacken, den sprudelnden Charme und nicht zu vergessen den Paprika im Blut.«

> Je weniger Revuefilme aus Amerika herüberkamen, umso mehr wurde der Revuefilm das Monopol Marika Rökks.
> Curt Riess, Regisseur

»Der Film heißt Marika Rökk! Die Ufa hat jetzt einen richtigen Star aus ihr gemacht. Im guten Sinne. Der etwas kann! Der nicht nur virtuos mit den Beinen um sich wirft und brillant Trommelwirbel aufs Parkett steppt (sie hat viel Neues dazugelernt!) – und was noch wichtiger ist – spielen kann.«
Film-Kurier, 12. Juli 1939

Einen weiteren Film drehte Marika Rökk im ersten Kriegsjahr: »Es war eine rauschende Ballnacht«. Marika Rökk spielte darin die Tänzerin Nastassja Petrowna Jarowa, die sich in den noch unbekannten russischen Komponisten Peter Tschaikowsky verliebt. Zum ersten und einzigen Mal war Rökk hier gemeinsam mit Zarah Leander zu sehen, die sie in ihren Lebenserinnerun-

»Für eine Nacht voller Seligkeit, da geb ich alles hin«: »Kora Terry«, in dem Rökk eine Doppelrolle spielte, war ihr schauspielerisch ambitioniertester Film

gen beschrieb: »Nach der Premiere trafen Zarah und ich im Künstlerklub zusammen. Wir kannten uns kaum. Unsere Rollen waren ja ganz getrennt voneinander, so hatte ich sie nur manchmal im Atelier sitzen sehen, eine schwere, ernste Frau, sehr majestätisch. Sie hatte eine äußerst stolze Haltung, und auch ihr Rollenfach war dramatisch. Die Überraschung war vollkommen: Zarah hatte einen goldenen Humor. Ich entdeckte eine gescheite Frau, die es nicht nötig hatte, sich extra interessant zu machen. Sie konnte herzlich lachen, und nicht nur über anderer Leute Sachen.«

»Kora Terry« kam am 27. November 1940 in die Kinos, Rökks künstlerisch ambitioniertester Film, angesiedelt im Varietémilieu. Rökk spielte eine Doppelrolle: Sie gab Kora und Mara, zwei sehr ungleiche Zwillingsschwestern, die gemeinsam als Artistinnen auftreten. Kora aber muss im Film sterben, denn, wie der *Illustrierte Filmkurier* damals schrieb, bedeuteten »ihr ungezügeltes Temperament, ihre Geldgier, ihr Ruf und ihr Reichtum... ihren Untergang«.

Joseph Goebbels, Herr über das Filmschaffen im »Dritten Reich«, konnte sich mit der Doppelrolle Marika Rökks allerdings nicht anfreunden. Er verlangte eine zweite, veränderte Fassung und ließ den Film beinahe ein halbes

Jahr auf Eis legen, bevor dieser dann, sehr erfolgreich, doch noch startete. Vielleicht werden Goebbels auch Zeilen wie »Für eine Nacht voller Seligkeit, / da geb ich alles hin. / Doch ich verschenk mein Herz nur dann, / wenn ich in Stimmung bin« nicht gefallen haben – widersprachen sie doch allzu kokettierend dem Frauenbild des Nationalsozialismus.

Ein Drehbericht vom 6. Juni 1940 feierte indes den Arbeitseifer Marika Rökks: »Sie steht im Mittelpunkt der Tanzinszenierung mit ihrem großen Aufwand an Menschen und Dekorationen. Die Pause, in der die Beleuchtung umgeändert wird, benutzt sie unermüdlich zu Proben. Immer wieder erörtert sie mit dem Kameramann Konstantin Irmen-Tschet, wie sie die einzelnen Phasen ihres Tanzes am besten den Schwenkungs-Möglichkeiten der Kamera anpassen kann. Die oft gerühmte Arbeitsdisziplin der Rökk zeigt sich auch hier. Wir sahen mehr als zwei Stunden lang den Aufnahmen zu, und es gab während der ganzen Zeit kaum eine Minute, in der diese Schauspielerin nicht in irgendeiner Weise aktiv an der Filmgestaltung beteiligt war.« Was der Report verschwieg, wurde später von dem Filmkomponisten Peter Kreuder berichtet: Dass nämlich in einigen Szenen ein – nicht namentlich bekanntes – Double für Marika Rökk einspringen musste, das aus einem nahe gelegenen Konzentrationslager an den Drehort gebracht wurde. Dies freilich vergaß die Rökk in ihren Memoiren zu erwähnen.

In »Kora Terry« trällerte Marika Rökk zur Musik von Peter Kreuder ein Liedchen, das die eigentliche, sublime Botschaft des Films transportierte: Weitermachen muss der Mensch, denn: »Im Leben geht alles vorüber.« Eigentlich war es ein scheinbar harmloser, sentimentaler, ganz unpolitischer Schlager, der jedoch vor dem Hintergrund der historischen Ereignisse perfide klingt: Am 14. November 1940 legten deutsche Bomber das englische Coventry in Schutt und Asche, einen Tag

> Seit Kriegsbeginn hat Hitler sich keine Spielfilme mehr angesehen – mit einer Ausnahme: als Mussolini auf dem »Berghof« zu Besuch war. Damals hat er zur Unterhaltung seines Gastes noch einen Spielfilm angeschaut, und zwar den Film »Kora Terry« mit Marika Rökk.
>
> Wilhelm Schneider, Leibwächter Hitlers

später riegelte die deutsche Polizei in Warschau das jüdische Ghetto ab. 400 000 Menschen wurden von der Außenwelt abgeschnitten.

Am 28. November, einen Tag nachdem »Kora Terry« gestartet war, flimmerte »Jud Süß«, einer der schlimmsten antisemitischen Hetzfilme, über die deutschen Kinoleinwände. Es waren zwei Filme, die unterschiedlicher nicht hätten sein können und doch beide ein unverzichtbares Element nationalsozialistischer Propaganda darstellten – etwas, das Goebbels als ganz wesentlich erachtete: Propaganda musste »vor allem volkstümlich sein. Sie darf

> *Wir wurden zur Unterhaltung der Soldaten nach Plan eingesetzt. Es war schön und schrecklich. Sie waren so ausgehungert, so begeistert, so sehr auf diese zwei Stunden Glücksgefühl versessen. Sie trampelten, schunkelten, luden mich auf Schultern, schleppten mich singend durch den Saal, Riesenchor, Marschrhythmus: »In einer Nacht im Mai.«*
> Marika Rökk

es nicht verschmähen, sich jener Mittel zu bedienen, die zwar den Intellekt enttäuschen, doch umso mehr das Herz des Volkes packen. Ein guter Propagandist redet immer in der Sprache der Menschen, an die er sich wendet.«

Auch wenn die meisten der Ufa-Kassenschlager in ihren Sujets nicht propagandistisch waren, so hatten sie doch die Aufgabe, politisch zu indoktrinieren. Die Inszenierung von Traumwelten ist nichts Ungewöhnliches im Film, ganz Hollywood lebt davon, doch in Kriegszeiten werden solche Produktionen zu »Durchhaltefilmen«: Sie sind eine andere, effiziente Art von Propaganda – sie sollten den Blick verschleiern für das, was außerhalb der Kinosäle passierte. Es galt, die »Heimatfront« zu stärken, weil Unterhaltungsfilme, das hatte Goebbels sehr früh erkannt, eine stabilisierende Wirkung hatten: »Gute Laune ist einer der wichtigsten Kriegsartikel. Unter Umständen ist er kriegsentscheidend.« Und weiter notierte er in sein Tagebuch: »Die gute Laune muss erhalten bleiben. Denn ein Krieg von diesen Ausmaßen kann nur mit Optimismus gewonnen werden.« »Künstler, die Opportunisten sind, stabilisieren das Regime«, meinte Wolfgang Benz, Leiter des Zentrums für Antisemitismusforschung an der Technischen Universität Berlin, einmal in einem Fernsehbeitrag. »Sie sind Bestandteil des Konzepts ... und so wird abgewechselt zwischen der martialischen Parteitagsrede von Adolf Hitler und Marika Rökk und Johannes Heesters, die für Unterhaltung und für Wohlbefinden sorgen.« Während Millionen Menschen an den Fronten des Zweiten Weltkriegs starben, ergötzte sich die Bevölkerung in der Heimat am Ufa-Unterhaltungsfilm. Die Filmbranche boomte, wie die Filmwissenschaftlerin Sabine Hake ermittelt hat: »Die Anzahl der verkauften Eintrittskarten schnellte von 624 Millionen im Jahre 1939 auf 1,117 Milliarden im Jahre 1943.« Unterhaltung, gute Laune, Zerstreuung und Ablenkung, neben Peitsche auch Zuckerbrot, die Illusion einer heilen, funktionierenden Welt, hatten in der Nazi-Diktatur stets eine politische Funktion. Wer im »Dritten

Reich« als Filmstar für Unterhaltung sorgte, der förderte die nationalsozialistische Politik, auch wenn sich Marika Rökk – wie Leni Riefenstahl, Johannes Heesters oder sogar Propagandafilmer Veit Harlan – stets als »total unpolitisch« charakterisierte: »Ich mochte, liebte, bewunderte Deutschland und konnte das Regime nicht beurteilen, denn ich war total unpolitisch. Ich habe mich immer auf meinen Beruf konzentriert.« In seinen Lebenserinnerungen zog der Ufa-Star schließlich den falschen Schluss, dass man als »Unpolitische« auch immer unschuldig sei, um dann fortzufahren: »Dass ich nicht Parteimitglied wurde, verdanke ich Jacoby, ihm allein. Ich wäre glatt reingeschlittert. Vor allem gefiel mir die kleine Anstecknadel so gut, die sie alle trugen.« Doch immerhin trat sie noch im Jahr 1943 dem am 3. Februar 1939 in einer Anordnung von Rudolf Heß mit dem »Volksbund für das Deutschtum im Ausland« (VDA) gleichgeschalteten »Bund Deutscher Osten« (BDO) bei, einer völkischen Organisation, welche die Aufgabe hatte, so Rudolf Heß, »den Gauleitern der Grenzgaue für die politischen Aufgaben an der Grenze zur Verfügung« zu stehen: »Die Tätigkeit des BDO und des VDA ist seitens der Parteistellen in jeder Weise zu unterstützen. Die nationalsozialistische Führung der beiden Verbände gewährleistet ihren tatkräftigen Einsatz für die ihnen von der NSDAP gestellten Aufgaben.«

Die wenigen Seiten, die Rökk in ihren Memoiren der Vereinnahmung ihres Schaffens durch die Nationalsozialisten widmete, sind, wenn man ihr Glauben schenken will, von haarsträubender Naivität: »Habe ich die ›Kampfmoral‹ gestärkt? Habe ich so zur Verlängerung des Krieges beigetragen, wie man es mir später vorwarf? Ich habe reagiert wie eine Frau, wie eine Mutter, wenn man so will. Ich habe versucht, ein bisschen Heiterkeit und Ablenkung zu vermitteln. Ist das wirklich so verwerflich?«

Ob sich Hitler von der Beine schwingenden Marika Rökk ablenken ließ, ist nicht bekannt; immerhin – so beschrieb es Rökk in ihren Memoiren – soll er sie bei einem Empfang gelobt und gefragt haben: »Was, kleine Frau, können Sie eigentlich nicht?« Sicher hingegen ist, dass sich Millionen deutscher »Volksgenossen« gern ablenken ließen: Ihre insgesamt 15 zwischen 1933 und 1944 entstandenen Filme – vor allem die der letzten Kriegsjahre, wie der 1942 gedrehte »Hab mich lieb« oder »Die Frau meiner Träume« aus dem Jahr 1944 – gaukelten ein Leben vor, das es nicht mehr gab.

In einem Nachruf schrieb die *Neue Zürcher Zeitung*, Marika Rökk sei stets »die richtige Frau zur richtigen Zeit am richtigen Platz« gewesen. Tatsächlich war Rökk immer da, wenn man sie brauchte. Vor allem wurde sie vom deutschen Publikum gebraucht: von den Menschen im Krieg, die es nach

Abwechslung, nach ein wenig Glamour dürstete. In den Kriegs- und Krisenjahren erfüllten ihre Filme, was eine Wirklichkeit aus Bomben und Gaskammern versagte: Sie zeigten nicht die Wirklichkeit, sie verhüllten sie. Sie inszenierten Glück und rührselige Romantik, die Erfüllung aller Träume.

Nicht nur Hitler lernte Marika Rökk im Lauf ihrer Karriere im »Dritten Reich« kennen, auch mit Joseph Goebbels pflegte sie privaten Umgang. In seinem Tagebuch berichtete Goebbels von einem solchen Anlass am 28. August 1940: »Nachmittags Besuch einiger Künstler, die sich besonders um die Truppenbetreuung verdient gemacht haben. Raucheisen, Schmitt-Walter und Loos. Dazu Marika Rökk, Rahl, Seip, Deinert. Es ist ganz nett, sich so einmal auszuplaudern. Eine kleine Entspannung für mich und für die Leute eine Freude.« Einmal soll er ihr, wie Rökk in ihren Lebenserinnerungen beschrieben hat, gegen ihren Willen allzu nahe gekommen sein: »...und siehe da, die hohe Ministerhand legte sich eindeutig fest um meine Fesseln.« Doch ist sie sich sicher: »Meine Beine mögen ihm gefallen haben, aber sonst war ich bestimmt nicht sein Typ.« Wie viele andere systemkonforme Schauspieler und Regisseure wurde sie in den noch heute beinahe unveränderten »Waldhof am Bogensee« nördlich von Berlin eingeladen – in Goebbels' auf Staatskosten errichtetes Refugium, von dem der Propagandaminister 1936 in seinem Tagebuch schwärmte: »Ich arbeite, lese, schreibe und bin glücklich. Rings um mich Wald, welkes Laub, Nebel, Regen. Ein Idyll in der Einsamkeit.«

Trotz ihrer Begegnungen mit Goebbels scheint Marika Rökk dessen Propagandastrategie nie durchschaut zu haben, wie ihre Lebenserinnerungen offenbaren: »Mit Goebbels gab es Schwierigkeiten. Ihm behagte die ganze Richtung unserer Filme nicht. Schön, sie brachten die begehrten Devisen, sie erreichten das Publikum, und sie kamen – als deutsche Filme – sogar in den ›besetzten Gebieten‹ an. Doch hatten sie natürlich keinerlei Propagandawert, und darauf hatte der Herr Propagandaminister schließlich Wert zu legen.« Auf den wenigen Seiten über ihre Zeit als »Hitlers Star« sind die Worte »Schuld« oder »Scham« nicht zu finden. Nicht Mitgefühl für die Opfer der Diktatur, sondern im Gegenteil, ein Vorwurf wird da formuliert: »Drei Jahre meiner vitalsten Zeit wurde ich mit Berufsverbot belegt, und man durfte mich ›Spionin‹ schimpfen, bespucken, mir die Tür weisen lassen. Wofür habe ich gebüßt?« Von Selbstzweifeln, Schuldbewusstsein oder Trauer schien Marika Rökk zeit ihres Lebens nicht geplagt worden zu sein.

Nur eine Gastrolle hatte Marika Rökk in dem ebenfalls 1940 fertiggestellten Film »Wunschkonzert« von Eduard von Borsody. »Wunschkonzert« muss –

Oben: »Modellcharakter fürs nationalsozialistische Kino«: Im NS-Propagandafilm »Wunschkonzert« hatte Marika Rökk einen Gastauftritt
Unten: »Ich habe versucht, ein bisschen Heiterkeit und Ablenkung zu vermitteln«: Die Schauspielerin gibt verwundeten Soldaten Autogramme, Dezember 1940

singulär im Werk von Rökk – als Propagandafilm bezeichnet werden und wurde durch das Oberkommando der alliierten Streitkräfte nach Kriegsende sofort verboten. Jenseits der gefälligen Liebesgeschichte um die junge Inge Wagner und den Fliegeroffizier Herbert Koch – in den Hauptrollen sind Ilse Werner und Carl Raddatz zu sehen – hat »Wunschkonzert«, wie der Filmhistoriker Friedemann Beyer geschrieben hat, »Modellcharakter fürs nationalsozialistische Kino«, weil der Film den Krieg glorifiziert, vor allem aber die »Volksgemeinschaft« beschwört, das feste Band zwischen Front und Heimat.

In dem von Goebbels selbst stark mitgeprägten, am 30. Dezember 1940 uraufgeführten Streifen – die geheimen Vorbereitungen für den Angriff auf die Sowjetunion hatten bereits begonnen – sind einige dokumentarische Szenen aus Leni Riefenstahls Olympiafilm sowie Originalaufnahmen aus der Wochenschau montiert. Etliche Filmstars treten in Gastrollen der in den Film integrierten populären Veranstaltung »Wunschkonzert für die Wehrmacht« auf, die jeden Sonntag um 15 Uhr übertragen wurde, um »die Front mit der Heimat zu vereinigen«. Zu sehen sind etwa Heinz Rühmann und Marika Rökk, die ihr Lied »In einer Nacht im Mai« aus dem 1938 entstandenen gleichnamigen Film zum Besten gibt. Mit beinahe 26 Millionen Zuschauern wurde »Wunschkonzert« neben »Die große Liebe« mit Zarah Leander zum kommerziell erfolgreichsten NS-Spielfilm.

Im Jahr 1941 drehte Marika Rökk »Tanz mit dem Kaiser«, eine Verwechslungskomödie von Georg Jacoby um Kaiser Joseph II. von Österreich. In der Hauptrolle gab Marika Rökk die verwitwete Hausherrin Christine von Alwin, die sich in den kaiserlichen Rittmeister von Kleber verliebt, der sich ihr gegenüber jedoch als Kaiser ausgibt, um das Inkognito seines Dienstherrn nicht zu gefährden. Während sich deutsche Filmfreunde und Rökk-Verehrer an derlei unterhaltsamen Verwechslungsverwirrungen delektierten, wurden Juden und politisch Andersdenkende immer radikaler verfolgt. Am 1. September 1941 wurde ein Gesetz erlassen, das Juden das Verlassen ihres Wohnorts verbot. Am 19. September trat die Polizeiverordnung zum Tragen eines »Judensterns« in Kraft. Am 14. Oktober wurden die ersten deutschen Juden nach Osteuropa deportiert. Im selben Monat des Jahres 1941 feierte der erste deutsche Spielfilm in Farbe seine Premiere: »Frauen sind doch bessere Diplomaten« von Georg Jacoby. Zu sehen ist Marika Rökk neben Willy Frisch als Tänzerin Marie-Luise Pally, Nichte des Direktors des Homburger Spielkasinos, das aufgrund eines Beschlusses der Frankfurter Nationalversammlung geschlossen werden soll. Der reizenden Marie-

Luise fällt die Aufgabe zu, die Politiker umzustimmen. In »Hab mich lieb«, erschienen 1942, kurz vor der deutschen Niederlage vor Stalingrad, agierte Marika Rökk erneut als Revuetänzerin: Sie gibt die unschuldig-naive, unbefangen-temperamentvolle Monika Koch, die von ihrem Direktor entlassen wird. Ihr Nachbar nimmt sich ihrer an, als sie – doppeltes Pech – auch noch von ihrem Vermieter vor die Tür gesetzt wird. Zwar verloben sich die beiden, doch ihr Herz gewinnt am Ende ein anderer.

Im Sommer 1944 waren die Folgen des Krieges in Deutschland nicht mehr zu übersehen. Die Westalliierten waren in der Normandie gelandet, die Wehrmacht wurde an allen Fronten zurückgedrängt. Im August wurde »Die Frau meiner Träume« mit Marika Rökk in Berlin uraufgeführt – ein musikalisches Lustspiel von Georg Jacoby: Marika Rökk stellte den mondänen Revuestar Julia Köster dar, der aus Verdruss an der hektischen Theaterwelt – nur mit Unterrock und Pelzmantel bekleidet – in die Berge flieht und sich dort in einen Sprengmeister verliebt. In diesem Film trägt Rökk ein bis zum Nabel ausgeschnittenes Kleid, über das Goebbels gesagt haben soll: »Das ist frivol – so tanzt eine deutsche Frau nicht.«

Die Musik von Franz Grothe ist in diesem Film mehr als Zierde: In seinen Filmschlagern steckt die eigentliche politische Botschaft, denn Lieder wie »Mach dir nichts daraus« müssen im Kriegsjahr 1944 als Kommentar, als eine Art, wie der Musikforscher Peter Wicke geschrieben hat, »Verhaltenskodex« gelesen werden. Sie sind ein sehr deutlicher Appell an die Zuschauer durchzuhalten: »Schau nicht hin. / Schau nicht her. / Schau nur gradeaus. / Und was dann noch kommt. / Mach dir nichts daraus«, singt Rökk im Refrain – und dann: »Geht dir nicht alles genau, / wie du es wünschst, / nehme es hin. / Irgendwo hat jedes Ding / seinen Grund und seinen Sinn.« Der Journalist Peter Zander fand die bissige Formulierung der »Cheerleaderin des Endsiegs« dafür. Nicht fragen, nicht hinschauen – mit guter Laune weitermachen, lautete die Devise.

> »Ein dann laufender Farbfilm der Ufa mit Marika Rökk ist leider völlig danebengelungen. Er ist ordinär und plump in den Mitteln, als dass er feinere künstlerische Empfindungen ansprechen könnte.«
> Goebbels, Tagebuch, 16. Januar 1944

> Damals, als die Leute Angst hatten, als die Bomben fielen, wollten sie nicht den ungeschminkten Blick auf ihre Realität, sondern wollten unbedingt Marika Rökk und Johannes Heesters hören. Sie wollten sehen, wie der Kongress tanzt.
> Dieter Wedel, Regisseur

Wie Millionen andere Deutsche fragte auch Marika Rökk nicht, schaute nicht hin. Vor allem ein Ereignis des Jahres 1944, eine der fürchterlichsten Vernichtungsaktionen des »Dritten Reiches«, hätte sie wahrnehmen müssen: Im März 1944 marschierte die deutsche Wehrmacht in Rökks ungarischer Heimat ein, was die Lage der etwa 800 000 bis dahin vom Völkermord verschont gebliebenen ungarischen Juden dramatisch verschlechterte. Noch am Tag der Invasion ordnete Adolf Eichmann ein Sondereinsatzkommando an, das den Abtransport aller ungarischen Juden in Konzentrationslager organisieren sollte.

Kurz vor der Erstaufführung von Marika Rökks äußerst erfolgreichem Film »Die Frau meiner Träume« begannen die Deportationen – etwa 450 000 Juden wurden mit Hilfe ungarischer Kräfte der Kollaborationsregierung innerhalb weniger Monate in Konzentrationslager, vor allem nach Auschwitz, verschleppt und in den Gaskammern ermordet. Einige Monate später sah sich das Marionettenregime in Budapest auf internationalen Druck veranlasst, die Deportationen abzubrechen, so dass viele der Juden aus dem Budapester Ghetto gerettet werden konnten. Insgesamt, so schätzt man, überlebten etwa 200 000 ungarische Juden den Holocaust. Was und ob Marika Rökk davon wusste, ist nicht geklärt. In ihren Lebenserinnerungen jedenfalls erwähnte der Ufa-Star das Schicksal der ungarischen Juden mit keinem Wort. Sie habe viel zu fanatisch gearbeitet, um das Grauen um sie herum zu bemerken, meinte Marika Rökk einmal entschuldigend.

Nach der Fertigstellung von »Die Frau meiner Träume« erwartete Rökk im österreichischen Radstadt die Geburt ihrer Tochter Gabriele, die am 13. April 1944 im Salzburger Diakonissenheim zur Welt kam. »Ein Mädchen sollte es unbedingt werden. Mädchen, dachte ich, sind anhänglicher, ein Junge geht aus dem Haus und ist fort. Ein Mädchen hängt immer an der Mutter, berät sich mit ihr, ist anschmiegsamer.« Doch seit dem vierten Lebensjahr wuchs Gabriele vornehmlich bei der Großmutter auf, weil Marika Rökk – die selbst

Ich habe eine ganz präzise Erinnerung an den 20. Juli 1944. Da hab ich mir den Judenstern abgemacht und im Kino Wien am Kurfürstendamm den entzückenden Tanzfilm »Die Frau meiner Träume« mit Marika Rökk angesehen, die wir als junge Burschen natürlich alle vergöttert haben. Als wir abends um halb neun rauskamen, war der ganze Kurfürstendamm voll mit Militärwagen. Ich habe mir im ersten Moment gedacht: »Donnerwetter, ist die russische Front durchgebrochen? Sind die schon so dicht, dass man Berlin schon mit dem Militär verteidigen muss?« Erst zu Hause haben wir vom fehlgeschlagenen Aufstand gegen Hitler erfahren.
Hans Oskar Löwenstein de Witt, lebte als Jude damals in Berlin

»So tanzt eine deutsche Frau nicht«: Rökks Auftritt in »Die Frau meiner Träume« erschien Propagandaminister Goebbels zu freizügig

mit einem Übermaß an Nestwärme aufgewachsen war – keine Zeit für ihre Tochter hatte: »Mein Beruf ist auch Besessenheit. ... Man muss dabei eiserne Nerven, eiserne Ellenbogen, eine eiserne Gesundheit haben, immer kampfbereit sein, immer durchhalten, Rückschläge durchstehen. Man muss das

Äußerste geben.« Folglich resümierte die Rökk das Verhältnis zu ihrer Tochter, die selbst Schauspielerin wurde, ziemlich ernüchtert: »Als junges Mädchen war sie schon von uns entfernt.«

In Babelsberg wurde unterdessen noch bis in den März 1945 an der Produktion des unvollendet gebliebenen Films »Die Puppe« gearbeitet, über den Marika Rökk geschrieben hat: »Ein Fest der Selbsttäuschung auch, denn eigentlich, ganz sicher, wussten wir doch schon, dass der Krieg verloren war.«

> Nach dem Krieg hatte sie Spielverbot – obwohl sie doch, wie sie sagte, viel zu beschäftigt gewesen war, um etwas mitzukriegen –, durfte dann aber doch wieder mitmachen, vehement wie eh und je.
> Michael Althen, Filmkritiker

Es folgten die Nachkriegsjahre. Marika Rökk war nun in der Rolle zu sehen, die sie vielleicht am besten beherrschte: Marika Rökk, das Stehaufmännchen. Das Auftrittsverbot, der Verdacht Nazi-Spionin gewesen zu sein, die Vorwürfe, einem Unrechtsregime gedient zu haben – all das konnte der Rökk nichts anhaben. Marika Rökk, Stehaufmännchen: Bloß nicht unterkriegen lassen! Weitermachen! Schon bald sah man sie wieder tanzen, wie viele andere ehemalige Ufa-Stars auch. Was für ein Glück, »wieder zu dürfen, das herrliche Gefühl, wieder geliebt und verwöhnt zu werden«. Tanzen – zuerst noch in provisorischen Shows, in halb zerbombten Kinos, zur Erbauung amerikanischer Soldaten, doch bald schon wieder ganz groß: auf der Leinwand, im Film. »Fregola«, Rökks erster Nachkriegsfilm, gedreht wiederum unter der Regie Georg Jacobys, kam 1948 in die Kinos, 1950 gefolgt von »Kind der Donau«.

Und tatsächlich: Es ging weiter: Rökk startete ihre zweite, bundesrepublikanische Karriere. Mit Jacoby drehte sie im Jahr 1951 eine neue Variante der »Csárdásfürstin« nach der Operette von Emmerich Kálmán, in der Marika Rökk die Budapester Tänzerin Sylva Varescu spielte. Die Liebesgeschichte erzählt von den Schwierigkeiten der nicht standesgemäßen Liebe zu Prinz Edwin Weylerstein, gespielt von dem Ufa-Charmeur Johannes Heesters, der eigentlich die Komtesse Planitz heiraten soll. Die Kritik im *Film-Echo* war nüchtern: »Man kann nicht behaupten, dass dieser Film irgendwelche künstlerischen Ambitionen besitzt – er will nichts weiter als prächtig beschwingt unterhalten.« Weitere Filme der Nachkriegsjahre waren 1953 »Maske in Blau« nach der Operette von Fred Raymond und »Die geschiedene Frau« von Georg Jacoby, wiederum mit Heesters als Filmpartner.

1957 drehte Rökk »Nachts im Grünen Kakadu«: Sie agiert als Inhaberin

»Drei Jahre wurde ich mit Berufsverbot belegt«: Doch bald konnte Marika Rökk wieder öffentlich auftreten, wie hier auf einem Filmball Ende der vierziger Jahre

einer Tanzschule, die einen zwielichtigen Nachtklub erbt. Georg Herzberg schrieb in seiner Kritik im *Film-Echo* darüber: »Die Leistung Marika Rökks ist erstaunlich und bewundernswert. Sie filmt nun in Deutschland seit 22 Jahren und wurde noch immer, was die Summe ihres tanzakrobatischen, gesanglichen und schauspielerischen Könnens anbelangt, von keiner ihrer Kolleginnen erreicht. Ihr Erfolg nach vierjähriger Pause ist auch der ihres Regisseurs Georg Jacoby, der mit Hilfe des alten Kamera-Kämpen Willy Winterstein demonstriert, daß er noch immer ein einfallsreicher Meister der Filmrevue ist.« »Bühne frei für Marika«, gedreht von Jacoby 1958, erneut mit Johannes Heesters als Filmpartner und »Die Nacht vor der Premiere« aus dem Jahr 1959 zeigten Marika Rökk wieder in ihrer Paraderolle: In »Die Nacht vor der Premiere« spielt sie einen Revuestar, der in die Machenschaften einer Bande von Rauschgiftschmugglern verwickelt wird. Gedreht wurde der Film von Georg Jacoby, neben Rökk sind unter anderen Theo Lingen und Fred Raul zu sehen.

Der Film der Nachkriegsjahre war geprägt von den bekannten Ufa-Protagonisten, denn das Publikum liebte Hitlers Stars noch immer. Erfolg hatten selten kritische Filme, die sich dem Thema »Schuld« stellten, wie etwa

»Es sollte unbedingt ein Mädchen werden«: Die Schauspielerin mit ihrer Tochter Gabriele, Mitte der fünfziger Jahre

Oben: »Für jeden Scherz zu haben«: Marika Rökk zapft ein Fass Bier an, 1965
Unten: »Hoppla, hier kommt die Rökk«: Unermüdlich spielte, tanzte und sang sich Rökk durch das westdeutsche Wirtschaftswunderland

die ostdeutschen Produktionen »Ehe im Schatten« – ein Defa-Film von Kurt Maetzig aus dem Jahr 1947, der auf subtile Weise das Schicksal des Schauspielers Joachim Gottschalk schildert, der 1941 gemeinsam mit seiner jüdischen Ehefrau Selbstmord beging – oder »Die Mörder sind unter uns« von Wolfgang Staudte, der wohl bedeutendste deutsche Film der Nachkriegsjahre.

Im Gegenteil, vor allem alte Ufa-Streifen wie Rökks »Die Frau meiner Träume« lockten die Menschen immer wieder in die Kinos. Hans Albers, Heinz Rühmann, Zarah Leander und Marika Rökk waren die alten und neuen Stars des bundesdeutschen Films. »Die Frau meiner Träume«, 1944 gedreht, flimmert auch nach Kriegsende noch monatelang über bundesdeutsche Kinoleinwände. Gefragt war, immer noch oder schon wieder, leichte Muße. Gefragt waren – in einer zunehmend unsichereren, neuen Welt – Schauspielergesichter, die man kannte. Und wenn neue Filme gedreht wurden, waren die alten Geschichten gefragt: Geschichten etwa von Revuemädchen, die zu Stars werden und – ganz nebenbei, als sei es ihr ewiges Schicksal – den Mann ihrer Träume finden.

Doch nicht nur im Film war Marika Rökk bald wieder ein Kassenschlager: Schon im November 1954 trat sie erstmals seit Kriegsende wieder im Münchner Deutschen Theater auf, was der Rökk besonders viel bedeutete. Im Vorwort des Programmhefts war zu lesen: »Sobald heute der Vorhang im Deutschen Theater hochgeht und ich in unserem musikalischen Spiel als Suson vor Ihnen erscheine, dann – das dürfen Sie mir glauben – habe ich richtiges Lampenfieber! Man sagt zwar, dass diese aufregende Nebenerscheinung zu einem echten Theaterkind gehört wie das Bier zum Oktoberfest, aber diesmal ist sie besonders arg, diese Bühnenkrankheit.«

Das Deutsche Theater war für Rökk ein ganz besonderer Ort: Das Publikum der bayerischen Landeshauptstadt liebte die Operettenkönigin. Stand die Rökk auf der Bühne, so war das Haus stets ausverkauft. Sie wirkte in fünf Produktionen mit, die immer wieder regelmäßig auf den Spielplan gesetzt wurden: »Maske in Blau«, »Die Csárdásfürstin«, »Gräfin Mariza«, »Hello Dolly« und – ganz am Ende ihrer Karriere – einer weiteren Operette, »Ball im Savoy«.

In der Film- und Fernsehunterhaltung der sechziger Jahre war Marika Rökk präsent wie eh und je: In Ulrich Erfurths »Mein Mann, das Wirtschaftswunder« spielte sie neben der ganz jungen Cornelia Froboess und Heinz Erhardt 1961 eine gefeierte Schauspielerin, die sich auf eine Scheinehe einlässt, um sich bald darauf wirklich zu verlieben. »Die Fledermaus«, entstanden 1962, war eine turbulente Verwechslungskomödie von Géza von Cziffra mit Peter Alexander in der Hauptrolle, in der Rökk ein Hausmädchen darstellte.

1964 starb Marika Rökks Ehemann Georg Jacoby, 1968 heiratete sie erneut – den Schauspieler Fred Raul, mit dem sie bereits in verschiedenen Filmen vor der Kamera gestanden hatte. In ihren Memoiren erzählte sie von der Beziehung zu Raul. »Ich dachte: Marika, er würde bei dir bleiben. Und es könnte dir nie schlecht gehen mit ihm. ... Keiner kann es wissen, aber ich fühle es. Hier ist eine Liebe ohne Egoismus.« Gemeinsam ließ sich das Paar in Baden bei Wien nieder, denn so »schön duftet es nirgends auf der Welt«.

Marika Rökk war weiterhin regelmäßig auf den Bühnen von Musicals und Revuen zu sehen, stieg über die Showtreppen der Fernsehshows, sang in Operetten, spielte in der Fernsehserie »Die Schöngrubers« an der Seite ihrer Tochter, intonierte Schlager wie »Musik, Musik, Musik« – und warb für »Hormocenta«-Schönheitscreme: »Hormocenta macht jung und schön. Oh, sie nimmt es auch schon! Ja, je früher, je besser«, trällerte sie im Fernseh-Werbespot. Die Bundesrepublik liebte sie auch dafür. Noch als Seniorin legte sie einen Spagat aufs Parkett wie kaum eine andere. Im Alter wurde sie nicht stiller. Nicht sie. »Hoppla, hier kommt die Rökk!«, blieb ihre Devise.

1983, mittlerweile siebzigjährig – ihre Ärzte attestierten ihr »Gelenke einer Dreißigjährigen« –, agierte Marika Rökk in der Titelrolle der Operette »Ball im Savoy«. Zwei Jahre später starb ihr zweiter Ehemann Fred Raul. 1986 spielte sie in der Musikkomödie »Das Kuckucksei«, nur ein Jahr danach holte sie der Regisseur Peter Schamoni noch einmal vor die Kamera: In seinem Film »Schloss Königswald«, einer Hommage an die Stars der Ufa-Zeit, gab Rökk – neben Carola Höhn, Camilla Horn und Marianne Hoppe – eine von acht adligen Damen, die im Mai 1945 auf einem Schloss

> *Mein erster Mann war ein Goldstück. Mein zweiter Mann ein großer Regisseur. Ein herrlicher Mann. Er hat den Mann ersetzt, er hat den Papa ersetzt, er hat meine Familie ersetzt, er war großzügig und ein Herr. Er hat mich dazu gebracht, etwas zu lernen. Nicht nur die Pirouetten und Tänze. Er hat mich zum großen Revuefilm gebracht. Da bin ich dann hineingerutscht.*
> Marika Rökk

Oben: »Letzter Triumph ihres ungebrochenen Willens«: 1992 trat Marika Rökk in der Operette »Gräfin Mariza« in Budapest auf
Unten: »Ich habe mich mein ganzes Leben lang angestrengt«: Marika Rökk mit dem Schauspieler Pierre Brice bei der Bambi-Verleihung 1998

in Böhmen das Ende des Krieges erwarten. »Sie war eine Vollblutschauspielerin«, sagte Schamoni nach ihrem Tod über Marika Rökk. »Sie war unglaublich präzise und genoss es, im Mittelpunkt zu stehen.« Eigentlich waren in seinem Film keine Tanzszenen vorgesehen. Doch Marika Rökk bestand darauf: »Es gibt keinen Film, wo ich nicht tanze. Das verlangen die Leute.« Der Filmemacher fügte sich – und so drehte die Rökk weiter ihre Pirouetten. »Sie ließ sich durch die Luft wirbeln wie ein junges Mädchen«, schwärmte er später noch.

Die Rökk konnte es immer noch nicht lassen, musste spielen, spielen, spielen. »Wenn man als begabter Mensch geboren wird, ist das eine Aufgabe, für die man leben muss«, sagte sie einmal. Im Jahr 1992 kehrte sie auf die Bühne zurück, um in ihrer Heimatstadt Budapest in Kálmáns Operette die »Gräfin Mariza« zu spielen, zu tanzen – allerletzter Triumph ihres ungebrochenen Willens. In einem Interview anlässlich ihres neunzigsten Geburtstags zog sie Bilanz: »Ich habe mich mein ganzes Leben lang so angestrengt. Für die Liebe zum Publikum, das mit mir alt geworden ist.«

> Mein Arzt ist ein Bewunderer von mir. Er sagt, Sie sind ein Wunder. Aber das heißt ja nichts. Der Herrgott da oben entscheidet.
>
> Marika Rökk

> Sie tanzte mit einer solchen Zählebigkeit einer Armee von Senioren voran, dass man ihre Karriere auch von hinten lesen darf, weil sie selbst sich ja auch einiges darauf zugute gehalten hat, bis ins hohe Alter aktiv zu sein.
>
> Michael Althen, Filmkritiker

Die Rökk war – ganz ähnlich ihrem langjährigen Filmpartner Johannes Heesters – ein veritabler Dauerbrenner bundesdeutscher Unterhaltungsindustrie. Sie sang, tanzte, steppte, schmiss noch im fortgeschrittenen Seniorenalter die Beine in die Luft – ganz so, wie sie es immer getan hatte. Dafür wurde sie geliebt, dafür sammelte sie Bambis. Den ersten, den allerersten überhaupt – damals noch eine weiße Statuette aus Majolika – bekam sie gemeinsam mit dem französischen Schauspieler Jean Marais im Jahr 1948. Für ihr lebenslanges Wirken im deutschen Film wurde ihr 1981 das Filmband in Gold überreicht, 1983 folgte die Ehrenmedaille der Stadt Wien, ebenfalls in Gold, 1987 der Bayerische Filmpreis und dann, 1998, der Ehrenbambi für ihr Lebenswerk. Danach musste Schluss sein. Mehr ging nicht.

Doch Rökk hatte noch große Pläne, als sie – mit 90 Jahren – friedlich entschlief. Eine große Revue bei der ARD war in Planung, nach Budapest wollte sie reisen. Am Abend vor ihrem Tod hatte sie, wie die *Bunte* im Nachruf schrieb, noch im Drehbuch gelesen und dann, wie üblich, gebetet: »Schön, Herr, dass du so gut für mich sorgst. Eine gesunde Niere, gesunde Därme, sehr gesundes Herz und, toi, toi, toi, gesunder Kopf.«

> Ihr Tod trifft mich sehr. Schließlich habe ich die Hälfte meines beruflichen Lebens mit ihr verbracht. Sie war ein Stehaufmädchen, ich hoffe sehr, dass sie ihren Weg ohne Schmerzen zu Ende gegangen ist.
> Johannes Heesters

Sie wollte hundert Jahre werden, wie Heesters. Vielleicht noch älter. Das Leben selbst, die Arbeit, war ihr Lebenselixier. Oder, wie es die *Frankfurter Allgemeine Zeitung* anlässlich ihres Todes formulierte: »Neunzig Jahre alt ist sie geworden, und das ist auch kein Wunder, weil sich Marika Rökk ihre Unverwüstlichkeit von Anfang an zur Lebensaufgabe gemacht zu haben schien.« Beinahe ein ganzes Jahrhundert wirkte Rökk. Ein »Herz mit Paprika« – von ganz außerordentlicher Langzeitwirkung.

Eigentlich, sagte Tochter Gabriele Jacoby nach dem Tod der Mutter, wollte Marika Rökk ihr Haus in Baden zum Museum ausbauen. Doch dazu ist es nicht gekommen. Heute verwahrt das Filmmuseum in Berlin, die Stadt ihrer großen Ufa-Erfolge, den Nachlass der am 16. Mai 2004 verstorbenen Kinolegende – und zeigte bereits 2005 eine große Ausstellung zum Leben der Schauspielerin.

Eine Frage, der sich Marika Rökk niemals stellen wollte, steht jedoch auch nach ihrem Tod im Raum: Wie sehr hat sie sich als Hitlers Star schuldig gemacht? Wie nah war Rökk am Zentrum der Macht? Wie sehr waren ihre Filme durchwirkt von der Propaganda Joseph Goebbels', der die deutsche Filmindustrie diktierte? Wie sehr sollten ihre Filme verschleiern helfen, was doch immer deutlicher zutage trat? Ein Telegramm aus dem Nachlass Rökks, datiert vom 12. November 1940, gibt Aufschluss über die Selbstsicht Marika Rökks als Schauspielerin im »Dritten Reich«, eine Aufgabe, die sie »stolz und glücklich« machte: »Mein Führer! Für die wunderbaren Blumen vielen herzlichen Dank, ich habe mich riesig darüber gefreut. Wenn ich Sie, mein Führer, für ein paar Augenblicke erheitern und von Ihrer verantwortungs-

---

Ich erinnerte mich an den letzten Besuch bei der Operettenlegende. Kaum hatte ich geklingelt, lief sie mit kurzen, fixen Schritten auf mich zu, schnappte am Gartentor meine Hand, zog mich ins Haus und fragte: »Bittä särr, libär Härr, wollen Sie Tää oder Kaffää?« – »Kaffee.« Was die nächsten vier Stunden ablief, war die mitreißendste Begegnung, die ich je als Journalist erlebt hatte: Marika Rökk sang, tanzte, kicherte und kokettierte mit einem Temperament, das Girlgroups zu einer Rentnerband degradierte.
Paul Sahner, Gesellschaftsreporter

vollen Arbeit ein wenig ablenken konnte, so bin ich darüber unendlich stolz und glücklich. Mit deutschem Gruß, Ihre Marika Rökk.«

Auch im Alter wollte Marika Rökk keinen Fehler, keinen Makel erkennen, in diesem Leben, das so reich, so vielfältig und so erfolgreich war. In einem von Iris Radisch geführten Interview mit der *Zeit* antwortete Rökk im Jahr 1999 auf die Frage: »Was würden Sie ändern im zurückliegenden Jahrhundert?«, ganz lapidar: »Da fällt mir nichts ein. Ich habe immer geglaubt, es ist Schicksal, wenn etwas nicht ganz so ging.« Und auch auf die Frage: »Gab es etwas in der Geschichte dieses Jahrhunderts, das Ihnen missfallen hat, das besser anders gewesen wäre?«, gab Marika Rökk eine deutliche Antwort: »Nein. Ich habe alles immer selbstverständlich gefunden. Alles Schöne selbstverständlich gefunden, alles, was ein bisschen tiefer lag, ein bisschen Sorgen gemacht hat, auch selbstverständlich gefunden. Ich habe dafür Sorge getragen, dass ich rundherum Sonne habe.«

Heinrich George

Es war sein letzter großer Auftritt. Nur wenige Jahre zuvor, 1940, hatten ihn Millionen in Deutschland und halb Europa auf der Leinwand in derselben Rolle bewundert. Jetzt, im Sommer 1946, waren die Begleitumstände ganz andere: Heinrich George verkörperte die Figur des »Postmeisters« nach einer Novelle von Alexander Puschkin vor sowjetischen Offizieren. Penibel hatte er zuvor sogar seinen Text auf Russisch gelernt – nach Gehör, weil er die fremde Sprache nicht beherrschte. »Er wurde für die große Mühe entschädigt durch den leidenschaftlichen Applaus der Rotarmisten, die etwas spürten von der genialen darstellerischen Größe dieses Mannes«, berichtete ein Augenzeuge des Auftritts. Doch die umjubelte Darbietung konnte eines nicht verdecken: Der Schauspieler spielte buchstäblich um sein Leben – denn er war Gefangener im »Speziallager Nr. 7« des sowjetischen Geheimdiensts NKWD, dem ehemaligen KZ Sachsenhausen vor den Toren Berlins. Ohne Haftbefehl, ohne Anklage und Urteil wurde er hier festgehalten. Und der einst bärenstark wirkende Mime war nur noch ein menschliches Wrack. Fast ein Jahr lang befand er sich bereits in Haft – und Hunger und Krankheiten hatten ihm mächtig zugesetzt. Der einst so bullige Künstler hatte mehr als 40 Kilogramm an Gewicht verloren, wirkte müde und hoffnungslos. Mehrmals brach sein geschwächter Körper zusammen. Doch immer wieder rappelte er sich auf, plante weitere Auftritte. Bis zuletzt wollte er spielen. Noch einmal probte er Geibels Ballade »Der Tod des Tiberius« – mit der er mehr als 30 Jahre zuvor als Schauspielschüler seine Lehrer beeindruckt hatte –, um sie vor seinen Mitgefangenen zu deklamieren. Auf der Bühne wollte er seinen Lebenskreis als Schauspieler beschließen.

Wer war dieser Heinrich George? Nur ein unpolitischer Künstler, der sich von der NS-Führung benutzen ließ – der »Pfingstochse des nationalsozia-

> Er war eine so unglaublich impulsive, lebendige schauspielerische Persönlichkeit. Ich wüsste keinen, mit dem ich ihn vergleichen könnte. Er war eine einmalige Erscheinung.
> Will Quadflieg, Schauspieler

listischen Unterhaltungsprogramms«, wie die *Süddeutsche Zeitung* unlängst schrieb? Ein schauspielerischer »Gigant«, wie ihn sein Sohn Götz charakterisierte? Oder gar der »größte und bedeutendste Schauspieler, den die deutschsprachige Welt jemals hervorgebracht hat«, wie der Publizist Werner Maser meint? Unbestritten ist: George war ein Jahrhunderttalent. Er brillierte als Bühnenkünstler, stand jahrzehntelang fast jeden Abend auf einer Theaterbühne. Er spielte Hauptrollen in Stücken von Goethe und Schiller, Barlach und Brecht, Gorki und Tolstoi, Shakespeare und Ibsen. Außerdem drehte er mehr als 75 Filme – und prägte mit seiner schauspielerischen Virtuosität cineastische Meisterwerke wie »Metropolis« und »Berlin Alexanderplatz«, aber auch perfide NS-Propagandastreifen wie »Hitlerjunge Quex« oder »Jud Süß«. Mit expressionistischen Malern wie Max Beckmann und Oskar Kokoschka war er befreundet. Hitler und Goebbels zählten zu seinen Bewunderern und ernannten ihn zum »Staatsschauspieler« des »Dritten Reiches«. Ab 1938 war er zudem Intendant eines der wichtigsten Theater der Reichshauptstadt. Nur wenige Tage vor dem Ende der NS-Herrschaft verbreitete er noch flammende Durchhalteparolen. Wer also war Heinrich George wirklich?

Für den sowjetischen Geheimdienst zumindest schien nach Kriegsende die Sache glasklar zu sein: George sei »der angesehenste Schauspieler im faschistischen Deutschland« gewesen, hieß es in einem Bericht des NKWD vom August 1945. Schon unmittelbar nach Hitlers Machtergreifung im Januar 1933 habe er sich dem faschistischen Regime zur Verfügung gestellt. Aus seiner Verehrung für Hitler habe er nie ein Hehl gemacht und sich zudem »durch Unterwürfigkeit gegenüber der faschistischen Führungsclique« ausgezeichnet. Alles in allem, so schließt das Schreiben, könne George als der »typische Vertreter der faschistischen Kunst« gelten.

Zwei Jahrzehnte zuvor wäre das Urteil der Sowjets über George wohl noch ganz anders ausgefallen. In der ersten deutschen Republik nämlich galt

---

»Heinrich George war der angesehenste Schauspieler im faschistischen Deutschland. Bis 1933 stand George der Kommunistischen Partei nahe, hatte näheren Kontakt zu Schriftstellern wie Bert Brecht, Ernst Toller und Johannes Becher. 1933, unmittelbar nach Hitlers Machtergreifung, sagte er sich von seinen früheren Überzeugungen los und stellte sich bald dem faschistischen Regime zur Verfügung.«
Bericht des NKWD, 25. August 1945

»Vorliebe für das Theater«:
Heinrich George als Jugendlicher

er als »Linker«, gar als Kommunist. Der Schauspieler habe aktiv in der »Revolutionären Gewerkschaftsopposition« (RGO), einer KPD-nahen Organisation, mitgearbeitet, so ist bis heute immer wieder zu lesen. »Er rezitierte in Arbeiterversammlungen und sang die Internationale, sammelte und spendete für die Arbeitslosen«, heißt es beispielsweise in einem Artikel des Theaterhistorikers Horst Mesalla. Auch George selbst führte seine sowjetischen Vernehmer 1945 auf diese Fährte: »Bis 1933 nahm ich teil an Aktionen der Kommunistischen Partei und hatte engere Verbindung zu Schriftstellern aus dem kommunistischen Lager, darunter Bertolt Brecht, Johannes Becher, Ernst Toller und andere«, erklärte er während eines Verhörs. Möglicherweise hoffte er, durch das Hinweisen auf seine linke Vergangenheit schnell wieder freizukommen. Allerdings hatte er sich damit gründlich getäuscht: Niemand wurde und wird in der kommunistischen Welt so sehr verachtet wie der vom Glauben Abgefallene, der »Renegat«. Doch war der Schauspieler in den zwanziger Jahren tatsächlich ein Parteigänger der KPD?

> Im Ganzen, glaube ich, ist zu sagen, dass eine so durch und durch komödiantische Natur wie George dauernd auch im Leben »Rollen« spielte und immer weit weniger das wirklich »war«, was er nur schien!
> Aussage Ernst Stahl-Nachbaurs, Juni 1945

> *Daheim veranstalteten wir häufig Kindervorstellungen, die von der Mutter, die selbst eine Vorliebe für das Theater hatte, lebhaft gefördert wurden, indem sie beispielsweise Kostüme nähte. Das Publikum bildeten Verwandte, Freunde und Bekannte, von denen wir zwei oder drei Pfennig Eintrittsgeld erhoben.*
> Heinrich George

Begonnen hatte Georges Bühnenkarriere noch ganz konventionell. Am 9. Oktober 1893 als Georg August Friedrich Hermann Schulz in Stettin geboren, hatte er mit der Schule herzlich wenig im Sinn. Statt das Abitur zu absolvieren, wie es sein Vater, ein pflichtbewusster Beamter der Stettiner Hafenverwaltung, liebend gern gesehen hätte, versuchte sich der Sprössling als Statist und Komparse bei zahlreichen Bühnenaufführungen. Und tatsächlich: Nach und nach konnte der theaterbesessene Junge seine Familie davon überzeugen, dass er sehr wohl zum Schauspieler taugte. Bald trat er als »jugendlicher Liebhaber« in diversen ostelbischen Provinztheatern auf. Nur eines passte ihm nicht: Seine vier wohlklingenden Vornamen konnten nicht darüber hinwegtäuschen, dass sich »Schulz« reinweg nach gar nichts anhörte. Also benannte sich das hoffnungsvolle Bühnentalent um – zunächst in Heinz und schließlich in Heinrich George.

> »Ich werde ja doch über kurz oder lang vom jugendlichen Helden umsatteln zum Charakterspieler.«
> Brief Georges an die Eltern, 2. September 1912

1914 meldete George sich im deutschnationalen Taumel des Kriegsbeginns freiwillig an die Front. Er wurde ausgezeichnet, sogar auf einen Offizierslehrgang geschickt. Doch die Grausamkeit des Grabenkriegs desillusionierte ihn rasch. Bald hatte er nur noch ein Ziel: Bloß raus aus dieser Hölle! Nach einem schweren Gefecht an der Ostfront soll er Berichten zufolge einen Nervenzusammenbruch erlitten haben: Er soll seine Munition in die Luft geschossen haben und aus dem Schützengraben geklettert sein, dabei mit Pathos Schillers »Glocke« deklamierend. Einige Biographen behaupten sogar, dass George daraufhin einige Monate in einer Stettiner Irrenanstalt zugebracht habe. Im März 1917 jedenfalls wurde er aus dem Armeedienst entlassen.

Keine zwei Monate später stand er schon wieder auf der Bühne. Doch die Erlebnisse an der Front hatten ihn verändert. »Ich wollte nicht mehr Komiker sein«, berichtete er später. »Auch im Felde hatte man mich immer den Komiker genannt, weil ich nun einmal das aufheiternde Element gewesen

»Ich wollte nun ernste Rollen spielen«:
George im Theaterstück »Marquis von
Keith« von Frank Wedekind, Dresden
1917

war – ich wollte nun ernste Rollen spielen.« Schnell hob er sich mit der ihm eigenen darstellerischen Energie und seinem hemmungslosen Ausdruckswillen von der großen Masse der Jungschauspieler ab. George sei ein »satanischer, unbegreifbarer, genialischer Kerl voll Ekstase, Leben und Glut«, schrieb ein Kritiker in dieser Zeit. Seit 1918 arbeitete er am Frankfurter Schauspielhaus – damals ein Hort des expressionistischen Theaters. George spielte in Stücken von Carl Sternheim oder Oskar Kokoschka, deren Protagonisten mit ihrem ekstatischen Gebaren und ihrer schonungslosen Offenheit das Bürgertum verschreckten. Als er für eine Kokoschka-Aufführung einmal eine leibhaftige Hure aus dem Bahnhofsviertel der Mainmetropole engagierte, war der Skandal perfekt. Auch privat war der Künstler kein Kind von Traurigkeit, wie der Dramatiker Carl Zuckmayer über eine Party in Georges Wohnung im Jahre 1920 berichtet: »Inmitten von halb ge-

Das Frankfurter Schauspielhaus war damals, mit guten Darstellern und Regisseuren, fast ein Gralshüter des Expressionismus.

Herbert Ihering, Theaterkritiker

Die genialste Persönlichkeit, das spürte auch der Theaterneuling sofort, war der junge Heinrich George. Er gehörte zu den Darstellern, die – nur durch die Kraft ihrer Phantasie – den eigenen Körper überspielen, in der Gestalt ihrer Rolle auflösen können.

Carl Zuckmayer, Schriftsteller

leerten Gläsern und Flaschen stand George in seiner barocken Körperfülle völlig nackt auf dem Tisch und spielte, in alkoholisch-musischer Verzückung, auf einer Geige. ... Nur der nackte Mensch, so röhrte er uns entgegen, dürfe sich künstlerisch produzieren. Ekstase sei das, alles andere nichts als verlogener bürgerlicher Muff. Reißt den Künstlern die Kleider vom Leib!«

Szenen wie diese waren kein Einzelfall: Der Krieg hatte George nämlich auch in anderer Hinsicht verändert – an der Front hatte er das hemmungslose Trinken gelernt. Gegen ein Entgelt in Form hochprozentigen Alkohols war er durch die Schützengräben gezogen, hatte vor Kameraden und Vorgesetzten einige seiner Theaterrollen zum Besten gegeben und dabei flaschenweise billigen Fusel in sich hineingekippt. Und noch als er alle Zuhörer längst unter den Tisch getrunken hatte, konnte er die vertracktesten Texte fehlerlos rezitieren. Das half ihm jetzt, als er in Frankfurt mehr und mehr in den Mittelpunkt eines orgiastischen Treibens rückte, das mit Unmengen Alkohol am Laufen gehalten wurde. So berichtete der Dramatiker Fritz von Unruh, dass George eines Tages zu den Proben seines Antikriegsstücks »Platz« nicht mehr erschienen sei. Theaterangestellte hätten ihn schließlich saufend in einer Kneipe gefunden, ihn aber nicht zur Rückkehr bewegen können. Schließlich sei er, Unruh, selbst zu George gegangen und habe mit ihm über das Stück diskutiert. Irgendwann sei der Schauspieler dann aufgestanden, habe ihn grobschlächtig umarmt und sei mit ihm zur Probe gewankt. »Er betrat die Bühne mit schwankendem Schritt, schwer und breit wie ein Matrose bei Seegang«, so von Unruh. »Er blickte argwöhnisch auf die aufatmenden Schauspieler ..., dann stellte er meine Figur Christlieb Schleich vom ersten Moment an in einem solchen Tempo und solch unnachahmlich intuitiver Kraft hin, wobei er die Verse in einer Expression des geistig Gewollten formulierte und in einem Rhythmus hervorbrachte, dass den Mitspielern die Puste ausging.« In diesen alkoholschwangeren, durch-

---

Leider trank er fürchterlich – im Krieg angewöhnt. Er war so schlank, dass ich ihn oft im Kleiderschrank versteckte. Er kletterte gern an den Häusern hoch in fremde Wohnungen hinein, entriss einer Frau den Büstenhalter als Siegestrophäe oder legte sich, da er müde war, durch Fenster zu klettern, in ein leeres Bett, bis er rausgeschmissen wurde.
Lotte Fischer-Klein, Schauspielerin und Kollegin Georges

zechten Frankfurter Nächten formte sich die »Fleisch gewordene Monumentalität« des Schauspielers George: die massige Gestalt, das fleischige Gesicht, die mächtige Stirn – und ein gewisser »Cäsarenwahn«. Auch späterhin sollte George noch so manche Rolle im volltrunkenen Zustand spielen.

> Dieses »Schauspielertheater« wurde nur drei oder vier oder fünf oder sechs Monate alt. Und es verschwand, wie es entstand: in Schall und Rauch und viel Gerede.
> Elisabeth Bergner, Schauspielerin

Georges Ruf als Schauspieler reichte immerhin bald auch bis in die Theatermetropole Berlin. 1922 wagte er den Schritt und ging in die Reichshauptstadt. Der Theaterreformer Max Reinhardt engagierte ihn ans Deutsche Theater. Binnen kurzem war er auch in Berlin ein Star. Auf den jungen Dramatiker Günther Weisenborn wirkte George damals »wie eine Dampfwalze, die in das Berliner Theaterleben eingebrochen ist. Riesig, stark-knochig, wild und bärtig.« George war freilich eine Bühnengröße, die trotz ihres eigenen Aufstiegs ihre weniger bekannten Schauspielerkollegen nicht vergaß. Als diese nämlich im Herbst 1922 in einen Ausstand für eine bessere Bezahlung traten, war er einer ihrer tatkräftigsten Unterstützer.

Die aufgeheizte Atmosphäre Berlins politisierte auch George. Und das Herz der Stadt schlug damals – zumal in Künstlerkreisen – links. Im Sommer 1923 gehörte der Mime zu den Initiatoren des so genannten »Schauspielertheaters« – eines Bühnenkollektivs, bei dem Schauspieler und Regisseure gemeinsam Stücke »erarbeiten« sollten. Ein Vorhaben freilich, das bald scheiterte: Zu unterschiedlich waren die Interessen der Beteiligten. Das Projekt brachte ihn aber in diesem Krisenjahr der Weimarer Republik tatsächlich in Verbindung mit der KPD. Georges Ensemble spielte mehrmals Schillers »Räuber« zugunsten der »Roten Hilfe«, einer Art kommunistischem Roten Kreuz. Nach dem Schlussapplaus sollen die Schauspieler, unter ihnen auch George, an die Bühnenrampe getreten sein und »Reden poli-

---

»Am 19. Juli 1923 fand im Central-Theater eine Sondervorstellung zugunsten der Roten Hilfe statt. Nach Schluss der Vorstellung wurde die Internationale gesungen. Darauf traten die Schauspieler, die die Rollen des Karl und Franz Moor spielten, vor die Bühne und hielten Reden politischer Art.«
Bericht des Berliner Polizeireviers 105, 20. Juli 1923

»Eine Dampfwalze, die ins Berliner Theaterleben eingebrochen ist«: Heinrich George und Werner Krauß in Schillers »Wallenstein«, Berlin 1924

tischer Art« gehalten haben, wie ein Polizeispitzel vermerkte. Die Vorstellungen wurden von der Polizei misstrauisch beäugt – die Behörden vermuteten die Bildung eines kommunistischen Stoßtrupps unter Berliner Schauspielern. Kurze Zeit später jedoch konnten sie Entwarnung geben: Es bestehe kein Verdacht mehr, »dass sich daselbst eine kommunistische Zelle bilden könnte«, hieß es in einem Bericht vom September 1923. »Bei dem impulsiven, keine Schranken kennenden Gemüt der Schauspieler kann man von diesem leichtlebigen Völkchen kaum annehmen, dass sie sich ernsthaft auf eine politische Richtung einstellen.«

> Ich bin persönlich Kommunist. Aber die landläufige Meinung, dass mein Theater eine kommunistische Filiale ist, wird wohl am ehesten durch die Tatsache zerstört, dass gerade die kommunistische Presse teilweise die schärfste Kritikerin meiner Stücke gewesen ist.
> Erwin Piscator, 1928

George immerhin blieb dem linken Spektrum treu. Er spielte nun an verschiedenen Theatern, darunter die »Volksbühne« am heutigen Rosa-Luxemburg-Platz im Osten Berlins. Deren damaliger Chef Erwin Piscator hatte ein völlig neues Theaterkonzept entwickelt. Sein »Proletarisches Theater« hatte demnach nur einen Zweck: die Propagierung des Kommunismus. Freilich deckte sich Piscators Auffassung vom Kommunismus nicht immer mit den jeweils neuesten Parteitagsbeschlüssen der KPD. Und statt drögem Agitprop waren Piscators Inszenierungen bunte Zeitgeistrevuen – mit eingespielten Filmszenen, schmissigen Songs und aufwändiger Bühnentechnik. Herkömmliche »bürgerliche« Schauspieler wie George wurden dafür perspektivisch eigentlich zwar nicht mehr benötigt, doch vorerst hatte der Theatermacher nichts dagegen, vom Ruhm des Mimen zu profitieren – und dessen Auftritte waren stets Garant für ein volles Haus. So brillierte George unter anderem in »Nachtasyl« von Maxim Gorki – einem Drama über gescheiterte Existenzen in der kapitalistischen Gesellschaft, die sich nach einem besseren Leben sehnen, selbst aber zu schwach sind, ihre menschenunwürdigen Lebensbedingungen zu ändern. George war dabei nicht nur Schauspieler, sondern sah sich durchaus auch als politischer Akteur: »Es gibt keine Menschen mehr, alles nur Theater, Schieberei«, eröffnete er in diesen Tagen einmal dem Dramatiker Fritz von Unruh. »Morgen Abend spiele ich Gorkis ›Nachtasyl‹. Das musst du ansehen! Wenn ich da auf der Bühne im Volkstheater stehe und den Leuten im Parkett einen Begriff gebe, was der Mensch wert ist – oder wert sein könnte!«

Die Wege Piscators und Georges trennten sich zwar bald wieder, doch der Schauspieler war in Berlin weiter in linkslastigen Stücken zu sehen. Als Matrose Pep in Günther Weisenborns »U-Boot S 4« hatte er laut Drehbuch sogar sterbend die »Internationale« anzustimmen. In »Affäre Dreyfus« warnte er in der Rolle des Dichters Zola eindringlich vor dem »verblödenden Gift des Antisemitismus«. Auch in Stücken von Bertolt Brecht (»Mann ist Mann«), Ernst Toller (»Hinkemann«) oder Ernst Barlach (»Der Blaue Boll«) machte er sich in dieser Zeit einen Namen als explizit linker Künstler.

> Das ist das Geheimnis von Heinrich Georges Schauspielkunst: Mitten aus der Gegenwart geschöpft, blutwarm, leibhaftig, inbrünstig versenkt in die Atmosphäre der Leidenschaft, Nöte und Hoffnungen des Tages, umfasst sie das allgemeine, zeitlose Erlebnis, frei von jeder Überlieferung und Weltanschauung.
> Alfred Mühr, Theaterkritiker, 1928

Anfang der dreißiger Jahre jedoch wandte sich George immer mehr vom politischen Theater à la Piscator ab. Die primitive Aussage vieler politischer Stücke habe »seinem Anspruch an das Wort« nicht mehr genügt, begründete er seine Entscheidung: »Ich brauche die Dichtung, nicht die Reportage!« Gegen Auffassungen wie die Piscators, der proklamierte: »Wir können in unseren Stücken keine Gelegenheiten für Schauspieler sehen, persönliche Ambitionen durchzusetzen«, erklärte George in einem programmatischen Artikel: »Das Theater gehört der Persönlichkeit. Ob Schauspieler oder Direktor, ob man sie feiert oder ob sie anonym bleibt – sie allein trägt die Verantwortung, sie allein ist schöpferisch.« Eine Aussage, die in der kommunistischen Presse entrüstet als »den Interessen des revolutionären Proletariats an der Kulturfront entgegengesetzt« zurückgewiesen wurde, die aber Georges endgültigen Abschied vom linken Theater einläutete. Kommunist in einem politischen Sinne war der Schauspieler freilich ohnehin nie – er sei »bei seinem eigenwillig-exzentrischen Naturell nicht in die Dogmatik einer Partei einzuordnen« gewesen, so sein Biograph Peter Laregh. Fakt ist jedoch, dass er in der Öffentlichkeit weiterhin als links stehender Künstler wahrgenommen wurde.

George setzte jetzt mehr und mehr auf die Wirkung seiner Persönlichkeit in klassischen Stücken und Rollen – eine Linie, der er bis zu seinem Lebensende treu bleiben sollte. Seine Paraderolle, die er im Herbst 1930 zum ersten Mal spielte, war der »Götz von Berlichingen« in Goethes gleichnamigem Drama. Die Rolle des »Ritters mit der eisernen Hand« mit seiner oftmals deftigen Ausdrucksweise schien George wie auf den Leib geschrieben. Wenn der Schauspieler mit der ganzen Pracht seiner barocken Figur die berühmten Worte deklamierte: »Er aber, sag's ihm, er kann mich im Arsche lecken«, tobte das Publikum im Saal. George liebte die Verschmelzung von Bühnenfigur und Lebensgestalt. Die Rolle des Götz war sein Mittel, sich selbst voll ausleben zu können. Mehr als einmal habe er den wahren Götz leibhaftig neben sich stehen sehen, behauptete er. »George hat diesen Götz immer hinreißend gespielt – oft im Suff, aber immer mit gewaltiger Kraft«, erinnerte sich sein Schauspielerkollege Bernhard Minetti. »Er wurde nie selbstgefällig, billig oder sentimental, sein Götz stand im Saft, er spielte strotzend aus dem Bauch.«

Das war typisch für George – er war ein Instinktschauspieler. Er erarbeitete sich seine Rollen im wahrsten Sinne des Wortes, bis er den Charakter einer Person intuitiv erfasste. Er las einen neuen Text stets langsam und laut vor, oft mehrmals. »Ich muss eine Vision von meiner Rolle haben«, erklärte er. »Auf einmal geht der Vorhang in mir auf, und vor mir steht die Figur, die ich darzustellen habe. Geht es nicht so schnell, dann muss ich auf die Bühne und probieren und probieren, bis der Schweiß aus allen Poren bricht. ... Ich muss leben, erleben, mich hineinschmeißen in das Stück, wegwerfen an die Rolle. Das ist nur bei der Probe möglich. Allein bin ich überhaupt aufgeschmissen. Ich muss den anderen geben und von ihnen nehmen, bis zum Zusammenbrechen.« Doch der Aufwand lohnte sich in den allermeisten Fällen – seine Auftritte wirkten stets wie aus einem Guss. Er hatte seine Rolle völlig in das eigene Wesen integriert. Der Schauspieler war sich deshalb auch seiner Interpretation fast immer vollkommen sicher – Kritiken interessierten ihn kaum.

Die Rolle des Götz hatte für George aber auch private Nachwirkungen: Bei den Proben am Preußischen Staatstheater lernte er eine junge Schauspielerin kennen: Berta Drews. Er lud sie zum Essen ein, machte ihr Geschenke – und schnell waren die beiden ein Paar. Keine zehn Monate später kam Georges erster Sohn zur Welt – Jan Albert. Als 1938 ein zweiter Sohn folgte, löste man die Namensfrage ganz simpel: Das Kind, geboren ausgerechnet am Todestag des »Ritters mit der eisernen Hand«, erhielt dessen Namen als einzigen Vornamen: Götz George. Bekannt durch zahlreiche Charakterrollen in Filmen wie »Der Totmacher« oder »Der Sandmann« und als schnoddriger »Tatort«-Kommissar Schimanski setzt er die schauspielerische Tradition der Familie George bis heute fort.

> Als mein wohl gehütetes Geheimnis bekannt wird, fehlt es nicht an kollegialen Warnrufen, an freundschaftlichen Beschwörungen, das Abenteuer mit dem wilden George abzubrechen.
> Berta Drews, Schauspielerin

Auch Götz Georges Vater Heinrich hatte in den zwanziger Jahren neben seiner Theaterkarriere bereits das junge Medium Film für sich entdeckt. Schon 1921 drehte er seinen ersten Stummfilm mit dem sperrigen Titel »Der Roman der Christine von Herre«. Schnell folgten weitere Streifen – die heute zumeist vergessen sind oder in den Wirren der Zeitläufte verloren gingen. Ein erster Höhepunkt in Georges Leinwandkarriere war die Mitwirkung in Fritz Langs düsterer Zukunftsvision »Metropolis«. In der utopischen Stadt Metropolis stehen sich Ausbeuter in futuristischen Wolkenkratzern

»Wohl gehütetes Geheimnis«: 1930 lernten sich Heinrich George und Berta Drews bei den Proben zum Stück »Götz von Berlichingen« kennen

Oben: »Düstere Zukunftsvision«: Regisseur Fritz Lang (links) erläutert Heinrich George und Brigitte Helm während der Dreharbeiten zu »Metropolis« eine Szene
Unten: »Das verblödete Gift des Antisemitismus«: Der Schauspieler in der Rolle des Schriftstellers Emile Zola in »Dreyfus«

und Ausgebeutete in unterirdischen Arbeiterstädten gegenüber. Die Rolle des »Werkmeisters« war dabei ganz nach dem Geschmack Georges: Er spielte einen Arbeiterführer, der sich vehement gegen den Mechanismus von Macht und Ordnung auflehnt. Einem internationalen Publikum wurde der Schauspieler dann mit der Verfilmung des Dramas »Affäre Dreyfus« bekannt. Auch hier spielte er den Schriftsteller Emile Zola, der leidenschaftlich für den wegen seiner jüdischen Herkunft stigmatisierten und wegen angeblichen Geheimnisverrats eingekerkerten französischen Artilleriehauptmann Alfred Dreyfus kämpft. Der Film kam im Spätsommer des Jahres 1930 in die Kinos, zu einer Zeit, als die mit antisemitischen Parolen auftretende NSDAP bei der Reichstagswahl gewaltige Stimmenzuwächse erzielen konnte und mit 107 Abgeordneten als zweitstärkste Fraktion in das Parlament einzog.

»Dreyfus« war einer der ersten Tonfilme Georges. Die Möglichkeit, auch mit seiner Stimme arbeiten zu können und sich nicht mehr allein pantomimisch ausdrücken zu müssen, erweiterte den darstellerischen Horizont Georges beim Film enorm. »Alle Register seines Innern brummen, knurren, wispern, drohen, pressen, necken aus dem Lautsprecher heraus«, schrieb ein Kritiker begeistert. »Seine tonfilmerische Art ist beispiellos.« Ein frühes Meisterwerk dieser Epoche war der Film »Berlin Alexanderplatz« nach Alfred Döblins Bestsellerroman. George konnte in der Rolle des Franz Biberkopf, der nach einem Gefängnisaufenthalt »anständig« bleiben will, im Dschungel der Großstadt zunächst erneut scheitert und sich schließlich doch wieder aufrappelt, alle Register seiner schauspielerischen Kunst ziehen.

Auch Hollywood wurde nun auf den Mimen aufmerksam. Metro-Goldwyn-Mayer (MGM) engagierte ihn im Frühjahr 1931 für die deutschsprachige Version des US-Kassenschlagers »The Big House«, eines Gefängnisfilms, der dann unter dem Titel »Menschen hinter Gittern« in die deutschen Kinos kam. Gäste Georges bei den Dreharbeiten waren unter anderen der Physik-Nobelpreisträger Albert Einstein und der Sexualforscher Magnus Hirschfeld. Doch obwohl er von den Studiobossen der MGM hofiert wurde und ihm eine luxuriöse Villa am Strand von Santa Monica samt einem Nobelschlitten der Marke Packard zur freien Verfügung stand, plagte George bald das Heimweh. Selbst ein eilig herbeigeschaffter deutscher Schäferhund konnte die Sehnsucht des Schauspielers nach der deutschen Scholle kaum lindern. »Die Sonne scheint, die Orgel weint ewig durchs Radio«, kalauerte George auf einer Schallplatte, die er selbst besprach und seiner Familie in

Oben: »Auch Hollywood wurde aufmerksam«: Szenenbild aus dem in den USA entstandenen Film »Menschen hinter Gittern«
Unten: »Meine sehnsuchtskranken Gedanken wanken Europa zu«: Der Physik-Nobelpreisträger Albert Einstein zu Besuch am Filmset

Deutschland schickte. »In meinem Bungalow, ich werd' nicht froh in dieser halb vereisten Welt, bei so viel Sonnenschein, bei so viel Geld. Das Meer ist still, und ich bin still. Meine sehnsuchtskranken Gedanken wanken Europa zu.« Trotzdem bemühten sich die Amerikaner, ihn weiter an sich zu binden – allerdings als Schauspieler für ganz normale englischsprachige Hollywood-Produktionen. »Herr George, versuchen Sie bitte, Ihr Englisch bestmöglich zu vervollkommnen, denn darauf basiert Ihr Zukunftsgeschäft im Amerika«, kabelte seine US-Agentur im März 1931, als er wieder zurück in Deutschland war. Doch für George kam ein erneutes Engagement in den USA nicht in Frage. »Ich kann nur aus der deutschen Sprache gestalten«, erklärte er. »Hier ist der Blutquell meiner Kunst, ich bin auf Gedeih und Verderb auf dieses Land angewiesen.«

Dies sollte sich insbesondere nach der Machtergreifung Hitlers zeigen. Denn anders als viele Kollegen blieb der mitunter immer noch als »links« abgestempelte George im Land und emigrierte nicht – wie zum Beispiel Fritz von Unruh, in dessen Stücken der Mime brilliert hatte, Gustav Hartung, sein einstiger Regisseur am Frankfurter Schauspielhaus, oder Alfred Döblin, aus dessen Feder die Romanvorlage zu »Berlin Alexanderplatz« stammte. Er machte seinen Frieden mit den neuen Machthabern – oder sogar mehr als das?

Glaubt man George selbst, so verhielt sich die Sache folgendermaßen: »1933 kam Hitler an die Macht. Ich wurde vernommen und verlor meine Stellung«, erklärte er 1945 im Verhör durch die Sowjets. »Ich hatte die Wahl, entweder auf meine Karriere zu verzichten und möglicherweise ins Gefängnis zu kommen oder mich irgendwie mit dem faschistischen Regime zu arrangieren.« Den Tatsachen halten diese Behauptungen nicht stand – George wurde niemals entlassen, er gehörte zu dieser Zeit ohnehin keinem festen Ensemble an. Immerhin, so behaupten einige Biographen, habe der Schauspieler unter den Nationalsozialisten zunächst empfindliche Einkommenseinbußen hinnehmen müssen, was ihn schließlich für die Avancen der NS-Führung gefügig gemacht habe. Auch diese Darstellung entspricht nicht der Wahrheit: George gehörte auch nach 1933 zu den Spitzenverdienern der Berliner Theaterlandschaft. Zwar waren seine Gagen – wie die vieler anderer Künstler – drastisch gekürzt worden, das aber bereits im Herbst 1932 aufgrund eines Sparerlasses des Preußischen Kultusministeriums. Die rigide Sparpolitik behielten zunächst auch die Nazis bei, ehe die Gagen wieder stiegen und – gerade für George – neue, unbekannte Höhen erreichten. Der

»Führer« sei noch im Krieg ständig besorgt gewesen, dass die Bezahlung der Theaterkünstler nicht ausreichend sein könnte, berichtet Henry Picker, eine Zeit lang Tischgast Hitlers im »Führer«-Hauptquartier.

Was also bewog den Künstler tatsächlich zum »Arrangement« mit den Nazis? Und begann dieses schon vor 1933? Lange nach dem Machtwechsel im Reich, als es opportun erschien, sich zum frühen Anhänger der NSDAP zu stilisieren, gab George eine Anekdote zum Besten: Schon im Winter 1931/32 habe er im Preußischen Staatstheater in »Wallenstein« einmal vor Hitler gespielt. »Ich spielte den Buttler und trug, wie es die militärische Tracht jener Zeit vorschrieb, eine hohe Fellmütze mit roter Kokarde. Als nach einigen Aufführungen der Führer ins Theater kam, erlaubte ich mir eine kleine kostümliche Improvisation, indem ich mit weißer Schminke ein kleines Hakenkreuz in die Kokarde malte. Das hatte allerdings dann ein bedenkliches Kopfschütteln an einer hohen republikanischen Stelle zur Folge.« Mag es um den Wahrheitsgehalt dieser Schnurre bestellt sein, wie es will – ein »alter Kämpfer« der NSDAP war George nicht. Sogar die Rituale der braunen Bewegung seien ihm noch fremd gewesen, nachdem Hitler im Januar 1933 Reichskanzler geworden war – so berichtet jedenfalls seine Frau. Auf der ersten Schauspielerversammlung am Staatstheater nach der Machtergreifung sei es zu einem Eklat gekommen: Am Schluss habe man das Horst-Wessel-Lied gesungen und den Arm zum »deutschen Gruß« gehoben. George habe keines von beiden getan. »Nicht aus Protest, er hört das Lied zum ersten Mal. Es werden Stimmen laut, man fordert von ihm den gehobenen Arm. Er antwortet ruhig, man solle ihm Zeit lassen. Da kommt es beinahe zu einer Schlägerei.«

> Das Theater ist heute nach meinem Dafürhalten eine viel stärkere Notwendigkeit als zu allen Zeiten, ein Faktor, der Volk und Staat verbindet.
> Heinrich George, 1932

Kaum ein anderer deutscher Schauspieler hätte es so leicht gehabt wie er, Deutschland zu verlassen. Ihm lagen weitere Filmangebote aus Amerika vor, er hätte wie Marlene Dietrich in Hollywood arbeiten können. Noch am 30. Januar 1933 verhandelte der ungarnstämmige US-Regisseur Paul Fejos mit dem Schauspieler über ein Engagement – ohne Erfolg. »Man kann ihm das moralisch vorwerfen, dass er nicht weggegangen ist in die Emigration und gesagt hat: Mit diesem Land will ich nichts mehr zu tun haben«, sagt sein Sohn Götz heute. Aber der Schauspieler entschloss sich zu bleiben – und dafür nötigenfalls auch Kompromisse einzugehen. »Sie machen es mir nicht leicht, sie misstrauen mir. Trotzdem bleibe ich«, äußerte er. »Ich glaube auch, dass ich hier eine Mission zu erfüllen habe.« Zu seinem Entschluss trug sicherlich außerdem bei, dass er erst wenige Monate zuvor mit seiner Frau und seinem Sohn Jan endlich sesshaft geworden war: Am Berliner Wannsee hatte er eine geräumige Villa aufwändig umbauen lassen. Er wollte bleiben.

Auch schmeichelte ihm, dass sich die NS-Führung persönlich um ihn bemühte. Goebbels parlierte mit ihm bereits Anfang Mai 1933 im neu geschaffenen »Ministerium für Volksaufklärung und Propaganda«. Auch Hitler traf George schon im Frühjahr 1933 persönlich. Der neue Reichskanzler äußerte im kleinen Kreis, den Schauspieler unbedingt einmal in der Rolle des »Götz« sehen zu wollen. George lud ihn stattdessen ins Deutsche Theater ein, wo er die Rolle des Geßler in Schillers »Wilhelm Tell« übernommen hatte. Tatsächlich tauchte Hitler wenig später in einer Vorstellung auf, verließ das Theater aber »wegen dringender Regierungsgeschäfte« direkt nach einer Szene, in der George den Bühnentod starb. In den persönlichen Aufzeichnungen des Schauspielers fand sich ein Schriftstück, in dem er zu seiner Rolle notiert hatte: »Mir schwebte vor, in dem Geßler die angekränkelte Kaisermacht darzustellen, gestützt auf Waffen und Gewaltherrschaft.« War dies eine verdeckte Warnung an Hitler, dessen braune Horden in diesen Wochen die Ordnung der Weimarer Republik blutig umstürzten?

Als ich dann zur Bühne fuhr, hatte es sich schon herumgesprochen, dass der Führer das Theater besuchen würde, und der Weg dahin war mit begeisterten Berlinern besetzt, die dem Führer zujubelten. Nach der Todesszene des Geßler musste der Führer wegen dringender Regierungsgeschäfte die Vorstellung verlassen. Das Publikum hatte sein Fortgehen bemerkt, und spontaner Beifall brach als Abschiedsgruß los, während ich in der hohlen Gasse erstaunt aufhorchte, denn noch nie war Geßler unter solchem Beifall gestorben.
Heinrich George, 1939

Zur gleichen Zeit rollte die erste nationalsozialistische Säuberungswelle durch die Theater. Auch Bekannte und Kollegen von George gehörten zu den Betroffenen und wurden aufgrund politischer Unzuverlässigkeit oder rassischer Kriterien entlassen. Traurige Berühmtheit erlangte der Fall von Hans Otto, mit dem George mehrfach am Preußischen Staatstheater zusammengearbeitet hatte. Das KPD-Mitglied Otto wurde im Mai 1933 entlassen und ging danach in den politischen Untergrund. Am 14. November wurde er verhaftet, tagelang verhört und gefoltert. Zehn Tage nach seiner Festnahme stürzte er nach einer Vernehmung aus einem oberen Stockwerk in einer SA-Kaserne und erlag wenig später seinen Verletzungen. Die genauen Umstände seines Todes sind bis heute ungeklärt, da Goebbels sofort nach dem Vorfall eine Nachrichtensperre verhängte und belastende Dokumente beiseite schaffen ließ. Dennoch gelangten Gerüchte vom gewaltsamen Tod des kommunistischen Schauspielers auch ins Ausland und führten dort zu einem Sturm der Entrüstung. Bertolt Brecht, in dessen Stücken George einige Hauptrollen gespielt hatte, verfasste im dänischen Exil sogar einen offenen Brief, in dem er sich direkt »an den Schauspieler Heinrich George« wandte: »Können Sie uns sagen, wo Ihr Kollege am Staatlichen Schauspielhaus Hans Otto ist? Er soll von SA-Leuten abgeholt, einige Zeit versteckt gehalten und dann mit fürchterlichen Wunden in ein Krankenhaus eingeliefert worden sein. Einige wollen sogar wissen, dass er dort verstorben ist. Könnten Sie nicht gehen und nach ihm sehen?« Brecht hatte George als Adressaten wohl wegen dessen Bekanntheit im Ausland und seiner linken Vergangenheit ausgewählt und gab ihm einen Rat: »Wir ermahnen Sie, an den Wandel der Zeiten zu denken, Sie und Ihresgleichen, die so rasch bereit sind, *mitzumachen*, allzu fest vertrauend auf den ewigen Bestand der Barbarei und die Unbesieglichkeit der Schlächter.« Freilich wurde Brechts Brief damals gar nicht veröffentlicht. Vermutlich kamen ihm Zweifel, ob George – der in der Tat mit dem Verschwinden Ottos nichts zu tun hatte – wirklich der richtige Ansprechpartner war. Einige Zeit später geriet der Dramatiker in dieser Sache mit der emigrierten Schauspielerin Elisabeth Bergner aneinander, die mit Hans Otto in den Aufführungen des Staatstheaters so etwas wie ein Traumpaar gebildet hatte. »Ich sagte immer: ›Warum George? Warum ist George schuld? Warum nicht Gründgens? Gründgens ist ein geschickter, geriebener, einflussreicher Geselle. George ist ein Kind, ein ratloses, verzweifeltes, hilfloses Kind.‹«

Und ein Kind, das spielen wollte – und weiterspielen durfte. George zögerte nicht, eine Rolle in einem der Propagandaschinken zu übernehmen, mit denen sich die deutschen Filmfirmen nach dem Machtwechsel bei den braunen Herrschern lieb Kind machen wollten. Während die Bavaria-Studios hofften, mit Parteifilmen wie »SA-Mann Brand« und »Hans Westmar« Punkte sammeln zu können, setzte die Ufa auf die Verfilmung des HJ-Romans »Hitlerjunge Quex« – die Geschichte eines Jugendlichen namens Heini Völker aus dem Nordberliner Beusselkietz, der wegen seiner Begeis-

»Große und unvergessliche Leistung«: »Hitlerjunge Quex« war einer der ersten NS-Propagandafilme. Szenenbild mit Heinrich George und Hermann Speelmans

terung für den Nationalsozialismus mit seinem kommunistischen Elternhaus in Konflikt gerät, schließlich den Märtyrertod stirbt und damit auch seine Eltern zum rechten NS-Glauben bekehrt. An der Seite seiner Ehefrau Berta Drews spielte George – ausgerechnet – einen Kommunisten, den Vater Heinis. Doch auch wenn der Schauspieler sich noch so sehr mühte, mit nüchternem Realismus die Wandlung des kommunistischen Arbeiters zum Nationalsozialisten in Szene zu setzen: Die allzu holzschnittartige Romanvorlage machte es ihm nicht leicht. Da durfte er einerseits über das Elend und die Ursachen der Massenarbeitslosigkeit dozieren, musste aber seinem Filmsohn andererseits mit Ohrfeigen die »Internationale« einbläuen, um die angebliche Verrohtheit eines Kommunisten möglichst plastisch in Szene zu setzen. Zur Premiere des Films im September 1933 war sogar Hitler anwesend, was die Bedeutung des Projekts unterstrich. Die gleichgeschaltete Presse überschlug sich in Lobeshymnen und hob auch die »große und unvergessliche Leistung Georges« hervor. Tatsächlich jedoch war dem Film wenig Erfolg an den Kinokassen beschieden – in Berlin wurde er nach nur 15 Tagen von leichten Komödien deutscher und US-amerikanischer Herkunft verdrängt und wieder aus dem Programm genommen. Eine Zeit lang rettete man sich noch damit, dass man ganze Schulklassen und HJ-Gruppen zum Kinobesuch antreten ließ, doch dann senkte sich der Nebel des Vergessens über den Streifen. Dennoch: Mit »Hitlerjunge Quex« war George fürs »Dritte Reich« eingekauft.

Doch noch verspürte George auch Gegenwind – während ihm die NS-Führung um Hitler und Goebbels wohlgesonnen war, schienen ihm einige untere Chargen seine linke Vergangenheit noch immer nachzutragen. Vor allem der neu eingesetzte Intendant des Staatstheaters, Franz Ulbrich, war ein Gegner Georges. In einem Stück über Napoleon, in dem der Schauspieler noch ein halbes Jahr zuvor die Hauptrolle innehatte, bot Ulbrich ihm nur eine inakzeptable Nebenrolle an. George rebellierte, bestand auf einer anderen Besetzung, wählte dann jedoch eine noch unbedeutendere Nebenrolle – einen Grenadier. Als George bei der Premiere des Stücks auf der Bühne erschien, war im Saal die Hölle los: »Er bricht vor Napoleon auf die Knie und spricht zwei kleine Sätze. Für das Publikum aber ist dies ein Ausbruch, eine Anklage. Es hat begriffen, Beifall und Bravorufe, eine Ovation besonderer Art. Das war nicht die Absicht von Herrn Ulbrich. Die Rolle wird nach der zweiten Vorstellung umbesetzt. George hat erreicht, was er wollte. Man lässt ihn in Ruhe«, schreibt Berta Drews. Doch als Ulbrich im Frühjahr 1934 als Intendant abgelöst wurde, geriet George vom Regen in die Traufe – mit dem neuen Chef Gustaf Gründgens verband ihn eine gegenseitige herzliche Abneigung. Während Gründgens mit dem kraftvollen Darstellungsstil Georges nichts anfangen konnte, war diesem die intellektuelle Inszenierungsweise des neuen Intendanten fremd. »Ich kann nur die Hoffnung aussprechen, dass die Zeit kommen wird, wo Sie auch für meine Arbeit und mein Bemühen um die Kunst so viel Glauben aufbringen können, wie er für eine gemeinsame Arbeit nötig ist«, schrieb Gründgens süffisant an den

---

Minister Goebbels und ich sind uns darüber einig, dass es zwar in den meisten Fällen möglich sein wird, aus wertvollen Künstlern brave Nationalsozialisten zu machen, dass es aber andererseits schwerer ist und auch gar nicht unsere Aufgabe sein kann, wertvolle Nationalsozialisten zu großen Künstlern zu formen.
Göring, 8. Mai 1933

»Endlich sesshaft geworden«: Mit seiner Dogge »Fellow« posiert der Mime vor seiner Wannsee-Villa

Schauspieler. Georges auslaufender Vertrag wurde im Sommer 1934 nicht mehr verlängert. Es begann eine Zeit zwischen wechselnden Theaterengagements und diversen Filmrollen.

Georges erster Ankerpunkt in dieser Zeit waren Rollen als Götz und als Dorfrichter Adam in Kleists »Der zerbrochene Krug« während der Heidelberger Festspiele im Sommer 1934. Schon zwischen 1926 und 1929 hatte er in Heidelberg unter dem Regisseur und Begründer der Festspiele, Gustav Hartung, gespielt. Doch der als »Halbjude« verunglimpfte Hartung hatte 1933 Deutschland verlassen müssen, und die Nazis wandelten das Heidelberger Freiluft-Theaterspektakel in »Reichsfestspiele« unter der Schirmherrschaft von Propagan-

»Abends ›Götz‹ im Heidelberger Schlosshof. Traumhaft schön. Es überrieselt einen kalt. Großer... George.«
Goebbels, Tagebuch, 3. August 1935

»Trotzdem bleibe ich«: Heinrich George 1934 mit Sohn Jan (links), Max Beckmanns Gemälde der Familie von 1935 (rechts)

daminister Goebbels um. Aus dem Schweizer Exil protestierte Hartung gegen die NS-Gleichschaltung des Theaterereignisses: »Wer dazu hilft, vertiertes Tun im Missbrauch der Staatsgewalt zu erleichtern und zu decken, der bedenke, dass auch die Ausrede des Zwangs, unter dem er handle, ihn nicht davon entlastet, ihr Helfershelfer gewesen zu sein«, schrieb er in einem offenen Brief, den er an die wichtigsten Mitwirkenden und an staatliche Stellen verschickte. »Das Bild der Gemordeten stehe vor jedem, der, das Gebot zur Menschlichkeit missachtend, die Bühne des Schlosshofes oder des Schlosssaales betritt, um den Mördern und Mord-Vertretern ein Schauspiel zu geben; es mache seine Stimme un-

> Ich liebe den »Götz« mit einer glühenden Leidenschaft. Ich liebe ihn, wie ich meine Heimat liebe; all seine Höhen und Tiefen, seine Berge und Täler kenne ich, und seine Blutströme durchrieseln mich und machen mich fruchtbar und geben mir Nahrung für Seele und Leib.
>
> Heinrich George, 1942

frei, sein Antlitz zur Grimasse und verkehre die Lust am Spiel in das Entsetzen über die Gott abgewandte Erbärmlichkeit seiner Seele.« Und direkt an George gewandt fügte er hinzu: »Dein Gedächtnis soll ausbrennen, deine Zunge soll in deinen Hals zurückrollen.« Eine Reaktion Georges auf diese schweren Angriffe Hartungs ist nicht überliefert. Er spielte weiter in Heidelberg, auch in den darauffolgenden Jahren.

George pflegte gleichwohl auch nach 1933 weiter seine Kontakte zu von den Nazis verfemten »artfremden« Künstlern, wie den Malern Otto Dix oder Max Beckmann, die gleich ihm in Deutschland geblieben waren. Er half ihnen bisweilen mit Zuwendungen und Aufträgen. Beckmann beispielsweise malte im Jahr 1935 ein Porträt der Familie George, als man ihn bereits aus seinem Lehramt an der Städel'schen Akademie in Frankfurt verdrängt hatte. Es entstand ein »merkwürdig statuarisches und zugleich dramatisches Bild«, wie George-Biograph Peter Laregh anmerkt: George als brutal wirkender Wallenstein in einem zinnoberroten Kostüm, neben ihm seine Souffleuse mit Textbuch. Darunter wie in einer anderen Sphäre seine Frau Berta, die den gemeinsamen Sohn Jan festhält, sowie Georges Dogge. Beckmann erzählte dem Schauspieler während der Sitzungen von seinen Emigrationsplänen; George legte noch einmal dar, dass er glaubte, nur in Deutschland künstlerisch arbeiten zu können. Als Beckmann sich dann 1937 Hals über Kopf tatsächlich ins Ausland absetzte, als einige seiner bekanntesten Bilder in der NS-Propagandaausstellung »Entartete Kunst« gezeigt wurden, kaufte ihm George das Familiengemälde zu einem ansehnlichen Preis ab. Es hing in seinem Haus noch 1945, als er von den Sowjets verhaftet wurde.

Trotz derartiger Ungebührlichkeiten begann der Stern Georges bald wieder heller zu strahlen. Während er 1935 und 1936 noch an verschiedenen Bühnen auftrat und nur selten Filmrollen bekam, hatte er Ende 1936 endlich wieder ein festes Theaterengagement in der Tasche – am Berliner Schiller-Theater. Dort konnte er wieder vor den Augen der obersten NS-Kulturwächter spielen, die sich rasch von seinen Auftritten beeindruckt zeigten. »Georges Leistung wirkte auf mich einzigartig«, berichtete »Reichsdramaturg« Rainer Schlösser – der oberste Theateraufseher des NS-Staats – Anfang 1937 seinem Dienstherrn Goebbels. Der Propagandaminister müsse sich unbedingt einmal eine der Aufführungen ansehen. Der Lohn für den erneuten Gang Georges in die Hauptstadt kam wenig später jedoch in anderer Form: Hitler ernannte ihn zum »Staatsschauspieler«. Damit war der Mime gemeinsam mit Kollegen wie Emil Jannings oder Hans Albers endgültig in der ersten Liga der NS-Künstlerriege angekommen. Als der Schauspieler dann im

»Alles, was ich in meinen Träumen erhoffte, ist Wirklichkeit geworden«: Aus den Händen von NS-Wirtschaftsminister Funk erhält George die Ernennung zum »Staatsschauspieler«

März 1937 sein fünfundzwanzigjähriges Bühnenjubiläum feierte, prasselten die Ehrungen nur so auf ihn hernieder: Hitler schickte ein in Silber gerahmtes Bild mit persönlicher Widmung, auch Goebbels ließ ein Geschenk überbringen. NS-Wirtschaftsminister Walther Funk, in Personalunion Vizepräsident der »Reichskulturkammer« und Gönner Georges, hielt in der Pause einer »Götz«-Aufführung eine Rede, in der er den Wunsch des »Führers« verkündete, das Schiller-Theater in die »Reihe der großen, repräsentativen Bühnen der Reichshauptstadt« aufzunehmen und zu diesem Zweck umzubauen. Funk, so hieß es in einem Zeitungsbericht, »gab dem Wunsche Ausdruck, dass Heinrich George in dem zu neuem Glanze erweckten Schiller-Theater eine feste Stätte für sein künstlerisches Wirken in der Reichshauptstadt finden möge«. Der so Geehrte bedankte sich artig mit einem Goethe-Zitat: »Ich bin so glücklich, alles, was ich in meinen Träumen erhoffte, ist Wirklichkeit geworden.« Doch er durfte noch weiter träumen: Hitler persönlich machte sich dafür stark, dass George die Möglichkeit erhalten sollte, »in einem repräsentativen Theater in Berlin seine künstlerische Persönlichkeit voll zu entfalten« – und das nicht nur als Schauspieler, sondern auch als Theaterleiter. Nach einigem Hin und Her bestellte Goebbels den Mimen im März 1938 offiziell zum neuen Intendanten des Schiller-Theaters. Er selbst habe zwar nie den Wunsch gehabt, Intendant zu werden, äußerte George in diesen Tagen in einem Gespräch; nun aber, da ihm Hitler mit der Leitung der Bühne beauftragt habe, betrachte er diese Aufgabe als seine »Mission«.

In der Zeit des Umbaus ging das Ensemble auf eine große Europatournee, die George und seine Kollegen unter anderem nach Polen, in die Tschechoslowakei, nach Litauen, Schweden, Norwegen und Holland führte. Die Reise war jedoch nicht allein als künstlerische, sondern vor allem als politische Mission angelegt. Die Auftritte sollten »mit ausdrücklicher Billigung und Förderung des Reichsministeriums für Volksaufklärung und Propaganda ... den Kunst- und Kulturwillen des neuen Deutschlands im Auslande unter Beweis zu stellen«, hieß es in einem Schreiben des Theaters. Schnell bekamen die Schauspieler jedoch den Unwillen der Menschen einiger Gastländer zu spüren. Im slowakischen Pressburg (Bratislava) wurde ihr Tross mit dem Ruf »Hoch, Stalin!« empfangen und mit Steinen beworfen. Aufgrund eines Boykottaufrufs war einige Wochen später das Theater in Utrecht halb leer. »Während wir in anderen Ländern und Städten Lorbeerkränze und Grüße mit Wappen und Insignien auf die Kulissen gemalt bekamen, empfing uns eisiges Schweigen«,

> So fuhren wir in ein für das Theater des Dritten Reiches noch unbetretenes Neuland. Wir wussten ja, was alles über das heutige deutsche Theater im Ausland gesagt und geschrieben wurde. Deshalb hatten wir unser Schanzzeug wohl gerüstet umgeschnallt.
> Heinrich George, 1938

> Die Deutschen in Prag machen unser Gastspiel eher zu einer politischen Demonstration als zu einem Theaterabend, doch erst in Pressburg lernen wir die andere Seite kennen, als wir vor dem Theater sogar mit Steinen beworfen werden.
> Anneliese Uhlig, Schauspielerin

berichtete George. Doch bewirkten derartige Erlebnisse bei ihm offenbar kein Nachdenken über die eigene verhängnisvolle Rolle als Repräsentant Hitler-Deutschlands. Zurück in der Heimat, ließ er seine Truppe im April 1938 sogar für die Propaganda zur »Volksabstimmung« über den Anschluss Österreichs einspannen: »Unsere Wagenkolonne war geschmückt mit Ja-Plakaten, in Düsseldorf wählten wir. In Hagen erlebten wir den überwältigenden Sieg Adolf Hitlers im Radio mit.« Einige Tage später trat das Ensemble dann selbst in der »heim ins Reich« geholten »Ostmark« auf: zuerst in Salzburg, dann in Linz, Wien, Graz und Klagenfurt. »Dort senkte sich der Vorhang zum 50. und letzten Male über eine Serie herrlicher, erlebnisreicher Theaterabende«, resümierte George, der die Reise als persönlichen Erfolg verbuchte.

Inzwischen ging der Umbau des Schiller-Theaters voran. Das Haus wurde nach den Wünschen Georges umgestaltet und erhielt eine versenkbare Drehbühne mit einem Rundhorizont. Modernste technische Anlagen ermöglichten einen raschen Szenenwechsel und eine ausgeklügelte Bühnenbeleuchtung. Zur Neueröffnung wählte George in Absprache mit Goebbels ein Stück des Namensgebers der Bühne aus – Schillers »Kabale und Liebe«. Wieder wurde George die persönliche Wertschätzung Hitlers zuteil: Der Diktator persönlich sagte sich zur Premierenaufführung am 15. November 1938 an. Für George war das offenbar eine ganz spezielle Inspiration: »Wenn der Führer ins Theater kommt, haben wir Schauspieler ein besonderes ›Lampenfieber‹, jenes unheimliche, angenehm-ängstliche Gefühl, in dem sich Ungewissheit, Ungeduld, Erwartung, Stolz und Selbstbewusstsein seltsam mischen«, schrieb er ein Jahr später. »Wenn der Führer aber zu einer Premiere ins Theater kommt, steigt dieses Fieber um beträchtliche Grade, und vollends bei der Eröffnung des Schiller-Theaters, für die wir ein halbes Jahr gearbeitet hatten, entstand jene Hochspannung der Erregung, die eine wundertätige Kraftquelle schauspielerischer Leistung ist…. An jenem Abend – ich muss es gestehen – konnte ich das Fieber nicht verheimlichen. Ich sah ganz gegen meine Gewohnheit durch das Guckloch im Vorhang. Erst der Anblick des Führers, der in seiner Loge das neue festlich gestimmte Haus betrachtete, gab mir die ruhige Gewissheit, mit der ich vor den Vor-

»Mit George Spielplan und Ensemble Schiller-Theater besprochen. Er hat große Pläne. Ich mache ihm ordentlich Mut. Gebe ihm schon vorläufige Vollmachten.«
Goebbels, Tagebuch, 27. Januar 1938

Das Theater, das von Kabalen und Intrigen lebt, ist tot. Es muss von der Liebe leben! Drum ohne Kabale mit Liebe ans Werk!
Heinrich George, November 1938

hang trat und den Prolog zur Einweihung sprach.« Die NS-Führung zeigte sich von der Arbeit Georges äußerst angetan: »Das Haus gefällt dem Führer ganz ausgezeichnet«, notierte der ebenfalls anwesende Goebbels in sein Tagebuch. »Die Aufführung ist meisterhaft. George als Miller ganz groß. ... Wir sind alle begeistert.« Erst wenige Tage zuvor waren im ganzen Reich jüdische Geschäfte zerstört und geplündert worden, hatten zahlreiche Synagogen gebrannt – auch in der Berliner Fasanenstraße, nur wenige Ecken vom Schiller-Theater entfernt. Doch die »Kristallnacht« und die Verfolgung der deutschen Juden waren weder an diesem Abend noch sonst irgendwann für George ein Thema, wenn er mit den Mächtigen des »Dritten Reiches« zusammentraf. Nur hin und wieder, so berichten Augenzeugen, habe George nachdenklich die Plattenaufnahme seiner Stimme mit der Rede Emile Zolas gegen Antisemitismus aus dem Film »Die Affäre Dreyfus« angehört.

Immerhin kann ihm zugute gehalten werden, dass er Menschen aus seinem persönlichen Umfeld ohne Ansehen der Rasse oder Religion half, wo er konnte. Einige seiner Mitarbeiter waren, was die Nazis »jüdisch versippt« nannten – sie hatten Ehepartner jüdischer Herkunft. Das hätte für die Betroffenen nach den NS-Rassegesetzen eigentlich das berufliche Aus bedeutet, doch George gelang es immer wieder, Sondergenehmigungen zur Weiterbeschäftigung an seiner Bühne zu erreichen. Bemerkenswert war auch der Fall des »halbjüdischen« Schauspielers Robert Müller. Der war mit einer jüdischen Frau verheiratet, was ihn in den Augen der NS-Rassewächter zum »Volljuden« machte. Er erhielt 1933 Berufsverbot und musste ab Herbst 1941 auch den gelben Stern tragen. George half Müller zunächst, als dessen Wohnung gleich Tausenden anderen als »Judenwohnung« für ausgebombte »arische« Berliner beschlagnahmt werden sollte. Nach dem Tod von Müllers Frau 1941 intervenierte George persönlich bei Goebbels und konnte erreichen, dass der Schauspieler den Judenstern ablegen konnte und wieder als Künstler arbeiten durfte. »Mein Freund Heinrich George stand am Grabe meiner Mutter, er half mir in rührender Weise, als meine über alles geliebte Frau ihr Leben ausrang, und legte einen Kranz nieder auf ihrem Grabe. Was er dann tat, war einmalig. Er befreite mich vom ›J‹ und eröffnete mir aufs Neue den

> **Heinrich George war der Freund und Vater des Ensembles. Nie hat er die gleißende Geltung, die die Machthaber des »Dritten Reiches« ihm angehängt hatten, dazu missbraucht, Zwang auszuüben oder wissentlich jemandem zu schaden.**
> Kai Möller, Schauspieler am Schiller-Theater

> **Er war ein sehr guter Intendant. Er liebte seine Schauspieler und hat sich auch für die Leute engagiert, von denen wir alle wussten, dass sie nicht ganz auf der Nazi-Linie lagen.**
> Will Quadflieg, Schauspieler

Oben: »Wenn der Führer ins Theater kommt...«: NS-Prominenz in der Ehrenloge des Schiller-Theaters anlässlich der Wiedereröffnung am 15. November 1938
Unten: »Erste Liga der NS-Künstlerriege«: Heinrich George und andere deutsche »Filmschaffende« auf einem Filmball im März 1939

völlig verschütteten Weg meines Berufes«, berichtete Müller voller Dankbarkeit nach dem Krieg. George sei deshalb für ihn eine Persönlichkeit »von überlebensgroßem Format«.

So gefiel es George, der mal als gütiger, mal als strenger Patriarch über dem Schiller-Theater thronte. In Berichten ehemaliger Mitarbeiter finden sich ebenso viele Zeugnisse über Georges Fürsorglichkeit wie über seinen Jähzorn. »Er konnte ausbrechen wie ein Vulkan – in Augenblicken, in denen es niemand erwartete, aus Anlässen, die niemand vorherbestimmen konnte«, erinnerte sich auch der Schauspieler Will Quadflieg, der seit 1940 an Georges Bühne spielte. »Ebenso gut aber konnte er sehr freundliche Rauchzeichen aussenden: Beweise seiner Güte, seiner Väterlichkeit. Er nannte uns stolz: ›Meine Jungs‹. Zu seiner Vitalität gesellten sich in der Arbeit unendliche Geduld und eine raumgreifende, verblüffende Phantasie.« Auch politisch missliebigen Personen bot Georges Theater Unterschlupf. Einige seiner Schauspieler waren als Regimegegner bekannt, manche hatten vor 1933 sogar der KPD angehört. Bald machte in Berlin das Wort vom »roten Theater« die Runde. Dass freilich von den mehr als 400 Angestellten des Theaters nur ein einziger der NSDAP angehört habe, wie behauptet wurde, gehört ins Reich der Legende. Auch am Schiller-Theater gab es zahlreiche Parteigenossen, selbst unter den Bühnenkünstlern. Dennoch war das Haus an der Charlottenburger Bismarckstraße zwar kein Hort des Widerstands, aber doch eine nahezu ideologiefreie Zone. »Im Schiller-Theater wurde sehr frei geredet, und der Hitler-Gruß war verpönt«, bestätigte Quadflieg.

So engagierte George 1941 den Schriftsteller Günther Weisenborn als

»Es ist eine Tatsache, die hiermit unterschrieben wird, dass in den 7 Jahren, die das Schiller-Theater bestand, in den Garderoben der Künstler, auf der Bühne, ja selbst in den Verwaltungsräumen eindeutig nur Gespräche geführt wurden, die, wenn sie das Allgemeine betrafen, immer antifaschistischer Tendenz waren. Dies war George bekannt! Er hat dagegen nie etwas unternommen. Ja, man verließ sich darauf, dass er nichts unternehmen würde. Natürlich blieben diese ständigen Äußerungen auch außerhalb des Hauses nicht verborgen, so dass zeitweilig in Berliner Kunstkreisen ein Leumund entstand, der immer wieder in die Worte gefasst wurde: ›Ihr seid das rote Theater.‹«
Brief von Angestellten des Schiller-Theaters an die sowjetische Kommandantur, Mai 1946

Dramaturgen, mit dem er Ende der zwanziger Jahre an der Volksbühne zusammengearbeitet hatte. Weisenborn war nach dem Sieg der Nazis 1933 mit Schreibverbot belegt worden und als Journalist in die USA gegangen. 1937 kehrte er jedoch nach Deutschland zurück – ähnlich wie George glaubte er seine künstlerischen Möglichkeiten nur in der deutschen Sprache zur Geltung bringen zu können. Und: Er wollte den braunen Machthabern Widerstand leisten. Als Mitglied der »Roten Kapelle« wurde er im September 1942 verhaftet und zu drei Jahren Zuchthaus verurteilt. Auch der Schauspieler Hans Meyer-Hanno, der wegen seiner jüdischen Ehefrau nur mit einer Sondergenehmigung am Schiller-Theater auftreten durfte, stand in Kontakt zu illegalen Organisationen, vor allem zu der kommunistischen Widerstandsgruppe um Anton Saefkow. Im Sommer 1944 flog die Gruppe auf, und der Schauspieler wurde verhaftet. Wegen »Nichtanzeige eines kommunistischen Unternehmens« verurteilte ihn der NS-Volksgerichtshof zur drei Jahren Haft, die er im Zuchthaus Bautzen zu verbüßen hatte. Kurz vor Kriegsende wurde er bei einem Fluchtversuch erschossen. In Fällen wie diesen scheint Georges Fürsorge für seine Leute an ihre Grenzen gestoßen zu sein. Von einer Solidaritätsaktion einiger Künstler des Schiller-Theaters zugunsten der vollkommen mittellos dastehenden Frau und Kinder Meyer-Hannos habe der Intendant sich wütend distanziert, behauptete der Sohn des Schauspielers. Auch Meyer-Hannos Witwe Irene Sager, die den Krieg überlebte, erhob schwere Vorwürfe gegen George: »Als Günther Weisenborn verhaftet wurde, hat er sich mit fadenscheinigen Ausreden, er könne nichts für ihn tun und dürfe es auch nicht sagen, warum nicht, vor einer Hilfe zurückgezogen. Später, als mein Mann verhaftet wurde, erklärte George gleich, ›er wolle mit der Sache nichts zu tun haben‹.« Ebenso berichtete Weisenborn nach dem Krieg, dass George nach seiner Verhaftung jede Hilfe abgelehnt und nicht einmal seinen um Hilfe nachsuchenden Vater empfangen habe.

> Es war seine größte Stärke und seine größte Schwäche, in dieser Zeit nichts als ein Schauspieler gewesen zu sein.
> Günther Weisenborn

George war deshalb zwar noch kein glühender Nationalsozialist – aber er verstrickte sich immer tiefer in das verbrecherische System. Während pfiffigere Zeitgenossen wie etwa Hans Albers den Kontakt zur NS-Führungsclique tunlichst vermieden, ließ sich George nolens volens zu einem Zugpferd der Nazi-Propaganda machen. So huldigte er zur Eröffnung des Schiller-Theaters voller Pathos dem »erhabenen Baumeister Adolf Hitler« oder ging wenig später im ledernen Kostüm seiner Lieblingsrolle als Götz von Berli-

Oben: »Dem Regime Widerstand entgegensetzen«: Die Mitglieder der »Roten Kapelle«, Martha Husemann, Günther Weisenborn und Harro Schulze-Boysen, während eines Ausflugs
Unten: »Nolens volens zu einem Zugpferd der NS-Propaganda gemacht«: Auch George sammelte bei Hitler für das NS-»Winterhilfswerk«

> Wir Schauspieler wurden dazu verpflichtet, für die »Winterhilfe« sammeln zu gehen. Damals glaubten wir noch an die gute Tat. Unsere Sammeltätigkeit wurde halbstündig davon unterbrochen, dass Heinrich George in Rüstung, mit der eisernen Faust bewaffnet, auf den Balkon trat und zu wohltätigen Zwecken Götz von Berlichingens berüchtigtes Zitat über die Menge schmetterte.
> Gisela Uhlen, Schauspielerin

chingen fürs »Winterhilfswerk« sammeln. Ein Foto, auf dem der »Führer« dem von ihm verehrten George Geld in die Büchse steckt, machte bald in der deutschen Presse die Runde.

Die Wochenschau durfte die Familie George 1939 beim Mittagsmahl an einem von der NS-Führung propagierten »Eintopfsonntag« ablichten. »Ist schon in Ordnung, damit die anderen, die es nicht so gut haben wie wir, auch was Warmes zu essen kriegen«, belehrte er seinen Sohn Jan publikumswirksam vor laufender Kamera. »Na, mir schmeckt's jedenfalls!« Auch in einem jüngst wiederentdeckten Filmfragment des NS-Versuchsfernsehens redete sich George buchstäblich um Kopf und Kragen. »Ein Theater aufzubauen«, erklärte er dort, »bedeutet im Dritten Reich ja eigentlich gar keine Schwierigkeit. Das Reich, der Führer hat uns die Schwierigkeiten eigentlich hinweggeräumt, die es einmal gab, zu suchen, zu sondieren, zu finden. Heute ist eigentlich ein Bett vorbereitet, das bequem gemacht ist.« Der *Spiegel* urteilte: »Mit bloßer Taktik lässt sich dieser Auftritt gewiss nicht erklären.«

Einige Freunde Georges bekamen schon damals Bauchschmerzen, wenn sie ihn bei derartigen Darbietungen erlebten. Ulrich Sander, ein Regimentskamerad des Schauspielers aus dem Ersten Weltkrieg, wollte von George in dieser Zeit einmal wissen, warum er denn so »zu Hofe« gehe – er habe das doch gar nicht nötig. »Er sah mich groß von der Seite an«, berichtete Sander über Georges erstaunte Reaktion. »›Wenn ich zu Hof gehe, so tu ich das aus... Dankbarkeit. Sie lassen uns spielen, wie uns noch niemals jemand hat spielen lassen. Verstehst du?‹ Das war in kindlicher Wahrhaftigkeit gesprochen. Ich habe ihm aufs Wort geglaubt.« Auch Max Geysenheyner, ein Freund und Weggefährte Georges seit den frühen zwanziger Jahren, urteilte: »Politisch gesehen war George ein großes, eigensinniges Kind. Und wie Kinder nun einmal sind – es ist nicht mit ihnen zu reden.« So geriet George zwar oftmals in Konflikt mit der einen oder anderen NSDAP-Gliederung, stellte sogar beleidigt seinen Intendantenposten zur Verfügung – um dann zähneknirschend doch wieder auf die Linie des Regimes einzuschwenken.

»Wie soll ich ... mit einem Haus wie dem Schiller-Theater Politik machen können, in dem es vom Intendanten bis zum Portier nur schräge Vögel gibt?«
Goebbels

Heinrich George war in den Augen der Nationalsozialisten ein außerordentlich ehrgeiziger Parteifreund. Wie weit er das selbst geglaubt hat, weiß ich nicht.
Walter Felsenstein, Regisseur am Schiller-Theater

Auch den Spielplan des Schiller-Theaters musste er mit Propagandaminister Goebbels absprechen, der forderte: »In diesem Theater soll die große dramatische Tradition unserer deutschen Vergangenheit gepflegt werden, aber seine Tore sollen auch immer offen stehen der künstlerischen Jugend unserer Zeit, die, fußend auf den großen Geistern der deutschen Bühnengestaltung, auch dem Neuen, Zukünftigen Wort und Gestalt verleiht.« Tatsächlich gelang es George vielfach, Klassiker auf die Bühne zu bringen – Schiller, Goethe, Kleist, Shakespeare. Daran änderte auch der Ausbruch des Zweiten Weltkriegs wenig. Die NS-Regierung wollte im kulturellen Leben so viel Normalität wie möglich demonstrieren. Folglich arbeiteten auch die Theater zunächst ohne Beschränkung weiter. Werke, die als allzu pessimistisch galten, wurden allerdings vom Spielplan gestrichen. So setzte man Shakespeares Drama »Heinrich IV.« ab – auf die Zeit nach dem Kriegsende, wie George festhielt. Fast schon surreal musste es freilich wirken, wenn etwa im November 1939 in einem Theater eines totalitären Staatswesens Schillers »Don Carlos« aufgeführt wurde, ein Stück, in dem Marquis Posa von dem unbarmherzigen König Philipp II. fordert: »Sire, geben Sie Gedankenfreiheit« – was, so vermerken es Augenzeugenberichte, vom Publikum mit »schüchternem Applaus« bedacht wurde. Doch auch George konnte sich nicht Goebbels' Ansinnen entziehen, »moderne« – sprich nationalsozialistische – Stücke zur Darbietung zu bringen. Ein Beispiel dafür war das Drama »Die ewige Kette«, das Ende 1942 seine Uraufführung erlebte. Es handelt von zwei Veteranen des Ersten Weltkriegs, die, nach Südamerika ausgewandert, sich vom »verdammten Pflichtgefühl« nach Deutschland zurückrufen lassen, um 1939 wieder als Soldaten zu kämpfen. »Kein Dichter vermag Stärkeres auszusagen, als einst jener Abteilungskommandeur, der den Brief eines gefallenen Freiwilligen mit den Worten ›Im Tode des Soldaten liegt allen Sterbens Sinn!‹ vollendete«, gab der Autor des Stücks, Edgar Kahn, die Richtung vor.

Der geistigen Mobilmachung diente aber nicht nur das Theater, sondern vor allem auch das Kino des »Dritten Reiches«. Der »Schirmherr des deutschen Films«, Propagandaminister Goebbels, verfolgte dabei eine Doppelstrategie: Einerseits zielte diese auf Ablenkung der Massen durch reine Unterhaltungsfilme und Kassenschlager à la »Der Mann, der Sherlock Holmes war« oder »Die Feuerzangenbowle« – und andererseits auf Beeinflussung des Volkes durch Propagandastreifen wie »Hitlerjunge Quex« oder »Triumph des Willens« beziehungsweise tendenziöse Werke, die historische Ereignisse oder Gegenwartsprobleme im nationalsozialistischen Sinne interpretierten. Als Georges Filmkarriere Mitte der dreißiger Jahre wieder an Fahrt aufnahm, war er vor allem auf diese letzte Variante des braunen Kintopps abonniert. Der Schauspieler schien Goebbels dafür offenbar besser geeignet als seine Kollegen vom komischen Fach, wie etwa Theo Lingen, Hans Moser oder Heinz Rühmann. »Er war zu groß, um etwa in freundlichen Kleinbürgerkomödien und ›unpolitischen‹ Filmträumen zu verschwinden, wie es vielen anderen gelang«, bestätigt der Filmhistoriker Georg Seeßlen. »Heinrich George musste im NS-Film wohl eine so exponierte Rolle spielen.« Prototyp eines solchen tendenziösen Films war der 1937 entstandene Streifen »Unternehmen Michael«. Gegenstand des Films sind Auseinandersetzungen in einem Armeeoberkommando am Ende des Ersten Weltkriegs. George spielt einen Kommandeur, der zögert, den Befehl zur Einnahme eines gut gesicherten feindlichen Verteidigungssystems zu geben. Schließlich kann er jedoch von einem jungen, fanatischen Major überzeugt werden. Unter hohen Verlusten wird die Stellung erobert und gegen die englische Übermacht gehalten – auch weil der General schließlich schweres Feuer auf die eigenen Reihen legen lässt, was freilich für zahlreiche eigene Soldaten den »Heldentod« bedeutet. Goebbels war mit dem Film zufrieden, und auch die NS-Presse feierte ihn hymnisch: »Ein Opfer wurde gebracht, gern und freudig, aber es war nötig so, für das Ganze«, schrieb der *Film-Kurier.* Und die *Berliner Morgenpost* fügte hinzu: »Was bleibt, ist die Tat. Die Tat für das Vaterland, die Tat für die Zukunft.« Auch der Krieg habe seinen Sinn. Dass der Film während des Reichsparteitags der NSDAP im September 1937 uraufgeführt wurde, unterstrich die Bedeutung des Projekts. Heinrich George und Mathias Wieman, der Darsteller des jungen Majors, wurden nach Nürnberg eingeladen, um den Film vor einem handverlesenen Publikum zu präsentieren. George, der selbst niemals Mitglied der NSDAP war, erlebte auch einige Aufmärsche, Paraden und Veranstaltungen des braunen Massenspektakels mit. Er sei »ganz benommen von der monumentalen Größe des Parteitags« gewesen, notierte Goebbels in sein Tagebuch. Für den Propagandaminister wurde der Schauspieler George immer mehr unverzichtbar.

Dies zeigte sich auch drei Jahre später, als der antisemitische Hetzfilm »Jud Süß« gedreht wurde, ein Lieblingsprojekt von Goebbels. Anders als in der historischen Realität wurde der geniale Finanzmann Josef Süß Oppenheimer, der Mitte des 18. Jahrhunderts erfolgreich, aber auch mit Härte gegen die Bevölkerung die Geschäfte des württembergischen Herzogs Karl Alexander führte, im Film zum Inbegriff des bösartigen, heimtückischen Juden. »Spitz und konsequent ruft der Film die Erbitterung hervor – nicht nur gegen die Schlechtigkeit, die in der Welt vorkommt, sondern vor allem gegen den Exponenten solcher Schlechtigkeit. Der aber vollführt seine bösen Taten nicht, weil sie ihm Nutzen bringen. Vielmehr: Er hat Lust daran und erscheint hierzu vorbestimmt durch seine Rasse«, schrieb die *Frankfurter Zeitung* zur Premiere im September 1940. Auch die Produktionsfirma »Terra« hetzte: »Der Film ›Jud Süß‹ reißt den Juden die Maske vom Gesicht und zeigt unserem Volk den Weg zur befreienden Tat.« Es spricht immerhin für eine ganze Reihe deutscher Schauspieler, dass sie sich an einem derartigen Projekt nicht beteiligen wollten. Unter anderen lehnten es Ernst Jannings, René Deltgen und Gustaf Gründgens ab, in dem Streifen eine Hauptrolle zu übernehmen. Gründgens erinnerte sich später: »Als Goebbels merkte, dass wir Schauspieler uns grundsätzlich nicht an diesem Film beteiligen wollten, wurde seine Herstellung zu einer Prestigefrage! Goebbels beantwortete die Prestigefrage mit einem Befehl. Er zwang den sich heftig sträubenden Schauspieler Ferdinand Marian schließlich in die ›Jud-Süß‹-Rolle.«

> Eine Weigerung, die Verfilmung des Tendenzstoffes zu übernehmen, hätte die Ausscheidung des Betreffenden aus dem deutschen Filmschaffen zur Folge gehabt.
> Alfred Bauer, leitender Mitarbeiter der Ufa

> Am entschiedensten wehrte sich Ferdinand Marian gegen die Titelrolle des Jud Süß. Bei den Probeaufnahmen stellte er, der geniale Schauspieler, sich derart tölpelhaft an, dass die Absicht nicht zu verkennen war. Goebbels setzte ihm daraufhin die Pistole auf die Brust.
> Kristina Söderbaum, Schauspielerin

Und noch ein anderer Künstler hatte sich heftiger Avancen des Propagandaministers zu erwehren – Heinrich George. Er sollte nach dem Willen des Ministers »unter allen Umständen« die Rolle des Herzogs Karl Alexander übernehmen. George lehnte das Ansinnen zuerst rundweg ab und versuchte sich dann mit künstlerischen Bedenken herauszureden. Er wollte nicht schon wieder einen Bösewicht wie den Herzog spielen, der »als rechtes Scheusal den Jud Süß direkt dazu provoziere, sich seinerseits scheusälig zu benehmen; er wirke dann noch unsympathischer als der Jude«, berichtete

Oben: »Ganz benommen von der monumentalen Größe«: Nach der Premiere des Films »Unternehmen Michael« auf dem NSDAP-Parteitag 1937 schreibt George Autogramme
Unten: »Kein Wort miteinander gewechselt«: Heinrich George und Veit Harlan bei den Dreharbeiten zum antisemitischen Hetzfilm »Jud Süß«

der damalige Abteilungsleiter Film im Propagandaministerium, Fritz Hippler. Als das nichts half, führte George Terminnöte als Intendant und Theaterschauspieler ins Feld. Doch alles Sträuben war vergeblich – George musste die Rolle übernehmen, wollte er nicht Gefahr laufen, in ernsthafte Schwierigkeiten zu kommen. Bei einer Weigerung hätte ihm zumindest Berufsverbot gedroht. Beim Dreh ließ George seine Verärgerung zunächst am ebenfalls nicht ganz freiwillig tätigen Regisseur Veit Harlan aus. George verrichtete anfangs lediglich »Dienst nach Vorschrift«, was zu handfesten Auseinandersetzungen zwischen ihm und Harlan führte. Irgendwann hätten die beiden das Kriegsbeil aber dann begraben – das berichtet die Schauspielerin Kristina Söderbaum, deren zahlreiche eindrucksvolle Filmtode ihr den wenig schmeichelhaften Spitznamen »Reichswasserleiche« eingebracht hatten.

Der Streifen löse zumindest teilweise die von Goebbels beabsichtigten Reaktionen unter der Bevölkerung aus. Mehrmals sei es während der Vorführungen zu »offenen Demonstrationen gegen das Judentum« gekommen, berichtete beispielsweise der SS-Sicherheitsdienst (SD) aus Berlin. Es habe in den Kinos Ausrufe gegeben wie: »Vertreibt die Juden vom Kurfürstendamm! Raus mit den letzten Juden aus Deutschland!« Sogar in den besetzten Ländern Luxemburg und Frankreich wurden antijüdische Demonstrationen im Anschluss an Filmvorführungen gemeldet. Die Bevölkerungsmeinung zur Person des von George dargestellten Herzogs war gespalten, wenngleich der überwiegende Teil ihn laut SD-Bericht als »fast ebenso verdammungswürdig« wie den »Jud Süß« einschätzte. Man darf annehmen, dass George darüber alles andere als glücklich gewesen ist.

Denn noch immer gab es auch einen anderen George als nur den Vorzeigekünstler des »Dritten Reiches« – sogar im Kino. So entstand im selben Jahr 1940 ebenfalls der anrührende Film »Der Postmeister«, der in Inhalt und Form eigentlich gar nicht in die nationalsozialistische Filmlandschaft passte. »Man empfindet es als überflüssig, gerade jetzt im Kriege slawischen Stoffen wieder Eingang in deutsche Filme zu verschaffen«, notierte der SD, »zumal diese Filmhandlung in einem passiven und

---

Mein Freund Heinrich George war, schon bevor wir mit den Dreharbeiten begannen, böse mit mir. Er sprach während der Filmarbeit außer den Worten, die für eine Zusammenarbeit unerlässlich sind, kein Wort mehr mit mir.
Veit Harlan, Regisseur

»Veit Harlan und seine Darsteller reißen uns von der Erschütterung zum flammenden Zorn und zum befreienden Erleben der erlösenden Tat mit.«
Aus einer Werbebroschüre der Filmgesellschaft »Terra«

Ich ersuche Vorsorge zu treffen, dass die gesamte SS und Polizei im Laufe des Winters den Film »Jud Süß« zu sehen bekommt.
Himmler, 30. September 1940

leidenden Nichtstun ende und zur heroischen Gegenwart des deutschen Volkes in einem krassen Widerspruch stehe.« George verkörpert den alten Postmeister Simeonowitsch in einem russischen Dorf, dessen einzige Tochter Dunja mit einem Adligen nach Sankt Petersburg durchbrennt. Doch statt sie wie versprochen zu heiraten, macht dieser sie zur Mätresse der vornehmen Petersburger Gesellschaft. Als Simeonowitsch davon erfährt, bricht er enttäuscht und wütend nach Sankt Petersburg auf. Um ihrem Vater die schändliche Wahrheit zu ersparen, arrangiert Dunja für seine Ankunft eine Scheinhochzeit. Nachdem ihr Vater wieder abgereist ist, begeht sie Selbstmord.

Der Film fand beim Publikum dennoch eine begeisterte Aufnahme. Insbesondere Georges Leistung wurde vielfach gewürdigt. George habe wieder einmal gezeigt, dass er »einer der besten Vertreter der darstellerischen Wahrheit« sei, schrieb ein Kritiker. Auch im Ausland war der Film erfolgreich. Im neutralen Schweden gehörte er zu den zehn besten Filmen der Saison; und selbst im besetzten Paris erreichte er rekordverdächtige Laufzeiten. Nach dem deutschen Überfall auf die Sowjetunion im Juni 1941 freilich verschwand »Der Postmeister« schnell aus den deutschen Lichtspielhäusern, weil er ein zu humanes Bild der slawischen »Untermenschen« zeichnete.

»Wir haben Heinrich George noch nie im Film so menschlich und bei aller Wucht so seelisch transparent gesehen.«
Der *Film-Kurier*, 11. Mai 1940

»Zur heroischen Gegenwart in krassem Widerspruch«: Der 1940 entstandene Streifen »Der Postmeister« ist einer der anrührendsten Filme des Schauspielers

Hitlers Eroberungsfeldzug im Osten wirkte sich jedoch noch auf andere Weise auf das Leben Georges aus. Als Intendant des Schiller-Theaters hatte er nun zunehmend alle Hände voll zu tun, seine Belegschaft zusammenzuhalten und vor dem Zugriff der Wehrmacht zu schützen. Bei den Bühnenkünstlern gelang ihm das zum Großteil, beim technischen Personal weniger – zahlreiche Mitarbeiter wurden zum Kriegsdienst eingezogen. Immer öfter war George deshalb gezwungen, Briefe zu schreiben wie den an die Hinterbliebenen eines jungen Friseurgehilfen, der schon im Juli 1941 gefallen war: »Es ist mir ein herzliches Bedürfnis, im Namen des Schiller-Theaters der Reichshauptstadt den Eltern unseres lieben und hoffnungsvollen Mitarbeiters Kurt Poppek zu dessen Heldentod für Führer und Vaterland mein aufrichtiges Beileid auszusprechen. Heil Hitler!« Eine Taktik des Intendanten, um für möglichst viele Mitarbeiter die begehrte Freistellung zu erlangen, bestand schon seit Kriegsbeginn darin, sein Ensemble wieder verstärkt auf Gastspielreisen in die besetzten Gebiete und das neutrale Ausland zu schicken. So gastierte das Schiller-Theater zwischen 1939 und 1943 etwa in Schweden, Norwegen, Finnland, Polen, Ungarn, Holland, Belgien oder Frankreich.

Noch immer glaubte George, Kunst und Politik trennen zu können. Doch das war eine Illusion. Dies zeigte sich, als Georges Truppe sich Anfang 1941 in der Pariser »Comédie Française« – einer Bühne, die nach einer jahrhundertealten Tradition nur der französischen Schauspielkunst vorbehalten war – mit Schillers Trauerspiel »Kabale und Liebe« präsentierte. Obwohl die Aufführungen mit großem Applaus bedacht wurden, gärte es unter der Oberfläche. »In glücklicher Zeit hätten wir Sie, mein Herr, mit der Bewunderung empfangen, die einem großen Schauspieler geziemt«, hieß es in einem anonymen Schreiben an George. »In dieser leidvollen Zeit ist eine Truppe deutscher Schauspieler auf der Bühne der Comédie Française keine Manifestation der Kunst mehr, das wissen Sie wohl, es ist eine Herausforderung. ... Sie persönlich sind für mich nicht verantwortlich für all unser Unglück, aber mögen Sie es nur wissen, mögen Sie wissen, wenn Sie zurückkehren, dass bei uns das französische Volk Ihren Hitler hasst, dieses Ungeheuer, das alles entfesselt, wo er vorbeikommt, das Elend, die Tränen, den Tod.«

Heute mehr denn je muss der Schauspieler Kulturpionier sein. Er muss an der Spitze marschieren, Hindernisse beseitigen, zerstörte Brücken wieder aufbauen, die Wege bahnen von Land zu Land, von Volk zu Volk!
Heinrich George, Oktober 1943

Ob man nun in Berlin oder in Stockholm, Paris, Helsinki, Budapest oder Oslo mit ihm durch die Straßen geht – überall kennen ihn die Leute, bleiben stehen, grüßen, lachen, winken und rufen ihn beim Vornamen.
Ernst Legal, Regisseur am Schiller-Theater

»Der Schauspieler als Kulturpionier«?: Nach einem Gastspiel des Schiller-Theaters in Paris unterhält sich der Leiter der »Deutschen Arbeitsfront«, Robert Ley, mit Heinrich George und Gisela Uhlen, Februar 1941

Das Schreiben ist in den Akten des George-Archivs überliefert. Nicht bekannt ist dagegen einmal mehr die Reaktion Georges auf derartige Vorwürfe. Sicherlich dürften sie ihn zumindest nachdenklich gemacht haben – doch umkehren konnte er auf dem einmal eingeschlagenen Weg nicht mehr. Die Nazis, denen er seinerzeit den kleinen Finger gereicht hatte, hatten sich längst der ganzen Hand bemächtigt. »Das damalige Publikum musste George als einen der treuesten NS-Anhänger unter den Filmschaffenden wahrnehmen«, schreibt der Filmhistoriker Felix Moeller. Im ganzen Reich schien es damals keinen besseren Propagandisten für den »Endsieg« zu geben als den Kraftprotz und Haudegen Heinrich George. So trug er seit 1941 alle Jahre wieder im Silvesterprogramm des »Großdeutschen Rundfunks« einen Text des preußischen Generals und Militärtheoretikers Carl von Clausewitz vor: »Ich glaube und bekenne, dass ein Volk nichts höher zu achten hat als die Würde und Freiheit seines Daseins; dass es diese mit dem letzten Blutstropfen verteidigen soll; dass es keine heiligere Pflicht zu erfüllen, keinem höheren Gesetz zu gehorchen hat, dass der Schandfleck einer feigen Unterwerfung nie zu verwischen ist.« Die Worte Georges tönten wie Donnerschläge aus dem Volksempfänger. »Ich erkläre und beteuere der Welt und

Nachwelt…, dass ich mich nur zu glücklich fühlen würde, in dem herrlichen Kampf um Freiheit und Würde des Vaterlandes einen glorreichen Untergang zu finden.« Wie in den Befreiungskriegen, so die augenfällige Botschaft der Verse, galt es wieder einmal, die Heimat und die deutsche Ehre zu verteidigen. Eingerahmt von Glockengeläut, Badenweiler Marsch und »Deutschland, Deutschland über alles«, dürfte sich Georges Auftritt bei nicht wenigen Deutschen so ausgewirkt haben wie bei dem Flaksoldaten Hans-Henning Teich aus München, der am Neujahrstag 1943 seinem Tagebuch anvertraute: »Ich zittere vor Kälte und Ergriffenheit.«

Schon kurze Zeit später war der Verweis auf einen vermeintlich glänzenden Untergang keine bloße Reminiszenz an die Vergangenheit mehr. Als Ende Januar 1943 die 6. Armee in Stalingrad vernichtet wurde, geriet diese Katastrophe zum psychologischen Wendepunkt des Zweiten Weltkriegs. Auch Goebbels wusste, dass er jetzt nichts mehr zu verlieren hatte, und machte diese Erkenntnis zum Leitmotiv seiner Propaganda. Alles oder nichts – die Antwort des Propagandaministers auf das Debakel an der Front hieß »tota-

»Einen glorreichen Untergang finden«: George schmettert Worte von Clausewitz in den Äther

Oben: »Wollt ihr den totalen Krieg?«: Propagandaminister Goebbels spricht am 18. Februar 1943 im Sportpalast
Unten: »Exaltierte Ausrufe und Beifallsbekundungen«: Heinrich George und Berta Drews als Zuhörer

ler Krieg«. Niemand sollte mehr der Kriegsmaschine entkommen. Wer keine »kriegsnotwendige Tätigkeit« nachweisen konnte, wurde fortan zum Dienst an der Waffe oder in den Waffenschmieden gezwungen. Seine berühmt-berüchtigte Rede vom 18. Februar 1943 sollte zum Plebiszit für seine fixe Idee werden. »Wollt ihr den totalen Krieg?«, rief er seinen 14 000 Zuhörern im Berliner Sportpalast entgegen. »Wollt ihr ihn, wenn nötig, totaler und radikaler, als wir uns heute überhaupt noch vorstellen können?« Wie Marionetten sprangen die Menschen auf, reckten die Arme zum Hitler-Gruß und schrien ihm hysterisch »Ja, wir wollen ihn!« entgegen. Geradezu folgerichtig im Sinne der Goebbels'schen Propaganda war es, dass sich unter den Anwesenden auch Heinrich George befand. Der Schauspieler, so wurde nach dem Krieg kolportiert, soll damals vor Begeisterung sogar auf seinen Stuhl gestiegen sein, sein Halstuch wild umhergeschwenkt und so seine glühende Zustimmung zu den Phrasen des braunen Agitators bekundet haben. Es ist allerdings bis heute umstritten, ob George tatsächlich freiwillig im Sportpalast war. Berta Drews berichtete, dass ihr Mann wie einige andere Künstler vom Propagandaministerium an diesem Tag aufgefordert worden sei, sich für einen Termin bereitzuhalten, ohne jedoch zu wissen, worum genau es sich handelte. Ein Wagen des Ministeriums habe das Ehepaar dann abgeholt und zum Veranstaltungsort gefahren. Dort angekommen, hätten sie sich zunächst in den hinteren Reihen niedergelassen, ehe sie Uniformierte auf einen

---

Spontane Solidarisierung, die nicht durch den Filter des Intellekts geht, war es auch, die einen Heinrich George enthusiastisch vom Stuhl riss, als Goebbels im Sportpalast den totalen Krieg einzupeitschen begann.
Fritz Hippler, damals »Reichsfilmintendant«

»Charakteristisch für George war dessen abscheuliches und fanatisches Gebaren während einer Ansprache von Goebbels. Exaltierte Ausrufe und Beifallsbekundungen des Schauspielers wurden mehrfach für propagandistische Zwecke benutzt.«
Bericht des NKWD, 25. August 1945

Wir setzen uns zu einer Gruppe Kollegen, seitlich, ziemlich weit hinten. Plötzlich kommen Uniformierte und bitten George auf einen anderen, reservierten Platz, direkt am Mittelgang. Bald weiß ich, warum. Wir werden fotografiert. Der riesige Saal gleicht einem Hexenkessel. Am schlimmsten sind die Frauen, sie schreien und trampeln. Als wir nachher mit einem Kollegen beim Essen sitzen, sprechen wir lange von dieser perfekten Demagogie und dass wir in diesem bösen Spiel bestenfalls Statisten sind. Am nächsten Tag erscheint unser Bild: »George sagt Ja zum totalen Krieg.«
Berta Drews, Schauspielerin

exponierten Platz am Mittelgang lotsten. Der Grund war eindeutig – Kameras waren auf sie und andere Prominente gerichtet. Tatsächlich gingen die entsprechenden George-Bilder bald durch die deutsche Presse, und auch die Wochenschau zeigte das Ehepaar in einer ihrer folgenden Ausgaben. Nicht verbergen konnten die Bilder jedoch, dass der Schauspieler kaum die geforderte »fanatische Begeisterung« zeigte. Doch danach fragte nach Kriegsende keiner mehr.

Noch durften nach einer Entscheidung Hitlers trotz des »totalen Krieges« Film und Theater »in voller Friedenshöhe« weitergeführt werden, doch die verstärkten alliierten Luftangriffe erschwerten eine geordnete Arbeit in hohem Maß. Im September 1943 traf es auch das Schiller-Theater. Brandbomben schlugen in das Gebäude ein und machten es vorerst unbespielbar. Zwar versuchte der anlässlich seines fünfzigsten Geburtstags im Oktober desselben Jahres zum »Generalintendanten« beförderte George, das Haus provisorisch wieder herrichten zu lassen. Doch schon einen Monat darauf wurde das Theater erneut bombardiert. Der Zuschauerraum brannte aus, und das Haus war endgültig Ruine. George machte trotzdem weiter, was Goebbels in seinem Tagebuch anerkennend vermerkte: »George hat jetzt den Versuch gemacht, im primitiv hergerichteten Erfrischungsraum des Schiller-Theaters eine kleine Bühne einzurichten, auf der er jetzt den Urfaust gibt. Der Führer hat für George die größte Hochachtung.«

> *Die Berliner kamen aus der schon zerstörten Stadt in unser zerbombtes Theater. Das Bühnenhaus und der Zuschauerraum waren eingestürzt, wir hatten aus dem Foyer eine Behelfsbühne gemacht. Unsere Theaterbesessenheit war nicht angeschlagen, und die Überzeugung der Menschen, das Theater habe ihnen auch unter diesen schweren Bedingungen etwas zu geben, war nie ins Wanken geraten.*
> Will Quadflieg, Schauspieler

Bis zur endgültigen »kriegsbedingten« Schließung aller Theater Ende August 1944 wurde das Provisorium bespielt. Oftmals trat das Ensemble auch in Bunkern oder Kasernen vor Flaksoldaten auf. Was in den Augen der NS-Führung wie ein Musterbeispiel des propagierten Durchhaltewillens wirken musste, war für George freilich auch die Sorge um seine Mitarbeiter, die er vor Fronteinsätzen zu bewahren suchte.

Die letzte Möglichkeit dazu war die Arbeit beim Film. Schon Mitte 1942 war George Leiter einer Herstellungsgruppe bei der Filmgesellschaft »Tobis« geworden, wo er in Personalunion als Produzent und Hauptdarsteller ebenfalls zumeist mit Künstlern aus seinem Theater arbeitete. Nur zwei Filme aus Georges Stab wurden bis zum Kriegsende fertig. »Die Degenhardts«, der im Juni 1944 anlief, war dabei ein durchaus zeittypischer Durchhaltefilm. Ein fünfundsechzigjähriger Beamter der Lübecker Stadtverwaltung wird 1939 pensioniert, kehrt nach Kriegsbeginn aber in den Dienst zurück, wo er fortan seinen Mann steht. Auch durch den Tod eines Sohnes und die Zerstörung der Stadt im Bombenkrieg lässt er sich nicht aus dem Konzept bringen, sondern erfüllt weiter seine Pflicht und opfert sich für die Volksgemeinschaft auf. Einmal mehr wurde die schauspielerische Leistung Georges, auf dessen Schultern der Film nahezu allein ruhte, von der Presse hervorgehoben. Auch Goebbels zeigte sich äußerst angetan und lobte zudem die ideologische Standfestigkeit des Künstlers: »George ist immer noch der alte tapfere Kämpfer für unsere Sache, der auf Gedeih und Verderb mit uns geht«, vertraute der Minister noch Weihnachten 1944 seinem Tagebuch an.

Nur wenige Wochen später kam der letzte Film mit Heinrich George in die Kinos – »Kolberg«. Wie »Jud Süß« hatte der Film ein historisches Ereignis zum Thema: den Kampf gegen Napoleon, nachdem Preußen im Oktober 1806 militärisch und moralisch zusammengebrochen war. Eine geringe Anzahl deutscher Städte hatte damals noch das Banner des Widerstands gegen die französische Fremdherrschaft hochgehalten, darunter auch das kleine Kolberg, zu dieser Zeit ein Ackerbürgerstädtchen mit kaum viertausend Menschen. Napoleon war erbost, dass sich das »elende Nest« als so renitent erwies, und befahl im Mai 1807, die Stadt zu erobern. Doch unter Führung von Neidhardt von Gneisenau konnten die Verteidiger den überlegenen französischen Truppen mehrere Monate trotzen. Zum preußischen Mythos machten Kolberg aber vor allem seine angeblich besonders opferwilligen Bürger unter dem Stadtältesten Joachim Nettelbeck. Diese hätten, so heißt es, bereitwillig ihre letzten Taler für neue Waffen und Munition gegeben, freudig dabei geholfen, das Vorfeld der Stadt – dort, wo sich ihre Äcker befanden – unter Wasser zu setzen oder die Verteidigung störende Gebäude abzureißen. Außerdem hätten sie im so genannten Bürgerbataillon bis zum letzten Atemzug um ihre Stadt gekämpft. Heute weiß man, dass dies vorwiegend Legende ist, doch im damals von Napoleon gedemütigten Deutschen Reich fielen die Geschichten von den tapferen Bürgern Kolbergs auf fruchtbaren Boden.

Vermeintlich sinnvoller Opferwille und Kampf in aussichtsloser Lage passten auch jetzt wieder gut in die Zeit. Schon in seiner Sportpalast-Rede vom Februar 1943 hatte Propagandaminister Goebbels Theodor Körners Verse aus den Befreiungskriegen zitiert: »Nun, Volk, steh auf, und Sturm, brich los!« Und in der Tat plante Goebbels, eine Art Volksbewegung zur Abwehr des »bolschewistischen Todfeindes« zu initiieren. Einen der propagandistischen Eckpfeiler sollte dabei die Verfilmung der Kolberger Geschehnisse von 1807 bilden. Im Juni 1943 erhielt Starregisseur Veit Harlan den Auftrag zu einem filmischen Monumentalepos. Geld spielte bei dem Prestigeprojekt keine Rolle. So drehte Harlan in Bestbesetzung: Mit Heinrich George und Kristina Söderbaum standen zwei Topstars des NS-Films vor der Kamera; die Zahl der Statisten – meist an die Filmfront abkommandierte Soldaten und Jugendliche – soll in die Hunderttausende gegangen sein.

Das historische Kolberg wurde für die Dreharbeiten auf freiem Feld nachgebaut, um dann umso effektvoller niedergebrannt zu werden. Güterzüge voller Salz wurden herangeschafft, um im Sommer 1944 eine Schneelandschaft vortäuschen zu können. Auch drehte Harlan mit dem damals sündhaft teuren Farbmaterial. Die Aussage des Streifens war offenkundig: »Lieber unter Trümmern begraben als kapitulieren!« Diese gleichnishaften Worte Nettelbecks, gespielt von Heinrich George, gaben den Grundton vor: Der Film benutzte die historische Situation von 1807, um eine einzige Ode an den Durchhaltewillen in scheinbar hoffnungsloser Situation anzustimmen. Die Kernsätze, den Protagonisten von 1807 in den Mund gelegt, waren dabei direkt an das Publikum von 1945 gerichtet. Dass es eine »Pflicht zur Verteidigung und zum Sterben« gebe, dass Furcht vor dem Tod schändlich sei und dass das »Größte immer unter Schmerzen geboren« werde, wenn es darum gehe, »ein neues Volk, ein neues Reich« zu schaffen.

Weil sich die Arbeiten an dem Mammutwerk endlos hinzogen, musste Goebbels Sorge haben, dass »Kolberg« nicht mehr zur Aufführung gelan-

---

Bei diesem Film von Veit Harlan, »Kolberg«, habe ich damals selbst als Statist mitgewirkt. Wenn Heinrich George ans Set kam, ging alles in Deckung, wenn er mal wieder etwas spät kam. Veit Harlan war sehr cholerisch, und dann gab's Krach bis zum Letzten. Na, gut und schön, wir grinsten, wir hatten Spaß dabei.
Hans-Jürgen Brand, damals Komparse in »Kolberg«

»Lieber unter Trümmern begraben als kapitulieren«: Heinrich George und Kristina Söderbaum im Film »Kolberg«

gen würde – so schnell schrumpfte das Reich, in dem der Film noch hätte gezeigt werden können. Erst Ende 1944 war der Streifen fertig, doch dann forderte der Propagandaminister immer wieder Umschnitte. Manch blutige Szene schien ihm zu diesem Zeitpunkt, als die Alliierten nicht nur im Westen an Boden gewannen, sondern nun auch im Osten bereits die Grenzen des Reiches bedrohten, nicht mehr opportun. Zu leicht hätten sich angesichts des vorgeführten menschlichen Leides unerwünschte Nebenwirkungen an der Heimatfront einstellen können. Endgültig fertiggestellt war der Film schließlich Anfang 1945. Die Uraufführung legte der Propagandaminister symbolträchtig auf den zwölften Jahrestag der NS-Machtergreifung: Am 30. Januar wurde der Durchhaltefilm in Berlin gezeigt. Gleichzeitig ließ Goebbels die Filmrollen in die von westalliierten Truppen eingeschlossene Festung La Rochelle am Atlantik fliegen, wo fast 1500 Kilometer von der Reichshauptstadt entfernt noch deutsche Soldaten kämpften. Auf ähnliche Weise gelangten Kopien von »Kolberg« in deutsche Städte, die von der Roten Armee belagert wurden, wie Königsberg, Danzig und Breslau.

»Lieber unter Trümmern begraben als kapitulieren!« – diese Worte aus »Kolberg« nahmen sich allem viele Hitlerjungen zu Herzen. Kein Wunder, dass insbesondere sie es waren, die sich den Streifen voller Begeisterung ansahen – solange für Kinobesuche noch Zeit war. Theo Bruckner, der damals in Breslau als Flakhelfer eingesetzt war, erinnert sich: »Niemand hat uns gezwungen, ›Kolberg‹ anzusehen. Wir sind aus freien Stücken ins Kino gegangen. Was der Film uns sagen wollte, merkten wir nur allzu deutlich: Wenn wir nur richtig durchhalten, dann wird alles gut. Tief drin fühlten wir jedoch: Obwohl die Front noch weit weg von Breslau war, würde die Stadt fallen. Egal, wie groß unser Wille zum Durchhalten war.«

Die Nazis wussten schon, wen sie da engagiert haben. Sein Bekanntheitsgrad und sein Auftreten, er war genau der Richtige dafür – er sollte uns wohl Stärke und Mut vermitteln.

Theo Bruckner über Heinrich George im Film »Kolberg«

Die Handlung als solche, die war mir zu gestellt, zu gekünstelt. Auch Heinrich George, wie er da auf die Knie fiel: »Gneisenau, bitte, verlasst uns nicht. Wir halten Kolberg!« Das war mir zu überzogen.

Horst Scheiwe, damals Soldat der Wehrmacht

In dieser Hinsicht hatte sich Goebbels als Prophet wider Willen erwiesen. »Kolberg«, so hatte der Propagandaminister im Mai 1943 seinem Tagebuch anvertraut, passe »genau in die militärisch-politische Landschaft, die wir wahrscheinlich zu der Zeit zu verzeichnen haben werden, wenn dieser Film erscheint«. Tatsächlich fiel das »Tausendjährige Reich« in diesen Wochen in tausend Scherben. Im Westen standen die Amerikaner und Briten bereits am Rhein, im Osten rückte die Rote Armee in beängstigendem Tempo auf die Hauptstadt Berlin vor. In dieser ausweglosen Situation mobilisierte auch die NS-Propaganda noch einmal die letzten Reserven – und forderte wiederum einen Kotau Georges. Am 7. April 1945 veröffentlichte das NSDAP-Zentralorgan *Völkischer Beobachter* einen Text des Schauspielers, in dem George die »barbarische Zerstörungswut« der Feinde geißelte und erklärte: »Unsere Zeit ist keine Zeit der Klage, sie ist von einer eisernen Männlichkeit. Wo sich im Kampf der Fronten und im Einsatz der Heimat die männlichen Charakterwerte der Tapferkeit und des Durchstehens bis zum Äußersten und einer stündlichen Todesbereitschaft bewähren, da muss ein jeder kernfeste Männlichkeit besitzen. ... Wir stecken alle nur im Stiefel unserer harten Pflicht.« Wie auch immer dieser Text zustande gekommen sein mag – Kollegen Georges behaupteten später, Journalisten des Deutschen Nachrichtenbüros hätten ihm tagelang aufgelauert, ihn mit Namen wie Gerhart Hauptmann oder Wilhelm Furtwängler geködert, die bereits ein entsprechendes Statement abgegeben hätten, und ihm die Worte gewissermaßen in den Mund gelegt –, dieser letzte Appell sollte George nach Kriegsende endgültig zum Verhängnis werden.

In dieser Zeit schien George unschlüssig zu sein, wie es weitergehen sollte. Einerseits muss ihm bewusst gewesen sein, dass er in der NS-Zeit zumindest moralische Schuld auf sich geladen hatte. Wie Berta Drews berichtete, traf er in den letzten Kriegswochen sogar Vorbereitungen, um mit der Yacht eines Freundes über Lübeck nach Schweden zu fliehen. Das war mehr als eine fixe Idee, da der Schauspieler 1940 für seine Verdienste um den kulturellen Austausch vom schwedischen König das »Komturkreuz 2. Klasse des Königlich Schwedischen Wasaordens« erhalten hatte, eine der höchsten Auszeichnungen des skandinavischen Landes. Mit ihr waren auch die Erhebung in den Ehrenrang eines Obersts der schwedischen Armee sowie ein lebenslanges Asylrecht in Schweden verbunden. Darauf hätte George sich nun berufen können. Freilich wäre es unmöglich gewesen, in diesen Tagen – da auch auf See noch gekämpft wurde – heil mit einem Boot über die Ostsee zu gelangen. George blieb deshalb in Berlin, um das Kriegsende abzuwarten. Offenbar vertraute er darauf, dass ihn sein bekannter Name vor allen Anfeindungen schützen würde.

Fünf Tage nach der deutschen Kapitulation am 8. Mai 1945 jedoch wurde George von den sowjetischen Sicherheitsorganen zum ersten Mal verhaftet. Man verhörte ihn, ließ ihn allerdings schnell wieder frei. Eine Woche später wiederholte sich das Spiel. Am 26. Mai dann eine erneute Verhaftung – diesmal wurde der Schauspieler eine Woche lang festgehalten, weil man ihn wegen des bei einer Hausdurchsuchung entdeckten schwedischen Ordens für einen Spion hielt. Doch abermals kam er frei. George glaubte, das Schlimmste bereits hinter sich zu haben – zumal sich der sowjetische Stadtkommandant Bersarin für ihn interessierte und bestimmte: »Er soll seine Schauspieler sammeln und Theater spielen.« Günther Weisenborn zufolge war George in diesen Tagen schon wieder voller Tatendrang: »Nach der ersten Begrüßung entwarf er einen Plan: ›Also, da is' doch 'ne Menge bekannt geworden, was diese Verbrecher gemacht haben, die Nazis, in den KZs und das alles. Das muss doch ein Film werden, das müssen doch alle Menschen sehen. Also, du schreibst den Film, und ich spiel' dir den Mann, dass die unten Rotz und Wasser heulen.‹« Doch dazu sollte es nicht mehr kommen. Denn Mitte Juni verunglückte Bersarin tödlich, und sein Schutzbrief für George war nichts mehr wert. Am 22. Juni 1945 wurde George wieder festgenommen und ins Polizeipräsidium an der Elsässer Straße gebracht – und

> Er wollte seine Rechnung begleichen. Er hatte sich nicht, wie viele seiner Kollegen, berühmte Charakterspieler, aus Berlin verzogen. Er hatte es abgelehnt zu fliehen. Er war sogar in den letzten Kriegstagen nach Berlin zu seiner Familie zurückgekehrt. Er wollte es auf sich nehmen. Und er nahm es auf sich.
> Günther Weisenborn über ein Treffen mit George nach Kriegsende

diesmal kam er nicht mehr frei. Längst hatte der sowjetische Geheimdienst NKWD den Fall an sich gezogen und bemühte sich um belastende Zeugenaussagen. In der im Moskauer Geheimdienstarchiv lagernden Akte Georges findet sich beispielsweise eine von fünf Personen unterzeichnete Erklärung, in der er als einer der größten Nazi-Schauspieler bezeichnet wird. »Unsere Meinung ist, wenn man George auf irgendeine deutsche Bühne stellte, er gelyncht werden würde.«

Der Schauspieler Ernst Stahl-Nachbaur, der als »Halbjude« mit einer Sondergenehmigung am Schiller-Theater hatte arbeiten dürfen, äußerte sich differenzierter: George habe sich stets für ihn und andere jüdische Schauspieler eingesetzt. Auf der anderen Seite könne aber sein »begeistertanschmeißerisches« öffentliches Auftreten für die Nazis und insbesondere für Hitler nicht vergessen werden. Dies habe aufgrund seiner enormen Popularität zur Verlängerung des Krieges beigetragen. »So griff er während der Zeit des Nazismus, getrieben durch seinen Ehrgeiz und seine Eitelkeit, bar jeden Taktes nach seiner Glanzrolle im ›3. Reich‹, fand und spielte sie mit Emphase«, so Stahl-Nachbaur. Für den sowjetischen Untersuchungsführer, Oberleutnant Bibler, galt die Aussage als schwere Belastung.

Am 27. Juli 1945 wurde George in das Speziallager Nr. 3 in Berlin-Hohenschönhausen gebracht. Ein Bericht listete die Vorwürfe gegen den Schauspieler noch einmal auf: seine angebliche Abkehr vom Kommunismus und seine Unterstützung des Hitler-Regimes, seine Rolle in den Propagandafilmen »Hitlerjunge Quex« und »Jud Süß« und seine Ernennung zum Intendanten »auf persönliche Weisung Hitlers«, sein »abscheuliches und fanatisches Gebaren« während der Goebbels-Rede im

> Heinrich George arrangierte sich zwar mit dem nationalsozialistischen Staat, war aber nie Mitglied einer Nazi-Organisation. Nach 1945 wurde er denunziert und deshalb in dieses Lager gebracht.
> Hubertus Knabe, Leiter der Gedenkstätte Hohenschönhausen

> Mein Vater zog sich nach der Nazi-Zeit zurück. Er wollte sich nicht von den Sowjets für Propagandazwecke missbrauchen lassen. Da er ein erfolgreicher Schauspieler war, hatte er natürlich viele Neider, die ihn schließlich denunzierten.
> Jan George

»Ohne Haftbefehl, Anklage und Urteil festgehalten«: Der Eingang des NKWD-Lagers Sachsenhausen, 1950

Sportpalast und der Artikel im *Völkischen Beobachter*, in dem er in den letzten Kriegstagen noch zum Widerstand bis zum letzten Mann aufgerufen habe.

Die Schlinge um Georges Hals zog sich langsam zu, ohne dass allerdings ersichtlich wurde, was die Sowjets eigentlich mit ihm vorhatten. Ein Prozess wurde nicht vorbereitet – es gab keine weiteren Untersuchungen, zahlreiche Entlastungsschreiben von Weggefährten des Schauspielers blieben unberücksichtigt. George verbrachte die Monate im Lager in quälender Ungewissheit. Die Lebensbedingungen waren entsetzlich – dies geht auch aus den seltenen Briefen hervor, die er an seine Frau schreiben konnte. Der Leiter der heutigen Gedenkstätte Hohenschönhausen, Hubertus Knabe: »Im Gebäude einer ehemaligen Großküche waren über 4000 Häftlinge zusammengepfercht worden. Der jüngste von ihnen war gerade 13 Jahre alt. Die Internierten litten unter Hunger, Kälte und Krankheiten, viele von ihnen starben. Nach offiziellen sowjetischen Angaben kamen allein zwischen Juli 1945 und Oktober 1946 insgesamt 886 Menschen um.« Immerhin durfte George nach einiger Zeit wieder das tun, was sein Lebensinhalt war – spielen. Mit einer Theatergruppe inszenierte er Goethes Urfaust, wobei er selbst die Rolle des Dr. Faustus übernahm. »Das ganze Lager strömte ins Kellertheater und holte sich für viele Tage Anregung, Inhalt und Vergessen aus diesen Stunden, in denen sich George als Faust so verjüngte, dass man ihn kaum wiedererkannte«, berichtete ein Mithäftling.

> *Nun stehe ich also am Nachmittag des 6. Dezember wieder einmal vor dem Tor. Es dunkelt schon. Man kann nicht zehn Meter weit sehen, und Götz zittert ein bisschen. Er ist aufgeregt. Er soll seinen Vater wiedersehen, der im Juni das Haus verließ und nicht wiederkam. Ich habe ihn nie zum Lager mitgenommen, sein Vater wollte es so. Warum aber heute? Da – wie aus dem Erdboden – taucht er auf! Mit weit ausholendem Schritt kommt er auf uns zu. Der Kleine fliegt an seinen Hals. In fünf Minuten sagen wir uns das Wichtigste und wechseln unsere Briefe. ... Dann ein Händedruck, und er geht zurück. Ich komme nicht von der Stelle. Ich starre in den Nebel: Verschwommen sehe ich noch seine Konturen. Sein weiter Mantel, sein wiegender Gang, der Klang seiner eisenbeschlagenen Stiefel sind letzte Eindrücke. Für mich geht er in die Ewigkeit. Sein kleiner Sohn, ihm so ähnlich, hat ihn noch einmal umarmt.*
> Berta Drews über die letzte Begegnung im Dezember 1945

Im Februar 1946 konnte Heinrich George seiner Frau noch einen letzten Brief schreiben. »Ich habe meine Bewährung mit 9 Monaten glaube ich hinter mir, es waren nicht die leichtesten meines Lebens und ich habe es mir nie leicht gemacht«, so George. »Seelisch bin ich noch stark und zu jedem Aufbau bereit, körperlich weniger. Ich habe immerhin 83 Pfund abgenommen.« Anfang Juli wurde er aus Hohenschönhausen nach Sachsenhausen bei Oranienburg verlegt. Die Lebensumstände im ehemaligen KZ waren ähnlich katastrophal – es fehlte an Lebensmitteln, medizinischer Versorgung und Unterbringungsmöglichkeiten. Zudem verschlechterte sich der Gesundheitszustand des Schauspielers rapide. »Die Beine sind mit Abszessen bedeckt, die Lunge macht nicht mehr mit. Er hustet viel und spuckt«, berichtete eine mitgefangene deutsche Krankenschwester. Letzten Lebensmut hauchten ihm noch einmal die Auftritte als »Postmeister« ein. Doch Ende September 1946 wurde der Zweiundfünfzigjährige mit einer akuten Blinddarmentzündung ins Lagerlazarett eingeliefert. Auch eine Notoperation konnte ihm nicht mehr helfen. »Patient verstarb am 25. September 1946 um 15 Uhr an Lungenentzündung und Herzschwäche«, hieß es im Totenschein

»Er hat wirklich bezahlt«: Mitte der neunziger Jahre wurde der in der Nähe des Lagers Sachsenhausen verscharrte Leichnam Georges umgebettet

des russischen Lagerarztes nüchtern. Seine Leiche wurde in der Nähe des Lagers verscharrt. Erst nach fast 50 Jahren – 1994 – wurden seine sterblichen Überreste exhumiert und schließlich in Berlin-Zehlendorf beigesetzt.

In seinem Nachruf auf Heinrich George schrieb sein Weggefährte und Freund, der Regisseur Jürgen Fehling, 1946: »Er war wie ein Gladiator. Er konnte es nicht lassen, um keinen Preis, in die Arena zu steigen in eitel prangender Rüstung, um vor seinem Cäsar seine Waffenspiele zu zeigen. Er brauchte Applaus, er fraß Applaus, gierig wie ein Raubtier... zum Schluss blind vor den Nazi-Größen Harfe spielend.« Georges Sohn Götz resümiert: »Er hat wirklich bezahlt.«

> Es war sehr tragisch und sehr traurig, wie dieser großartige, wunderbare Mann so einfach kaputtgemacht wurde. Er hat sich nicht mehr als viele andere, die man weiß Gott nicht gleich in ein KZ brachte, politisch betätigt. Er wurde vom Schicksal grausam bestraft.
>
> Will Quadflieg, Schauspieler

Max Schmeling

Der »Führer« war von diesem Film fasziniert. Begeistert schlug er sich auf die Schenkel, wann immer auf der Leinwand eine gelungene Aktion des deutschen Boxers zu sehen war. Und gelungene Aktionen gab es viele. Gemeinsam mit der Elite des »Dritten Reiches« hatte der Diktator bei dieser Privatvorführung am 27. Juni 1936 nicht nur einen Boxkampf verfolgt, sondern als Augenzeuge bewegte Bilder einer Sensation gesehen, die seit Tagen die Schlagzeilen beherrschte: Ein Deutscher hatte den als unbesiegbar geltenden »braunen Bomber« Joe Louis k.o. geschlagen.

> Er war einer der ganz Großen in unserem Land, der seinen Platz nicht nur in der Hall of Fame gefunden hat, sondern auch in den Herzen der Menschen und in den Geschichtsbüchern. Er wird immer ein ganz großer Mann bleiben.
>
> Hans Joachim Fuchsberger

Schon die ersten Kameraeinstellungen hatten Hitler in Spannung versetzt. Eine Fahrt über die tobende Menge endete auf den beiden Heroen im Scheinwerferlicht. Die Jubel der aufgeputschten Massen, die gespannte Atmosphäre, das kannte er von seinen eigenen Auftritten. Hier handelte sich um den »Kampffilm«, den die Veranstalter drehen ließen und aus dessen Aufführung die Boxer Gewinne erzielten. Das Material war zwar unbearbeitet, doch das Propagandagenie Hitler erkannte sofort, welche Möglichkeiten die Bilder boten: Der Triumph des deutschen Boxers war das perfekte Bild für den Sieg des Deutschtums über andere Nationen. Sechs Wochen vor Beginn der Olympischen Sommerspiele hatte Hitler seinen Sportstar gefunden: Max Schmeling. Dieser Mann schien das ideale Symbol für das, was die NS-Ideologie der ganzen Welt glauben machen wollte: die Überlegenheit der arischen Rasse.

»Goebbels, das kommt nicht in die Wochenschau! Dieser Film muss als Hauptfilm laufen! Im ganzen Reich!« Auf seine Anweisung hin rollte unverzüglich die Propagandamaschine der Nationalsozialisten an, professionell und auf allen Kanälen. Die gesamte Presse rührte die Werbetrommel für den Streifen, dessen Titel von Goebbels persönlich stammte: »Max Schmelings

Sieg – ein deutscher Sieg«. Aus dem Kampffilm und weiterem Material entstand ein abendfüllender Dokumentarfilm. Den Text schrieb und sprach der Rundfunkreporter Arno Hellmis. Er war als einziger deutscher Journalist live in New York dabei und hatte den Kampf für den Reichsrundfunk übertragen. Sein »Aus, aus, aus« nach der 12. Runde hatte am 19. Juni 1936 Millionen Deutsche, die zu nachtschlafener Zeit an den Volksempfängern mitfieberten, in Begeisterung versetzt. Nun sollte sein Filmkommentar – noch emphatischer, noch triumphierender, noch nationalistischer – ganz Deutschland in einen Freudentaumel versetzen.

Bereits zwölf Tage nach der Präsentation vor dem »Führer« feierte der Film im Berliner Titania-Palast eine glanzvolle Premiere. Die Woge der Begeisterung, die Schmeling entgegenschlug, kannte keine Grenzen: »Zum Schluss musste ihn gar ein Wagen des Überfallkommandos in Sicherheit bringen«, schrieb die BZ am Mittag.

Für Max Schmeling war der Film, der das Prädikat »steuer- und jugendfrei« erhielt, ein großer kommerzieller Erfolg. Zudem hatten die Finanzbehörden auf Anweisung Hitlers auf die Besteuerung seiner Kampfbörse in Höhe von 126 000 US-Dollar verzichtet. Die Großzügigkeit des »Führers« kam nicht von ungefähr. Denn der Streifen machte nicht nur Max Schmeling zur lebenden Legende – er war zugleich ein propagandistischer Erfolg für das Regime, das seinen neuen Vorzeigeathleten nun für seine menschenverachtenden Ziele einzuspannen gedachte. Dieser politischen Vereinnahmung durch die Nazis hat sich Schmeling nicht entziehen können. Doch er war ein sperriger Held.

Er hatte Gönner unter den höchsten Nazi-Größen, trat aber nie der Partei bei. Er hob die Hand brav zum Hitler-Gruß, wies jedoch NS-Auszeichnungen wie den Ehrendolch der SA zurück. Er widersetzte sich der Nähe zur NS-Führung nicht – und hielt doch innere Distanz zur NS-Ideologie. Er verteidigte mit Ergebenheitsadressen die nationalsozialistische Politik, bestand aber auf seinem jüdischen Manager und rettete Juden vor den Schergen des rassistischen Regimes.

Am liebsten hätte er Politik und Sport getrennt. Doch der Zeitgeist erlaubte dies nicht. So war er unter Hitlers Herrschaft nicht nur ein Idol der Massen, sondern auch ein Liebling der Mächtigen. Seine Geschichte ist eine deutsche Geschichte, doch seine Biographie eine besondere Biographie. Denn wie kein anderer deutscher Sportler konnte er seine Popularität von der Weimarer Republik über das »Dritte Reich« in die demokratische Bundesrepublik retten.

Der größte deutsche Boxer stammte aus kleinbürgerlichen Verhältnissen. Max Siegfried Adolf Otto Schmeling erblickte am 28. September 1905 in Klein-Luckow das Licht der Welt. Seine Mutter war eine Bauerstochter, sein Vater Boots- und Steuermann. Der Beruf des Vaters führte die Familie aus dem verschlafenen Dorf in der Uckermark nach Hamburg, wo die Familie Schmeling in bescheidenen, aber ordentlichen Verhältnissen lebte. Der Vater hatte Arbeit, die drei Kinder – Max, sein jüngerer Bruder Rudolf und seine Schwester Edith – wurden mit strenger Hand erzogen: kaisertreu und gottgläubig.

Als der Erste Weltkrieg ausbrach, musste der Neunjährige zum Lebensunterhalt beitragen. Das erste selbstverdiente Geld als Laufbursche lieferte er brav zu Hause ab – auch die Trinkgelder, wie seine Mutter später stolz berichtete. Doch nicht alles, was der kleine Max zur Finanzierung unternahm, fand die Zustimmung der Eltern. Als er zum Beispiel, sein kaufmännisches Talent nutzend, selbstgedrehte Zigaretten verkaufte, geriet er an einen besonderen Kunden: seinen Vater. Dieser kaufte ihm zwar die Ware ab, schickte ihn dann aber mit deutlichen Worten nach Hause. Auch eine andere Betätigung stieß auf mäßige Begeisterung. Statt zur Schule ging er einige Wochen lang in den Tierpark Hagenbeck, wo er sich als Fremdenführer ein wenig Geld verdiente. Das Fehlen in der Schule kaschierte er mit selbstgeschriebenen Entschuldigungen – um die Mutter zu entlasten, wie er sich rechtfertigte, nachdem der Schwindel aufflog. Er machte edle Motive geltend: Seine Zeichenstunden habe er finanzieren wollen, um Kunstmaler zu werden wie einer seiner Onkel. An einen österreichischen Gefreiten, der zur gleichen Zeit an der deutschen Westfront einen ähnlichen Berufswunsch hatte, dachte niemand.

> Die Not hat ihn geformt. Er wusste, wo er herkommt. Daraus ist seine große Hilfsbereitschaft entstanden.
> Claus Robert Agte, Schmeling-Vertrauter

> Er hat seine Mutter geliebt, wie ein Sohn seine Mutter liebt. Die Mutter war die zentrale Figur in der Familie.
> Gunnar Meinhardt, Boxexperte

Beim Marsch streikender Arbeiter und desertierter Soldaten durch Hamburg im November 1918 war Schmeling aus Abenteuerlust dabei. Als die Spartakisten das Feuer eröffneten, brachte sich der Dreizehnjährige in Sicherheit. Für seine kurze Revoluzzerkarriere kassierte er von seinem Vater einige Backpfeifen – ein Schmeling beteiligt sich nicht an einem »Volksauflauf«, das ist gegen unseren Ordnungssinn, lernte der Junge.

Mit viel Glück erhielt der junge Max eine Stelle bei der Annoncen-Expedition William Wilkens, wo er am 1. Juli 1920 seine kaufmännische Lehre

»Die Not hat ihn geformt«: Familie Schmeling um 1915 mit den Kindern Max (rechts hinten), Rudolf (links) und Edith (rechts vorn)

begann. Der Lohn war mäßig, doch er reichte für eine Kinokarte. Im Lichtspielhaus erlebte er, wie die amerikanische Boxlegende Jack Dempsey den Franzosen Georges Carpentier k.o. schlug. Max Schmeling war von nun an vom Boxvirus infiziert: Immer wieder sah er sich diesen WM-Kampf an, schließlich überredete er seinen Vater zu einem Kinobesuch. Auf dem Nachhauseweg erhielt der Sohn die erhoffte Erlaubnis: »Ich habe nichts dagegen, wenn du Boxunterricht nehmen willst.« Die Weichen waren gestellt.

> Eigentlicher Kontaktmann zum Boxen war mein weltweit gereister und erfahrener Vater. Er hat mir häufig über die bis dahin fast unbekannte Disziplin erzählt.
> Max Schmeling

> Er hat in der Jugendzeit auch mit seinen Spielgefährten geboxt. Einmal erzählte er, dass er einen Jungen k.o. geschlagen habe mit bloßen Händen und wahnsinnige Angst bekam, er hätte den Jungen getötet.
> Herbert Woltmann, Schmeling-Vertrauter

In Hamburg war das Boxen nur eine Attraktion für den Rummelplatz. Einen seiner ersten Kämpfe absolvierte Schmeling gegen einen Profiringer im Zirkus. Den vom Zirkusdirektor als »stärksten Mann Deutschlands« angepriesenen Gegner schickte er zwar auf den Manegenboden, doch die 100 Mark Preisgeld blieben ihm versagt.

> *Das »stärkste Lebewesen der Welt« keucht wie eine Lokomotive und versucht mit glasigen Augen, sich dem Schraubstock zu entwinden. Immer kürzer, immer gurgelnder kommen seine Atemzüge, immer schlaffer seine Zuckungen. Beklatschte, verlachte, verhöhnte Sensation des Rummels. Der Mann mit den Elefantenkräften erliegt.*
> Carl Otto Hamann, Freund von Schmeling

Da der Siebzehnjährige in der Elbmetropole nicht vorankam, schmiss er seine Lehre und ging ins Rheinland, wo er im Mülheimer Box-Klub die Grundregeln des Sports von der Pike auf lernte. Seinen Lebensunterhalt verdiente er als Hilfsarbeiter und mit Auftritten im Varieté, als Attraktion zwischen Feuerschluckern und starken Frauen, die Hufeisen gerade bogen.

Sein sportlicher Start im Amateurboxlager war eher holprig. Zwar verlor er den ersten offiziellen Kampf gegen einen blonden Jüngling namens Willy Louis, doch Schmeling machte dabei immerhin eine so gute Figur, dass er zu den Deutschen Meisterschaften fahren durfte. Er schaffte es bis ins Finale, in dem er gegen Otto Nispel nach Punkten unterlag. Die Presse tat sich mit seinem Namen noch schwer, als »Schmähling« oder »Schmehling« tauchte er in den ersten Berichten auf. Gleichwohl vermochte er die professionellen Beobachter am Ring zu überzeugen, die das Talent des noch ungeschliffenen Diamanten erkannten: »Keine Ahnung vom Boxen. Aber Material. Wenn der rechts kontern lernt, kann das ein Weltmeister werden!«, schrieb Arthur Bülow, der Chefredakteur des *Boxsport*.

Im Sommer 1924 tat Schmeling den entscheidenden Schritt: Er wurde Profiboxer, und professionell betrieb er seinen neuen Beruf. Seine Karriere ging jedoch trotz einer beeindruckenden Kampfbilanz – von den ersten zehn Profikämpfen gewann er neun, sieben davon vorzeitig – in Köln nur schleppend voran. Unzufrieden trennte er sich von seinem Manager und machte sich auf in die deutsche Metropole, die auch zur Hauptstadt des nationalen Boxsports aufgestiegen war.

Am 15. Juni 1926 stand der Zwanzigjährige am Bahnhof Friedrichstraße, sein ganzer Besitz passte in einen Pappkoffer, in der Hosentasche hatte er

»Das kann ein Weltmeister werden«: Max Schmeling 1925 als Trainingspartner des US-Boxers Ted Sandwina (rechts). In der Mitte Sandwinas Vater

»Ein neuer Stern am Boxhimmel«: Der Boxer nach dem Gewinn der Deutschen Meisterschaft im Halbschwergewicht Ende 1927. Rechts neben ihm Manager Arthur Bülow und Trainer Max Machon

gerade noch 20 Pfennig. Sein Weg führte ihn in das Redaktionsbüro des *Boxsport*, wo er auf die Unterstützung von Arthur Bülow hoffte. Der vermittelte ihm einen Platz im »Trainingsquartier der Meisterboxer«, in Lanke bei Berlin, und half ihm mit 20 Mark aus der finanziellen Verlegenheit: »Sie können es mir später mal zurückgeben.«

Max Machon, ein ehemaliger Jockey, wurde sein Trainer. Erste Erfolge stellten sich ein. Die Veranstaltungen wurden größer, die Gegner bekannter, die Massen begeisterter und die Schlagzeilen euphorischer. »Der deutsche Boxsport hat einen neuen Meister, vielleicht einen neuen Stern am Boxhimmel«, hieß es, als Schmeling seinen ersten Titel holte. Im Halbschwergewicht schickte er am 24. August 1926 seinen alten Rivalen Max Dieckmann bereits in der ersten Runde auf die Bretter. Die nächste Station auf Schmelings Weg in den Boxolymp: Europameister in derselben Gewichtsklasse am 19. Juni 1927, wobei er den belgischen Champion Fernand Delarge dermaßen zermürbte, dass dieser entnervt aufgab.

> Es war keineswegs, wie für so viele andere, auch eine Überraschung für mich, als sich mein Gegner noch vor Ende der ersten Runde nicht mehr erheben konnte und ich damit die erste Stufe zum Erfolg erklommen hatte.
> Max Schmeling

»Eine neue Epoche hat begonnen«, titelten die deutschen Zeitungen, und auch international war man auf den schlagkräftigen Deutschen aufmerksam geworden. Er war zur richtigen Zeit am richtigen Platz.

Boxen begeisterte in den zwanziger Jahren breite Schichten. Der Faustkampf traf den Gemütszustand einer Nation, die das Trauma einer Niederlage bewältigen musste. Das Leben war für viele ein täglicher Existenzkampf, und so war Boxen Paradigma für das Durchhalten, das Sich-Behaupten. »Kein Beruf ist so auf struggle for life eingestellt«, schrieb der Berliner Kunsthändler und Publizist Alfred Flechtheim. Und Fritz Kortner, Schauspieler und Regisseur, beschrieb den Reiz, den das Boxen auf die Menschen ausübte: »Was sich im Ring tut, spiegelt das Leben. So erbarmungslos, so wütend, so erbittert kämpfen wir alle ums Dasein. Boxen ist kein Sport. Es ist Lebenskampf, auf ein Dutzend Runden zusammengedrängt.«

Das Faszinosum Boxen behielt auch dann seine Wirkung, als sich die Lebenssituation der Menschen besserte. Mitte der zwanziger Jahre suchte das Volk nach Unterhaltung. Brot war vorhanden, nun wollte man Spiele. Boxen war aus der Schmuddelecke der Hinterhöfe in das Scheinwerferlicht der Öffentlichkeit getreten. Der Faustkampf war plötzlich ein gesellschaftliches Ereignis. Am Ring saßen nicht mehr Arbeiter mit Schiebermützen, sondern Damen und Herren in Abendrobe und Smoking. Die große Welt und die Halbwelt gaben sich die Ehre, Bankiers und Showgirls, viele hatten ihre Liebe zum Boxsport entdeckt. Schauspieler wie Gustaf Gründgens oder Kammersänger wie Michael Bohnen besuchten die großen Veranstaltungen. Für die Programmhefte schrieben renommierte Schriftsteller wie Carl Zuckmayer. Die politische Linke begeisterte sich für den Volkssport: Bertolt Brecht fasste seine Bewunderung im Gedicht »Gedenktafel für zwölf Weltmeister« zusammen. Das ganze Volk suchte Helden, und es entdeckte Max Schmeling.

Seine sportlichen Erfolge öffneten ihm die Tür zu einer neuen Welt. Der Junge aus Klein-Luckow mit der abgebrochenen Lehre gehörte bald zur großen Gesellschaft. Die intellektuelle Elite suchte die Nähe des Boxidols: Max Schmeling saß Modell für den Maler George Grosz und den Bildhauer Rudolf Billing. Schriftsteller wie Heinrich Mann diskutierten mit Schmeling boxtechnische Details, Fritz Kortner ließ sich von ihm Boxunterricht geben, und schöne Frauen wie Marlene Dietrich waren

---

Schmeling fühlte sich nicht wohl in diesen Kreisen, er merkte, er kann nicht mitreden. Andererseits wurde er bestaunt wie ein Fabeltier. Maler und Bildhauer fragten ihn, ob sie ihn nicht porträtieren könnten.
Volker Kluge, Schmeling-Biograph

Oben: »Das Herz eines Boxers kennt nur eine Liebe«: Schmeling steht mit seiner Filmpartnerin Renate Müller für den Film »Liebe im Ring« vor der Kamera
Unten: »Bestaunt wie ein Fabeltier«: Der Sportler mit der Schauspielerin Olga Tschechowa und dem Regisseur Reinhold Schünzel auf dem Berliner Presseball 1930

> Er war ein außergewöhnlicher Autodidakt. Er war in der Lage, zuhören und mit Leuten reden zu können, ob das Künstler waren oder Schauspieler oder Schauspielerinnen, von denen etwas aufzunehmen und auch etwas zurückzugeben.
>
> Harry Valérien, Sportreporter

fasziniert von der Welt der schwitzenden starken Männer im Boxring.

Kurzum: Schmeling gehörte nun dazu. Er traf sich mit der Berliner Prominenz in der Sportbar Roxy oder im Literatenzirkel Romanisches Café. Doch auch als Attraktion der besseren Gesellschaft mochte er nicht als boxendes Fabeltier gelten. Der ehemalige Volksschüler holte begierig bislang versäumtes Wissen auf, warb um Anerkennung in Kreisen, die eigentlich nicht die seinen waren: »Künstler, schenkt mir Eure Gunst – Boxen ist doch auch 'ne Kunst!«, schrieb er in das Gästebuch bei Victor Schwanneke, in dessen Berlin Salon sich Künstler und Geistesgrößen trafen.

Die Initialen MS – sie standen zugleich für »Medienstar«, denn nach seinen Erfolgen im Ring betrat er auch die Bretter, die eine andere Welt bedeuteten. Der frisch gebackene Deutsche Meister spielte 1926 im Stummfilm »Ein Filmstar wird gesucht« neben der Berliner Schönheitskönigin Lola Legro sich selbst: einen Boxer, der sich anschickte, Karriere zu machen. In »Liebe im Ring«, einem der ersten deutschen Tonfilme, hatte er seinen großen Auftritt an der Seite von Olga Tschechowa, als er ein »Lied« zum Besten gab. Sein rhythmischer Sprechbeitrag zur Musik ist das Einzige, was von diesem Film noch in Erinnerung geblieben ist: »Das Herz eines Boxers kennt nur eine Liebe, / Den Kampf um den Sieg ganz allein. / Das Herz eines Boxers kennt nur eine Sorge, / Im Ring der Erste zu sein. / Und schlägt einmal sein Herz / Für eine Frau stürmisch und laut: / Das Herz eines Boxers muss alles vergessen, / Sonst schlägt ihn der Nächste knockout.« So »sang« Schmeling im März 1930, als der Film in Berlin eine durchaus gelungene Premiere erlebte. Für wen das Herz eines Boxer tatsächlich schlug – das war für die Öffentlichkeit ein verschlossenes Buch. Schmeling und die Frauen – bei diesem Thema vermutete die Presse Wüstes. In Köln habe er eine Freundin sitzen lassen, sagte ihm ein publizistischer Gegner nach. Die Kunstreiterin Cilly Feindt sei die Dame seines Herzens, hieß es, dann dichtete man ihm eine Affäre mit der Schauspielerin Jarmila Vackovà an. Mit seiner Filmpartnerin Olga Tschechowa war er allenfalls gut befreundet. Festlegen wollte er sich Ende der zwanziger Jahre nicht. Er genoss die vielfältigen Vergnügungen, die sich einem erfolgreichen Sportler boten.

Mehr noch als die Kunst interessierte sich Schmeling für den Motorsport. Seine Begeisterung für schwere Motorräder konfrontierte den jungen Mann erstmals mit dem Tod. Schmelings ganzer Stolz war eine Harley-Davidson mit Beiwagen. Seine JD 74 war ein Spitzenprodukt der Motorradtechnik, das sich nur gut Betuchte leisten konnten. Für den Kaufpreis von 2000 Reichsmark hätte ein Facharbeiter fast ein Jahr lang malochen müssen. Bei einer Spritztour mit seiner Mutter und seiner vierzehnjährigen Schwester Edith kam es am 20. Juli 1927 zu einem tragischen Unfall. Schmeling verlor die Herrschaft über die schwere Maschine. Während er und seine Mutter bei dem Sturz unverletzt blieben, prallte seine Schwester unglücklich auf dem Bordstein auf – sie starb einige Tage später im Krankenhaus. »Der jähe und tiefe Schmerz wurde gesteigert durch den bohrenden Vorwurf der persönlichen Verantwortung«, gestand Schmeling später. Mochten auch Unfallzeugen bestätigen, dass kein Fahrfehler den Sturz verursacht hatte, so machte er sich zeitlebens schwere Vorwürfe. Die Öffentlichkeit sollte davon nichts erfahren. Der Boxer behielt seine private Seite, seine Trauer, aber auch seine Freude am liebsten für sich.

> Für ihn war das das erste wirklich schreckliche Erlebnis in seinem Leben – dass ein Mensch starb, der ihm so nahe gestanden hatte. Dieser Verlust war für ihn eine ganz große, schlimme Tragödie.
> Gunnar Meinhardt, Boxexperte

Nicht nur im Privaten musste Schmeling Nackenschläge einstecken. Auch beruflich lernte er die Schattenseiten seines frischen Ruhms kennen. Seine Aktivitäten außerhalb des Boxrings hatten kritische Stimmen geweckt. Man warf dem Mann aus kleinen Verhältnissen »aristokratische Attitüden« vor, wenn er zur Jagd ging oder im großen Auto durch Berlin chauffierte. Emil Jannings schrieb an einen Freund: »Um Schmeling wehen mir zu viel literarische Schmonzes, und eine Niederlage wird diesen sicherlich talentierten Boxer veranlasst haben, sich von Flechtheim und Genossen etwas zurückzuziehen.« Abgelenkt vom dolce vita als Liebling der Künstlerwelt, litt Schmelings Konzentration im Ring. Völlig überraschend ging er am 26. Februar 1928 gegen den Engländer Gipsy Daniels k.o. Für die Presse war der Niederschlag der »schwärzeste Tag der deutschen Boxgeschichte«, für den Boxer selbst eine heilsame Erfahrung: Selbstkritisch überdachte er seine gesellschaftlichen Auftritte und widmete sich wieder dem Training und seinem Beruf.

Der Erfolg ließ nicht lange auf sich warten. Am 4. April 1928 errang ein überlegener und überlegt boxender Max Schmeling seinen ersten Titel im Schwergewicht. Die Presse, die eben noch »Schmelings Waterloo« beschrieben und den Anfang vom Ende geargwöhnt hatte, jubelte wieder in den höchsten Tönen. Das Idol der Massen war wieder zurück, strahlender als zuvor. Sein nationaler Erfolg hatte das internationale Interesse geweckt:

»anbiete schmeling kampf bei weltmeisterschaft – stop – 27. juli – stop – 600 dollar – stop – freie reise – stop«, lautete ein Telegramm aus den USA. Noch war es nur ein Rahmenkampf bei einer WM-Veranstaltung, doch im Boxmekka war man auf den Deutschen aufmerksam geworden. Und Schmeling wusste: Wenn er seine Boxträume verwirklichen wollte, musste er in die USA. Am 18. Mai 1928 trat er seine erste Reise in die Neue Welt an. Der deutsche Ring war ihm zu klein geworden.

Zwei Jahre sollte es dauern, bis Schmeling die Chance erhielt, um den Weltmeistertitel zu kämpfen. Zwei Jahre, in denen er immer wieder den großen Teich überquerte, um durch die USA zu tingeln. »Schmeling ist drauf und dran, den Rekord im Hin- und Herfahren zu brechen«, schrieb eine deutsche Emigrantenzeitung. Für einen Europäer war es schwierig, sich im amerikanischen Boxestablishment einen Namen zu machen. »Mir wurde immer deutlicher, dass man ohne einen landeskundigen Manager in Amerika nichts erreichen konnte«, schrieb Schmeling. So war es nur eine Frage der Zeit, bis er sich von seinem deutschen Agenten Arthur Bülow trennte. Der Anlass hierzu war die lächerliche Börse von 1000 Dollar, die Bülow für Schmelings ersten Kampf in den USA gegen Joe Monte vereinbart hatte. Hier, in den Vereinigten Staaten, sollte es ein neuer Manager richten: Joe Jacobs. Der kleine drahtige Mann trug seine Spitznamen »Yussel the Muscle« oder »Joe der Schlawiner« nicht zu Unrecht. Er kannte alle Fallstricke, von denen es im amerikanischen Boxbusiness genügend gab. Ohne einen solchen Kenner der Szene hätte Max Schmeling keinen Fuß in einen amerikanischen Boxring zum Kampf um sportlichen Lorbeer setzen können. Dass Jacobs ein frommer Jude war, hatte 1928 noch nichts zu sagen. Die NSDAP war kurz zuvor bei der Reichstagswahl auf einen Stimmenanteil von gerade einmal 2,6 Prozent gelangt.

Jacobs wusste, wie man die amerikanische Öffentlichkeit aufmerksam macht. Als »The Black Ulan from the Rhine« schickte er seinen Schützling auf Publicity-Tour, vermittelte zahlreiche Schaukämpfe und noch zahlreichere Auftritte bei gesellschaftlichen Anlässen. Sportlich beeindruckte Schmeling mit seiner Schlagkraft: »What a right hand!«, staunte der einflussreiche Boxpromotor Tex Rickard, als er Zeuge wurde, wie Schmeling am 24. November 1928 den Amerikaner Joe Monte ins Reich der Träume schickte. »Was für eine Rechte!« Dieses Zitat fand sich fortan häufig, wenn über den schlagstarken Deutschen berichtet wurde.

Mit amerikanischen PR-Methoden sollte Schmeling auch in Deutschland

»Aufbruch in die Neue Welt«: Schmeling beim scherzhaften Faustkampf mit dem Hollywood-Regisseur Ernst Lubitsch (links) und mit seinem neuen Manager Joe Jacobs (rechts)

präsent bleiben. Im Rahmen einer großen Schaukampftournee kam es dabei in Berlin fast zu einem Eklat. Schmeling trat mit seinem kompletten Betreuerteam in schwarz-rot-goldenen Trikots auf. Boxen als Show-Event – was in den USA gang und gäbe war, stieß in der Heimat auf Unverständnis. Zudem musste Schmeling zur Kenntnis nehmen, dass sich die Zeiten seit seinem letzten Kampf in

> Schmeling war nicht besonders vertraut mit dem Geschäftsgebaren in der Boxwelt, speziell in Amerika. Deshalb brauchte er einen resoluten Kerl wie Jacobs, der ihm zeigte, wo es langgeht.
>
> Hank Kaplan, Boxhistoriker

Deutschland geändert hatten. 1928 noch eine radikale Splittergruppe, war die NSDAP im März 1930 zur zweitstärksten Reichstagsfraktion aufgestiegen. Schwarz-Rot-Gold, die Farben der bei den Rechten verhassten Republik, provozierten den Teil der Zuschauer, die mit der aufstrebenden Partei sympathisierten. Und davon gab es auch im »roten Berlin« bereits eine ganze Menge. Pfiffe und Beifall, Sprechchöre und Johlen verhinderten 20 Minuten lang den Beginn des Kampfs. Fast drei Jahre vor Hitlers »Machtergreifung« ahnte Schmeling: »Inzwischen hatte ich mich in eine schwierige Lage manövriert.«

Doch Schmeling kümmerte sich nicht um die politische Entwicklung. Er war fixiert auf seinen Beruf. Und in dieser Hinsicht brachte ihn das Jahr 1930 den entscheidenden Schritt voran: Am 12. Juni bekam er die Chance, auf die er mit seinem Manager so beharrlich hingearbeitet hatte. In New York stand der Deutsche dem Amerikaner Jack Sharkey im Kampf um den vakanten WM-Titel im Schwergewicht gegenüber. Die Presse auf beiden Seiten des Atlantiks hatte vor dem Kampf den historischen Charakter des Duells betont. Die Amerikaner wollten ihre Vormachtstellung behaupten, die ihnen ein Europäer streitig machte. Die Favoritenrolle war klar: Die Wetten standen 8:5 für Sharkey.

80 000 waren im Yankee Stadium dabei, Millionen Zuhörer wollten den Kampf live am Radio verfolgen. Auch in Deutschland. Doch wer sich dort zu nachtschlafener Zeit vor dem neuen Medium versammelt hatte, wurde enttäuscht. Atmosphärische Störungen verhinderten, dass der emotionale Kommentar, den Harry N. Sperber für die Reichsrundfunk-Gesellschaft in New York ins Mikrofon sprach, die Hörer in der Heimat erreichte. So blieb es also den Zeitungen vorbehalten, die Sensation zu verkünden: Max Schmeling war Weltmeister.

Ein Wermutstropfen fiel jedoch in den Jubel. In der vierten Runde hatte Sharkey den Deutschen durch einen regelwidrigen Tiefschlag zu Boden geschickt und war disqualifiziert worden. Zum ersten und einzigen Mal wurde ein WM-Titel durch Disqualifikation vergeben. Doch auch wenn sich die Fachleute einig waren, dass es sich um einen eindeutigen Regelverstoß Sharkeys gehandelt hatte – so rechte Freude wollte beim Sieger nicht aufkommen. Die 177 000 Dollar Kampfbörse, umgerechnet 750 000 Mark, waren ihm nur ein schwacher Trost. In einer ersten Reaktion wollte Schmeling den Titel nicht annehmen, wovon ihn Trainer und Manager mühsam abhalten konnten.

Dem boxerischen Tiefschlag folgten publizistische Tiefschläge in der Heimat: Als »Weltmeister im Liegen« wurde Schmeling verspottet. Berliner

Max Schmeling wollte diesen Titel nie behalten, er hat mehrfach gesagt: »So will ich nicht Weltmeister sein.« Es war natürlich nach seiner Rückkehr in Deutschland nicht das Echo, das man sich erwartet hat, vor allen Dingen die Boxkritiker waren sehr negativ eingestellt und haben gesagt: »Mein Gott, mit einem Tiefschlag, wenn der andere ohnehin schon drei Runden führt, und in der vierten ist es dann zu Ende!«
Harry Valérien, Sportreporter

Zeitungen machten mit der Schlagzeile auf: »Schmeling keine Weltmeisterklasse«. Und Carl von Ossietzky wunderte sich in der *Weltbühne*: »Es ist die merkwürdige Unstimmigkeit, dass der Besiegte auf seinen eigenen Beinen fortging, während der Sieger halb ohnmächtig auf der Bahre abgeschleppt werden musste.« Andere Journalisten schrieben mit Blick auf Schmelings gesellschaftliche Prominenz: »Starallüren machen nur Foulweltmeister«, und das Nazi-Kampfblatt *Der Angriff* schmähte Schmeling als »unreifen Burschen«. Der Deutsche hatte zwar den Titel, jedoch die Anerkennung hatte er nicht. Noch nicht.

Schmeling wollte im Ring beweisen, dass er seinen Weltmeistergürtel auch sportlich verdiente. Am 3. Juli 1931 hatte er dieses Ziel erreicht: In einem hochklassigen Kampf besiegte er in Cleveland seinen Herausforderer Young Stribling durch technischen k.o. Die Aufmerksamkeit, die dieser Kampf in Deutschland hervorgerufen hatte, war weitaus geringer als vor Schmelings erstem Titelfight. Zwar funktionierte diesmal die Radioübertragung, doch nach den schlechten Erfahrungen bei der letzten Boxnacht herrschte diesmal keine große Euphorie. »Was haben Sie während des WM-Kampfs gemacht?«, wollte ein Berliner Boulevardblatt von Prominenten wissen. Erich Kästners Antwort: »Geschlafen!«

> Er ist mit diesem Titel nicht sehr froh geworden, auch er selbst war unzufrieden, wie der Kampf geendet hatte. Diese Unzufriedenheit verstärkte sich, als er wieder zu Hause in Berlin war, die Presse las und hörte, was die Leute so sagten. Kein Kabarett kam damals ohne eine witzige Nummer über den Tiefschlag-Weltmeister aus.
> Volker Kluge, Schmeling-Biograph

Umso größer war die Begeisterung nach der erfolgreichen Titelverteidigung. Endlich ein eindeutiger Sieg. Endlich eine Nachricht, die über die trüben wirtschaftlichen und politischen Entwicklungen hinwegtrösten konnte. Die heimische Presse feierte Schmeling als den großen Helden des deutschen Sports.

> Ich bin glücklich, gezeigt zu haben, dass ich doch der wahre Weltmeister bin.
> Max Schmeling nach dem Sieg über Stribling

Selbst eine Niederlage konnte an dieser öffentlichen Wertschätzung nichts ändern: Obwohl er am 21. Juni 1932 den Revanchekampf gegen Jack Sharkey und damit den WM-Titel verlor – nach Meinung der meisten Fachleute unverdient –, schlug ihm in der Heimat weiterhin die ungeteilte Sympathie entgegen. Seine Popularität setzte ihn jedoch einer Gefahr aus, die mit der Popularisierung des Boxsports immer größer geworden war: der Gefahr der politischen Instrumentalisierung.

Oben: »So will ich nicht Weltmeister sein«: Während des WM-Kampfs gegen Jack Sharkey liegt Schmeling nach einem Tiefschlag am Boden
Unten: »Ungeheure Popularität«: Jugendliche bauen aus Sand ein »Denkmal« für Schmeling

Oben: »Ich bin glücklich, gezeigt zu haben, dass ich der wahre Weltmeister bin«: Schmeling schlägt seinen Herausforderer Young Stribling k.o., 3. Juli 1931
Unten: »Weiterhin ungeteilte Sympathie«: Im Revanchekampf gegen Sharkey am 21. Juni 1932 verlor er seinen Weltmeistertitel, was seiner Popularität jedoch keinen Abbruch tat

Schon bei seinem Aufstieg zum Boxidol hatte Schmeling damit erste Erfahrungen gemacht. Als er am 6. Januar 1928 in Berlin seinen Europameistertitel im Halbschwergewicht gegen den Italiener Michele Bonaglia verteidigte, war der Kampf nicht nur ein sportliches Ereignis. Ganze 152 Sekunden dauerte es, dann landete eine krachende Rechte Schmelings voll im Ziel, und sein Gegner brach wie vom Blitz gefällt zusammen. Die Begeisterung des Publikums war selbst für die Verhältnisse im stimmungserprobten Sportpalast außergewöhnlich. Die 8000 Zuschauer erhoben sich von ihren Plätzen und stimmten das Deutschlandlied an. Sprechchöre, die »Es lebe Paganini! Nieder mit Mussolini!« skandierten, bugsierten die Niederlage des Italieners endgültig auf eine politische Ebene. Fritz Kortner, der unter den freudetrunkenen Zuschauern war, erinnerte sich: »Als er den damaligen, von Mussolini persönlich ermunterten italienisch-faschistischen Europameister besiegt hatte, mutete uns das wie ein Sieg der Demokratie über den Faschismus an.«

> Der Sieg gegen den Italiener Bonaglia war eine Sensation, in der ersten Runde k.o. 8000 Zuschauer im Berliner Sportpalast standen auf wie ein Mann, sangen das »Deutschlandlied«. Es war ein nationales Ereignis. Damit war Boxen zu einer nationalen Angelegenheit geworden.
> Volker Kluge, Schmeling-Biograph

Max Schmeling wollte zwar von solchen Interpretationen nichts wissen – »Ich habe gegen Bonaglia geboxt, und nicht gegen seine Freunde« –, doch mit seiner Auffassung stand er allein. So lag Kortner zwar falsch, als er den Italiener zum Europameister machte – das war und blieb Max Schmeling –, doch dessen Interpretation des deutschen Triumphs als Sieg der Demokratie über den italienischen Faschismus entsprach der Stimmung republikanischer Boxfans. »Zum ersten Mal ist ein Boxkampf eine nationale Angelegenheit im besten Sinne des Wortes geworden«, war im Fachorgan *Boxsport* zu lesen. Der Einzelkämpfer war zum »großartigen Repräsentanten einer ganzen Nation« aufgestiegen.

Immer wieder wurden schon in der Weimarer Republik Parallelen zwischen Sport und Politik gezogen. Als Schmeling im Juni 1930 den WM-Titel durch Disqualifikation seines Gegners Jack Sharkey erhalten hatte, übertrug Carl von Ossietzky mit spitzer Feder den sportlichen Erfolg auf die politische Lage: »Dieser Sieg, weil der Feind regelwidrig geschlagen hat und dem Zusammengehauenen trotzdem der Titel zuerkannt wird, das ist der deutsche Wunschtraum seit zehn Jahren«, schrieb er in der *Weltbühne*. »Doch hat sich noch kein Ringrichter gefunden, der den Versailler Vertrag außer Kraft gesetzt, die Franzosen aus Straßburg, die Polen aus dem Korridor... verjagt hätte.«

Zur Politisierung trugen auch Berliner Boulevardzeitungen mit ganz eigenen Aktionen bei: *BZ am Mittag* und *Morgenpost* veranstalteten Boxkurse für jedermann. Dieses Engagement diente nicht allein der Auflagensteigerung, sondern wurde mit einem durchaus politischen Hintergrund verbrämt: »Wer besser boxe, würde ein besserer Mensch«, zitierte die *BZ* den ehemaligen Boxweltmeister James Corbett. Und ein besserer Mensch hieß nicht zuletzt: ein besserer Staatsbürger.

Doch auch ein anderer hatte das Boxen schon früh für seine Ideologie entdeckt: Adolf Hitler. Die aufstrebende Sportart hatte den Führer der NSDAP bereits beschäftigt, als er 1923 in Landsberg seine Festungshaft verbüßte. Für ihn war das Boxen nicht irgendeine Sportart, er erhob den Faustkampf zum vorbildlichen nationalsozialistischen Sport schlechthin: »Es gibt keinen Sport, der wie dieser den Angriffsgeist in gleichem Maße fordert, blitzschnelle Entschlusskraft verlangt, den Körper zu stählerner Geschmeidigkeit erzieht«, schrieb er in »*Mein Kampf*«. Dass das Boxen auch in »den Augen gerade sehr vieler ›Völkischer‹ als roh und unwürdig« gelte, sei falsch. Vielmehr komme diesem Sport bei der körperlichen Schulung besondere Bedeutung zu, diktierte er seinem Mithäftling Rudolf Heß in die Feder. Angriffsgeist, Entschlusskraft, stählerne Geschmeidigkeit, Selbstbeherrschung – das passte gut zum biologistischen Kampfbegriff seines Ideologiekonglomerats. Und auch etwas anderes machte Hitler zum Verfechter der Königsdisziplin Boxen: »Vor allem aber, der junge, gesunde Knabe soll auch Schläge ertragen lernen.« Kein Wunder also, dass Hitler das Boxen später zum Schulfach machen wollte. Seine krude Lehre, die er aus der Geschichte des verlorenen Krieges gezogen hatte: »Der völkische Staat hat eben nicht die Aufgabe, eine Kolonie friedsamer Ästheten und körperlicher Degeneraten aufzuzüchten. Hätte unsere gesamte geistige Oberschicht einst ... durchgehend Boxen gelernt, so wäre eine deutsche Revolution von Zuhältern, Deserteuren und ähnlichem Gesindel niemals möglich gewesen.«

Solche Überlegungen waren Max Schmeling fremd. In seiner Welt traf er auf freigeistige Künstler, linke Dichter und konservative Denker, auf feinsinnige Intellektuelle und Demokraten – alles andere als rechte Ideologen. Er kümmerte sich nicht um Politik. Interpretationen, die seine sportlichen Erfolge als Sieg der Demokratie auslegten, stand er zurückhaltend-zögerlich gegenüber. Widerstand setzte er solchen politischen Vereinnahmungsversuchen in den zwanziger Jahren nicht entgegen.

Dass sich die Verhältnisse in den dreißiger Jahren von Grund auf zu ändern begannen, nahm er vorerst nur am Rand wahr. Wie viele andere empfand er den 30. Januar 1933 nicht als Beginn einer neuen Zeit. Die Ernennung Hitlers zum Reichskanzler war für ihn zunächst nur ein Regierungswechsel wie viele andere zuvor. »Ich bemerkte die Zeitenwende kaum«, heißt es in Schmelings »*Erinnerungen*«, in denen er lediglich erwähnt, dass es »hoffnungsvoll Gestimmte und manche Besorgte und tief Deprimierte« gegeben habe. Eine andere Gruppe erwähnte er nicht: die Desinteressierten. Zu dieser Kategorie gehörte Max Schmeling, der einräumte, »ganz in meine privaten Freuden und Sorgen verstrickt« gewesen sein. In der ersten Hälfte des deutschen Schicksaljahres 1933 waren es vor allem die privaten Freuden, mit denen er sich beschäftigte: Max Schmeling hatte seine große Liebe gefunden.

Sie hieß Anna Sophie Ondrak. Als »Anny Ondra« war die tschechische Schauspielerin dem deutschen Filmpublikum aus leichten Komödien bekannt, in denen sie meist die nette Blondine spielte. Häufig tat sie das an der Seite von Karel Lamac, der als Miteigentümer einer Produktionsfirma auch ihr Geschäftspartner war. Max Schmeling hielt die attraktive Tschechin, die in unmittelbarer Nachbarschaft wohnte, lange für eine Rabenmutter, weil er vermutete, dass das Geschrei eines Babys aus ihrer im Nachbarhaus gelegenen Wohnung komme. Als er jedoch im September 1930 Anny Ondra in ihrem neuesten Film »Die vom Rummelplatz« gesehen hatte, bat er seine Kinobegleiterin Olga Tschechowa, diese möge ihm doch die junge Dame vorstellen. Sie lehnte ab: »Ich eigne mich schlecht zum Kuppeln.« So wie Schmeling als Boxer gelernt hatte, seine Angriffe sorgfältig vorzubereiten, so plante er nun die Kontaktaufnahme. Als Postillon d'amour hatte er sich ausgerechnet seinen Freund, den Boxpromotor Paul Damski, ausgesucht. Dieser mochte zwar ein guter Manager sein, als Liebesbote war er jedoch wenig talentiert. Max Schmeling erzählte später gern, wie der erste Versuch Damskis kläglich scheiterte – und wie er nicht aufgab. Zweiter Anlauf, zweiter Blumenstrauß. »Jetzt sagst du, Herr Schmeling ist zwar Weltmeister, aber er ist zu feige, selbst zu erscheinen. Er hat morgen Geburtstag, und es ist sein größter Wunsch, Sie kennen zu lernen«, instruierte Schmeling seinen Kurier. Diesmal sagte die hübsche Nachbarin zu, schränkte jedoch ein: »Aber ich habe nur fünf Minuten Zeit.« Aus diesen fünf Minuten sollten dann über 50 Jahre werden. Bei seinen ersten Rendezvous erfuhr Schmeling zu seiner Erleichterung, dass das schreiende Baby einer Freundin Anny Ondras gehörte. Dem neuen Glück stand nichts mehr im Weg.

Die Öffentlichkeit bekam lange nichts von ihrer Liebe mit. Als erste Gerüchte kursierten, wurden diese als »oberflächliche Bekanntschaft« dementiert. Erst als fast drei Jahre später das Berliner Skandalblatt *Herold* mit der Schlagzeile »Liebesaffaire Max Schmeling – Anny Ondra« aufmachte, legten die beiden die Karten auf den Tisch. Am 9. Juni 1933 hing in einem Berliner Standesamt das Aufgebot aus, das deutsche Traumpaar feierte am 6. Juli 1933 eine Traumhochzeit. Unter den Hochzeitsgeschenken: ein japanischer Ahorn mit Glückwünschen von Adolf Hitler. Schmeling war dem neuen Reichskanzler bereits persönlich begegnet, und in der ersten Jahreshälfte des deutschen Schicksaljahres hatte er für ihn eine Aufgabe erfüllt, von der er während der gesamten Zeit der Hitler-Diktatur nicht mehr entbunden wurde.

Während Hitler nach dem 30. Januar 1933 seine Macht durch eine Vielzahl von Erlassen ausgebaut und seine politischen Gegner nach und nach zum Schweigen gebracht hatte, hatte Max Schmeling sich auf einen neuen

> Ich ließ mich breitschlagen, den Herrn Schmeling für 15 Minuten in einem Kaffeehaus zu treffen, und ich erwartete einen ungehobelten Gewaltmenschen. Welch ein Irrtum! Ich war überwältigt – das war ja ein Gentleman!
> Anny Ondra

> Anny Ondra war für ihn der Mittelpunkt des Lebens. Es war, so sagte er immer, seine Traumfrau vom ersten bis zum letzten Tag.
> Gunnar Meinhardt, Boxexperte

»Der Mittelpunkt seines Lebens«: Max Schmeling und Anny Ondra nach der kirchlichen Trauung in Bad Saarow am 20. Juli 1933

Kampf in den USA vorbereitet. Kurz vor dessen für den 7. April 1933 geplanten Abfahrt lud Hitler die deutsche Boxikone zu einem persönlichen Gespräch. Kleiner als erwartet sei er gewesen – das hielt Schmeling in seinen »*Erinnerungen*« für erwähnenswert. Liebenswürdig und freundlich – so präsentierte sich Hitler im privaten Umgang. Man unterhielt sich über Amerika, über den bevorstehenden Kampf, zu dem der »Führer« Glück wünschte. Der Sportler fühlte sich geschmeichelt – zum ersten Mal war ihm auch von deutschen Politikern Anerkennung zuteil geworden. Bei seiner Titelverteidigung 1932 war der demokratische Präsidentschaftskandidat Franklin D. Roosevelt ins deutsche Trainingslager gekommen, um sich beim Shakehands mit dem Weltmeister fotografieren zu lassen. So viel Aufmerksamkeit wünschte sich Schmeling auch in der Heimat. »Nie hatte sich in Deutschland ein Politiker um mich gekümmert, weder ein Minister geschweige denn ein Reichskanzler hatte je Notiz von mir genommen«, klagte er über die Zeit der Weimarer Republik. Anders die Nationalsozialisten. Nicht nur der Reichskanzler, sondern auch andere Mitglieder des neuen Kabinetts stießen im Verlauf des Gesprächs dazu. Göring klopfte ihm auf die Schulter, Goebbels scherzte über die gemeinsamen Erfahrungen im Sportpalast. »Man kann auch durch kleine Gesten bestochen werden«, räumte Schmeling ein halbes Jahrhundert später ein.

Die belanglose Plauderei endete nach einer halben Stunde. Erst im Gehen ließ Hitler die Katze aus dem Sack: »Vielleicht fragt man Sie drüben, wie es in Deutschland aussieht. Dann können Sie ja die Schwarzseher beruhigen, wie friedlich hier alles ist.« Und während die Nazis ihre Gegner in den ersten Konzentrationslagern die Peitsche spüren ließen, offerierte der »Führer« dem deutschen Paradeboxer Zuckerbrot: »Wenn Sie einmal Sorgen haben, lassen Sie es mich wissen«, bot er Schmeling zum Abschluss ihrer ersten Begegnung an.

Der Grund für Hitlers Werben um Unterstützung: Noch fühlte er sich allein nicht stark genug, noch stand sein »Drittes Reich« auf einem schwankenden Fundament, noch nahm er deshalb Rücksicht auf die öffentliche Meinung, vor allem im Ausland. Zu seinen wichtigsten Waffen im PR-Kampf zählte dabei der international bekannte und geschätzte Max Schmeling.

Hitlers Sportidol führte seinen Auftrag aus. Die vom deutschen Kanzler erwarteten kritischen Fragen kamen, und Schmeling gab die vom »Führer« erhofften Antworten: In Deutschland gehe es aufwärts, berichtete der Boxer den US-Journalisten. Die Arbeitslosigkeit sinke, und die Lage sei völlig

> Im Jahr 1933 nach Amerika zu reisen und zu sagen, in Deutschland ist eigentlich alles ganz friedlich, und es gibt mehr Arbeitsplätze – da ging er wahrscheinlich von dem Eindruck aus, den er selbst hatte. Im Übrigen kann man sich vorstellen: Eine Persönlichkeit wie Max Schmeling für das Ansehen des eigenen Landes so weit wie möglich zu nutzen, das war das Interesse einer jeden Regierung, die damals am Ruder war. Wieso sollen plötzlich die Nazis auf die Idee kommen, das anders zu sehen? Aber dass er sich da hat instrumentalisieren lassen, um die Untaten der Nazis zu verdecken oder in einem positiven Sinne zu erklären, das kann ich mir kaum vorstellen.
> Richard von Weizsäcker

ruhig. Kein Wort von den Übergriffen der SA, die am 1. April zum Boykott jüdischer Geschäfte aufgerufen und diesem Appell mit der Faust Nachdruck verliehen hatte. Auf entsprechende Vorhaltungen erklärte er: »Gerade in dem Viertel, in dem ich wohne, gibt es sehr viele Juden, aber weder ich noch sonst jemand von meiner Familie hat etwas von Judenverfolgungen gehört oder gesehen.«

Auf die steigende Zahl derer angesprochen, die ihrer Heimat den Rücken kehrten, zeigte sich Schmeling als stolzer Deutscher: »Ich bleibe meinem Vaterlande treu. Ich bin mit Freuden ein Deutscher und werde das niemals verleugnen.« Einen besseren Pressesprecher hätte sich Hitler im Ausland nicht wünschen können. Und auch in der Heimat ließ sich Schmelings Auftritt hervorragend verwenden. Für die gleichgeschaltete Presse waren solche Aussagen ein gefundenes Fressen: Einer der populärsten Deutschen verteidigte die deutsche Regierung gegen ausländische Kritik. Wie im Ring hatte Schmeling allen Attacken standgehalten und war zum Gegenangriff übergegangen: Die Meldungen über angebliche Repressalien gegen Juden seien »lügenhafte Gräuel-Propaganda«, wurde Schmeling in deutschen Zeitungen zitiert.

Dabei konnte dem Boxer die politische Entwicklung in Deutschland nicht verborgen geblieben sein, denn die Zeichen der neuen Zeit waren überall spürbar. Viele seiner Bekannten aus Künstlerkreisen hatten Deutschland bereits den Rücken gekehrt. »Vom Frühjahr 1933 an vermissten wir im Roxy, im Romanischen Café jede Woche einen aus unserer Runde«, räumte Schmeling ein. »Vermisstenzentrale«, so wurde das Roxy in den goldenen Zwanzigern genannt, weil man hier diejenigen fand, die zu Hause gesucht wurden. Nun hatte dieser Begriff eine völlig neue, traurigere Bedeutung bekommen.

> Nach dem Boykott der jüdischen Geschäfte und Arztpraxen war der »Verband Deutscher Faustkämpfer«, die Berufsorganisation der Berufsboxer, die erste Sportorganisation, die den so genannten Arierparagraphen einführte. Die jüdischen Boxer, Manager, Trainer und Promoter wurden ausgeschlossen.
>
> Volker Kluge, Schmeling-Biograph

Auch in Schmelings beruflichem Umfeld waren die Veränderungen unübersehbar, denn die Gleichschaltung hatte vor den Boxorganisationen nicht Halt gemacht. Am 2. April 1933, also noch vor Schmelings Abreise in die USA, wurden jüdische Boxer aus den Boxverbänden ausgeschlossen. Als Deutscher Meister durfte sich nur der bezeichnen, der »Arier« war; Boxer jüdischer Abstammung verloren ihren Titel. Deutsche durften sich nicht mehr von Juden managen lassen, zur Finanzierung waren keine jüdischen Kapitalgeber mehr zugelassen. Die Nazis hatten auch im Sport kurzen Prozess gemacht. Die neuen Funktionäre huldigten Hitler als »Befreier Deutschlands« und gelobten, »am Werke des großen Führers mitzuarbeiten und es stets mit geballter Faust gegen alle Feinde zu verteidigen«. Zahlreiche Titelträger, wie zum Beispiel Walter Neusel und Erich Seelig, kehrten dem NS-Staat den Rücken. Auch Boxpromoter Paul Damski, ein enger Freund Schmelings, zog es vor, Deutschland zu verlassen. Wie er gingen viele Funktionäre, Trainer, Betreuer – der deutsche Boxsport stand vor einem Exodus.

Max Schmeling war davon nicht betroffen. Der »Führer« zeigte sich für dessen bereitwillige propagandistische Unterstützung dankbar. Der Boxer durfte an seinem jüdischen Manager festhalten, auch wenn dieser Umstand die Nazi-Ideologen vor Probleme stellte. Doch die NS-Propaganda bewies Flexibilität: Man vermied die Bezeichnung »Jude« und sprach von einem »außergewöhnlichen nichtarischen Manager«. Solange Schmeling Erfolg hatte, konnte er sich auf diese Duldung verlassen und sich Freiräume bewahren. Doch was würde passieren, wenn er einmal nicht als Sieger den Ring verlassen sollte?

Einen ersten Hinweis, wie brüchig das Eis war, auf dem er sich bewegte, erhielt er noch im Frühjahr 1933. Schmeling war zu einem Kampf nach Amerika gereist, der in Deutschland als »Rassenschande« längst verboten war. Max Schmeling war das egal: »Für mich gibt es keine rassische Trennlinie im Sport«, lautete sein Motto, und so boxte er in den USA gegen einen »Nichtarier«. Der Kampf gegen Max Baer war der erste Beleg, dass sportliche Auseinandersetzungen mit Vertretern des Hitler-Reichs fortan eine politische Dimension bekommen sollten. Sport war nun mehr als nur Sport: Es war ein Kampf unterschiedlicher Systeme.

Max Baer präsentierte sich bei seinen Kämpfen mit einem großen Davidstern auf der Boxerhose. Dieses ungewöhnliche Outfit war vor allem ein PR-Trick, mit dem Baers Manager Ancil Hoffman seinen Schützling besser vermarkten konnte – besonders vor dem Kampf gegen Max Schmeling, dessen eindeutige Verteidigung der neuen Verhältnisse in Deutschland ihn im Ausland viele Sympathien gekostet hatten. »Jede Rechte ist eine für Hitler«, erklärte Max Baer gegen den zum Symbol der braunen Machthaber degradierten Schmeling. Nach dem Krieg entlarvte Baers Sohn diesen politischen Anspruch als aufgesetzte Attitüde: »Mein Vater wusste nicht wirklich, wer Hitler war. Er las nur die Sportseiten. Es war sein Manager, der ihm eingeschärft hatte: ›Du kämpfst für die Juden.‹«

Der deutschen Presse kam diese Selbststilisierung Baers sehr zupass. Der *Stürmer*, das schlimmste der NS-Hetzblätter, verunglimpfte den US-Boxer und drohte gleichzeitig: »Wenn ein Max Schmeling einem Pfundsjuden Bär gegenübersteht, so ist das nicht mehr Sport, sondern eine Rasse- und Kulturschande. Sämtliche Sportorganisationen in Deutschland haben ihren Mitgliedern den sportlichen Umgang mit Juden verboten. Im deutschen Berufsboxsport scheint da noch allerhand nachzuholen.«

> Obwohl Baer für seine Clownereien bekannt war, waren seine Attacken gegen die Nazis ernster gemeint, als die Presse mehrheitlich annahm.
> Jeffrey T. Sammons, US-Sportsoziologe

Was dann am 8. Juni im New Yorker Boxring vor über 50 000 begeisterten Amerikanern folgte, war für Schmeling ein sportliches wie psychologisches Desaster. Nach mehreren Niederschlägen brach der Ringrichter den Kampf in der zehnten Runde ab. »Das war keine Niederlage, das war ein Zusammenbruch«, musste sein Trainer Max Machon zugeben.

NS-Gegner wie Victor Klemperer schöpften aus dem Triumph des Amerikaners politische Hoffnung – so unbesiegbar schien das neue Deutschland mit seinen prominenten Idolen also doch nicht zu sein.

Des einen Freud, des anderen Leid. Die Nazi-Presse musste die Niederlage eines »Ariers« gegen einen zuvor als »Vollblutjuden« diffamierten Bo-

> *»Wir denken nicht daran, einen Boxer zu einer repräsentativen Figur des Judentums zu stempeln, aber eigentümlich ist es doch, dass der* Völkische Beobachter *vom 10. Juni in seinem Sportbericht über den Boxkampf Baer–Schmeling erklärt, Schmeling sei in New York von dem Deutsch-Amerikaner Max Baer besiegt worden.«*
> Jüdische Rundschau, Juni 1933

»Judenstern als PR-Trick«: Max Baer wird nach dem Kampf gegen Schmeling zum Sieger erklärt. New York, 8. Juni 1933

xer rechtfertigen. »Schmeling ist in New York von dem Deutsch-Amerikaner Max Baer besiegt worden«, meldete der *Völkische Beobachter* am 10. Juni 1933 und verbannte die Berichterstattung in die Sportseiten. Goebbels gab die Anweisung, künftig im Vorfeld solcher Kämpfe zurückhaltender zu sein.

Noch vernichtender war die Resonanz in Deutschland, als Schmeling am 13. Februar 1934 in Philadelphia gegen den zweitklassigen Steve Hamas nach Punkten unterlag. »Für Schmeling ist nach dieser Niederlage alles verloren«, verkündete die Boulevardpresse als Abgesang auf die Karriere des einstigen Weltmeisters. Und ranghohe Nazis wie Robert Ley, der Führer der »Deutschen Arbeitsfront«, kanzelten den eben noch hofierten Boxer ab: »An Schmeling haben wir kein Interesse mehr.«

Die braune Elite sah das anders. Der »Führer« höchstpersönlich hielt zu seinem schwächelnden Starboxer. Bei einer Einladung zu einer Landpartie im Mai 1934 genossen die beiden Autonarren Schmeling und Hitler die Schönheiten des Tegernsees. Nur am Rande wurde dabei über das Boxen gesprochen. Wenn Schmeling in den USA vorläufig nicht die großen Kämpfe

> *Angeblich ist alles ziemlich belanglos gewesen, man sei freundlich miteinander umgegangen. Aber wenn man weiß, dass nur wenige Tage später [in Bad Wiessee am Tegernsee] die berühmte »Nacht der langen Messer« stattgefunden hat, in der eine Vielzahl von SA-Führern von der SS im Auftrage Hitlers und Himmlers ermordet wurden, dann staunt man schon, also, wie naiv Schmeling gewesen sein will.*
> Volker Kluge, Schmeling-Biograph

absolvieren konnte, dann würde er eben in Europa in den Ring klettern, am besten in Deutschland – das entsprach ohnehin einem Wunsch des Diktators. Doch dabei stellten sich Probleme ganz anderer Art:

In seiner alten Heimat Hamburg boxte Schmeling am 26. August 1934 vor der Rekordkulisse von fast 100 000 Menschen gegen Walter Neusel, der als »German Tiger« dabei war, ihm in den USA den Rang abzulaufen. Die Veranstalter hatten das Duell zum Ausscheidungskampf um die Weltmeisterschaft hochstilisiert. Doch davon war Schmeling im August 1934 weit entfernt, auch wenn er seinen Herausforderer durch technischen K.o. besiegte. Spannender als der Kampf waren die Ereignisse im Hintergrund. Neusels Manager, Paul Damski, war aus Angst vor der Gestapo in Paris geblieben. Joe Jacobs hingegen hatte sich in die Höhle des Löwen gewagt, obwohl ihm als Juden die Ausübung seines Berufs in Nazi-Deutschland verboten war. Doch Jacobs machte gute Miene zum bösen Spiel. Amerikanischen Journalisten erklärte er, »dass ich gut empfangen und ausgezeichnet behandelt wurde«. Nach Jacobs' nächstem Deutschland-Aufenthalt wäre dieses Urteil weniger freundlich ausgefallen. In Berlin hatte man ihm ein Hotelzimmer verweigert. Erst nach Schmelings Hinweis auf die drohenden negativen Schlagzeilen in der amerikanischen Presse konnte Jacobs den Anmeldezettel ausfüllen. Anlass für Jacobs' Reise war der Rückkampf gegen den Amerikaner Steve Hamas, der am 10. März 1935 in der eigens dafür gebauten Hanseaten-Halle in Hamburg stattfand. Schmeling gelang eine überzeugende Revanche. Unter den 25 000 begeisterten Zuschauer, die mit der zum Hitler-Gruß erhobenen Rechten das Deutschlandlied sangen: der Jude Joe Jacobs. Die Reichssportführung nahm dieses »skandalöse Bild« zum Anlass, Schmeling aufzufordern, sich von seinem Manager zu trennen. Dieser lehnte ab. Doch er hatte noch die Drohung des obersten Nazi-Sportfunktionärs Hans von Tschammer und Osten im Ohr: »Es ist dumm, alle Brücken hinter sich abzubrechen.«

Schmeling erinnerte sich an sein erstes Treffen mit Hitler, bei dem ihm der deutsche Kanzler Hilfe angeboten hatte. Eine Anfrage bei Hitlers Adjutant Wilhelm Brückner brachte dem Ehepaar Schmeling schon am nächsten Tag einen persönlichen Termin beim »Führer«. Hitler zeigte sich von seiner charmantesten Seite. Es ging nicht um die große Politik, sondern um Privates. Mit Anny Ondra plauderte der »Führer« über Prag und den deutschen Film, dann über Kuchen. Schmeling berichtet von Hitlers fast kindlicher Freude, als die Tschechin für den deutschen Napfkuchen die Bezeichnung »Guglhupf« wählte. Der Österreicher Hitler war begeistert. Beim eigentlichen Anliegen Schmelings verschlechterte sich jedoch die Laune des Diktators. Sein amerikanischer Manager sei für seine künftige Karriere in den USA überaus wichtig, versuchte Schmeling klarzumachen. Deshalb könne er auf ihn nicht verzichten – obwohl dieser Jude sei. Hitler antwortete nicht und brach das Gespräch kurz darauf ab.

Doch stillschweigend duldete Berlin fortan Schmelings jüdischen Manager. Auch wenn es ihr nicht gefiel – die NS-Führung musste einsehen, dass Schmeling ohne Jacobs in den USA nicht den erhofften WM-Kampf bekommen würde. Ohne Titelfight aber konnte die Lichtgestalt des deutschen Boxsports ihre Strahlkraft nicht voll entfalten.

Die Nazis gaben sich pragmatisch, und Schmeling erreichte für seinen Manager eine Ausnahmegenehmigung. Doch wer die Ausnahme kennt, der kennt auch die Regel: die Diskriminierung der Juden. Schmeling akzeptierte diese andere, dunkle Seite der Medaille, weil er die Unterstützung der Machthaber in Berlin brauchte, um seinen Beruf ausüben zu können. Und dies wusste er ganz genau. Auch die im Ausland vereinbarten Kampfbörsen durfte er aufgrund der scharfen Devisenbestimmungen nur mit Billigung Berlins einführen. Fast wäre ihm ein Devisenverstoß zum Verhängnis geworden. Nachdem er in den USA Aktien und Goldbarren gekauft hatte und die erworbenen Papiere in Berlin zur Bank brachte, wurden die Behörden auf diese Transaktion aufmerksam. Vor deutschen Finanzbehörden schützte auch da-

Joe Jacobs hat kurz vor Weihnachten im Namen von Schmeling Berliner Arbeiterkinder in den Saalbau Friedrichshain eingeladen, und jedes der Kinder hat dort ordentlich getafelt und konnte anschließend mit einem Geschenk nach Hause gehen. Das war eine Sache, die ihm Titelfotos eingebracht hat und eine gute Presse.
Volker Kluge, Schmeling-Biograph

mals kein Weltmeistertitel. Schmeling wurde zu 10 000 Reichsmark Geldstrafe und drei Monaten Haft verurteilt. Wieder wandte er sich direkt an Hitler. Wieder erhielt er schnell einen Termin. Und die Art und Weise, wie der »Führer« das Problem aus der Welt schaffte, belegt zum einen das Funktionsprinzip im »Führerstaat« und zum anderen die Wertschätzung, die Schmeling bei Hitler genoss. Nachdem ihm dieser geschildert hatte, wo ihn der Boxhandschuh drückte, ließ sich Hitler mit dem Justizministerium verbinden. Dessen Staatssekretär Roland Freisler sollte die »Bürokraten im Finanzministerium« in die Schranken weisen. Als der spätere Präsident des Volksgerichtshofs zu Erklärungen ansetzen wollte, blaffte Hitler ihn an: »Ich wünsche keine Diskussion! Bringen Sie die Sache augenblicklich in Ordnung.« Zwei Wochen später wurde das Verfahren wegen »Geringfügigkeit« eingestellt.

Auch Schmelings Frau erhielt in Steuerfragen Unterstützung von höchster Stelle: »Anny Ondra erzählt mir ihre Steuersorgen. Die Künstler werden vom Finanzamt direkt ausgeplündert. Ich werde dagegen angehen«, notierte Joseph Goebbels am 6. März 1936 in sein Tagebuch. Sieben Wochen später hatte er beim Reichsfinanzminister erfolgreich interveniert: »Jetzt habe ich mit Krosigk ein Abkommen getroffen. Die Künstler sind froh.« Die Top-Nazis waren sich nicht zu schade, sich als Steuerberater des Ehepaars Schmeling zu betätigen.

> Dazu muss man wissen, dass auf Valutavergehen später sogar die Todesstrafe stand. Hier hatte Hitler jedoch mit einem Federstrich die Situation zugunsten seines Lieblings geklärt. Schmeling aber war eine neue Verpflichtung eingegangen, denn selbstverständlich erwartete der »Führer« für solche Gesten auch eine Gegenleistung.
>
> Volker Kluge, Schmeling-Biograph

Die Unterstützung Schmelings durch Hitler sprach sich auch auf untergeordneten Ebenen des »Dritten Reiches« herum. Als ein Kampf gegen den Spanier Paolino Uzcudun am 7. Juli 1935 in Berlin ein finanzielles Desaster wurde und Schmeling den Veranstalter wegen ausstehender Zahlungen verklagte, musste sich die Berliner Ratsversammlung mit diesen Forderungen auseinander setzen. Zwar schimpften die NS-Lokalpolitiker über dessen »Geldgier« und empfahlen sogar den »korrigierenden« Einfluss von vier Wochen »Frühsport in einem Konzentrationslager« – doch in der Sache selbst gaben sie nach. Der sanfte Wink mit dem Zaunpfahl: »Herr Schmeling hat den seltenen Vorzug, des Öfteren beim Führer zu Gast zu sein.«

So viel Entgegenkommen hatte seinen Preis. Und Schmeling war bereit, diesen Preis zu bezahlen: beispielsweise in Form von Grußadressen wie vor

»Der Führer ist ein Freund des Boxens«: Hitlers Vorzeigesportler sollte den Faustkampf unter Jugendlichen populär machen

der Volksabstimmung über den Anschluss Österreichs: »Der Führer ist ein Freund des Boxens«, erklärte Schmeling. »Kann es für uns Sportler daher überhaupt eine Frage geben, ob wir uns hinter ihn stellen, wenn er am 10. April uns braucht? Wie ein Mann geben wir ihm geschlossen unsere Stimme.« Auch als prominenter Gast auf Staatsempfängen und auf Reichsparteitagen war Schmeling gern gesehen. Als persönlicher Ehrengast Görings erlebte er mit, wie dieser 1935 unter dem frenetischen Jubel der Massen die »Nürnberger Gesetze« verkündete, mit denen den deutschen Juden die staatsbürgerlichen Rechte aberkannt wurden. Das Echo auf diese staatliche Diskriminierung im Ausland war verheerend. Ein Jahr später sollten in Berlin die Olympischen Sommerspiele stattfinden. Unter den Sportlern aus aller Welt waren natürlich auch Juden. In den USA begann eine intensive Diskussion darüber, ob angesichts dieser Umstände eine amerikanische Mannschaft nach Berlin reisen könne.

Da ein solcher Boykott für die NS-Führung eine katastrophale propagandistische Niederlage gewesen wäre, suchte man nach Möglichkeiten, die Stimmung in den USA zu beeinflussen. Als der richtige Mann für dieses Unternehmen galt Max Schmeling. Dabei war er mehr als ein Briefträger, der 1936 ein Schreiben der deutschen Organisatoren an das Olympische Komitee der USA überbrachte. Bei einem Treffen mit Avery Brundage bewies Schmeling, dass er gewillt war, seinen Auftrag zu erfüllen. Den vielen Zeitungskritiken an der deutschen Judenpolitik begegnete er mit einem Versprechen, dass alle Amerikaner in Deutschland gleich behandelt würden: »Wir Sportler garantieren dafür«, so erinnerte sich Schmeling in seiner Biographie »... – 8 – 9 – aus«. Es war ein naives Versprechen, erkannte er später selbstkritisch. Denn Hitler sollte bei den Wettkämpfen im Olympiastadion dieses stets vorzeitig verlassen, wenn ein jüdischer oder schwarzer Sportler zu Medaillenehren gekommen war. Einen Händedruck zwischen dem Rassenfanatiker Adolf Hitler und dem schwarzen Star der Spiele, Jesse Owens – das konnte selbst ein Schmeling nicht zustande bringen.

Auch seinen Einfluss auf die amerikanischen Olympiafunktionäre überschätzte Schmeling, als er Hitler berichtete: »Meine Fürsprache machte einigen Eindruck, und mit ganz knapper Mehrheit entschloss sich das amerikanische Komitee, an den Spielen teilzunehmen.« Doch das Abstimmungsergebnis war weniger das Resultat Schmeling'scher Überzeugungskraft als der feste Wille Brundages, der im Vorfeld der Abstimmung erklärt hatte: »Eine US-Mannschaft nimmt auf jeden Fall teil.« Für den späteren Präsidenten des Internationalen Olympischen Komitees galt schon hinsichtlich der Nazi-Olympiade 1936: The games must go on.

Für seinen Einsatz erhielt Schmeling vom »Führer« den Großen Olympischen Orden. Doch auch wenn es das deutsche Boxidol nicht erkannte oder nicht erkennen wollte: Er hatte die amerikanische Öffentlichkeit über die

---

1936 fing meine Bewunderung für Max Schmeling an, da holte mich mein Vater aus dem Bett und hat mir erlaubt, mit ihm zusammen die Übertragung des Boxkampfes gegen Joe Louis anzuhören. Und beim zweiten Kampf 1938, da war ich elf Jahre alt, habe ich meinen Vater zum ersten Mal weinen sehen, bitterlich weinen, als es hieß: Max Schmeling liegt am Boden und kann sich nicht mehr erheben. Da fing er an bitterlich zu schluchzen. Das war für mich bewegender, als dass Schmeling am Boden lag. Mein Vater weint, warum?
Hans Joachim Fuchsberger

antisemitische Politik der Nazis getäuscht. Was er als Verteidigung des Vaterlands gegen Vorwürfe des Auslands ansah, war zugleich die Unterstützung eines zutiefst menschenverachtenden Systems. Schmeling hatte sich zum willigen Werkzeug im Propagandakrieg der Nazis machen lassen.

Während Schmeling Überzeugungsarbeit im Sinn der Nazis leistete, organisierte sein Manager den Kampf gegen den neuen Star am amerikanischen Boxhimmel: Joe Louis. Der »braune Bomber« hatte eine beeindruckende Kampfbilanz vorzuweisen. 27 Kämpfe hatte er gewonnen, die meisten davon vorzeitig. Er galt als unschlagbar. Dass er als Schwarzer überhaupt um den WM-Titel boxen durfte, verdankte er seinem weißen Gegner. Denn ganz so harmonisch war das Verhältnis des US-Establishments zu den schwarzen US-Sportlern nicht. Die so genannte Color-line verwehrte schwarzen Boxern seit 1910 die Chance auf einen WM-Kampf. Da es jedoch an talentiertem weißem Nachwuchs mangelte, um der befürchteten europäischen Dominanz Paroli zu bieten, wurde diese Restriktion aufgehoben. Der Nationalstolz war stärker als rassistische Vorbehalte. Und Joe Louis war der ideale Repräsentant der amerikanischen Hoffnungen, denn als »Vorzeigeschwarzer« versuchte er nicht, in die Welt der Weißen einzudringen. Er war bescheiden, zurückhaltend und akzeptierte den Platz, den ihm die Weißen einzuräumen gedachten.

Schmeling hatte Gelegenheit gehabt, seinen Gegner zu beobachten, als dieser den Spanier Paolino zermürbt hatte. Dass er von dessen Schlagkraft beeindruckt war, durfte er jedoch nicht zugeben. Als er von Journalisten gefragt wurde: »Rechnen Sie sich eine Chance aus?«, beschränkte Schmeling sich auf eine sibyllinische Antwort: »Ich habe etwas gesehen.« Bei der akribischen Vorbereitung auf diesen Kampf hatte er mit seinem Trainer alle verfügbaren Kampffilme seines Gegners im Vorwärts- und Rückwärtslauf studiert und dessen Schwäche entdeckt: Nach seinen schnellen Schlagserien ließ Louis gelegentlich für einen Moment seine Kinnspitze ungedeckt. Diesen Leichtsinn wollte Schmeling nutzen.

Am 19. Juni 1936 saß Deutschland um 3.06 Uhr morgens an den Volksempfängern. Anny Ondra,

> In Wirklichkeit wollte man keinen schwarzen Weltmeister, das darf man dabei nicht vergessen.
> Gunnar Meinhardt, Boxexperte

> In einem Interview sagte er, dass er eine Schwäche entdeckt habe. Bei einem Schlagwechsel von Joe Louis hatte er gesehen, dass er dann die Deckung schnell und auffallend hat fallen lassen. Und das war die Chance, so Schmeling, ihn später unter Umständen entscheidend zu treffen.
> Harry Valérien, Sportreporter

die nie einen Kampf ihres Mannes live verfolgt hatte, war zu Gast bei Familie Goebbels. Gemeinsam erlebten sie mit, wie Max Schmeling im New Yorker Yankee Stadium über sich hinauswuchs. Der Deutsche dominierte den Kampf. Mehrmals rettete nur der Gong seinen Gegner vor dem Aus. Dann kam die zwölfte Runde, dann kam Schmelings Rechte. Mit voller Wucht krachte sie an die Kinnspitze des erschöpften Louis. In Deutschland hörte man nur die hysterischen Schreie des Kommentators Arno Hellmis: Sein »Aus, aus, aus« entfachte in der Heimat einen Sturm der Begeisterung. Der spätere ZDF-Sportjournalist Harry Valérien gehörte mit seinem Vater ebenfalls zu denjenigen, die um vier Uhr morgens gebannt am Radio saßen. Der Kampf und der Kommentar faszinierten den Dreizehnjährigen auch in den nächsten Tagen: »Ich habe dann meiner jüngeren Schwester ein Kissen in die Hand gedrückt und gesagt: Ich boxe jetzt gegen Joe Louis, und nebenbei reportiere ich auch.«

> Er galt als guter Gegner zu der Zeit für Joe Louis' Entwicklung, ein Schritt nach dem anderen. Man glaubte, es sei ein perfekter Kampf für Joe Louis. Und aus diesem Grund gaben sie ihm den Kampf.
>
> Hank Kaplan, Boxhistoriker

Die nationalsozialistische Propaganda hatte im Vorfeld des Kampfes auf Weisung Goebbels ungewohnte Zurückhaltung geübt, da man angesichts der bekannten Schlagstärke des »braunen Bombers« den Mund vorher nicht zu voll nehmen wollte. Selbst die nahe liegende Unterscheidung »Schwarz gegen Weiß« sollte nicht in den Vordergrund gestellt werden – schließlich wollte Hitler sechs Wochen später die Olympischen Sommerspiele eröffnen, und da war statt Hetze Mäßigung geboten. Doch was dann in der zwölften Runde geschah, bedeutete das Ende jeder Selbstbescheidung. »Schmeling schlägt den Neger k.o. Wunderbar. Schmeling hat für Deutschland gefochten und gesiegt. Der Weiße über den Schwarzen, und der Weiße war ein Deutscher«, vertraute Goebbels seinem Tagebuch an. Wenn schon nicht die rassistische, dann sollte doch zumindest die nationalistische Melodie erklingen. »Ihr Sieg ist ein deutscher Sieg«, kabelte Goebbels nach New York. Der Text seines Telegramms wurde anschließend komplett von der deutschen Presse nachgedruckt – im Gegensatz zu einer großen Anzahl der anderen 1200 Glückwunschtelegramme, die sich in Schmelings Hotelzimmer stapelten, denn viele der Absender waren aus Hitler-Deutschland emigriert: George Grosz, Ernst Lubitsch, Marlene Dietrich ... Und natürlich gratulierte die NS-Prominenz, an der Spitze Hitler und Göring, der den passionierten Jäger Schmeling zur Jagd einlud und ihm einen kapitalen Hirsch versprach.

Oben: »Schmeling schlägt den Neger k.o.«: Propagandaminister Goebbels verfolgt mit seiner Frau Magda (links) und Anny Ondra (Mitte) den Kampf gegen Louis am Radio
Unten: »Aus, aus, aus!«: In der zwölften Runde wird Joe Louis nach einer Rechten Schmelings ausgezählt

Oben: »Der Führer war begeistert«: Schmeling und Ondra während der Privataudienz bei Hitler, 27. Juni 1936
Unten: »Aushängeschild des Regimes«: Der Boxstar besucht während der Olympischen Sommerspiele in Berlin das Olympische Dorf

»Die Begeisterung der weißen Welt Amerikas über den Sieg Schmelings kennt keine Grenzen.«
Der Angriff

Schmeling wurde zurückbeordert. In Frankfurt erwarteten Zehntausende das Luftschiff »Hindenburg«, eine Sondermaschine brachte Schmeling nach Berlin, wo der »Führer« den Sieger mit Familie und Freunden zu einer Privataudienz empfing, bei der Hitler dann die Idee für den abendfüllenden Film hatte, der Schmeling zum nationalen Helden machen sollte. »Schmelings Sieg – ein deutscher Sieg«, das war zugleich die ideale Vorlage für das Ereignis des Sommers 1936: die Olympischen Spiele. Der hellste Stern am deutschen Sporthimmel zählte am 1. August zu den Ehrengästen bei der Eröffnungsfeier. Und auch vor dem gigantischen Olympiastadion war Max Schmeling immer präsent. Das Reichssportfeld zierte neben anderen eine vier Meter große Statue, für die der Boxer einst dem Bildhauer Josef Thorak Modell gestanden hatte. Hitler selbst hatte den Auftrag dafür erteilt und das Kunstwerk aus seinem Kunstfonds bezahlt.

Erfolgreich, sportlich, friedlich – so wie Schmeling präsentierte sich das neue Deutschland im August 1936 der Welt. Die braunen SA-Horden waren von der Straße verschwunden. Nichts war zu sehen von der Diskriminierung der Juden, von Fremdenfeindlichkeit und Terror. Wo sonst das Hetzblatt *Der Stürmer* verkauft wurde, lagen die Zeitungen der freien, ausländischen Presse. Die Nazi-Propaganda erzeugte den schönen Schein eines friedlichen Deutschland und feierte die sportlichen Siege der deutschen Mannschaft, die zum ersten Mal in der Medaillenwertung den ersten Rang einnahm. Was der Propagandaminister unmittelbar nach Schmelings Sieg in seinem Tagebuch festgehalten hatte, war als Botschaft in millionenfacher Auflage und allen Variationen der deutschen Öffentlichkeit eingehämmert worden: »Sein Kampf war nicht allein Sport, er war eine Prestigefrage für sein Volk«, schwadronierte das SS-Blatt *Das Schwarze Korps*. Der Tenor: Mit seinem Gegner hatte Schmeling nicht nur einen Boxer, sondern auch alle Gegner des Nationalsozialismus geschlagen.

In den Jahren 1935/36 wurde das Leben für uns Juden erträglicher, und wir wussten zuerst nicht, warum – es war wegen der Olympischen Spiele.
Henry Lewin, Jude, lebte damals in Berlin

Er war ein umjubelter Held. Überall, wo er hinkam, wurde er mit Sprechchören empfangen, denn der Ruhm war noch sehr frisch. Es lag gerade mal sechs Wochen zurück, dass er gegen Joe Louis gewonnen hatte. Für viele Menschen war er der Weltmeister.
Volker Kluge, Schmeling-Biograph

Die geschürte Euphorie war so groß und so nachhaltig erfolgreich, dass noch Jahrzehnte später viele Deutschen glaubten, Schmeling sei in diesem Kampf gegen Louis 1936 Weltmeister geworden. Ein Irrtum: Wer sich künftig »Weltmeister aller Klassen« nennen durfte, sollte durch den Kampf erst ermittelt werden. Schmeling galt nun als legitimer Herausforderer des Titelträgers James Braddock. Doch er wartete vergebens. Ein bereits angesetzter Kampf musste entfallen, weil sein Gegner nicht erschien – wofür dieser die lächerliche Strafe von 1000 Dollar bezahlen, seinen WM-Titel aber behalten durfte. Schon bald schäumte Goebbels vor Wut: »Schmeling von Braddock düpiert. Dieses Schwein stellt sich aus Feigheit nicht. Echt amerikanisch.«

Die Politik hatte endgültig über den Sport gesiegt. Die von Amerikanern dominierten Boxverbände hatten alles unternommen, um einen Titelkampf zu verhindern. Terminverschiebungen, Krankschreibungen – die ganze Palette unsauberer Tricks wurde ausgepackt. »Ein Weltmeister, der aus Hitler-Deutschland kam, war allen unerträglich«, erkannte Schmeling den Grund für die vielfältigen Intrigen des Jahres 1937.

Wie sehr die Stimmung im Ausland umgeschlagen war, sollte Schmeling 1938 bei seinem nächsten Kampf in den USA erfahren. Wieder hieß sein Gegner Joe Louis, der mittlerweile James Braddock den WM-Titel abgenommen hatte. Für beide ging es um viel: Schmeling wollte zeigen, dass sein Sieg über Louis kein Zufall war. Und auch für seinen Gegner hatte der Kampf besondere psychologische Bedeutung, die sein Sohn Joe Louis Barrow jr. beschrieb: »Für alle war mein Vater der Schwergewichts-Champion, aber er war es noch nicht für sich selbst.« So wie Schmeling sich erst nach seiner Titelverteidigung gegen Stribling als wahrer Weltmeister fühlte, so wollte sich Joe Louis mit einem Sieg über den Deutschen beweisen, dass er der Champion aller Klassen war. Trotz alledem betrachteten beide ihren Kampf immer noch als eine sportliche Auseinandersetzung. Für die Öffentlichkeit diesseits und jenseits des Atlantiks war es jedoch viel mehr: ein Kampf der Systeme.

Im amerikanischen Blätterwald hieß es: »Ein Boxer, der die Demokratie verkörpert. Ein farbiger

> Es war der symbolische Kampf des »arischen Deutschen« gegen den »schwarzen Amerikaner«, und als mein Vater diesen Kampf gewann, war es einfach ein Meilenstein. Es war also weitaus mehr als ein Boxkampf.
>
> Candice Louis-Joseph, Tochter von Joe Louis

> Franklin Delano Roosevelt, der Präsident der Vereinigten Staaten, nutzte meinen Vater als Symbol. Da ist dieses wundervolle Bild, als mein Vater den Präsidenten Roosevelt besucht, sich zu ihm beugt, der Präsident seine Muskeln berührt und sagt: »Das sind die Muskeln, die wir brauchen, um Deutschland zu besiegen.«
>
> Joe Louis jr., Sohn

Junge, der es zum Weltmeister bringt ohne Ansehen von Rasse, Glauben oder Hautfarbe, boxt gegen einen Champion, der ein Land repräsentiert, das diese Ideen und Ideale nicht anerkennt.« Weiß gegen Schwarz, Arier gegen Neger, Unterdrückung gegen Freiheit, Diktatur gegen Demokratie – solche Schlagwörter verdeutlichten die politische Dimension, die die sportliche Begegnung bekommen hatte.

Noch weiter gingen tausende Demonstranten, die Schmeling bei seiner Ankunft in New York empfingen. »Boycott Schmeling this Nazi«, forderten sie auf Plakaten, auf denen der Deutsche als »Paradearier« und »Herrenmensch« bezeichnet wurde. Die starke jüdische Minderheit in den USA, die sich im Jewish World Congress organisiert hatte, wollte diesen Kampf verhindern. Erst als der US-Veranstalter versprach, zehn Prozent der Einnahmen der jüdischen Flüchtlingshilfe zur Verfügung zu stellen, ebbten die Proteste ab. Goebbels ließ seiner Wut in seinem Tagebuch freien Lauf: »Juden suchen Schmelings Kampf zu sabotieren, indem sie den Überschuss des Weltmeisterkampfs deutschen Emigranten zur Verfügung stellen. Sie wollen ihn damit verhindern, überhaupt anzutreten. Aber der Führer bestimmt, dass Schmeling kämpfen soll.« Die erstaunliche Konsequenz: Die Nazi-Führung stimmte zu, dass österreichische Juden, die vor der deutschen Politik geflohen waren, mit deutschem Geld unterstützt wurden. Der erhoffte Triumph rechtfertige ungewöhnliche Zugeständnisse.

Auch der amerikanische Boxer erhielt Regierungsunterstützung: Franklin D. Roosevelt, der als Präsidentschaftskandidat 1932 noch ins Trainingslager des Deutschen gekommen, hatte als Präsident 1938 seinen Landsmann ins Weiße Haus eingeladen und die politische Komponente des Kampfes von höchster Seite festgestellt: »Solche Fäuste braucht man, um Deutschland zu schlagen.« In seiner Autobiographie »*My Life*« beschreibt Joe Louis, welche Wirkung das publizistische Dauerfeuer auf ihn hatte: »Sie wollten ihn geschlagen sehen, gut geschlagen. Nun stand ich hier, ein schwarzer Mann. Ich hatte die Bürde, ganz Amerika zu vertreten.«

Als Schmeling am 22. Juni 1938 das New Yorker Yankee Stadium betrat, schlug ihm blanker Hass entgegen. 70 000 Zuschauer bewarfen ihn auf seinem Weg in den Ring mit Zigarettenschachteln, Bananenschalen und Cola-Bechern. Niemand war da, der ihn hätte abschirmen können. Die amerikanische Boxbehörde hatte seinem Manager die Lizenz entzogen, Joe Jacobs durfte seinen Schützling nicht begleiten. Schmelings Arzt, von Drohbriefen eingeschüchtert, hatte sich nicht blicken lassen. Sein Trainer Max Machon war in der Kabine seines Gegners, um darauf zu achten, dass keine unzuläs-

> Er wurde mit Bierdosen, Zigaretten und anderem Zeug beworfen. Sein Trainer musste irgendetwas über seinen Kopf halten, um ihn zu schützen. So schlimm war es! Er brauchte ewig, um in den Ring zu kommen. Natürlich war das nicht gerade die beste Vorbereitung auf einen Kampf. Kein anderer hatte so etwas jemals durchmachen müssen. Es war wirklich eine schlimme Sache.
> Budd Schulberg, Schriftsteller und Boxhistoriker

sigen Hilfsmittel in den Handschuhen steckten – ein Gerücht, das die NS-Propaganda später streuen ließ.

Der Kampf selbst dauerte nur ganze 124 Sekunden: »Der Neger holte aus, schlug, holte aus und schlug auf ihn ein, als wäre er ein großer Boxsack.« Nobelpreisträger Ernest Hemingway brachte auf den Punkt, wie Max Schmeling im Trommelfeuer der Schläge seines Gegners zu Boden ging. Die ungläubige Frage des deutschen Kommentators am Ring: »Maxe, Maxe, was ist los?«, konnte später nur der Arzt im jüdischen Hospital beantworten: Ein Schlag in die Nierengegend hatte den Dornfortsatz eines Wirbels gespalten und Schmeling kampfunfähig gemacht.

»Eine furchtbare Niederlage. Unsere Zeitungen hatten zu sehr auf Sieg getippt. Nun ist das ganze Volk deprimiert«, musste Goebbels erkennen. Um das psychologische Desaster für das Regime in Grenzen zu halten, gab der Propagandaminister als Sprachregelung vor: »Schmeling ist nicht Deutschland. Es handelt sich nur um die Niederlage eines Boxers.« Der Lautsprecher des Regimes hatte auf leise geschaltet. 1936 war Schmelings Sieg »ein deutscher Sieg«, seine Niederlage zwei Jahre später durfte keine deutsche Niederlage sein. Diesmal gab es keinen Film, keinen Gruß der Parteioberen, keinen Empfang in der Reichskanzlei.

Ganz anders war die Stimmung jenseits des Atlantiks. In den schwarzen Ghettos tanzten die Menschen auf den Straßen. Louis' Sieg war ein Sieg für 13 Millionen schwarze Amerikaner. Es war ein Sieg des Selbstvertrauens, ein Sieg, der auch später vielen Menschen Zuversicht gab. »Ein polnischer Jude hat mir erzählt, wie er das Konzentrationslager überleben konnte«, berichtet Joe Louis jr. »Er sagte: ›Wir haben überlebt, weil wir

> Es war eine harte Lektion für die Nazis. Jetzt bekam die Presse mitgeteilt, Schmelings Niederlage sei keine Niederlage Deutschlands, sondern seine persönliche Niederlage.
> Volker Kluge, Schmeling-Biograph

> Der Kampf veränderte überhaupt nichts. Eine Zeitlang gab es eine Euphorie, aber danach ging wieder alles seinen gewohnten Gang für die Schwarzen im ganzen Land.
> Edward Castleberry, schwarzer Boxfan

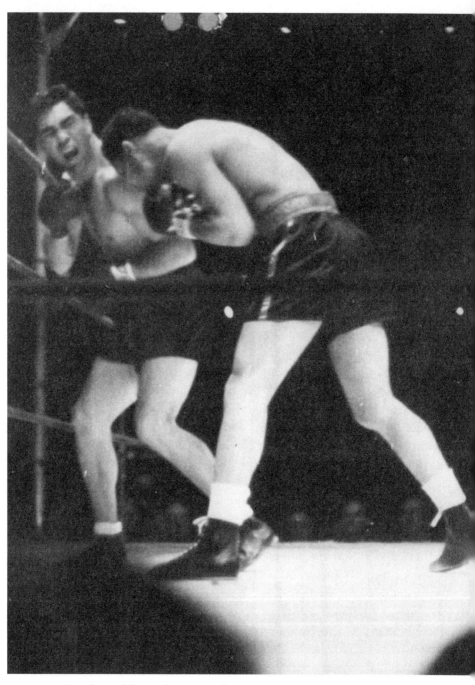

»Sie wollten ihn geschlagen sehen«: Schmeling musste sich sofort der heftigen Attacken von Louis erwehren. Das Foto wurde vom Propagandaministerium für die Veröffentlichung gesperrt

Oben: »Maxe, Maxe, was ist los?«: Nach nur zwei Minuten war der Kampf für Schmeling zu Ende
Unten: »Die Menschen tanzten auf den Straßen«: Wie hier in New Yorker Stadtteil Harlem feierten viele schwarze US-Bürger den Sieg von Louis

den Glauben hatten, dass die Deutschen den Krieg verlieren würden. Und wir hatten diesen Glauben, weil Joe Louis Max Schmeling geschlagen hatte.‹« In Amerika jubelten Schwarze und Weiße. »Louis ist ein Amerikaner, und zwar ein verdammt guter«, schrieb Nat Fleischer in einer viel gelesenen Boxzeitschrift. Das waren neue Töne in einem von Rassengrenzen geteilten Land. Die Ironie der Geschichte: Joe Louis hatte für Freiheit und Demokratie gesiegt. Dabei kämpfte er für Rechte, die er selbst nur begrenzt nutzen konnte. Denn auch als Weltmeister durfte er in seiner Heimat, dem Bundesstaat Alabama, kein Lokal aufsuchen, das für Weiße reserviert war; auch als Champion aller Klassen musste er in öffentlichen Verkehrsmitteln auf den hinteren Plätzen sitzen.

Joe Louis, der 25 Mal seinen Weltmeistertitel verteidigte und dann unbesiegt abtrat, starb in bescheidenen Verhältnissen. Als er einen Teil seiner Einnahmen dem Army beziehungsweise dem Navy Relief Fund spendete, verlangten die amerikanischen Steuerbehörden, dass er dieses Geld dennoch zu versteuern habe. »Das offizielle Amerika behandelte meinen Vater nicht mit dem Respekt und der Liebe, die mein Vater für sein Land empfand«, lautete das resignative Urteil seines Sohnes. Finanziell ruiniert, musste sein Vater in Las Vegas den Grüß-August spielen und sich mit betuchten Hotelgästen fotografieren lassen, die einmal jene Hände schütteln wollten, hinter denen so viel Kraft steckte. Erst nach seinem Tod erwies ihm sein Land die gebührende Ehre: Seine letzte Ruhe fand Joe Louis auf dem Friedhof in Arlington, auf dem Amerika seine Helden beisetzt.

> Er blieb mit meinem Vater befreundet, sein ganzes Leben lang, auch als er krank war. Max kam zu Besuch. Und viele Leute wissen nicht, dass er, als mein Vater starb, bei den Beerdigungskosten half. Ganz ohne Öffentlichkeit, einfach nur so, ganz im Stillen. Er war ein wundervoller Mensch.
>
> Candice Louis-Joseph, Tochter von Joe Louis

Wie ganz anders dagegen erging es dem Verlierer, der in seiner Niederlage nachträglich sogar etwas Gutes sah: »Ein Sieg über Joe Louis hätte mich vielleicht wirklich zum ›Paradearier‹ des Dritten Reiches gemacht«, erkannte Schmeling. Dieses Schicksal blieb ihm nun erspart. Der größte deutsche Boxer aller Zeiten hatte seinen Propagandawert für die Nazis verloren. Die Anzahl der beliebten Homestorys über das Ehepaar Schmeling nahm deutlich ab, und die öffentlichen Auftritte an der Seite der Nazi-Prominenz wurden weniger. Zudem scheiterten seine Versuche, seine internationale Boxkarriere fortzusetzen, am Einspruch der politischen Führung. Doch auch als Privatmann blieb Max Schmeling prominent genug, um weiterhin die angeneh-

»Mein zweites Leben«: Max Schmeling auf seinem Landgut Ponickel in Pommern, September 1938

men Seiten des Lebens in einem System genießen zu können, das für Millionen andere Tod und Unglück bringen sollte. Er ging unter die Landbesitzer und erwarb in Pommern das Rittergut Ponickel, ein dreieinhalb Millionen Reichsmark teures Anwesen mit riesigen Ackerflächen, Wald und eigener Elektrizitätsstation. Eine Idylle, in die sich Schmeling nach seiner Niederlage immer öfter zurückzog: »Mein zweites Leben begann sich vor mein erstes zu schieben.«

Schmeling selbst vermittelte später den Eindruck, die NS-Führung habe ihn nach seiner Niederlage endgültig fallen lassen. Das stimmt nicht. Seine Beziehungen zu den braunen Machthabern kühlten zwar ab, erloschen aber nicht völlig. Weiterhin gehörte das Ehepaar Schmeling zu den regelmäßigen Gästen im Hause Goebbels. Weiterhin frönte Schmeling mit Hermann Göring, dem zweiten Mann im »Dritten Reich«, der gemeinsamen Jagdleidenschaft. Und selbst zu Hitler brach der Kontakt nicht völlig ab – auch wenn die Zeiten vorbei

> Er war nicht mehr der strahlende Held von 1936, aber er war auch kein Verfemter. Aber eines hatten wohl die Nazis begriffen: dass die Zeit des Boxers Schmeling zu Ende ging. Immerhin war er schon über 30 Jahre alt.
>
> Volker Kluge, Schmeling-Biograph

waren, in denen Schmeling innerhalb eines Tages einen Termin beim »Führer« bekam.

Auch dass Schmeling nach Kriegsausbruch als einziger deutscher Leistungssportler an die Front musste, wie er glauben machen will, entspricht nicht den Tatsachen. Schließlich hatte Reichssportführer von Tschammer und Osten schwadroniert: »Meine besten Sportler sollen auch meine besten Soldaten sein.« Viele Olympiasieger und erfolgreiche Athleten mussten sich zum Dienst an der Waffe melden, und je länger der Krieg dauerte, desto weniger Rücksicht nahm das Regime. Max Schmeling verdankt seinen Einsatz im Mai 1941 bei der Invasion auf Kreta nicht einer »Intrige« des Reichssportführers, sondern seiner freiwilligen Meldung zu den Fallschirmjägern. Doch Schmeling erwies sich bei der »Operation Merkur« als Max im Glück. Während jeder dritte deutsche Soldat bei diesem Himmelfahrtskommando fiel, kam er mit einer Knieverletzung davon. Da sich die Schlagzeilen der internationalen Presse, die Schmelings Tod gemeldet hatten, als falsch herausstellten, wetterte die deutsche Propaganda gegen die ausländische »Lügenpresse«, und Goebbels nutzte das internationale Sportidol als Kronzeugen für angebliche britische Massaker. Allerdings fand nicht jedes Interview, das Schmeling von seinem Athener Krankenhausbett aus gab, die Zustimmung des Propagandaministers. Dem amerikanischen Reporter Harry W. Flannery sagte Schmeling: »Ich hoffe, der Krieg wird bald zu Ende sein, damit ich meine vielen Freunde in den Vereinigten Staaten wieder einmal besuchen kann.« Goebbels tobte über dieses »dumme und kindische« Interview: »Wenn Boxer Politik machen. Er soll lieber kämpfen als in Athen sitzen und Sprüche klopfen.«

Im weiteren Verlauf des Krieges griff die NS-Propaganda für ihre Zwecke immer wieder auf das Boxidol zurück. Wochenschau-Berichte zeigten den ehemaligen Weltmeister in seiner Fallschirmjäguniform, in der NS-Postille

> Zu seinen Erlebnissen während des Zweiten Weltkriegs sagte er immer: Am liebsten würde ich das ganze Kapitel aus meinem Gedächtnis streichen.
> Volker Kluge, Schmeling-Biograph

> *Nachdem wir im April 1941 über Kreta abgesprungen sind, trafen wir mit einer anderen Fallschirmjägereinheit zusammen. Bei der Gelegenheit lernte ich Max Schmeling kennen. Er war aber durch die Anstrengungen des ganzen Kampfes nicht richtig ansprechbar. Er hatte den Beschuss während des Einsatzes nervlich nicht verkraftet.*
> Franz Schulz, damals Fallschirmjäger

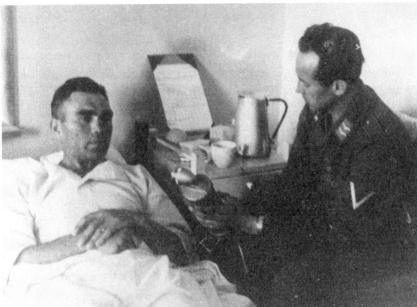

Oben: »Meine besten Sportler sollen meine besten Soldaten sein«: Max Schmeling während seiner Ausbildung zum Fallschirmjäger
Unten: »Ich hoffe, der Krieg wird bald zu Ende sein«: Der verwundete Ex-Boxer in einem Lazarett in der griechischen Hauptstadt Athen, Juni 1941

> Er durfte weiter sein eigenes Auto benutzen, bekam Benzingutscheine, die damals wie Gold gehandelt wurden. Vor allem konnte er zu Hause sein und hatte ab und zu die Annehmlichkeit einer Auslandsreise für die Truppenbetreuung. Aber das Wichtigste war: Er war nicht mehr in das kriegerische Geschehen einbezogen.
>
> Volker Kluge, Schmeling-Biograph

> Ich erinnere mich daran, wie er zu uns sagte: »Merken Sie sich eines: Die Russen sind Bolschewisten, und sie sind sehr gefährlich für die ganze Welt. Ich hoffe, Sie wissen, dass wir nicht so gefährlich sind wie die Russen für uns alle.«
>
> Irwin Stovroff, gefangener US-Pilot

Der Angriff bekannte der mit dem Eisernen Kreuz erster und zweiter Klasse ausgezeichnete und zum Unteroffizier beförderte Schmeling, er sei »mit Leidenschaft Soldat«. Im Rahmen der Truppenbetreuung sorgte er für die moralische Aufrüstung der deutschen Soldaten und genoss dabei Privilegien wie etwa Benzingutscheine.

Selbst kurz vor dem Ende des »Dritten Reiches« war Schmeling noch einmal mit einem Propagandaauftrag des sterbenden Regimes unterwegs. Die tatsächlichen Ziele, die er bei seinen Besuchen in Lagern mit britischen und amerikanischen Kriegsgefangenen im Frühjahr 1945 erreichen sollte, sind unklar. Die von ihm verteilten Flugblätter warben dafür, »gemeinsam mit Deutschland gegen die Russen zu kämpfen«. Irwin Stovroff, einer der Gefangenen, erinnert sich, wie er von Schmeling eine Autogrammpostkarte bekam und einen guten Rat: »Ich hoffe, Sie werden erkennen, welche Gefahr die Russen für uns alle sind.« Die Reaktion der Gefangenen war eindeutig: »Wir dachten alle: Das ist lächerlich.« Auch in einem der anderen Gefangenenlager stieß Schmeling auf wenig Zustimmung: »Schmeling ist hier, dieser Nazi-Bastard«, entfuhr es einem Insassen in Luckenwalde. Da war es wieder, das Bild des deutschen Boxers, der für das »Dritte Reich« kämpfte: Max Schmeling, der Repräsentant Nazi-Deutschlands. Max Schmeling, der Nazi?

Ein persönliches »Nahverhältnis« zu den Größen des »Dritten Reichs« hat Schmeling nie bestritten, Belege für eine politische Nähe zur nationalsozialistischen Ideologie hingegen gibt es nicht.

Doch waren da nicht Elogen auf den »Führer« und den NS-Sportwahn, der Sport als Vorbereitung und Mittel zur Wehrertüchtigung verstand? »Kein Geringerer als unser Führer Adolf Hitler hat den charakterbildenden Wert des Boxsports erkannt und sich deshalb dafür eingesetzt, dass die heranwachsende deutsche Jugend im Faustkampf ihren Mut erprobt und stärkt«, hatte Max Schmeling in einem Vorwort zum Buch »*Deutscher Faustkampf, nicht prizefight – Boxen als Rasseproblem*« geschrieben. Das war jedoch nicht das Hohelied auf den »Führer«, sondern eine Eloge auf den Sport, seinen Sport. Schmelings Pech: Das Buch stammte aus der Feder Ludwig Haymanns, eines SA-Sportausbilders und Sportredakteurs beim *Völkischen Beobachter*. Dieser hatte darin das öffentliche Bild der nationalsozialistischen Sportideologie beschrieben. Der überzeugte Nazi, selbst einmal Box-Schwergewichtsmeister, hatte, aufbauend auf Hitlers Rassenideologie, von den »völkischen Eigenarten« der deutschen Boxschule schwadroniert: von instinktiven Bewegungen und Kämpfen nach dem Vorbild der Natur. Schmelings Stil galt ihm als »der erste gelungene Schritt zum deutschen Boxen«. Doch auch wenn die Nazis das Boxen für ihre Zwecke entdeckten, so war nicht jeder Boxfan, jeder Boxer automatisch Nazi. Und ein willfähriger Parteigänger Hitlers war Max Schmeling nie.

Umgekehrt kann man auch nicht so weit gehen, wie es unmittelbar nach Kriegsende geschah, als sich viele im Zuge der Entnazifizierung zu heimlichen Widerstandskämpfern gegen das Nazi-Unrecht stilisierten. So legte Schmeling Wert auf die Feststellung, dass er Adolf Hitler stets mit »Herr Reichskanzler« und nie mit »Mein Führer« angesprochen habe. Und richtig ist auch, dass er nicht in die Partei eintrat und die Verleihung des Ehrendolchs der SA ablehnte. Doch dies war bei weitem nicht so riskant, wie es auf den ersten Blick scheint. Tatsächlich wurde diese Frage bereits zuvor auf höchster Ebene entschieden: Der »Reichsführer SS« und Chef der deutschen Polizei, Heinrich Himmler, war 1938 im Vorfeld des WM-Kampfs gegen Joe Louis der Meinung, »dass ein sportlich so auf der Höhe stehender Mann wie Schmeling dem deutschen Volke mehr nutzen kann, wenn er weder der SS noch der SA oder sonst einer Gliederung angehört«. Und auch Schmeling war vor seiner Weigerung auf Nummer sicher gegangen und hatte sich im Umfeld Hitlers nach möglichen Auswirkungen seiner Absage erkundigt. Schmelings frühe Selbsteinschätzung, dass er »keine Gelegenheit versäumte, in meinem Kreis antinationalsozialistisch zu wirken«, lässt sich nur mit dem allgemeinen Streben nach »Persilscheinen« und politischen Unbedenklichkeitserklärungen in der unmittelbaren Nachkriegszeit erklären. Später bekannte Schmeling offen: »Ein öffentlicher Regimegegner war ich wirklich nicht.« Doch war er ein Regimeunterstützer?

Natürlich nutzte es der braunen Elite, wenn Schmeling Ergebenheitsadressen abgab, wie etwa vor der Abstimmung zum »Anschluss« Österreichs 1938, oder wenn das Traumpaar Ondra-Schmeling regelmäßig Spenden für das »Winterhilfswerk« sammelte. Wer diese Unterstützung kritisiert, übersieht den Charakter totalitärer Herrschaft. Öffentliche Personen hatten öffentlich im Sinne der Herrschenden Stellung zu beziehen; wer dazu nicht bereit war, musste gehen oder sich völlig ins Private zurückziehen. Einem Sportler war dies kaum möglich. Das »Dritte Reich« erhob, wie jedes totalitäre System, Anspruch auf den ganzen Menschen. Und da kann selbst der Einsatz für eine humanitäre Sache zu einer Unterstützung eines inhumanen Systems werden.

Was man Max Schmeling allerdings vorwerfen kann, ist die Bereitschaft, bei seinen Gesprächen mit ausländischen Journalisten oder Sportfunktionären das Ausland über die wahren Verhältnisse in Deutschland zu täuschen. Vor allem in der Zeit vor den Olympischen Sommerspielen, als der menschenverachtende Diktator noch die Maske des Friedensfürsten trug, stellte Schmeling seine persönliche Integrität in den Dienst der Nazi-Propaganda, ließ sich instrumentalisieren, zum willigen Werkzeug machen.

Was man an Schmelings Verhalten ebenfalls kritisieren mag: die persönliche Nähe zur Führungsclique des »Dritten Reiches«. Sie zeigte sich in einem fast freundschaftlichen Umgang mit dem Ehepaar Goebbels, in der gemeinsamen Jagd mit dem »Reichsjägermeister« Hermann Göring, in Skatrunden mit Hitlers Hoffotografen Heinrich Hoffmann und nicht zuletzt in zahlreichen Begegnungen mit Hitler. Der Boxjournalist Volker Kluge recherchierte 14 bis 15 persönliche Audienzen beim »Führer«, der mit Schmeling vertraut über seine kleinen Wehwehchen sprach, woraufhin dieser ihm Theo Morell empfahl, der schließlich Hitlers Leibarzt wurde.

Kritikwürdig vor allem aber ist der persönliche Vorteil, den Max Schmeling aus der Nähe zu den Mächtigen zog. Doch er nutzte seine guten Kontakte nicht nur für sich, sondern auch, um denen zu helfen, die unter dem Regime zu leiden hatten. Dazu warf er sein Ansehen in die Waagschale. Belegt sind Fälle wie beispielsweise der des Wiener Boxers Heinz Lazek, für dessen schwangere jüdische Freundin sich Schmeling bei Philipp Bouhler einsetzte. Vom Chef der Reichskanzlei hatte er sich zwar sagen lassen müssen: »Wann immer man von Ihnen hört, hat es was mit Juden zu tun«, doch Lazeks Freundin kam nach Schmelings Fürsprache frei. Der Boxjournalist Stanley Weston berichtet von Rettungsaktionen Schmelings für britische und amerikanische Kriegsgefangene. Auch ein zum Tode verurteilter niederländischer Offizier verdankt Schmeling letztlich sein Leben, als der Deutsche kurz vor Kriegsende einen Zeitaufschub erreichte. Die erstaunlichste Hilfsaktion wird von Max Schmeling

> Natürlich verfügte Schmeling über exzellente Beziehungen bis in die höchste Führung. Die hat er für sich genutzt, aber er hat sie auch im Sinne anderer in Anspruch genommen. Und wenn jemand Schmeling um Hilfe gebeten hat, dann hat er das meistens nicht umsonst getan.
> Volker Kluge, Schmeling-Biograph

selbst in seinen 1977 erschienenen »*Erinnerungen*« nicht erwähnt. Erst 50 Jahre später machte einer der Geretteten seinen Fall öffentlich: Henry Lewin ergriff Partei für Schmeling, als bei einer Party am 6. Dezember 1989 vor einem großen Boxkampf in Las Vegas einer der Gäste rief: »Lewin, du musst ein Idiot sein. Du bist Jude und gibst eine Party für einen Nazi!« Der Angesprochene ergriff das Mikrofon und erklärte: »Ich wäre nicht mehr am Leben, hätte es ihn nicht gegeben.« Die Einzelheiten dieser Rettung sind unklar. Max Schmeling hatte in der Pogromnacht am 9. November 1938 Henry, der damals noch Heinz hieß, und seinem Bruder auf Bitten eines jüdischen Bekannten Schutz gewährt, während der von den Nazis aufgehetzte Mob Synagogen und jüdische Geschäfte in Brand setzte. Drei Tage versteckte und versorgte er die Kinder, bevor er sie mit dem Auto zu ihrem Vater fuhr. »Draußen wimmelte es von Gestapo-Leuten«, erinnerte sich der damals sechzehnjährige Henry ein halbes Jahrhundert später. »Die uniformierten Männer guckten uns an, als hätten sie gewusst, dass wir Juden waren. Doch keiner traute sich, den Boxchampion anzusprechen.« Kurz nach der fatalen »Reichskristallnacht« emigrierte die Familie in die USA. Die näheren Umstände der Rettung werden unterschiedlich geschildert. Henry Lewin will sich erinnern, dass Schmeling ihn in seinem Berliner Hotelzimmer versteckt habe. Der Boxer selbst erklärte in seinem letzten großen Interview im März 1993: »Die beiden jüdischen Jungen lebten einige Tage in meiner Wohnung.« Doch sein Einsatz für Verfolgte ist unstrittig.

Als eine jüdische Stiftung überlegte, Max Schmeling für diese Rettung auszuzeichnen, übte dieser sich in Zurückhaltung: »Was ich getan habe, würde ich immer wieder tun«, sagte er im Freundeskreis. »Wo ich kann, stelle ich mich eben vor Schwache, Unterdrückte und Verfolgte. Aber die Nazis haben mich nicht für sich vereinnahmen können, und dann sollten das die Juden jetzt auch nicht tun.« Diese Weigerung, sich vereinnahmen zu las-

Mein Vater sagte zu ihm: »Max, ich kann mich verstecken, aber was mache ich mit meinen Kindern?« Er antwortete: »Bring sie zu mir ins Hotel, und ich werde mich um sie kümmern.« Und genau das tat er. Wir waren glücklich, bei Max Schmeling zu sein. Er rief die Rezeption an und bestellte für uns Apfelstrudel mit Schlagsahne. Ich war ein lausiger Esser, aber ich mochte Apfelstrudel. Drei Tage lang gab es Apfelstrudel – zum Frühstück, Mittagessen und Abendessen.
Henry Lewin, Jude, lebte damals in Berlin

sen, gleich, um welche Sache es geht, zeigt die unpolitische Denkweise Schmelings.

Wann immer er Menschen half, die durch das NS-Regime in Not geraten waren, so geschah dies aus persönlichen, weniger aus politischen Motiven. Er selbst hatte diese Beweggründe einmal im Gespräch mit Goebbels erwähnt, als er den Propagandaminister um Unterstützung für einen Nachbarn und Freund bat. Josef Thorak, später ein vom Regime protegierter Künstler, hatte sich Mitte der dreißiger Jahre von seiner jüdischen Frau offiziell getrennt, lebte inoffiziell aber weiter mit ihr zusammen. Nach den Nürnberger Gesetzen galt dies jedoch als »Rassenschande«. Als die Gestapo das Haus bewachte, um den Rechtsverstoß aufzudecken, sprach Schmeling ausgerechnet bei Goebbels vor. Der Propagandaminister als Schutzengel für jüdische Frauen? Kein Wunder, dass Goebbels das Hilfeersuchen als Zumutung empfand. Dennoch beauftragte er seinen Adjutanten mit einer Klärung. Die Gestapo zog wieder ab. Schmelings fast entschuldigende Erklärung für sein Anliegen: »Ich sehe das rein menschlich.«

Menschlichkeit einfordern gegenüber den Repräsentanten eines unmenschlichen Regimes – ist das Mut oder grenzenlose Naivität? Auf jeden Fall ist es ein Mangel an politischem Verständnis. Zu diesem Ergebnis kam schon Reichspropagandaleiter Hinkel, als er Schmeling mit einem Foto konfrontierte, das im Sommer 1937 in Amsterdam aufgenommen worden war. Dort hatte Schmeling alte Berliner Freunde, wie den emigrierten Komponisten Willy Rosen oder den Schauspieler Siegfried Arno, getroffen. Goebbels schäumte vor Wut: »Sie tun, was Sie wollen, Schmeling. Sie kümmern sich um die Gesetze nicht. Sie kommen zum Führer und verkehren dennoch mit Juden.« In solchen Fällen riskierte Schmeling auch Widerspruch gegenüber den Mächtigen. »Das sind meine alten Freunde, da lasse ich mir nichts vorschreiben«, hatte Schmeling Hinkel entgegnet. Der befand: »Von Politik verstehen Sie wirklich nichts, man darf Sie eigentlich nicht allein ins Ausland lassen.« Von Politik wollte Schmeling auch nichts verstehen. Er sah sich zeitlebens als Boxer – und er blieb Mensch. Dass ihm dies auch in einem unmenschlichen System gelang, machte aus dem Sportler den Mythos Max Schmeling, der seine Popularität in die Bonner Republik retten konnte.

Nach einem schwierigen Start gelang es Schmeling, der wie viele im Krieg seinen Besitz im Osten Deutschlands verloren hatte, wieder an seine Erfolge anzuknüpfen. An seinem zweiundvierzigsten Geburtstag stieg er noch ein-

»Ein alter Herr«: Schmeling vor seinem Abschiedskampf gegen Richard Vogt in der Berliner Waldbühne, 31. Oktober 1948

mal in den Ring – entgegen den Warnungen seines alten und neuen Trainers Max Machon. Doch Schmeling schaffte sein Comeback. Am 28. September 1947 stand er im Frankfurter Waldstadion dem 16 Jahre jüngeren Werner

»53 glückliche Ehejahre«: Max Schmeling und Anny Ondra Mitte der sechziger Jahre im Garten ihres Hauses bei Hamburg

»Jenseits von Gut und Böse«: Die Einweihung der nach ihm benannten Max-Schmeling-Halle in Berlin war der letzte öffentliche Auftritt des Jahrhundertsportlers

Vollmer gegenüber. Nach dem Geburtstagsständchen der 40 000 Zuschauer machte sein Gegner in der siebten Runde die schmerzhafte Erfahrung, dass Schmelings Rechte trotz acht Jahren Ringpause nichts an Schlagkraft verloren hatte. Doch Journalisten wie Harry Valérien, der als junger Sportreporter den Kampf verfolgte, waren enttäuscht: »Gemessen an dem, was ich von Kämpfen kannte, die zehn Jahre zurücklagen, habe ich gesagt: ›Mein Gott, das ist ja ein alter Herr.‹« Und auch Schmeling musste trotz eines weiteren K.-o.-Sieges einsehen: »Ich hatte zwar über meinen Gegner triumphiert, nicht aber über meine Jahre.« Seine letzte Niederlage nach 70 Profikämpfen musste er am 31. Oktober 1948 in Berlin gegen Richard Vogt hinnehmen, der bei den Olympischen Sommerspielen 1936 nur das Finale seiner Gewichtsklasse verloren hatte. 56 Kämpfe hatte Schmeling zuvor gewonnen. Seine letzte Niederlage wurde ihm mit einer Börse von 40 000 D-Mark versüßt, zu einer Zeit als nach der Währungsreform der durchschnittliche Deutsche mit 40 Mark »Kopfgeld« auskommen musste – eine enorme Summe. Sie bildete das Startkapital für die zweite Karriere des Max Schmeling. Erste bescheidende Erfolge hatte er als Nerzzüchter, Tabakbauer und Geflügelfarmer. Eine Verlegerlaufbahn, die er mit John Jahr und Axel Springer in Hamburg einschlagen wollte, scheiterte am Widerspruch der Briten, die ihm »wegen Falschaussage« die Lizenz verweigerten – auch weil sie befürchteten, das ehemalige Boxidol des »Dritten Reiches« werde Erinnerungen an vergangene Zeiten wiederbeleben. Seine in diesem Fall hinderliche Vergangenheit ermöglichte dann aber doch eine neue Karriere. Starthelfer war Jim Farley, den Schmeling in den dreißiger Jahren als Vizepräsident der New Yorker Boxkommission kennen gelernt hatte. Der ehemalige Wahlkampfberater des US-Präsidenten Roosevelt stand nun an der Spitze des Coca-Cola-Konzerns und bot Schmeling die Konzession für den Vertrieb der braunen Brause in Norddeutschland an. Schmeling bewies als Geschäftsmann, dass man mit Flaschen Millionen machen kann. Noch im Alter von 95 Jahren kümmerte er sich als geschäftsführender Gesellschafter der Hamburger Niederlassung um das Wohl seiner Firma und seiner 300 Mitarbeiter.

Als älterer Herr war Schmeling viel beschäftigt und viel geehrt. In seiner Heimat erhielt er neben zahlreichen Sportlerpreisen auch etliche politische Auszeichnungen, darunter den Großen Verdienstorden mit Stern der Bun-

> Bevor noch der Ringrichter in meinem Kampf gegen Richard Vogt das Urteil bekannt gab, erklärte ich endgültig meinen Rücktritt vom Boxen. Ich hatte davon geträumt, meine Laufbahn glanzvoll beschließen zu können; die Umstände hatten es mir verwehrt. Aber das Boxen hatte mir noch einmal die Startmöglichkeit in eine neue Existenz verschafft.
> Max Schmeling, »Erinnerungen«

desrepublik Deutschland. Am 14. Dezember 1996 absolvierte er seinen letzten großen öffentlichen Auftritt, als in Berlin die Max-Schmeling-Halle eingeweiht wurde: »Normalerweise werden Denkmäler nur für Tote errichtet. Die Herren dachten wohl, mir könnte man so etwas anbieten, da ich schon jenseits von Gut und Böse bin«, sagte der Einundneunzigjährige augenzwinkernd zu dieser Ehrung. So ist das, wenn man bereits zu Lebzeiten eine Legende geworden ist. Und sein sportlicher Lorbeer ist niemals welk geworden, noch heute kennen Menschen, die ihn nie persönlich boxen sahen, den Namen des größten deutschen Boxers.

Auch das Ausland hatte den deutschen Ausnahmeboxer nicht vergessen. Nach dem amerikanischen Sport-Oscar 1967 erfolgte 1992 der sportliche Ritterschlag, als der Ehrenbürger von Los Angeles in die International Boxing Hall of Fame aufgenommen wurde – als einziger deutscher Boxer.

Aus der Öffentlichkeit zog sich Max Schmeling weitgehend zurück, als seine Frau Anny Ondra nach 53 glücklichen Ehejahren am 28. Februar 1987 starb. In seinem gemeinsamen Testament hatte das kinderlose Ehepaar Schmeling festgelegt, »unser ganzes Vermögen dem SOS-Kinderdorf zu überlassen«. Das entsprach dem Motto Schmelings, nach dem er zeitlebens gehandelt hatte: »Wenn es einem gut geht, soll man dafür sorgen, dass es auch anderen gut geht.« Auch seine sportlichen Gegner, die zu Freunden geworden waren, vergaß er nie. »Er hat sich 1981 an den Kosten für die Beerdigung beteiligt, ohne großes Aufheben darum zu machen«, berichtet Candice Louis, die Tochter seines alten Ringrivalen. Und auch der Witwe ließ er einen Briefumschlag mit Geld zukommen.

Über seinen Tod hinaus wollte er denen helfen, die in Not geraten waren. Am 18. April 1991 gründete er die Max-Schmeling-Stiftung, die er mit so viel Kapital ausstattete, dass schon zu Beginn jährlich mehr als 100 000 Mark Zinsen abfielen. »Das Geld kommt älteren, einsamen Menschen und pflegebedürftigen Kindern zugute – unabhängig von Religion, Partei, Rasse und Volkszugehörigkeit«, erklärte er in seinem letzten Interview. Als ihm bei einem Besuch in seinem Geburtsort die Pastorin die Situation vieler alter Menschen in ihrer Gemeinde schilderte, erklärte Schmeling auf der Heimfahrt dem Generalbevollmächtigten seiner Stiftung: »Denen wird geholfen. Die brauchen jeden Tag ein warmes Essen, die brauchen etwas Geld, um zum Zahnarzt zu gehen oder Blumen zu kaufen, vielleicht mal 'ne kleine Reise zu machen. Sorge dafür, dass beides geschieht.«

Am Ende seines bewegten Lebens ist er, neunundneunzigjährig, friedlich

> Komme ich so ins Nachdenken, bin ich mitunter unsicher, ob es überhaupt das Boxen gewesen ist, dem ich die größten Erfahrungen meines Lebens verdanke.
>
> Max Schmeling, »*Erinnerungen*«

> Max Schmeling gehört zu jenen, die schon lange vor dem Tod in die Geschichte eingegangen sind.
>
> Hans Joachim Fuchsberger

eingeschlafen. Das Herz eines Boxers hörte am 2. Februar 2005 auf zu schlagen. Sein Wunsch nach einer Beerdigung ohne großen Rummel ging in Erfüllung. Erst nachdem seine engsten Freunde im kleinen Kreis von ihm Abschied genommen hatten, verbreitete die Max-Schmeling-Stiftung die Nachricht vom Tod des Boxidols. Die Öffentlichkeit konnte dann am 1. März bei einer eindrucksvollen Gedenkfeier in der Hamburger Michaeliskirche dem größten deutschen Faustkämpfer aller Zeiten die letzte Ehre erweisen.

»Er war einer der größten Boxchampions, die jemals gelebt haben. Er und Joe Louis werden jetzt im Himmel über ihre legendären Fights plaudern«, das sagte Muhammad Ali zum Tod seines frühen Vorgängers. Und der größte Boxer der Nachkriegszeit erkannte auch, was den Mythos Schmelings ausmachte: »Das Wichtigste war, dass er ein guter und anständiger Mann war.«

»Sie blieben ein Leben lang befreundet«: Joe Louis und Max Schmeling treffen sich anlässlich der Verleihung des amerikanischen Sport-Oscars im Juni 1967

Daran konnten sogar die Nazis nichts ändern, die Schmeling zu einem Aushängeschild ihres Systems und ihrer Ideologie gemacht hatten. Von den Nazis als »Paradearier« missbraucht zu werden – vor diesem Schicksal bewahrte ihn die Niederlage gegen Joe Louis. Für viele blieb Schmeling trotz seiner persönlichen Nähe zu den Mächtigen des »Dritten Reiches« ein Sportidol, das seinen in der Weimarer Republik erworbenen sportlichen Ruhm über die zwölf Jahre des »Tausendjährigen Reiches« in die Bundesrepublik gerettet hatte.

»Die Zeit verlangte Helden – und sie schuf sie sich. Sicherlich habe ich meine Siege alleine erkämpft, aber dass ich zum Idol wurde, verdanke ich mehr der Zeit als mir selber«, erklärte Max Schmeling bescheiden seinen Erfolg. Sich selbst verdankt Max Schmeling, dass er immer er selbst geblieben ist – vielleicht ist das das Geheimnis des deutschen Ausnahmeboxers. So sah es der Mensch, der Schmeling am nächsten war: »Ich habe Anny Ondra einmal gefragt, was das Besondere an Max Schmeling ist«, erinnert sich Harry Valérien. »Sie hat gesagt: ›Die Treue sich selbst gegenüber. Er hat immer seine Haltung bewahrt, egal, was sich um ihn herum abspielte.‹«

Der Mann mit dem Herzen eines Boxers hatte sich in Hitlers Reich benutzen lassen. Im Ausland nannte ihn ein Kritiker »des Teufels stärksten Helden«. Dass er es fertig brachte, trotz seiner Nähe zum Teufel nicht nach Schwefel zu stinken – dafür bewunderten ihn die Deutschen nach dem Krieg mindestens ebenso wie für seine sportlichen Leistungen.

Leni Riefenstahl

»Der helle Sarg schwebte wie auf einem Meer von Blumen. Fünfzig Fotografen und Kamerateams drängten sich mit 500 Schaulustigen um die besten Plätze. Nachrichtenagenturen von Tokio bis Sydney, von Berlin bis Los Angeles meldeten es: Unter regendunklem Himmel wird auf dem Münchner Ostfriedhof eine Jahrhundertlegende zu Grabe getragen – Leni Riefenstahl. Die weltberühmte Filmregisseurin war am Montag, dem 8. September 2003 – 16 Tage nach ihrem 101. Geburtstag – um 22.50 Uhr friedlich im Bett gestorben.« Mit diesen Worten berichtete die *Bunte* vom Begräbnis der berühmtesten und wohl umstrittensten deutschen Künstlerin des 20. Jahrhunderts.

> Leni Riefenstahl ist sehr schnell und unvergleichlich dauerhaft zur Symbolfigur in der Auseinandersetzung mit dem Nationalsozialismus geworden – vermutlich zu einem Teil gerade auch deshalb, weil sie eine Frau war.
>
> Rainer Rother, Riefenstahl-Biograph

Keine der großen Zeitungen im In- und Ausland versäumte es, der »Jahrhundertlegende« einen Nachruf aufs nasse Grab zu legen. Noch einmal wurden die Stationen eines acht Jahrzehnte umspannenden Künstlerlebens beschworen: Leni Riefenstahl, die Tänzerin, die Schauspielerin, die Regisseurin, die Fotografin, die Taucherin – der Mythos. Und noch einmal wurden die Vorwürfe laut, die sich um ihre zwölf Jahre als Starregisseurin des »Dritten Reiches« ranken: Leni Riefenstahl – die Karrieristin, die Propagandistin, die Antisemitin –, Hitlers geniale Diva.

Ist es ihr Werk, das zuletzt noch ihr Begräbnis zum medialen Großereignis werden ließ? Wohl kaum. Die Filme, die Riefenstahl drehte, kennen nur noch wenige. Zum Teil dürfen sie öffentlich nicht vorgeführt werden, zum Teil sind sie vom Zeitgeist überholt. Es ist ihre Person, die über den Tod hinaus polarisiert, Fragen aufwirft, Aufmerksamkeit schafft. Sie hat nie gesagt: »Es tut mir Leid«, hat nie eine Mitschuld oder Mitverantwortung für die NS-Diktatur auf sich genommen. Dokumentarfilme habe sie gedreht. Propaganda? Nein, niemals. Sie habe lediglich die Realität abgebildet. Das ist die Sichtweise der Leni Riefenstahl, mit der sie sich vom historischen Erkenntnisprozess abgekoppelt hat. Doch gerade durch ihre Verweigerung ist sie zum allgemeinen Exempel geworden für die Verantwortung des Künstlers für sein Werk, für das Spannungsverhältnis von Kunst und Politik. Bleibt Kunst nur Kunst, auch wenn sie einem Verbrecher dient? Kann und darf ein Künstler unpolitisch sein? Immer wieder wurden Leni Riefenstahl diese Fragen gestellt. Eine befriedigende Antwort hat sie uns nie gegeben.

Das Jahrhundert hatte gerade begonnen, als Helena Bertha Amalia Riefenstahl am 22. August 1902 in Berlin das Licht der Welt erblickte – eigentlich zu früh nach dem moralischen Standard der Zeit, denn Vater Alfred und Mutter Bertha, geborene Scherlach, waren erst seit vier Monaten verheiratet. Trotz des ehelichen Frühstarts ging es im Hause Riefenstahl gutbürgerlich-streng zu. Vater Alfred, Inhaber einer Firma für Heizungs- und Sanitäranlagen, der im Bauboom der nächsten Jahre zu beträchtlichem Wohlstand gelangte, duldete keinen Widerspruch – vor allem nicht von Frau und Tochter. Für die Rolle der folgsamen Tochter war die kleine »Leni«, wie sie genannt wurde, jedoch nicht geboren. Ungestüm und sportlich kletterte sie mit den Nachbarsbuben auf Bäume, ging schwimmen, rudern und segeln. Ihre schulischen Leistungen am Kollmorgen'schen Gymnasium waren gut, lediglich mit dem Betragen haperte es. Als sie mit 16 Jahren die Schule verließ, hatte Vater Riefenstahl feste Pläne gefasst. Zunächst sollte Leni auf die Haushaltsschule, anschließend in ein Pensionat. Die Tochter hatte ganz andere Träume.

In der *Berliner Zeitung* hatte sie ein Inserat entdeckt, in dem junge Mädchen als Darstellerinnen für den Film »Opium« gesucht wurden. Heimlich bewarb sie sich, doch als die Minderjährige ein Angebot bekam, musste sie passen, da sie die geforderte Einwilligung des Vaters nicht erbringen konnte. Dennoch wurde die Bewerbung zum ersten großen Wendepunkt ihres Lebens. Während sie in der Tanzschule Grimm-Reiter auf ihren Vorstellungstermin wartete, konnte sie den Tänzerinnen der berühmten Schule zusehen. »Mich überfiel ein unbändiges Verlangen mitzumachen«, beschrieb sie diesen Moment später. Heimlich begann sie Tanzstunden zu nehmen – ohne Wissen des Vaters. Als dieser ihr auf die Schliche kam, war er außer sich. Er drohte sogar mit Scheidung, da Lenis Mutter in das Geheimnis der Tochter eingeweiht war. Nur mit Mühe ließ er sich beruhigen, doch zur Strafe verfrachtete er Leni in ein

> Sie hat sich sehr am Vater abgearbeitet, musste sich abarbeiten. Ihre Willensstärke ist auch ein Resultat des Kampfes.
> Rainer Rother, Riefenstahl-Biograph

> Zum Glück war mein Vater oft auf der Jagd, und wenn er dorthin fuhr, dann fühlten wir uns zu Hause endlich frei.
> Leni Riefenstahl, »*Memoiren*«

»Nicht für die Rolle der folgsamen Tochter geboren«: Leni Riefenstahl als Teenager mit ihrem Bruder Heinz

Mädchenpensionat im Harz. Erst nach einem Jahr vergeblicher Versuche, die Tochter vom Tanzen abzubringen, lenkte Alfred Riefenstahl ein: Leni sollte ihre Tanzstunden bekommen. Persönlich brachte er sie in die Ballettschule der berühmten russischen Tänzerin Eugenie Eduardowa. »Ich bin überzeugt«, erklärte er ihr auf dem Weg, »dass du nicht begabt bist und auch nie über den Durchschnitt hinauskommen wirst; aber du sollst später nicht sagen, ich hätte dein Leben zerstört.« Von nun an setzte sie alles daran, ihrem Vater zu beweisen, dass er im Unrecht war.

Die nächsten Jahre waren mit harter Arbeit erfüllt, die der Heranwachsenden wenig Zeit für Spiel und Freunde ließ. Mit eiserner Disziplin wollte sie den Vorsprung wettmachen, den ihre von Kindesbeinen im Tanz geübten Mitschülerinnen besaßen. Ihre Sportlichkeit und ihr unbändiger Ehrgeiz halfen ihr durchzuhalten, ihr Talent tat ein Übriges. In nur einem Jahr stieg sie von der Tanzelevin zur Meisterschülerin auf, die vom großen Auftritt als Solotänzerin träumte. Die Probe aufs Exempel kam im Oktober 1923. Eine Urlaubsbekanntschaft von der Ostsee, der wohlhabende österreichische

Bankier Henry »Harry« Sokal, mietete die Münchner Tonhalle für ihren ersten Auftritt. Auf einer ganz in Schwarz gehaltenen Bühne, in der nichts von der in Lichtkegeln sich bewegenden Tänzerin ablenkte, tanzte sie barfüßig, eingehüllt in hautenges Silberlamé und durchscheinende Chiffontücher, zu den Klängen von Chopin oder Schubert. »Schon mein erster Tanz, ›Studie nach einer Gavotte‹, löste beträchtlichen Beifall aus«, erinnerte sie sich sieben Jahrzehnte später. »Den dritten Tanz musste ich bereits wiederholen, und dann steigerte sich der Beifall immer mehr, bis meine Zuschauer bei den letzten Tänzen nach vorne kamen und Wiederholungen forderten. Ich tanzte so lange, bis ich vor Erschöpfung nicht mehr konnte.«

Der Abend in München war der Auftakt einer kurzen, aber fulminanten Tanzkarriere. Als sie wenige Tag später in Berlin zum zweiten Mal auf der Bühne stand, war unter dem applaudierenden Publikum auch ihr Vater. Nach dem Auftritt habe er sie tief bewegt geküsst und gesagt: »Nun glaube ich an dich.« Es war, so deutete sie den Moment in ihrer Autobiographie, der erste große Sieg ihres Lebens. Mit seiner Meinung stand der Vater nicht allein. Der berühmte Regisseur Max Reinhardt engagierte sie für einige Vorstellungen am Deutschen Theater. Es folgten Auftritte in ganz Deutschland, auch in Innsbruck, Zürich, Wien und Prag wollte man den neuen Stern am Tanzhimmel sehen. Über 70 Mal trat sie in den nächsten acht Monaten auf und genoss ihren wachsenden Ruhm in vollen Zügen. Noch war sie freilich eine Nachwuchshoffnung, der manche, längst nicht alle, das Zeug zum großen Star zutrauten. Wirklich beweisen, was in ihr steckte, konnte sie nicht mehr. Bei einem Auftritt in Prag knackste das Knie, nur unter großen Schmerzen konnte Riefenstahl zu Ende tanzen. Als die Beschwerden in den folgenden Tagen nicht abklangen, musste sie notgedrungen alle weiteren Termine absagen. Eilends

»Nichts aber ist im Tanze der schönen, biegsamen Gestalt, was den sympathischen Gesamteindruck trüben könnte; keine aufdringliche Mache, keine billige Effektsucht...«
Münchener Neueste Nachrichten, 25. Oktober 1923

»...Aber [sie] verbaut... sich die höchste Kunstleistung, indem sie in der Region der Gefühligkeit verharrt.«
Münchener Zeitung, 26. Oktober 1923

Die Leni war Tänzerin. Als Tänzerin musste sie sportlich durchgeschult sein. Sie hat eine Körperbeherrschung gehabt – einmalig, unglaublich. Ich hab so was hernach bei einer Frau nie wieder erlebt.
Hans Ertl, Kameramann bei Leni Riefenstahl

suchte sie namhafte Spezialisten auf, doch die von ihr konsultierten Ärzte wussten sich keinen Rat und rieten zur Ruhe. Keiner vermochte zu sagen, ob und wann sie wieder schmerzfrei würde tanzen können. Nach acht Monaten, die »wie ein Traum« vergangen waren, stand die Einundzwanzigjährige abrupt vor dem Karriere-Aus.

Ich wäre mit Leib und Seele gern Tänzerin geblieben. Von allem, was ich in meinem Leben als Künstlerin angefangen habe, hat mich am meisten das Tanzen beglückt und fasziniert.
Leni Riefenstahl, 2002

Vertraut man Leni Riefenstahls Erinnerungen, so sind es immer Momente gewesen, die ihr Leben verändert haben, nie Entwicklungen. Bei der Vorstellung für eine Filmrolle hatte die Sechzehnjährige ihre Liebe zum Tanz entdeckt, jetzt, nach ihrem Ende als Tänzerin, entdeckte sie schlagartig ihre Liebe zum Film. Nach ihrer Erinnerung war es im Juni 1924, als sie in der Berliner U-Bahn-Station Nollendorfplatz auf ihren Zug wartete. Sie war auf dem Weg zu einem Arzt, der vielleicht einen Weg finden würde, ihr lädiertes Knie wieder zu richten, als ihr Blick plötzlich durch ein Plakat gefesselt wurde. »Berg des Schicksals. Ein Film aus den Dolomiten von Arnold Fanck«, stand darauf in großen Lettern. »Eben noch von traurigen Gedanken über meine Zukunft gepeinigt, starrte ich wie hypnotisiert auf dieses Bild, auf diese steilen Felswände, den Mann, der sich von einer Wand zur anderen schwingt«, schilderte die Riefenstahl später die Situation.

Gebannt von diesem Motiv, vergaß sie ihren Arzttermin und humpelte zum nahe gelegenen Kino, um sich »Berg des Schicksals« anzusehen. Die wilden Naturaufnahmen schlugen sie in Bann. »Berge und Wolken, Almhänge und Felstürme zogen an mir vorüber – ich erlebte eine mir fremde Welt. Noch nie hatte ich solche Berge gesehen, ich kannte sie nur von Postkarten, auf denen sie leblos und starr aussahen. ... Je länger der Film dauerte, desto stärker fesselte er mich. Er erregte mich so sehr, dass ich, noch ehe er zu Ende war, beschlossen hatte, diese Berge kennen zu lernen.« Schauspielerin wollte sie werden, in ebensolchen Filmen wie »Der Berg des Schicksals«.

Die selbstgewisse Forschheit, mit der sie ihr neues Ziel anvisierte, zeigt bereits die ganze Leni Riefenstahl. Mit ihrem Verehrer Henry Sokal reiste sie kurzerhand an den Karersee in den Dolomiten, wo sie auf Fanck und dessen Filmteam zu treffen hoffte. Zwar traf sie nicht Fanck, aber immerhin den Hauptdarsteller seines Films, Luis Trenker, der im Karersee-Hotel den neuen Film vorführte. Nach der Vorstellung, so erinnerte sich Trenker später, sei ein aufgeregter Herr auf ihn zugekommen: »Er stellte sich als Henry Sokal

Szenenbild aus dem Film »Wege zu Kraft und Schönheit« von 1925. Das Mädchen rechts im Bild soll Leni Riefenstahl sein – sie selbst bestritt freilich zeitlebens, an dem Werk beteiligt gewesen zu sein

vor und bat, mich einer Dame vorstellen zu dürfen, die mich unbedingt kennen lernen wollte. Und schon holte Sokal eine in weißen Tüll gekleidete, schöne und sehr auffallende Dame herbei und nannte mir ihren Namen, der mir nicht das Mindeste sagte: Leni Riefenstahl.« Ohne Umschweife brachte die »auffallende Dame« ihr Anliegen vor. In seinem nächsten Film wolle sie mitspielen, erklärte sie dem verdutzten Schauspieler. Trenker lachte amüsiert, aber genauso kam es.

Zurück in Berlin, setzte Riefenstahl alle Hebel in Bewegung, um Fanck zu treffen. Über den Freund eines Freundes ergatterte sie tatsächlich einen Termin mit dem Regisseur in der Konditorei Rumpelmeyer am Kurfürstendamm. »Sie kam zu mir wie jedes andere junge Mädchen, das vom Kino begeistert war und Filmstar werden wollte«, schilderte Fanck später ein wenig herablassend ihre erste Begegnung. Schüchtern und stumm habe er vor ihr gesessen, den Blick auf die Kaffeetasse fixiert, erinnerte sich dagegen Rie-

»Eine Frau zwischen zwei Männern«: Riefenstahl als Tänzerin »Diotima« in »Der Heilige Berg«

fenstahl, während sie von seinem Film und ihren Erfahrungen als Tänzerin schwärmte. Sofort nach dem Treffen bestürmte sie einen befreundeten Arzt, ihr lädiertes Knie schon tags darauf zu operieren – sie wollte zur Verfügung stehen, falls Fanck sie bitten würde, an seinem nächsten Film in den Bergen mitzuwirken. Drei Tage nach der glücklich verlaufenen Operation, so die Riefenstahl, sei zu ihrer großen Überraschung Fanck an ihrem Krankenbett aufgetaucht. Bleich und übernächtigt habe er ihr statt Blumen ein Manuskript in den Schoß gelegt. »Der Heilige Berg – geschrieben für die Tänzerin Leni Riefenstahl«. Die Zweiundzwanzigjährige weinte vor Glück. Dass sie weder schauspielern noch bergsteigen konnte, störte weder Fanck noch sie. Nach ihrer Genesung sollte sie die weibliche Hauptrolle in Fancks nächstem Film spielen.

Es ist viel gerätselt worden über diese fast märchenhafte Wendung in Leni Riefenstahls Leben. Was veranlasste Fanck, die ihm völlig unbekannte Tänzerin zu engagieren? War er wirklich, wie Leni unbescheiden vermutete, sofort in Liebe zu ihr entbrannt und hatte in ihr die Inspiration für seinen Filmstoff gefunden? Oder verband Fanck, wie neue Biographen vermuten, neben Eros und Muse auch handfeste Vorteile mit dem Engagement der verhinderten Tänzerin? Auffällig ist, dass sich Riefenstahls alter Verehrer und Gönner, der jüdischstämmige Bankier Henry Sokal, mit 25 Prozent an den Produktionskosten von »Der Heilige Berg« beteiligte. Ein Jahr später stieg er sogar ganz ins Filmgeschäft ein und erwarb Fancks vor dem Ruin stehende »Freiburger und Sportfilm GmbH«. War es also Sokals Geld, das Leni den Weg ins Filmgeschäft bahnte? Sokal hat später behauptet, bis 1925 intime Beziehungen zu ihr unterhalten zu haben, was Leni Riefenstahl ihrerseits vehement bestritt: Stets und immer entschiedener habe sie Sokals Avancen zurückgewiesen und sei daher bestürzt gewesen, als sie – spät – von seiner Beteiligung an Fancks Film erfuhr. Diese sei nichts als ein weiterer Versuch des verschmähten Freiers gewesen, ihr nahezukommen, was sie in eine peinliche Lage gebracht habe.

Was auch immer Fanck und Riefenstahl zusammenführte – es war der Beginn einer langen und fruchtbaren Zusammenarbeit. Der Geologe Dr. Arnold Fanck war als Außenseiter in die noch junge Filmindustrie gestoßen. Sein »Berg des Schicksals« war der erste Film in der Geschichte des Kinos, dessen dramatische Handlung sich in der Welt des Hochgebirges abspielte. Fanck hatte damit ein neues Genre geschaffen: den Bergfilm. Statt die Natur mit Pappmaché im Studio nachzuahmen, verlegte Fanck seine Aufnahmen auf Gletscher, Gipfel und Steilhänge. Der eigentliche Held seiner Filme war die Natur, nicht der Mensch. Um sich herum hatte er eine Gruppe begeisterter junger Kameraleute geschart, die nach Fancks Heimatstadt auch die »Freiburger Schule« hießen. Unter Fancks Anleitung probten sie ständig an neuen Aufnahmetechniken und stellten sich auch als Schauspieler und Stuntmen zur Verfügung. Viele von ihnen, wie etwa Sepp Allgeier, Hans Schneeberger oder Gustav »Guzzi« Lantschner, würden wenig später die Riefenstahl-Crew bilden.

In den nächsten Monaten erfüllte sich Lenis Traum, der sie seit dem Blick auf das Filmplakat in der U-Bahn-Station nicht losgelassen hatte. Sie lernte skifahren, klettern und erwarb sich den Respekt der Filmcrew. Der Realismus des Regisseurs erlaubte weder Doubles noch Studioaufnahmen. Auch Leni Riefenstahl bekam Fancks gnadenlosen Drang nach Authenzität zu spüren. Sie musste sich, an eine steile Felswand gelehnt, von einer echten Lawine begraben lassen – nicht einmal, sondern mehrmals, da Fanck die Einstellung in Fern, Halbnah und Nah haben wollte. Als einzige Frau unter lauter Männern musste sie in eisiger Höhe in primitiven Holzhütten übernachten und im Schneesturm ihren Weg ins Tal zurückfinden. Zur Überraschung aller hielt die Zweiundzwanzigjährige ohne Klagen durch und bewies, was sie in ihrem Leben noch öfter beweisen sollte: dass sie sich in einer Männerwelt nicht nur behaupten konnte, sondern auch in Sachen Mut und körperlicher Behändigkeit hinter keinem Mann zurückstand.

Schwieriger als Schnee und Eis war die menschliche Komponente zu meistern. Nach Lenis Erinnerung hatte sich Regisseur Fanck heillos in sie verliebt, während sie nur den Künstler in ihm bewunderte. Ebenso schnell verfiel ihr der männliche Hauptdarsteller Luis Trenker, dessen Gefühle Riefenstahl anfangs erwiderte. Eine Frau zwischen zwei Männern, diese realen Ereignisse finden sich auch in der Handlung des »Heiligen Berges« wieder. Leni Riefenstahl spielt die schöne Tänzerin Diotima. In traumverlorenen Bewegungen entflammt sie die Herzen zweier Männer, die sich schließlich auf eine gefährliche Bergtour begeben und dabei umkommen. Wegen der pikanten Dreieckskonstellation der Hauptpersonen waren die Dreharbeiten teilweise dramatischer als die Filmhandlung selbst. Schon vor Drehbeginn stürzte sich Fanck melodramatisch in einen Fluss, nachdem er Riefenstahl und Trenker bei einem Kuss überrascht hatte. Verschnupft setzte er die Arbeit fort, die Stimmung aber war verdorben. Trenker und Fanck lagen sich von nun an wegen Nichtigkeiten in den Haaren – so zumindest schildert es die »Diotima«. Auch ihre Romanze mit Trenker endete in einem Eifersuchtsdrama. Entgegen der goldenen Hollywood-Regel, eine Drehaffäre erst nach der Premiere zu beenden, zerstritten sich beide derart, dass der Schauspieler seine Filmpartnerin auf der Pressekonferenz öffentlich als »ölige Ziege« titulierte. Dem Film hat es nicht geschadet. Noch heute ist ersichtlich, dass Luis Trenker, der als Leinwandliebhaber nie wirklich überzeugen konnte, in »Der Heilige Berg« seine überzeugendste Kussszene ablieferte – mit Leni Riefenstahl.

Trenker und Fanck zählen zu den ersten in der langen Reihe von Verehrern, die den Reizen Leni Riefenstahls erlagen. Darf man ihren Memoiren glauben, so war sie, die später durch zahllose Affären von sich reden machte, in Liebesdingen ein »Spätzünder«. Die strenge Hut ihres Vaters und ihr exzessives Tanzstudium hatten dazu geführt, dass sie trotz mancher Verehrer bis zu ihrem einundzwanzigsten Lebensjahr in sexueller Hinsicht noch völ-

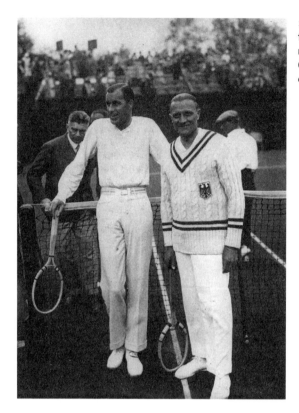

»Das sollte Liebe sein?«: Riefenstahls erste sexuelle Erfahrungen mit dem Tennisspieler Otto Froitzheim (rechts) waren enttäuschend

lig unerfahren war. »Alle meine Freundinnen hatten schon ihre Liebesaffären, einige waren verlobt, und Alice, meine liebste Freundin, war sogar schon verheiratet. Ich allein hatte noch keine Erfahrung mit Männern gemacht. Mit der Zeit empfand ich das denn doch als ein Manko und begann öfter mit dem Gedanken zu spielen, mich auf ein Abenteuer einzulassen. Aber mit wem?«

Selbstbewusst wie sie war, beschloss sie, die Dinge in die Hand zu nehmen – und das erste Mal mit niemand anderem als dem Mann ihrer Träume. In einem Berliner Sportklub hatte sie Otto Froitzheim kennen gelernt, einen bekannten Tennisspieler und Frauenschwarm – 18 Jahre älter als sie. Über einen Freund bat sie Froitzheim um ein Rendezvous, das dieser bereitwillig mit einer Einladung in seine Wohnung gewährte. Doch das romantische Stelldichein wurde zur Katastrophe. »Was ich nun erlebte, war fürchterlich. Das sollte Liebe sein? Ich fühlte nichts als Schmerzen und Enttäuschung. Wie weit war das entfernt von meinen Vorstellungen und Wünschen, die nur nach Zärtlichkeit verlangten, ich wollte bei ihm sein, mich an ihn schmiegen – ihm zu Füßen liegen. Ich ließ alles über mich ergehen und bedeckte mein verweintes Gesicht mit einem Kissen.« Zum Abschied drückte ihr Froitzheim einen Geldschein in die Hand – falls eine Abtreibung erforderlich sein würde. Wütend und gedemütigt zerriss sie den Schein und sandte Froitzheim von zu Hause einen Brief »über meine Liebe und meinen grenzenlosen Abscheu zu ihm«. Überraschenderweise war es dieser Brief, der in dem abgebrühten Casanova erst ein wirkliches Interesse an ihr weckte. Er schickte ihr Blumen, zeitweise kam es sogar zur Verlobung, die erst zerbrach, als Leni Riefenstahl ihre Karriere als Tänzerin begann.

Trotz des wenig erfreulichen Auftakts ließ Leni sich nicht entmutigen und hielt an dem für ihre Zeit auffallend emanzipierten Prinzip fest, sich ihre Männer selbst auszusuchen. Konsequent ignorierte sie dabei die Maxime, Berufs- und Privatleben zu trennen. In den meisten Fällen war es gerade die gemeinsame Arbeit, die den Nährboden und die Gelegenheit für ihre Liebesaffären bereitete. Immer wieder erkor sie ihre Auserwählten aus den Reihen der Sport- und Kameraleute, die in Fancks Bergfilmen mitwirkten, ohne aus ihrer Absicht einen Hehl zu machen. »Für Leni waren wir jungen Sportler wie Konfekt, von dem man nascht, solange es Spaß macht«, erinnerte sich einer von ihnen, der Kameramann Hans Ertl, noch 70 Jahre später im Interview. Die Beziehungen waren meist kurzlebig und wurden ohne größeres Aufsehen beendet. Allein die Liebe zu Fancks Kameramann Hans Schneeberger, der später auch für sie arbeitete, währte länger. Als »Schneefloh« sie ohne Aussprache wegen einer anderen Frau sitzen ließ, war Leni am Boden zerstört. »Der Schmerz kroch mir in jede Stelle meines Körpers, er lähmte mich, bis ich versuchte, mich durch einen furchtbaren Schrei zu befreien. Weinend, schreiend, in meine Hände beißend, taumelte ich von einem Zimmer ins andere. Ich nahm einen Brieföffner und fügte mir Wunden zu, an Armen, Beinen und Hüften. Ich spürte diese körperlichen Schmerzen nicht, die seelischen brannten wie Feuer in der Hölle. ... Nie wieder, das schwor ich mir, nie wieder wollte ich einen Mann so lieben.«

Es folgten zahllose Amouren, keine war von langer Dauer. Der spätere Erstbesteiger der Eiger-Nordwand, Anderl Heckmaier, erlag ihren Reizen ebenso wie der amerikanische Zehnkämpfer und Olympiasieger von 1936, Glenn Morris. 1944, mit 42 Jahren, heiratete Leni Riefenstahl zum ersten

> Sie war eine schöne Frau, ohne Zweifel. Aber nicht mein Typ. Sie bildete sich zu viel auf sich ein – und das mag ich gar nicht.
> Anderl Heckmair, Bergsteiger

> Ich war verknallt in sie und sie in mich. Sie kam oft zu mir und sagte: »Oh, Hannes, ich kratze dir noch mal deine Augen aus, wenn du mich so anschaust...«
> Hans Ertl, Kameramann bei Riefenstahl

Mal. Ihren Bräutigam, den Gebirgsjägeroffizier Peter Jacob, hatte sie bei den Dreharbeiten zu ihrem Film »Tiefland« kennen gelernt. Die Hochzeit fand in kleinem Kreis in Kitzbühel statt, danach musste der Bräutigam an die Front. Schon vor Kriegsende hatte sich das Paar wieder auseinander gelebt. 1947 erfolgte in gegenseitigem Einvernehmen die Scheidung. Erst mehr als fünf Jahrzehnte später, als fast Hundertjährige, heiratete Leni Riefenstahl in aller Heimlichkeit zum zweiten Mal. Wieder war der Auserwählte ein Kameramann, der gut 35 Jahre jüngere Horst Kettner, der ihr in den letzten Jahrzehnten ihres Lebens als ständiger Begleiter zur Seite gestanden hatte.

> »Schauspielerisch konnte Leni Riefenstahl nichts geben. Auch sah sie wenig vorteilhaft aus. Ihre Hopserei ist streckenweise kaum zu ertragen.«
> Berliner Morgenpost, 19. Dezember 1926

Am 14. Dezember 1926 wurde »Der Heilige Berg« im Ufa-Palast am Zoo uraufgeführt und entwickelte sich zum Kassenknüller. Gleichsam über Nacht avancierte Leni Riefenstahl zum Star des Bergfilms, der zahlreiche Bewunderer hatte. Ihr Tanz am Wasser im »Heiligen Berg« gehöre zu dem »Schönsten, was ich jemals gesehen habe«, vertraute ihr einige Jahre später ein besonders begeisterter Kinogänger, Adolf Hitler, an. Das Erfolgsduo Fanck-Riefenstahl war geboren. In den nächsten Jahren kam Leni Rie-

»Wie Konfekt, das man nascht«: Leni Riefenstahl mit den Kameramännern Hans Schneeberger, Richard Angst, Sepp Allgeier und Regisseur Arnold Fanck (von links nach rechts) bei den Dreharbeiten zu »Stürme über dem Montblanc«

> *Dieser von Dr. Arnold Fanck in anderthalb Jahren geschaffene Film ist eine gigantische Komposition aus Körperkultur-Phantasien, Sonnentrottelei und kosmischem Geschwöge. Selbst der abgehärtetste Routinier, den die alltäglichen Gefühlsfaseleien nicht mehr berühren, findet sich hier aus dem Gleichgewicht gebracht.*
> Siegfried Kracauer, Filmkritiker, 1927

fenstahl von den eisigen Höhen kaum noch herunter. In schneller Folge entstanden nun »Der große Sprung« (1927), »Die weiße Hölle von Piz Palü« (1929), »Stürme über dem Montblanc« (1930), »Der weiße Rausch« (1931) und »S.O.S. Eisberg« (1933), in denen sie unter Fancks Regie die weibliche Hauptrolle spielte.

Dem Höhenrausch folgte die Ernüchterung. »Der Schauspieler im Naturfilm hat es besonders schwer«, schrieb der junge Star 1928 enttäuscht, »denn er wird sich nie gegen den ungleich stärkeren Hintergrund der Natur durchsetzen können.« Immer deutlicher wurde ihr, dass Fancks Vorlieben und Fähigkeiten wenig Raum für ihre Entfaltung als Schauspielerin ließen. »Die Riefenstahl war gar keine Schauspielerin, sie konnte nur sich selber spielen, sie konnte nie eine andere Figur spielen«, hat Fanck im Rückblick über sie geurteilt. Tatsächlich aber war er es, der sie als Schauspielerin wenig forderte und förderte. Die offenkundige Schwäche des Regisseurs, seine Darsteller zu führen und richtig in Szene zu setzen, ließ den dünnen Handlungsstrang seiner Filme als noch dürftiger erscheinen. Im Grunde waren die Frauen in Fancks Filmen nur schmückendes Beiwerk, um tollkühne Männer in einer prächtigen Berg- und Eiswelt zu präsentieren. Die ganze Zeit habe sie nur »Au, fein!« rufen müssen, erinnerte die Riefenstahl sich später mit Entsetzen an ihren ersten Tonfilm mit Fanck, in dem sie als tollpatschige Städterin durch die Bergwelt stiefelte. Am Ende war es viel Leiden für wenig Schauspielerei, wie die junge Frau erkannte. In die glamouröse Glitzerwelt der Filmdiven stieg sie mit Fancks Bergfilmen nicht auf. Die Öffentlichkeit schätzte sie als kerngesunden, sportlichen Typ, der Werbung für Ski- und Bergstiefel machen konnte, zum Sexsymbol taugte sie nicht.

Alle Versuche, echte Spielfilmrollen zu ergattern, schlugen fehl. Nur ein einziges Mal, im Kostümfilm »Das Schicksal derer von Habsburg«, spielte sie die tragische Rolle der Geliebten des Thronfolgers Rudolf, doch der Film fiel durch und war schnell vergessen. Aber Riefenstahl wäre nicht Riefenstahl geworden, wenn sie selbst ihre Talente als Schauspielerin nicht höher eingeschätzt hätte. Selbstbewusst marschierte sie in die Ufa, um sich mit Josef von Sternberg, dem nachmalig berühmten Hollywood-Regisseur bekannt zu machen. Aus der begehrten Filmrolle wurde zwar nichts, in ihren Erinnerungen aber hat Sternberg, der Entdecker und Förderer Marlene Dietrichs, lange mit sich gerungen, welche der beiden Frauen er mit nach Hollywood nehmen sollte. Immer wieder habe er – selbstredend schwer verliebt in die Bergdarstellerin – Rat bei ihr gesucht, was die Inszenierung der Dietrich in dem Film »Der blaue Engel« anging. Um eine Stellungnahme zu dieser Darstellung gebeten, erklärte Marlene Dietrich später, Sternberg würde sich über Riefenstahls Geschichte totlachen, wenn er nicht bereits tot wäre.

> **Vom Vater habe ich die Gabe geerbt, gut organisieren zu können, das habe ich für meine Filme gebraucht. Von meiner Mutter habe ich die künstlerische Ader.**
>
> Leni Riefenstahl, 2002

Da kein Regisseur Leni Riefenstahl eine Chance als Schauspielerin gab, nahm sie die Dinge entschlossen selbst in die Hand. Im Sommer 1931 – »Der weiße Rausch« war gerade abgedreht – gründete sie ihre eigene Produktionsfirma, die »L. R. Studiofilm«. Als Regisseurin und Hauptdarstellerin wollte sie sich an einem eigenen Film probieren. Ein kühner Entschluss, der aus der Not geboren war: Vergeblich hatte sie bei namhaften Produzenten antichambriert, um ihren Filmstoff »Das blaue Licht« an den Mann zu bringen. Ein Märchen sollte es sein, das in den Bergen spielte – doch wer wollte so etwas sehen? Die Filmbosse winkten ab. Leni Riefenstahl entschloss sich, ihren Traum aus eigener Kraft zu erfüllen. Um das Projekt zu finanzieren, setzte sie ihre gesamten Ersparnisse ein, verkaufte ihren Schmuck und verpfändete sogar ihre Wohnungseinrichtung. Den Rest steuerte immerhin Henry Sokal bei, der seine Absichten auf ihre Person inzwischen offenkundig aufgegeben hatte. Trotz seiner Unterstützung blieb das Budget knapp. Für die Arbeit griff sie daher ausnahmslos auf alte Gefährten aus der Arbeit mit Fanck zurück, die sich größtenteils bereit erklärten, ohne Honorar an dem Filmexperiment mitzuwirken. Die Kamera übernahm ihr einstiger Lebensgefährte Hans Schneeberger. Für das Drehbuch konnte sie mit Béla Balász einen bekannten ungarischen Filmautor gewinnen. Als Statisten verpflichtete sie Bauern aus dem Sarntal, einer abgelegenen Region in Südtirol, deren markante Gesichter dem Film ein besonderes Gepräge gaben.

In den nächsten Monaten erwies sich, dass die vergangenen Jahre mit Fanck nicht umsonst gewesen waren. Aufgrund der schwierigen Drehbedingungen in den Bergen hatte Fanck die traditionelle Arbeitsteilung, wie sie im

Filmstudio vorherrschte, stark aufgelockert. In einem steten Bäumchen-wechsle-dich-Spiel übten sich Kameraleute als Schauspieler und Schauspieler als Kameraleute. Schon in »Der Heilige Berg« hatte Leni ihre erste Szene gedreht. Später ließ Fanck sie kleine Szenen einrichten und unterrichtete sie auch im Schnitt. Ebenfalls von Fanck übernahm sie dessen leidenschaftliche Suche nach dem ungewöhnlichen Bild. Wie er war sie stets auf der Suche nach neuen Perspektiven, neuen Kamerafahrten und experimentierte mit der modernsten Technik. Als eine der Ersten benutzte sie ein neues, infrarotempfindliches Filmmaterial von Agfa, das so genannte R-Material, das eine erstaunliche Wirkung hervorrief. Aufnahmen, die bei Tageslicht gedreht wurden, wirkten, als spielten sie in einer unwirklichen Nacht. Ideal für das Bergmärchen, das Riefenstahl vorschwebte.

Die Filmidee für das »Das blaue Licht« hatte sie der Novelle »Bergkristall« des Schriftstellers Gustav Renker, entlehnt und nach ihren Vorstellungen adaptiert: Der Maler Vigo, gespielt von Mathias Wieman, kommt in ein abgelegenes Bergdorf, das ein Geheimnis birgt. Oberhalb des Ortes liegt versteckt eine Grotte mit seltenen blauen Kristallen. Nur das wilde Mädchen Junta, das allein und verstoßen in den Bergen haust, kennt den Weg zur Grotte. Immer wieder versuchen die Jünglinge des Ortes, Junta zu folgen, und verunglücken dabei tödlich. Der Fremde verliebt sich in die wilde Schönheit und zieht in ihre Hütte. Arglos verrät er schließlich den Dörflern den Weg zur Grotte – die daraufhin prompt ausgeraubt wird. In einem dramatischen Finale stürzt Junta beim Abstieg aus der Grotte in den Tod.

Die Rolle der Berghexe übernahm Leni Riefenstahl selbst und setzte sich attraktiv im Fetzenkleid in Szene. Bis zuletzt verstand sie diese Rolle als Vorwegnahme ihres eigenen Schicksals. Junta und Leni – beide seien geliebt und gehasst worden. Beide seien verstoßene Außenseiterinnen gewesen, die doch eigentlich nur das Schöne bewahren wollten und dafür von der Welt geächtet wurden. Bis zuletzt wollte sich nicht wahrhaben, dass sie nicht wie

Neu war natürlich die weibliche Hauptfigur. Das war eine Figur, die in jeder Hinsicht aktiv war, auch erotisch interessant – sie wählte sich ihren Liebhaber selbst aus. Sie hatte als Einzige Zugang zu dieser Grotte mit dem blauen Licht. Sie war die Einzige, die über den Reichtum verfügen könnte, tat es aber nicht. Das war eine Frauenfigur, die es im deutschen Film zu der Zeit überhaupt nicht gab.
Rainer Rother, Riefenstahl-Biograph

»Schöne Bergromanze«: Auch Leni Riefenstahls erster eigener Film »Das blaue Licht« wurde an Originalschauplätzen in den Dolomiten gedreht

die Junta im Film ein fremdbestimmtes Wesen war, sondern aktiv das Bild ihres Lebens gestaltet hat, mit all seinen Licht- und Schattenseiten.

Die Zeit, in der sie »Das blaue Licht« drehte, gehörte zu den glücklichsten Phasen in Leni Riefenstahls Leben. Unter einfachsten Bedingungen inszenierte sie mit ihren Leuten in den Dolomiten einen Film, der bis heute seinen zeitlosen Reiz nicht verloren hat. Ein idealistischer Pioniergeist hielt die verschworene Gemeinschaft zusammen. Acht Stunden lang kraxelte das Team an manchen Tagen den Berg hinauf, nur um eine einzige Einstellung zu machen, einen bestimmten Lichtreflex an einem Wasserfall zu finden. Seilbahnen gab es nicht, die Ausrüstung musste auf dem Rücken mitgeschleppt werden. Obwohl alle wie besessen arbeiten und genügsam lebten, sprengte Riefenstahl bald den vorgesehenen Zeit- und Kostenrahmen – eine Unart, die für ihre Arbeit charakteristisch wurde. Von Italien aus schickte Riefenstahl Filmrollen zu Sokal, um ihn zu weiteren Zahlungen zu animieren. Und in der Tat war Sokal von den Aufnahmen beeindruckt und räumte Leni einen erneuten Kredit von 60 000 Reichsmark ein.

Im Spätherbst 1931 war Leni Riefenstahl zurück in Berlin und begann mit dem Schnitt. Als sie wenige Wochen später ihre erste Version Sokal und der

Verleihfirma vorführte, waren diese entsetzt. Riefenstahl selbst gestand später ein, dass ihr alles zu lang und langweilig geraten war. Brav hatte sie Einstellung an Einstellung aneinander gereiht und sich von vielen schönen Bildern nicht trennen können, die den Spannungsbogen überdehnten. Die Folge war die Höchststrafe: Sokal bat Riefenstahls alten Mentor Fanck, den Film umzuschneiden. Im Alleingang nahm dieser das Werk seiner Schülerin auseinander und montierte es völlig neu. Als Riefenstahl das Ergebnis sah, erlitt sie einen Nervenzusammenbruch. Dennoch erwies sich die niederschmetternde Erfahrung als heilsam. Zwar zerlegte sie nun wieder ihrerseits Fancks Version, doch vieles, was dieser angeregt hatte, floss in ihre neue Arbeit mit ein. Vor allem lernte sie, in den Einstellungen öfter zu wechseln, Szenen mit Großaufnahmen zu unterschneiden und dadurch Spannung aufzubauen. Schnitt für Schnitt entwickelte sie ihr großes Talent am Schneidetisch. Am Ende waren alle von der neuen Version beeindruckt. Für viele Cineasten ist »Das blaue Licht«, Riefenstahls Erstling, ihr schönster Film.

Am 24. März 1932 wurde »Das blaue Licht« im Berliner Ufa-Palast am Zoo, dem bedeutendsten Premierentheater der Weimarer Republik, uraufgeführt. In ihren Erinnerungen hat Leni Riefenstahl die Premiere als grandiosen Erfolg gefeiert: »... ein Triumph, den ich mir nie erträumt hatte – eine Sensation. Die Berliner Kritiker überschlugen sich vor Begeisterung. ›Das blaue Licht‹ wurde als der beste Film der letzten Jahre gefeiert.« Wie so oft in ihrem Buch ist Riefenstahls Erinnerung geschönt. Tatsächlich erntete der Film enthusiastische Kritiken – allerdings auch harsche Verrisse. Schlimmer noch: Sein Erfolg an den deutschen Kinokassen

»Es ist Leni Riefenstahls kontinentales Schmuckstück. ›Das blaue Licht‹. Mit Recht zur schönsten Bergromanze erklärt, die auf der Leinwand zu sehen war. ›Meisterstück‹ ist das richtige Wort dafür.«
Sunday Times, 6. November 1932

Ich denke, dass »Das blaue Licht« irgendwann ganz normal zum Repertoire des deutschen Films gehören wird.
Rainer Rother, Riefenstahl-Biograph

war nur mäßig – ein Desaster für die Regisseurin und Hauptdarstellerin, die ihr gesamtes Vermögen in das Projekt gesteckt hatte. Als später der Film im Ausland, vor allem in Frankreich, England und den USA, doch noch zum Zuschauererfolg avancierte und Gewinn abwarf, ging das Geld zunächst an Sokal, der sich die Vertriebsrechte gesichert hatte, um seine Investitionen zu amortisieren. Im Frühjahr 1933 emigrierte Sokal, da ihm als Juden das Leben im »Dritten Reich« zu gefährlich wurde, und vertrieb den Film fortan vom Ausland aus. Jahrzehntelang gab es Streit zwischen ihm und Riefenstahl, die sich an den Einnahmen ihres Films nicht genügend beteiligt fand.

Es scheint kein Zufall zu sein, dass Leni Riefenstahl sich gerade in diesem Augenblick dem Mann näherte, der für ihr Leben und Nachleben bestimmend sein sollte: Adolf Hitler. Was die Massen in Deutschland bewegte, die ihm in Scharen zuliefen, bewegte auch sie: die Angst vor dem Abstieg. Mitten in der Weltwirtschaftskrise, in der ein Drittel der Deutschen arbeitslos war, stand sie aufgrund ihrer Investitionen in »Das blaue Licht« vor dem finanziellen Ruin. Und nicht nur sie. Auch die Installationsfirma ihres Vaters, in die mittlerweile ihr Bruder Heinz als Kompagnon eingetreten war, befand sich vor dem Bankrott. Die geborgene bürgerliche Existenz, die ihr seit Kindheitstagen selbstverständlich war, war auf einmal bedroht. Umso härter traf sie jede Kritik an ihrem Film, zumal der ersehnte Kassenerfolg zunächst ausblieb. Voller Erbitterung sei sie nach der Premiere zu ihm gekommen, erinnerte sich Henry Sokal später, und habe wutentbrannt einige Zeitungen auf den Tisch geworfen: »Wie komme ich dazu, mir von diesen Fremdlingen, die unsere Mentalität, unser Seelenleben nicht verstehen können, mein Werk zerstören zu lassen?«, habe sie dabei ausgerufen, und: »Gott sei Dank wird das nicht mehr lange dauern! Sobald der Führer an die Macht kommt, werden diese Zeitungen nur noch für ihr eigenes Volk schreiben dürfen. Sie werden in Hebräisch erscheinen.«

Leni Riefenstahl – eine Antisemitin? Gewiss sind Sokals Aussagen, zumal aus der Empfindsamkeit des Vertriebenen, mit Vorbehalt zu lesen. In den Jahren zuvor war Leni Riefenstahl mit vielen jüdischen Künstlern, darunter Béla Balász, Josef von Sternberg und andere, in engen und freundschaftlichen Kontakt getreten. Auf der anderen Seite war für sie der Exodus so vieler jüdischer Künstler später kein Grund, sich dem Regime zu verweigern, das sie vertrieben hatte. In einem Fall nutzte sie sogar die Möglichkeiten, die sich ihr durch die Ausgrenzung jüdischer Künstler boten. Auf einem Papier des Berliner Hotels Kaiserhof findet sich mit leichter Hand unter dem Datum des 11. Dezember 1933 hingekritzelt: »Ich erteile dem Herren Gauleiter Julius Streicher aus Nürnberg, Herausgeber des *Stürmers*, Vollmacht in Sachen der Forderung des Juden Béla Balász an mich. Leni Riefenstahl.« Auf diese Weise entledigte sich Leni Riefenstahl nach der Machtübernahme der Nazis ihres Koautoren von »Das blaue Licht«. Als der Film 1938 erneut in die Kinos kam, fehlte Balász' Name im Vorspann.

Ihre prekäre persönliche Situation und ihre Gleichgültigkeit, wenn nicht gar Anfälligkeit gegenüber den antisemitischen Parolen der Nazis können erklären, was Leni Riefenstahl bewog, sich Hitler in dieser Zeit zuzuwenden. Sie selbst hat aus ihrer anfänglichen Begeisterung für Hitler nie einen Hehl

> *Ich habe Hitler zum ersten Mal 1932 im Berliner Sportpalast erlebt. Dies war übrigens die erste politische Veranstaltung, die ich überhaupt besucht habe. Ich war fassungslos zu erleben, welch ungeheure hypnotische Macht Hitler auf seine Zuschauer ausübte, wie ein Hypnotiseur, der alle verzauberte und in seinen Bann schlug. Es war unheimlich, und der Funke sprang auch auf mich über.*
> Leni Riefenstahl, 2002

gemacht. Ihre erste Begegnung bei einer Rede Hitlers im Berliner Sportpalast im Frühjahr 1932 stilisierte sie zum Erweckungserlebnis – ähnlich dem Tanzbesuch in der Tanzschule Grimm-Reiter und dem Filmplakat in der U-Bahn-Station Nollendorfplatz: »Mir war, als ob sich die Erdoberfläche vor mir ausbreitete – wie eine Halbkugel, die sich plötzlich in der Mitte spaltet und aus der ein ungeheurer Wasserstrahl herausgeschleudert wurde, so gewaltig, dass er den Himmel berührte und die Erde erschütterte. Ich war wie gelähmt. Obgleich ich vieles in der Rede nicht verstand, wirkte sie auf mich faszinierend. Ein Trommelfeuer prasselte auf die Zuhörer nieder, und ich spürte, sie waren diesem Mann verfallen.«

Wie im Falle Fancks stand ihr Entschluss fest: Diesen Mann wollte sie treffen. Und wie damals ging sie direkt auf ihr Ziel zu. Noch ganz unter dem Eindruck der Sportpalastrede, verfasste sie am 18. Mai 1932 einen schwärmerischen Brief. Die Adresse: Braunes Haus, München. »Sehr geehrter Herr Hitler, vor kurzer Zeit habe ich zum ersten Mal in meinem Leben eine politische Versammlung besucht.... Ich muss gestehen, dass Sie und der Enthusiasmus der Zuhörer mich beeindruckt haben. Mein Wunsch wäre es, Sie persönlich kennen zu lernen.« Die frühe Fanpost zeigte Wirkung. Kurz bevor sie sich zu den Dreharbeiten von »S.O.S. Eisberg« nach Grönland einschiffte, klingelte bei Leni Riefenstahl das Telefon. »Hier spricht Brückner, Adjutant des Führers«, tönte es schneidig aus dem Hörer. »Der Führer hat Ihren Brief gelesen, und ich soll fragen, ob es Ihnen möglich ist, morgen für einen Tag nach Wilhelmshaven zu kommen.« Natürlich war das möglich. Eilig kabelte Leni ihren Mitreisenden, sie werde erst in Hamburg zur Filmcrew stoßen, man solle sich keine Sorgen machen, sie werde rechtzeitig nachkommen. »Ich fragte mich, war dies Zufall oder Schicksal«, schrieb sie später. Es war keines von beiden. Leni Riefenstahl hatte den Kontakt zu Hitler bewusst gesucht und bekommen, was sie wollte.

Was aber bewegte Hitler, so bereitwillig auf ihre Avancen einzugehen?

»Mir war, als ob sich die Erdoberfläche vor mir ausbreitete«: Hitler spricht 1932 im Berliner Sportpalast

Neben persönlichen waren wohl auch politische Gründe maßgeblich. Als leidenschaftlichem Kinobesucher war Hitler der Name Leni Riefenstahl wohl bekannt. Das Interesse der schönen Schauspielerin, deren Bergfilme ihm wie auch Goebbels gefielen, dürfte ihm geschmeichelt haben. Zudem rang es ihm wohl Respekt ab, dass die Schauspielerin nun auch als Regisseurin ihr viel beachtetes Debüt gegeben hatte. Hitlers Neigung zur Kunst war von Künstlern bis dahin kaum erwidert worden. Von Leni Riefenstahl wurde sie erwidert. Und zuletzt: Als Meister der Propaganda war es Hitler nicht entgangen, welche Möglichkeiten der Film in dieser Hinsicht bot. Umso betrüblicher für ihn, dass seine Partei in diesem Medium bislang kaum etwas zu bieten hatte außer einigen recht dilettantischen Werken, die unter der Aufsicht des Filmbeauftragten der Partei, Arnold Raether, entstanden waren. Im Unterschied zu den Kommunisten fand die NSDAP im Kino der Weimarer Republik praktisch nicht statt. Insofern lag der Gedanke nahe, Kontakte zu Filmschaffenden aufzubauen, zumal wenn diese von einer schönen Frau verkörpert wurden.

Am 23. Mai 1932 trafen Riefenstahl und Hitler an der Nordsee bei Horumersiel zum ersten Mal zusammen. Rasch schickte man sich zu einem Spaziergang am Strand an. Das Gespräch, das sich in der Erinnerung Riefenstahls dort entspann, nimmt vieles von dem vorweg, was die Regisseurin nach dem Krieg zur Rechtfertigung angeführt hat. Er habe all ihre Filme gesehen, den »stärksten Eindruck« aber habe »Das blaue Licht« auf ihn gemacht, umwarb der künftige Diktator seine künftige Lieblingsregisseurin. Und dann, unvermittelt: »Wenn wir einmal an der Macht sind, dann müssen Sie meine Filme machen.« »Impulsiv« habe sie abgewehrt: »Das kann ich nicht! Bitte verstehen Sie meinen Besuch nicht falsch, ich bin überhaupt nicht an Politik interessiert. Ich könnte auch niemals ein Mitglied Ihrer Partei werden.« Und um keinerlei Zweifel an ihrer politischen Korrektheit aufkommen zu lassen: »Sie haben doch Rassenvorurteile. Wenn ich als Inderin oder Jüdin geboren wäre, würden Sie überhaupt nicht mit mir sprechen. Wie sollte ich für jemand arbeiten, der solche Unterschiede zwischen den Menschen macht?« Erstaunt, aber keineswegs ungehalten habe Hitler sie angeschaut: »Ich wünschte, meine Umwelt würde genauso unbefangen antworten wie Sie.« Se non é vero, é bene trovato.

Der Tag hielt für die Riefenstahl noch eine weitere große Überraschung bereit. Nach dem Abendessen in einem Gasthof bat Hitler sie zu einem erneuten abendlichen Spaziergang an den Strand. Hinter ihnen, im Dunkeln, gingen Hitlers Adjutanten, die nach einer Weile kaum noch zu sehen waren.

Nachdem sie beide eine Weile stumm nebeneinander gegangen waren, so erinnerte sich Riefenstahl, blieb Hitler plötzlich stehen. »Er sah mich lange an, legte langsam seine Arme um mich und zog mich an sich. Ich war bestürzt, denn diese Wendung der Dinge hatte ich mir nicht gewünscht. Er schaute mich erregt an. Als er merkte, wie abwehrend ich war, ließ er mich sofort los. Er wandte sich etwas von mir ab, dann sah ich, wie er die Hände hob und beschwörend sagte: ›Ich darf keine Frau lieben, bis ich nicht mein Werk vollendet habe.‹«

Dass sie eine Affäre mit Hitler gehabt hat, halte ich nicht einmal theoretisch für möglich. Hitler hätte das unter keinen Umständen haben wollen und sich da immer sehr zurückhaltend verhalten.
Wilhelm Schneider, Leibwächter Hitlers

Hitler hat mich sehr geschätzt. Die Partei hat mich deshalb gehasst. Denn manchmal stellte Adolf Hitler mich seinen Männern als Vorbild hin, von dem sie lernen könnten.
Leni Riefenstahl, 2000

War Hitler gar in Leni Riefenstahl verliebt? Begehrte er sie als Frau? Die Regisseurin war sich da ganz sicher. Ebenso sicher war sie, dass dieses Begehren auf Einseitigkeit beruhte, dass sie Hitler nur als charismatische Persönlichkeit, nicht jedoch als Mann bewunderte. In der Tat passt Hitler in keiner Weise ins »Beuteschema« der jungen Künstlerin. Seit ihrer Erfahrung mit Froitzheim hatte Leni Riefenstahl Männer bevorzugt, denen sie ebenbürtig oder überlegen war: Schauspielkollegen, Kameraleute, Athleten – alle durchweg gut aussehende, sportliche Typen. Das hielt sie allerdings nicht davon ab, wie im Falle Fancks das Verlangen ihrer verhinderten Liebhaber für sich auszunutzen, wenn es ihr passte. Hat sie ihre Weiblichkeit auch im Falle Hitlers bewusst ausgespielt? Ihrer künftigen Karriere hat die Zurückweisung jedenfalls nicht geschadet. Am nächsten Vormittag verabschiedete sich Hitler von ihr mit einem Handkuss. Sie solle sich doch nach ihrer Rückkehr wieder bei ihm melden, um über Grönland zu berichten, bat der Diktator in spe seine Lieblingsregisseurin in spe. Leni versprach es und hielt Wort. Als sie im Oktober 1932 wieder in Berlin war, führte einer ihrer ersten Wege ins Hotel Kaiserhof, wo Hitler bei seinen Aufenthalten in Berlin residierte. Während die Republik unterging und sich hinter den Kulissen die braune Machtübernahme anbahnte, trat Riefenstahl in den inneren Zirkel um Hitler ein. In rascher Folge lernte sie die wichtigsten Parteiführer kennen. Sie sei die »einzige von den Stars, die uns versteht«, notierte wenig später Joseph Goebbels in sein Tagebuch. Der Partei trat Leni Riefenstahl dennoch weder jetzt noch in Zukunft bei. Ihre Begeisterung galt nicht der »Bewegung«, sondern vor allem der Person Adolf Hitlers.

»Einzige Frau unter lauter Männern«: Ernst Udet und Leni Riefenstahl in Grönland bei Dreharbeiten zum Film »S.O.S. Eisberg«

Als Leni Riefenstahl am 30. August 1933 auf die Bühne des Ufa-Palastes am Zoo trat, um den Applaus des Premierenpublikums für »S.O.S. Eisberg« entgegenzunehmen, hatte sich die Lage in Deutschland wie auch ihre eigene grundlegend gewandelt. »Auf Anordnung des Führers«, meldete eine Zeitschrift, sei ihr die Premierenteilnahme durch »Bereitstellung eines Flugzeugs« ermöglicht worden. Es blieb eine Stippvisite, denn in Nürnberg warteten dringende Filmarbeiten auf sie. Auf besonderen Wunsch Hitlers hatte sie wenige Wochen zuvor die Aufgabe übernommen, einen Film über den alljährlichen Parteitag der NSDAP in Nürnberg zu machen. Kostenpunkt: 60 000 Mark, ein Drittel davon sollte die Regisseurin als Honorar bekommen. Acht Monate nach der Machtergreifung sollte ein gigantischer Aufmarsch die absolute Vormachtstellung der Nationalsozialisten in Deutschland dokumentieren. In Nürnberg, der Stadt, in der früher die Kaiser nach der Krönung ihren ersten Reichstag hielten, wollte sich der »Führer« von seinem Volk auf einem »Reichsparteitag des Sieges« huldigen lassen. Und

> »Vormittag Leni Riefenstahl. Sie erzählt von ihren Plänen. Ich mache ihr den Vorschlag eines Hitler-Films. Sie ist begeistert.«
> Goebbels, Tagebuch, 17. Mai 1933

> *Sie werden verstehen, dass ich ziemlich verzweifelt war, als Hitler mich bat, für ihn Filme zu machen. Die ersten, die er mir anbot, waren Nazi-Themen wie »SA-Mann Brand« oder »Hitlerjunge Quex«, Spielfilme, die dann von anderen gemacht wurden.*
> Leni Riefenstahl, 2002

die ganze Welt sollte es sehen, durch die Augen von Leni Riefenstahl. Die willigte ein und begab sich damit auf den ruhm- und verhängnisvollen Weg zur Regisseurin des NS-Regimes.

Bis zu ihrem Tod hat Leni Riefenstahl beteuert, das sie Hitlers Angebot nicht wollte – nicht, weil sie politisch dagegen gewesen wäre, sondern weil sie damals viel lieber Schauspielerin als Regisseurin hätte sein wollen. Mit Händen und Füßen habe sie sich gegen das Projekt gewehrt, andere Aufgaben vorgeschoben, aber Hitler habe sich nicht umstimmen lassen. Dieses angebliche Nichtwollen ist ein wiederkehrendes Motiv in Leni Riefenstahls Erinnerungen. Nimmt man ihre Memoiren für bare Münze, so wurde sie Schauspielerin nur, weil sie ihre Tanzkarriere nicht fortsetzen konnte, führte Regie bei ihrem ersten eigenen Film, ohne auf eine Karriere als Regisseurin zu spekulieren, und nahm nur widerwillig auf Drängen Hitlers die Parteitagsfilme an – so fremdbestimmt stellte sich die Frau dar, die sonst durch ihre Willensstärke ihrer männlich dominierten Umwelt allenthalben Respekt abrang.

> **Nachdem Hitler an der Macht war, wollte ich keine Verbindung mehr mit ihm haben.**
> Leni Riefenstahl, »Memoiren«

»Sieg des Glaubens« hieß der Film, der drei Monate später ebenfalls im Ufa-Palast am Zoo uraufgeführt wurde. Zu ihm hat Leni Riefenstahl sich später nur ungern geäußert. Nicht wegen seiner politischen Aussage, sondern wegen seiner handwerklichen Unreinheiten. »Das ist kein Film, das ist belichtetes Material«, hat sie verächtlich geurteilt. Hals über Kopf hatte sie sich in die für sie neue Aufgabe gestürzt, einen Dokumentarfilm zu drehen. Wegen der kurzen Vorbereitungsphase blieb keine Zeit, genaue Drehfolgen oder Kamerastandorte festzuschreiben. Auch die Auswahl der eilig zusammengetrommelten Kameraleute ließ zu wünschen übrig. Neben vertrauten Mitarbeitern wie Allgeier und Weihmayer hatte sie auf Kameraleute der Wochenschau zurückgreifen müssen, die an den schwierigen Drehbedingungen scheiterten. Mal waren die Aufnahmen verwackelt, mal war die Ausleuchtung oder Bildschärfe mangelhaft. Viele Schwenks endeten im Nichts.

Immer wieder sah sich Leni Riefenstahl gezwungen, aus Mangel an besseren Alternativen Bilder einzuschneiden, die sie lieber herausgelassen hätte.

Gerade deswegen ist »Sieg des Glaubens« zu einer interessanten Momentaufnahme in der Karriere Leni Riefenstahls und Adolf Hitlers geworden. Noch waren beide am Üben, hatten ihren Stil und ihre Rolle nicht gefunden. Unfreiwillig wirken manche Bilder komisch. So wirft Hitler einen Strauß Blumen, den ihm ein kleines Mädchen gereicht hat, achtlos in den Schoß seines Stellvertreters Heß. Immer wieder konterkarierte seine widerspenstige Haarsträhne den betont ernsten Gesichtsausdruck. Vor allem aber ist Hitler in »Sieg des Glaubens« nicht der unnahbare, über allen anderen schwebende »Führer«. Noch standen zwei Machthaber im Mittelpunkt: Adolf Hitler und sein SA-Chef Ernst Röhm. Ein Jahr später war der Nebenbuhler beseitigt. Jetzt war die Bühne frei für eine neue Inszenierung, die den Vorgänger weit übertreffen sollte: »Triumph des Willens«.

> Er hat auch unfreiwillig-komische Elemente, weil alle noch geübt haben. Hitler wusste noch nicht so richtig, wie er sich vor der Kamera bewegen soll, geschweige denn die anderen Parteigrößen.
>
> Rainer Rother, Riefenstahl-Biograph

Riefenstahls Dokumentation über den NS-Parteitag 1934 gilt bis heute als der wirkungsreichste Propagandafilm aller Zeiten – auch wenn seine Regisseurin bis zu ihrem Tod behauptete, dass er ebendies nicht sei: ein Propagandafilm. Schließlich verzichte der Film auf jeden Kommentar und verwende ausschließlich Musik, Geräusche und den Originalton der Parteitagsredner. Doch »Triumph des Willens« benötigte keinen Text. Es war die Macht der Bilder, die den Film so verführerisch machte.

Um diese Bilder zu bekommen, war der Regisseurin kein Aufwand zu viel. Die lange Vorlaufzeit bot ihr die Möglichkeit, alles generalstabsmäßig zu planen, und die Mittel, die ihr Hitler zur Verfügung stellte, waren praktisch unbegrenzt. 40 Kameraleute, damals noch »Operateure« genannt, standen ihr zu Diensten. Persönlich legte sie mit ihnen die Kamerapositionen fest und ließ sie auf Rollschuhen Fahrten üben. Sie legte Schienen um die Rednertribüne, um den Sprecher ungestört mit der Kamera umrunden zu können. Auf ihren Wunsch wurde am Fahnenmast eigens ein Aufzug installiert, der Aufnahmen aus luftiger Höhe ermöglichte. Die berühmteste Szene aus »Triumph des Willens«, der einsame Gang Hitlers, Himmlers und des neuen SA-Chefs Lutze durch die Massen des angetretenen Parteivolks, entstand aus dieser Position.

Sie habe nichts dazuerfunden, nur die Wirklichkeit abgebildet, hat Leni

»Wirkungsreichster Propagandafilm aller Zeiten«: Leni Riefenstahl während der Dreharbeiten zu »Triumph des Willens«

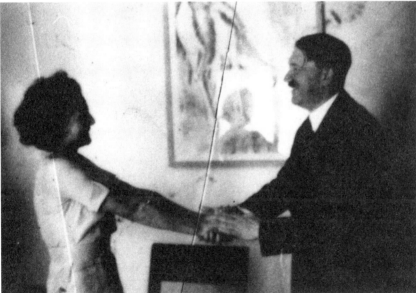

Oben: »Die Kulissen waren nun einmal da«: Leni Riefenstahl setzte den Machtanspruch der NS-Führung in Bilder um
Unten: »Sie haben ein Meisterwerk geschaffen«: Der Diktator und seine Regisseurin bei einem persönlichen Treffen

> Die Kulissen waren nun einmal da. ... Ich war nicht die Gestalterin des Objekts. Ich habe nichts propagandistisch hinzugefügt oder manipuliert, sondern das, was ich sah, möglichst gut von meinen Kameramännern filmen lassen.
>
> Leni Riefenstahl, 1997

Riefenstahl sich später gerechtfertigt. Ihr Film sei eine reine Dokumentation des Geschehens. In der Tat war die Begeisterung, die Hitler in Nürnberg entgegenschlug, nicht gestellt. Aber die Regisseurin stilisierte die Wirklichkeit, bebilderte die Parolen der Nazis: Ein Volk, ein Reich, ein Führer. Aus der Aneinanderreihung von Märschen und Reden inszenierte sie eine Liebesgeschichte zwischen Hitler und seinem Volk. Mittels niedriger Kamerapositionen verlieh sie dem unscheinbaren Diktator eine heroische Größe, während sie das jubelnde Parteivolk von oben herab aufnahm. Im dauernden Schnittwechsel schaut Hitler herab auf das Volk und dieses zu ihm auf – beide sind in ständiger Zwiesprache. Der Diktator geriet in dieser weihevollen Überhöhung zum Heilsbringer, zum Messias. Leni Riefenstahl machte sich damit zur Komplizin des Verführers.

> Ihre Stärke war am Schneidetisch. Dieses Basteln, dieses Zusammenbauen, dieses Zusammenstellen, das war ihre Stärke.
>
> Hans Ertl, Kameramann bei Leni Riefenstahl

> Wer das Gesicht des Führers in »Triumph des Willens« gesehen und erlebt hat, der wird es nie vergessen. Es wird ihn in Tag und Traum verfolgen, und es wird sich wie eine still leuchtende Flamme in seine Seele einbrennen.
>
> Goebbels, Rede zur Verleihung des »Nationalpreises«, Mai 1935

Als »Triumph des Willens« im Frühjahr 1935 wieder im Ufa-Palast uraufgeführt wurde, war Leni Riefenstahl völlig erschöpft. Monatelang hatte sie im Schneideraum bis in die Nächte hinein gearbeitet. Nachdem ein begeisterter Hitler ihr nach der Aufführung unter dem tobenden Beifall der Menge einen Blumenstrauß überreicht hatte, fiel sie in Ohnmacht. Das hielt sie nicht davon ab, mit dem Auto selbst in die Reichskanzlei zu fahren, um bei dem anschließenden Empfang neben Hitler Platz zu nehmen. Ihr Tischherr sparte nicht mit Lob: »Ich danke Ihnen! Sie haben ein Meisterwerk geschaffen, ein unvergessliches! Die Welt wird es zu würdigen wissen«, habe er der stolzen Leni Riefen-

> Es hat ja überall in den Zeitungen gestanden: Leni Riefenstahl filmt. Ich kann mich gut entsinnen: Auf der Zeppelin-Wiese standen drei Hakenkreuzfahnen, und daneben stand ein Gerüst mit einem Korb, und da war die Leni Riefenstahl immer drin. Und wir haben mehr auf den Korb geschaut als auf den Adolf. Das war faszinierend: Mensch, die fährt da hinauf mit der Filmkamera, die filmt von da oben!
>
> Edi Sers, als Junge Besucher der Reichsparteitage

»Ihre Stärke war am Schneidetisch«: Leni Riefenstahl sichtet Material für den Film »Triumph des Willens«

stahl gesagt, so jedenfalls erinnert sich ihre spätere Schwägerin Ilse, die Leni Riefenstahls Bruder Heinz begleitete. In den Kinos des Reiches war Leni Riefenstahl fortan omnipräsent. Von Partei und Staat großzügig gefördert, verschaffte »Triumph des Willens« mindestens 20 Millionen Zuschauern ihr ganz persönliches »Führer«-Erlebnis. Dass sie dafür von Goebbels den Nationalen Filmpreis des Jahres 1935 verliehen bekam, war eine Selbstverständlichkeit.

Spätestens mit »Triumph des Willens« gehörte Leni Riefenstahl zur Topriege des »Dritten Reiches«. Sie war jetzt unumstritten des »Führers liebste Künstlerin«. Ein letztes Mal ließ dieser sie einen Parteitag dokumentieren, den von 1935. Im Mittelpunkt des von Riefenstahl wenig geliebten Films »Tag der Freiheit« stand diesmal das Militär. Aus einer klirrenden Waffenschau montierte Riefenstahl ein dramatisches Manöver, als befände sich das Land schon im Krieg. In brodelnden Staubwolken bremsten Panzer in letzter Sekunde vor der Kamera ab oder überrollten gar den in einer Grube sitzenden Kameramann. In atemberaubender Schnittfolge, verstärkt durch schmissige Marschmusik, vermittelte der Film den Eindruck von enormer Kraft und Bewegung. Kurz nach der Wiedereinführung der Wehrpflicht sollte »Tag der Freiheit« ein Hochgefühl zurückerlangter Stärke entzünden. Deutschland »war wieder wer«, und das hatte es einem Mann zu verdanken.

> *Sie kam, wenn wir in Berlin in der Reichskanzlei waren. Sie fuhr fast täglich vor, manche Tage sogar mehrere Male. Aber das war, wie die Leute sagen, keine Liebhaberei oder Liebesaffäre oder Techtelmechtel, das war nur Arbeit, harte Arbeit und die Besprechung für die Filme. Denn Hitler hat sich ja vorbehalten, bei den Filmen alles mitzubestimmen. Und er hatte dauernd neue Ideen, neue Einfälle, neue Vorhaben. Und da musste die Riefenstahl dauernd antanzen.*
> Herbert Döhring, Verwalter des »Berghofs«, Hitlers Domizil auf dem Obersalzberg

Noch aber war das Reich für einen Krieg nicht gerüstet. Während die Aufrüstung in vollem Gange war, hielt Hitler es für klug, das aufgeschreckte Ausland durch Friedensparolen zu besänftigen. Bereitwillig griff er hierfür eine günstige Gelegenheit auf. Im Jahr 1931 hatte das Internationale Olympische Komitee die Olympischen Winter- als auch die Sommerspiele von 1936 nach Deutschland vergeben – eine wohlmeinende Geste gegenüber der in Agonie liegenden Weimarer Republik. Zunächst war die NS-Führung wenig angetan von der Vorstellung eines sportlichen Kräftemessens zwischen »Ariern« und »Nichtariern« – bis Hitler den propagandistischen Wert der Veranstaltungen erkannte. Was konnte es Besseres geben, um die Welt über das wahre Gesicht und die wirklichen Absichten seines Regimes zu täuschen? Rund 100 Millionen Reichsmark ließ sich Berlin das Spektakel kosten – eine gewaltige Summe in einer Zeit, in der die Olympischen Spiele noch längst nicht mit den Medienereignissen heutiger Zeiten vergleichbar waren. Für die Dauer der Sommerspiele wurden antisemitische Plakate und Schilder aus Berliner Geschäften, Parks

---

»Frl. Riefenstahl kriegt ihren Vertrag zu Olympiade-Film. Objekt von 1,5 Millionen. Sie ist ganz froh.«
Goebbels, Tagebuch, 7. November 1935

Goebbels hat gesagt, dass leider der »Führer« ein etwas unerklärliches Faible für die Riefenstahl habe, ein Faible, das er selbst nicht nachfühlen oder nachvollziehen könne.
Fritz Hippler, damals »Reichsfilmintendant«

und öffentlichen Verkehrsmitteln entfernt. Nichts sollte den schönen Schein stören.

Um das Großereignis würdig zu zelebrieren, musste ein Film her, und wer war dafür besser geeignet als Hitlers Lieblingsregisseurin Leni Riefenstahl? Das Angebot des Diktators war mehr als großzügig. Ein Budget von 1,5 Millionen Reichsmark sollte Leni Riefenstahl zur Verfügung stehen, sie selbst die exorbitante Gage von 250 000 Reichsmark erhalten. Die Mittel wurden voll und ganz aus dem Reichshaushalt bestritten, auch wenn Leni Riefenstahl später behauptet hat, »Olympia« sei eine unabhängige Arbeit ihrer Produktionsfirma im Auftrag des Olympischen Komitees gewesen. Tatsächlich war die »Olympia Film GmbH« laut Akten des Propagandaministeriums nur deswegen gegründet worden, »weil das Reich nicht offen als Hersteller des Films in Erscheinung treten will«.

Im Mai 1936 begann Leni Riefenstahl mit den Proben. Ihr Geld und Name halfen ihr, die besten Kameraleute um sich zu versammeln, darunter ihre alten Bekannten Hans Ertl, Walter Frentz und Guzzi Lantschner. Mit ihnen probte sie neue Mittel und Techniken, um die schnellen Bewegungen der Sportler mit der Kamera einzufangen. Eine Frucht war die Idee, die Sportler aus der Froschperspektive vor dem Hintergrund des Himmels aufzunehmen. Hans Ertl entwickelte eine automatische Katapultkamera, die parallel zur 100-Meter-Strecke die Läufer begleiten sollte. Da die von Riefenstahl gewünschten Nahaufnahmen die Athleten während der tatsächlichen Wettkämpfe behindert hätten, wurden sie bereits vorab während des Trainings gedreht.

> Aufgeregt habe ich mich über die Riefenstahl. Ich trainierte draußen im Forum, und die störte da immer mit ihrer Filmerei. Für mich war sie unsympathisch.
> Ruth Halbsguth, Schwimmerin

> Sie war sehr angenehm. Ganz auf den Sport eingestellt. Der Film ist ja von der sportlichen Seite her sehr gut gelungen.
> Wilhelm Mahlow, Ruderer

Als die Olympischen Sommerspiele Anfang August 1936 begannen, war Riefenstahls Team bereit. Anders als bei den Parteitagen war vieles nicht planbar. Wo würden sich die spannenden Geschichten abspielen, welche Athleten die Medaillen erringen? Nach Sonnenuntergang saß die Regisseurin noch stundenlang mit ihrem Team zusammen und legte die Aufnahmen für den nächsten Tag fest. In den entscheidenden Passagen brachte Riefenstahl sich persönlich ein, wie sich ihre damalige Schwägerin Ilse erinnert: »Lenis Hauptaugenmerk galt der Ehrenloge von Hitler. In ihrem weißen Olympiaanzug, das Megaphon vor dem Mund, turnte sie

> Wenn sie ins Rampenlicht trat, dann nicht als Nebenfigur.
> Rainer Rother, Riefenstahl-Biograph

»Hitlers Diva«: Die Regisseurin verstand es, sich selbst während der Dreharbeiten zu den Olympischen Spielen in Berlin stets gekonnt in Szene setzen zu lassen

wenige Reihen darunter zwischen den Sitzbänken herum und herrschte die Kameraleute an: ›Näher heran! Großaufnahme! Jetzt, jetzt! Näher!‹ Wenn Hitler den Arm hob, wenn alle ›Heil‹ zur Führerloge hinaufschrien, wenn er sich vor Begeisterung auf die Schenkel schlug, weil wieder einmal ein Deutscher siegte – und das war nicht selten –, dann war Leni mit ihrem Megaphon in Höchstform.«

Gekonnt setzte sie neben Hitler auch sich selbst ins Bild. Ein Leibfotograf begleitete die Regisseurin bei der »Arbeit«. Angetan mit Marlene-Dietrich-Hose, das offene Haar leicht vom Wind verwuschelt, ließ sie sich hinter Walter Frentz kauernd auf dem Kamerawagen ablichten. Ihre Hand beruhigend auf die Schulter des Kameramanns gelegt, scheint sie seine Kameraführung zu bestimmen – auch wenn sie dadurch die Arbeit von Frentz wohl eher erschwert und nicht erleichtert hat. Ihre Eitelkeit, selbst im Mittelpunkt zu stehen, belastete sie später, da viele der Fotos veröffentlicht wurden. Als Hitlers Diva blieb sie fortan im kollektiven Gedächtnis der Deutschen haften.

Nach dem Ende der Olympischen Spiele stürzte sich Leni Riefenstahl in den Schnitt. 400 000 Meter Film waren belichtet worden – eine gigantische Strecke. Allein für das Sichten des Materials vergingen Monate. Noch war kein Meter Film geschnitten, das war das üppige Budget so gut wie aufge-

Oben: »Die Riefenstahl hat da eine Sauwirtschaft aufgemacht«: Propagandaminister Goebbels informierte sich persönlich über den Fortschritte des Olympia-Films
Unten: »Premiere als Triumph«: Nach der Uraufführung des Olympia-Films gratuliert der griechische Gesandte der Regisseurin, was Goebbels und Hitler freudig beobachten

braucht. Erbost notierte Propagandaminister Goebbels am 25. Oktober 1936 in sein Tagebuch: »Prüfung der Olympia-Film; die Riefenstahl hat da eine Sauwirtschaft aufgemacht. Einschreiten!« Als die Regisseurin ihm wenige Tage später reinen Wein einschenkte, kam es zum Eklat: »Frl. Riefenstahl macht mir ihre Hysterien vor. Mit diesen wilden Frauen ist nicht zu arbeiten. Nun will sie für ihren Film 1/2 Million mehr und zwei daraus machen. Dabei stinkt es in ihrem Laden wie nie. Ich bin kühl bis ins Herz. Sie weint. Das ist die letzte Waffe der Frauen. Aber bei mir wirkt das nicht mehr. Sie soll arbeiten und Ordnung halten.« Zähneknirschend musste der Minister die gewünschte Summe nachschießen. Persönlich kontrollierte er fortan die Fortschritte am Schneidetisch. Was er dort zu sehen bekam, ließ seine Kritik freilich bald verstummen.

Am 20. April 1938, Hitlers neunundvierzigstem Geburtstag, feierte »Olympia« Premiere. Fast zwei Jahre Arbeit hatte das Mammutprojekt verschlungen. Doch die Premiere im Berliner Ufa-Palast, zu der die Parteiprominenz vollständig angetreten war, geriet zu einem Triumph, der die Regisseurin für alle Mühen entschädigte. Aus den Aufnahmen waren zwei Filme entstanden: »Fest der Völker« und »Fest der Schönheit«. Bis heute gelten sie als Meisterwerke der Filmkunst und Meilensteine der Sportberichterstattung. Meisterhaft war es Riefenstahl gelungen, spektakulären Kameraaufnahmen durch eine raffinierte Montagetechnik eine ganz eigene Filmsprache zu geben. Zu den Höhepunkten gehört zweifellos der Wettkampf der Turmspringer, bei der auch zum ersten Mal eine Unterwasserkamera zum Einsatz kam. Indem sie das Tempo der Aufnahmen variierte und die Sprünge zum Teil rückwärtslaufend einschnitt, komponierte Riefenstahl eine Szenenfolge, in der die Springer sich scheinbar schwerelos, den Vögeln gleich, in der Luft drehten.

Eindrucksvoll für die Premierenbesucher geriet auch die Eröffnungsszene des Films, in der Riefenstahl die mythischen Wurzeln der Olympischen Spiele feiert. Gut gebaute Athleten demonstrieren – in nackter Pracht – klassische olympische Wettbewerbe wie den Speer- und Diskuswurf. Schönheit, gepaart mit Stärke – ein Bildsprache, die Riefenstahls Kritiker später faschistisch nannten. »Mich interessiert nur das Schöne. Das Elend, das Kranke, deprimiert mich!«, hat Riefenstahl sich immer wie-

---

Sie betete immer das gleiche Gesunde, Großartige, Wunderbare, an. Sie ist so ungebrochen narzisstisch und ewig unschuldig. Sie war strahlend – wie ein gesunder, starrer, harter, narzisstischer Mann.

Margarete Mitscherlich, Psychoanalytikerin

Es war ein Propagandafilm für den Sport, aber nicht für die Partei. Dass das unter der Parteiherrschaft passiert ist, war eine ungewollte Propaganda.

Walter Frentz, Kameramann bei Riefenstahl

»Das kann nicht wahr sein«: Nach ihrer Ankunft in den USA im November 1938 posiert Leni Riefenstahl für die Fotografen

der gegen diese Vorwürfe gerechtfertigt. Doch die politische Problematik des Olympia-Films liegt nicht darin, dass er unverhüllt nationalsozialistische Werte propagierte – der farbige Olympiastar Jesse Owens wurde gebührend gewürdigt, Athleten aller Hautfarben und Nationen in olympischer Eintracht abgebildet –, sie liegt darin, dass er der Welt das Trugbild eines toleranten und friedlichen Deutschland vorgaukelte, das konträr zur Realität in Hitlers Reich stand.

> »Obwohl Amerika auf der Olympiade 1936 große Erfolge erzielt hat, wird der Film mit seinen siegreichen Athleten hier nicht gezeigt, weil die amerikanische Filmindustrie sowohl in der Produktion als auch im Verleih von Leuten kontrolliert wird, die das heutige Deutschland ablehnen.«
> Film-Kurier, 10. Januar 1939

Wieder erhielt ihr Werk den Nationalen Filmpreis, doch auch im Ausland war »Olympia« ein großer Erfolg. Auf ihrer Tournee durch die Hauptstädte Europas, in Wien, Paris, Rom und Helsinki, empfing Leni Riefenstahl großen Beifall für ihr Werk. Bei den Filmfestspielen in Venedig wurde sie mit dem Goldenen Löwen ausgezeichnet. Nur in der Neuen Welt, in den USA, schollen ihre andere Töne entgegen. Als sie im November 1938 in New York von Bord ging, war dort gerade die Nachricht von der »Kristallnacht« angekommen. »Was sagen Sie denn dazu, dass die Deutschen die Synagogen angesteckt haben, jüdische Geschäfte zerstört und Juden getötet wurden?«, wurde sie gefragt. »Das kann nicht wahr sein!«, rief die Regisseurin aus. In den nächsten Wochen musste sie zum ersten Mal erleben, dass ihr das Bild der politisch unabhängigen Künstlerin, die sich nur für das »Schöne« interessierte, nicht abgenommen wurde. Mehrere Studios stornierten die Vorführtermine für »Olympia«, und kaum ein Prominenter wollte mit ihr gesichtet werden. Mit einem bitteren Vorgeschmack auf spätere Jahre kehrte sie nach Deutschland zurück.

»Olympia« machte Riefenstahl nicht nur endgültig berühmt, sondern auch reich. Großzügig stockte Goebbels ihr Honorar angesichts des Erfolgs noch einmal um 100 000 auf insgesamt 350 000 Mark auf. Zudem erhielt Riefenstahl 20 Prozent vom Gewinn des Films. Von ihrem Geld ließ sich die Regisseurin auf einem 5000 Quadratmeter großen Grundstück in der Heydenstraße in Berlin-Dahlem eine bayerisch angehauchte Villa bauen. Zur Einweihung des noblen Wohnsitzes im Sommer 1937 erschien neben Hitler und Goebbels auch die Presse. Angeblich wollte Hitler damit ein Gerücht aus der Welt schaffen, das die Schweizer *Weltwoche* verbreitete. Diese hatte unter dem Titel »Der gefallene Engel des Dritten Reiches« berichtet, dass Riefenstahl nach einem Streit mit dem Propagandaminister Deutschland verlassen habe und in der Schweiz untergetaucht sei. Als Dementi wurden

> »Mit Führer zu Leni Riefenstahl zum Mittagessen. Sie hat sich ein sehr nettes Häuschen gebaut. Wir plaudern lange. Sie ist so exaltiert.«
> Goebbels, Tagebuch, 1. Juli 1937

jetzt Fotos veröffentlicht, die Riefenstahl, Goebbels und Hitler in trauter Runde beim Tee und beim Spaziergang durch den Garten zeigten.

Um die Meinung des Auslands scherte sich Hitler in den folgenden Jahren immer weniger. Am 1. September 1939 ließ er endgültig die Maske fallen, die er während der Olympischen Spiele getragen hatte. Mit dem Überfall auf Polen begann der Zweite Weltkrieg. An diesem Tag war Heinz Riefenstahl mit seiner Frau Ilse in der Heydenstraße zu Besuch. Leni, so erinnerte sich ihre Schwägerin später, habe sie mit leuchtenden Augen empfangen: »Ach ja, eine Art Krieg. Deutschland kann sich doch nicht alles gefallen lassen. Dieser polnische Korridor ist doch eine ständige Herausforderung! Der Führer schafft es! Ich glaube an ihn. In kürzester Zeit ist der Spuk vorbei!« In Uniform, Hosen und Stiefeln, ein Lederkoppel um die schlanke Taille, einen schmalen Gurt schräg über Schulter und Brust, habe sie ihren Bruder angestrahlt. »Nun? Gefällt dir des Führers Berichterstatterin für Polen?«

Über Leni Riefenstahls Auftritt an der polnischen Front ist viel gerätselt worden. Sie habe im Auftrag der Wehrmacht dort Aufnahmen machen sollen, hat die Regisseurin später behauptet. Ein erst vor kurzem aufgefundenes Geheimdokument aus dem Propagandaministerium aber beweist, dass der »Sonderfilmtrupp Riefenstahl« im direkten Auftrag Hitlers unterwegs war. Mit Recht vermutet Riefenstahls Biograph Jürgen Trimborn, dass die Regisseurin dem Diktator ein neues filmisches Denkmal im Stile von »Triumph des Willens« setzen wollte – diesmal nicht über einen Parteitag, sondern über einen Feldzug. Dies würde nicht nur erklären, warum Leni Riefenstahl bewährte Kameraleute wie Guzzi Lantschner und Sepp Allgeier für ihren Sonderfilmtrupp verpflichtete, sondern auch, warum sie am 10. September 1939 in der polnischen Kleinstadt Konskie auftauchte – am selben Tag, als auch Hitler dort die Front besuchte.

Was Riefenstahl in Konskie erlebte, dürfte ihr die Unmöglichkeit vor Augen geführt haben, dem Krieg eine reine Ästhetik des Schönen und Starken abzugewinnen. Am Tag ihrer Ankunft waren in Konskie der deutsche Polizeigeneral Roettig und vier deutsche Soldaten von polnischen Partisanen getötet worden. Zur Vergeltung trieben Wehrmachtssoldaten zwei Tage später jüdische Männer des Ortes auf dem Marktplatz zusammen, wo sie gezwungen wurden, Gräber für die toten deutschen Soldaten auszuheben. Als unter den Grabenden, die befürchten mussten, ihre eigenen Gräber zu schaufeln, Unruhe ausbrach, feuerten die Soldaten wahllos in die Menge – 19 Menschen wurden getötet, viele weitere verletzt. Ein Schnappschuss im

»Leni Riefenstahl fällt beim Anblick der toten Juden in Ohnmacht«: Bei einer Erschießung von Juden in Polen wurde sie auf brutale Weise mit der Kriegsrealität konfrontiert

Fotoalbum eines deutschen Landsers hält das entsetzte Gesicht einer Augenzeugin bei diesem Massaker fest: »Leni Riefenstahl fällt beim Anblick der toten Juden in Ohnmacht«, steht unter der Aufnahme, die die Regisseurin umgeben von deutschen Soldaten zeigt.

Aufgelöst protestierte Riefenstahl beim befehlshabenden Kommandeur, General von Reichenau, gegen das Vorgehen der deutschen Soldaten und erreichte, dass der für das Massaker verantwortliche Offizier vor ein Kriegsgericht gestellt wurde. Eine ernste Strafe aber blieb diesem erspart, da eine Weisung Hitlers vom 4. Oktober 1939 eine generelle Amnestie für antisemitische Ausschreitungen während des »Polenfeldzugs« erließ. Trotz des in Konskie erlittenen Schocks hielt Leni Riefenstahl offenbar an Hitlers Auftrag fest und folgte ihrem »Führer« mit ihrem Filmteam weiter nach Danzig und Warschau. Doch einen Film von Leni Riefenstahl über den Polenfeldzug hat es nie gegeben. Vielleicht war ihr nach Konskie die dunkle Seite des Krieges und des Mannes, dem sie diente, zu bewusst, um beide in eine formschöne Ästhetik zu bannen. Womöglich genügten die Aufnahmen ihrer Kameraleute unter den schwierigen Bedingungen des Krieges auch nicht den Qualitätsstandards, die sie von den Parteitagen und den Olympischen Spielen gewöhnt war. Welche Beweggründe sie auch immer dazu veranlassten – das »Fronterlebnis« hatte für Leni Riefenstahl eine klare Konsequenz: Von nun an wollte sie sich aus dem Krieg so weit wie möglich heraushalten.

> »Meine Bewunderung für Sie, mein Führer, steht über allem, was ich sonst zu denken und zu fühlen vermag.«
> Leni Riefenstahl

In Distanz zu Hitler und seinem Regime ist Leni Riefenstahl deswegen nicht gegangen. Als ein halbes Jahr später Frankreich kapitulierte, schickte sie Hitler ein überschwängliches Glückwunschtelegramm: »Mit unbeschreiblicher Freude, tief bewegt und erfüllt mit heißem Dank, erleben wir mit Ihnen, mein Führer, Ihren und Deutschlands größten Sieg, den Einzug deutscher Truppen in Paris. Mehr als jede Vorstellungskraft menschlicher Phantasie vollbringen Sie Taten, die ohnegleichen in der Menschheit sind, wie sollen wir Ihnen nur danken? Glückwünsche auszusprechen, das ist viel zu wenig, um Ihnen die Gefühle zu zeigen, die mich bewegen.«

Auch der Diktator trug seiner Lieblingsregisseurin den Abbruch eines Films über den Polenfeldzug nicht nach. In der neuen Hauptstadt »Germania«, die Hitler mit Albert Speer plante, war und blieb auf einem 22 500 Quadratmeter großen Gelände eine eigene Filmfabrik für Leni Riefenstahl vorgesehen. Geschätzte Kosten: 1,8 Millionen Reichsmark, die auf Anordnung Hitlers komplett von der Partei getragen werden sollten. Filmschneideräume, Tonstudio, Kopierwerk, sogar einen Turnsaal sollte die Fabrik umfassen. Bis in den August 1942 beschäftigte sich das Amt Speer mit dem Projekt. Doch das Reich fiel in Trümmer, bevor der Grundstein für das »Riefenstahl-Gelände« gelegt werden konnte.

Wie ungetrübt das Verhältnis zwischen Leni Riefenstahl und Hitler auch nach dem Polenfeldzug blieb, zeigt Hitlers großzügige Unterstützung für Riefenstahls neues Projekt: »Der Spielfilm ›Tiefland‹, der im Auftrage des Führers und mit der Unterstützung des Reichsministeriums für Volksaufklärung und Propaganda hergestellt wird«, wie ein Tätigkeitsbericht der Riefenstahl Film GmbH stolz verkündete, ging auf die gleichnamige Oper von Eugene d'Albert zurück, die Hitler sehr schätzte und deren Verfilmung er womöglich selber anregte. »Tiefland« handelt von dem spanischen Berghirten Pedro und seiner Liebe zur Zigeunerin Martha, die einem reichen Despoten aus dem Tiefland verfällt. Der symbolische Kampf zwischen Gut und Böse, zwischen der reinen Bergwelt und der verdorbenen Talbevölkerung, war ein Sujet, das Riefenstahl und Hitler gleichermaßen beeindruckte. Da

> Sie war schon attraktiv, ganz ohne Frage, aber er war nicht so ein wüster Kerl, der auf eine Frau losgegangen wäre, die ihm so viel zu schaffen gemacht hat wie die Riefenstahl. Aber sie waren eingeschworene Feinde.
>
> Wilfred von Oven, Goebbels-Mitarbeiter

der Krieg Dreharbeiten in Spanien, wo die Geschichte spielt, unmöglich machte, ließ Riefenstahl auf Staatskosten ein komplettes spanisches Dorf im bayerischen Mittenwald errichten. »Der neue Riefenstahl-Film macht uns Sorgen. Da wird ein tolles Geld herausgepulvert«, notierte Goebbels am 8. März 1941 erbost in sein Tagebuch. Doch mit Kritik hielten sich der Propagandaminister und andere geflissentlich zurück. Schließlich war es ein offenes Geheimnis, dass Hitler persönlich hinter dem Projekt stand und es durch großzügige Finanzspritzen aus eigenen Mitteln am Leben hielt.

In der Filmgeschichte hat »Tiefland« keine tiefen Spuren hinterlassen, wohl aber im Leben Leni Riefenstahls. 14 Jahre sollte es dauern, bis der Film im Kino uraufgeführt wurde, 14 Jahre, in denen Riefenstahl von der Lieblingsregisseurin des »Führers« zu einer problematischen Figur der Bonner Republik herabsank. Vor allem die politische Unbekümmertheit in der Wahl der Mittel wurde ihr später zum Vorwurf gemacht. Obwohl aufgrund des Krieges keine spanischen Statisten zur Verfügung standen, wünschte Leni unbedingt »spanisches Kolorit« in den Gesichtern ihrer Darsteller. Die Lösung verstrickte sie in die Verbrechen des Regimes, dem sie diente.

Mit Rückendeckung der NS-Führung rekrutierte sie Zigeuner aus dem Internierungslager Maxglan bei Salzburg für ihren Film. Mit Bussen wurden sie unter Bewachung nach Mittenwald gefahren, um als Statisten in »Tiefland« herzuhalten. Auch wenn die Regisseurin ihre neuen »Mitarbeiter« gut behandelte, sie blieben Zwangsarbeiter, die nicht aus freiem Willen am Film mitwirkten. Nach Abschluss entließ Riefenstahl ihre Komparsen bedenkenlos in ihr altes Schicksal. Hatte die Regisseurin wirklich keine Ahnung, wohin der Weg dieser Menschen führte? Sie selbst hat jedes Wissen über den Holocaust geleugnet und in ihren Memoiren behauptet, die Zigeuner seien ihre »besonderen Lieblinge« gewesen, die sie nach dem Krieg alle wieder-

> *Über Nacht ist die Polizei gekommen und die SS. Wir mussten alle raus aus den Wohnwagen, zur Rennbahn in Salzburg, in die Boxen. Von kreuz und quer sind die Zigeuner gekommen. Drei Familien kamen in so eine Box. Da waren wir so zirka drei, vier Wochen.*
>
> Rosa Winter, Komparsin bei »Tiefland«

»Verstrickung in die Verbrechen des Regimes«: Für den Film »Tiefland« ließ Leni Riefenstahl Kinder aus einem »Zigeunerlager« rekrutieren

gesehen habe. Doch die Wahrheit ist erwiesenermaßen eine andere: Nur wenige ihrer »Lieblinge« haben Auschwitz überlebt.

Leni Riefenstahl selbst hat niemanden ins Vernichtungslager gebracht, sie hat niemanden getötet. Doch sie nutzte unbekümmert die Möglichkeiten, die ihr ein menschenverachtendes Regime bot. Für ihren Film benötigte sie Menschen, die »anders« aussahen. Und sie bekam sie von einem Regime, das ebendiese »anderen« ausgrenzte, einsperrte und schließlich umbrachte.

> Erst vor ein paar Jahren hat es geheißen, dass die Kinder aus einem KZ gekommen sind. Ausgeschaut haben sie nicht so, die waren sehr lustig und fröhlich. Schon die Kleinsten haben alle Zigaretten geraucht.
>
> Trude Dreihann, Kameraassistentin bei »Tiefland«

> Ich wusste von Dachau und Theresienstadt, von allen anderen Lagern habe ich erst nach dem Krieg erfahren.
>
> Leni Riefenstahl, 1997

Das Jahr 1944 war für Leni Riefenstahl ein Jahr mit Höhen und Tiefschlägen. Während Deutschlands Städte im Bombenhagel von Amerikanern und Briten in Trümmer sanken und die Alliierten den deutschen Streitkräften eine Niederlage nach der anderen zufügten, feierte sie am 21. März 1944 im friedlichen Kitzbühel Hochzeit. Der schmucke Gebirgsjägeroffizier und Ritterkreuzträger Peter Jacob hatte die Regisseurin im Herbst 1940 bei einem Fronturlaub in Kitzbühel getroffen und im Sturm erobert. »Noch nie hatte ich eine solche Leidenschaft kennen gelernt, noch nie wurde ich so geliebt. Dieses Erlebnis war so tiefgreifend, dass es mein Leben veränderte. Es war der Beginn einer großen Liebe«, schwärmte Riefenstahl noch 50 Jahre später. Doch vorerst schreckte sie vor einer festen Bindung zurück. Erst nach aufreibenden Eifersuchtsszenen, Streit, Versöhnung und flammenden Liebesbriefen von der Front sagte sie schließlich »Ja«. Wegen des Krieges wurde die Hochzeit im kleinen Kreis gefeiert. Die Regisseurin hieß von nun an amtlich »Helene Riefenstahl-Jacob«.

Als Hitler von ihrer Hochzeit erfuhr, lud er das Paar einen Monat später auf den Obersalzberg ein. Ein letztes Mal trafen der Diktator und seine Lieblingsregisseurin zusammen. Drei Jahre lang hatte Riefenstahl Hitler nicht mehr gesehen und war erschüttert über seine Veränderung. Aus dem Heros ihres »Triumph des Willens« war eine zittrige, in sich zusammengesunkene Gestalt geworden, die stundenlang monologisierte. Doch noch immer, so schilderte sie später die Begegnung, »ging die gleiche magische Wirkung von ihm aus, die er seit jeher besessen hatte« – eine »magische Wirkung«, die sie bis an ihr Lebensende verspürte. Auch wenn sie sich später entsetzt über die Vernichtung von Millionen Juden äußerte, von der Person Hitlers

> *In Mittenwald habe ich ihn auf irgendeinem Fest kennen gelernt. Er hatte den Kopf verbunden wegen einer Verwundung. Er hat mich dann öfters in Innsbruck besucht. Wir waren schwimmen oder sind ausgegangen. Dann habe ich ihn eingeladen, er soll mich doch einmal besuchen, bei der Leni Riefenstahl. Er hat gesagt, da geht er nicht hin, die würde seine Soldaten zum Kulissenschieben verwenden. Dann ist er aber doch erschienen, sie musste nämlich reiten lernen für diese Filmrolle – und er wurde ihr Reitlehrer. Kurz darauf haben sie ganz einfach geheiratet.*
>
> Trude Dreihann, Kameraassistentin bei »Tiefland«

»Sie haben einfach geheiratet«: Leni Riefenstahl mit ihrem Ehemann Peter Jacob. Die Ehe wurde bereits 1946 wieder geschieden

hat sie sich nicht distanziert. Noch Jahrzehnte später versuchte sie, ihr Bild eines privaten Hitler, eines »netten und charmanten Kavaliers«, von dem Jahrhundertverbrecher zu trennen.

Bis zuletzt schien eine schicksalhafte Beziehung zwischen dem Diktator und ihr zu bestehen. Am 20. Juli 1944, als in Hitlers ostpreußischem Hauptquartier »Wolfsschanze« eine Bombe explodierte, beerdigte Leni Riefenstahl auf dem Dahlemer Waldfriedhof ihren Vater. Nach ihrer Rückkehr nach Kitzbühel erfuhr sie, dass ihr Bruder Heinz am selben Tag an der Ostfront gefallen war. Binnen weniger Tage hatte sie Vater und Bruder verloren. Der Tod ihres geliebten Bruders veranlasste Leni Riefenstahl zu harten

Schritten gegen diejenige, die sie als Schuldige betrachtete. Als Chefingenieur des kriegswichtigen väterlichen Betriebes war Heinz Riefenstahl lange Zeit als unabkömmlich vom Dienst befreit gewesen. Als er sich aber weigerte, seiner Frau Ilse bei der von ihr gewünschten Scheidung die beiden Kinder zu überlassen, habe diese über den mit ihr befreundeten SS-General Wolff für seine Einberufung zur Wehrmacht gesorgt – so schildert es Leni Riefenstahl in ihren Memoiren. Diese Geschichte wird von ihrer Ex-Schwägerin Ilse Collignon, geschiedene Riefenstahl, entschieden dementiert. Nicht wegen ihr sei Heinz Riefenstahl zur Wehrmacht eingezogen worden – im Gegenteil: Sie habe über ihren Freund Wolff versucht, seine Einberufung zu verhindern, was aber nicht gelungen sei, erklärt sie in ihren vor einigen Jahren erschienenen Erinnerungen.

Da sie Ilse die Schuld an Heinz' Tod gab, sann Leni Riefenstahl auf Rache. Unter Berufung auf das Testament ihres Bruders beantragte sie das Sorgerecht für beide Kinder und nutzte ihre guten Beziehungen zur NS-Spitze, um Druck auf ihre verhasste Ex-Schwägerin auszuüben. Angeblich, so schildert es Ilse Collignon, wurde ihr die Einweisung in ein KZ angedroht, falls sie nicht zugunsten von Leni Riefenstahl auf das Sorgerecht für ihre Kinder verzichten wolle. Der Vormarsch der Roten Armee auf Berlin, in dem Ilse Collignon und ihre beiden Kinder lebten, machte Leni Riefenstahls Bemühungen jedoch zunichte. Nach dem Krieg sprach das Gericht Ilse Collignon das alleinige Sorgerecht für ihre beiden Kinder zu. Die Beziehungen in der Familie blieben angespannt, auch wenn Leni Riefenstahl den Kontakt zu ihrem Neffen und ihrer Nichte aufrechterhielt.

Für Leni Riefenstahl bedeutete das Ende des Krieges einen tiefen Einschnitt in ihrem Leben. Hitlers Reich, dessen Anfänge sie in ihren Parteitagsfilmen heroisch gefeiert hatte, lag in Trümmern. Mehr noch: Die Menschen, an deren Seite sie geglänzt hatte, waren tot oder als Verbrecher enttarnt. Ihr ganzes bisheriges Leben, ihre Triumphe als Regisseurin, wurden zuerst von den Siegern und dann von ihren eigenen Landsleuten heftig in Frage gestellt. Bis 1948 dauerte ihre Odyssee von einem Gefängnislager zum nächsten, vom Hausarrest zum Verhör und wieder zurück. Vier Entnazifizierungsprozessen musste sie sich unterziehen, dreimal wurde sie als unbelastet eingestuft, einmal als »Mitläuferin«.

Seither fühlte sie sich zu Unrecht verfolgt. Sie, die immer nur eine Künstlerin habe sein wollen, sei wie eine Hexe im Mittelalter verfolgt worden: »Das hat mich vernichtet. Das ist doch grauenhaft, wenn man so gern ar-

»Wie eine Hexe im Mittelalter«: Nach 1945 fühlte sich Leni Riefenstahl permanent verfolgt. Das Bild zeigt sie während eines von ihr angestrengten Prozesses gegen eine Illustrierte, 1949

beitet wie ich und so besessen ist. Wenn man so boykottiert wird, dass ich ein halbes Jahrhundert keinen Film machen konnte. Das ist schon fast wie ein Sterben. Das ist schrecklich«, erklärte sie noch Jahrzehnte später.

Das stimmte nicht ganz. Ein offizielles oder stillschweigendes Berufsverbot für Hitlers Lieblingsregisseurin hat es trotz vieler Vorbehalte nie gegeben. Sie durfte arbeiten, nur unter anderen Bedingungen als in Hitlers Reich. 1956 reiste Leni Riefenstahl zu Dreharbeiten nach Afrika: Der Filmtitel lautete: »Die schwarze Fracht« – die Geschichte einer Frau, die ihren in Afrika

> »Leni Riefenstahl ist aus Kitzbühel eingetroffen. Sie hat dort ihre Villa, ihren Schneidetisch, ihren Vorführraum, vielleicht auch ihre Weltanschauung zurückgelassen und sucht, von einer Gallenkolik geplagt, an Harald Brauns liberaler Brust Schutz und Halt. Der Ärmste weiß nicht recht, wie er sich dem Regisseur der Reichsparteitagsfilme gegenüber verhalten soll, da dieser Mann ja eine Frau ist, noch dazu mit Tränen in den Augen und einer Wärmflasche vorm Leib. Was soll er ... mit einer besiegten Amazone anfangen, die sich ergeben will?«
> Erich Kästner, »Notabene 45«

verschollenen Mann sucht und dabei Sklavenhändlern auf die Spur kommt. Wie früher verwendete Leni Monate auf die Planung, aber gedreht wurde kaum ein Meter. Im Interview erinnerte sich ihr damaliger Kameramann Heinz Hölscher an eine durch die Umstände überforderte Regisseurin. »Was grotesk war, war, dass wir nach so langer Zeit und Bauen des Bootes keinen Drehplan hatten, der gesagt hätte: Am Soundsovielten ist der erste Drehtag, und da wird die und die Szene gedreht.« Über Probeaufnahmen kam man nicht hinaus – bis die Geldgeber, Gloria-Film und Arri-Studios, das Weite suchten. War Leni Riefenstahl eine Geächtete der Filmindustrie? Wurde sie bewusst benachteiligt? Heinz Hölscher sieht dies anders: »Unter den Bedingungen haben ja sehr viele drehen müssen, und die haben es ja auch geschafft. Die haben sich halt bescheiden müssen. Daran ist sie nicht gescheitert. Ich glaube, gescheitert ist sie nur an sich selbst.«

> Es wäre besser gewesen, man hätte jemanden geholt, und sie hätte sich nur auf die Regie beschränkt, denn das war alles ein bisschen zu viel für sie: spielen und Regie führen.
> Heinz Hölscher, Kameramann bei »Die schwarze Fracht«

Dem afrikanischen Kontinent blieb sie trotz ihres Scheiterns treu. Beim Stamm der Nuba im Sudan gelang ihr ein Comeback – als Fotografin. Im November 1962 schlug sie zum ersten Mal ihre Zelte im sudanesischen Dorf Tadoro auf, das damals noch weitgehend von westlicher Kultur unberührt geblieben war. Für Leni Riefenstahl bedeutete es den Aufbruch in ein neues Leben, denn unter den Nuba war sie eine Frau ohne Geschichte. Ihre Fotodokumentationen über ihr Leben mit den Nuba wurden zu einem Welterfolg, auch wenn ihre erneute Überbetonung des Heroischen und Schönen auf Kritik stieß. »Die sind so schön. Ich habe sie doch nicht geschaffen«, wies sie diese Vorwürfe zurück. Was ihre Kritiker wirklich störte, hat sie nicht verstanden.

> *Einmal erzählte sie mir von ihrer Absicht, im Indischen Ozean unter Wasser zu filmen, mit Horst Kettner, ihrem Kameramann und Freund. Auf meinen ungläubigen Blick: Es falle ihr leichter, sich unter Wasser zu bewegen, als eine Treppe rauf- und runterzugehen. Und dann sei sie gespannt, ob Susan Sontag schreiben würde, sie würde »auch die Fische noch wie SA-Männer fotografieren«. Susan Sontag, als ich ihr das erzählte, fand das gar nicht komisch.*
> Enno Patalas, Filmhistoriker

Unermüdlich machte sie weiter. In einem Alter, in dem andere die Bilanz ihres Lebens ziehen, brach sie zu neuen Ufern auf. Mit 73 Jahren erwarb sie ihre Tauchlizenz, nachdem sie die Tauchschule bezüglich ihres Alters beschummelt hatte. Es falle ihr leichter, sich unter Wasser zu bewegen, als eine Treppe rauf- und runterzugehen, begründete sie ihre neue Passion, die sie zu ihrer fünften und letzten Karriere als Unterwasserfotografin führte. Nach hochgelobten Bildbänden legte sie mit »Impressionen unter Wasser« sogar noch einmal einen Dokumentarfilm vor – fast ein halbes Jahrhundert nach der Uraufführung von »Tiefland«.

Mit dem zurückkehrenden Medieninteresse wuchs in den siebziger Jahren auch der Ärger über eine Künstlerin, die halsstarrig jede Schuld von sich wies und für sich nur die Rolle des Sündenbocks gelten ließ, der stellvertretend für all die leiden musste, die schlimmere Schandtaten vertuschten. Bis zuletzt bestritt sie, mit den Propagandafilmen, die sie im Auftrag Hitlers von den Reichsparteitagen und den Olympischen Spielen drehte, in irgendeiner Weise am Unheil des NS-Reiches mitgewirkt zu haben. Für Leni Riefenstahl blieben ihre Filme Werke autonomer Kunst, die in dem Nationalsozialismus nur günstige Produktionsbedingungen gefunden hätten. Dieser unnachgiebige Standpunkt erbitterte einstige Weggefährten. Nach einem Fernsehauftritt Leni Riefenstahls im Jahr 1976 schrieb ihr früherer Produzent Henry Sokal, der 1933 wegen seiner jüdischen Herkunft emigriert war, einen erbitterten Leserbrief an den *Spiegel*: »Nach Rosenbauers Talkshow mit Leni Riefenstahl hatte man den Eindruck: Das eigentliche Opfer Hitlers waren nicht sechs Millionen ermordete Juden, 20 Millionen in den Tod gehetzte Soldaten, eine Welt in Scherben, sondern Leni Riefenstahl.«

Im letzten Jahrzehnt vor ihrem Tod wich die zum Teil harsche Kritik mitunter dem Respekt vor einem Künstlerleben, das fast das ganze 20. Jahrhundert überspannte. Es scheint, als wollte die Nachwelt, in die Leni Riefenstahl durch ihr hohes Lebensalter hineinragte, ihren Frieden mit Hitlers Regisseurin machen. Die Renaissance der Riefenstahl – zahlreiche Ausstellungen ihrer Fotos und Filme in aller Welt zeugten von der machtvollen Präsenz ihrer Bilder. Bemisst man die Größe eines Künstlers nur nach der Wirkung, die seine Werke

Als Künstlerin bewundere ich sie, sie ist die revolutionärste Fotografin und Filmemacherin unserer Zeit. Auch wenn ihre Nazi-Sujets beschissen waren.
Helmut Newton, Fotograf

Sie lebte als »Führerbraut ohne Geschlechtsverkehr«, in einem rechtsfreien, in einem unpolitischen Raum.
Rudolf Augstein, *Spiegel*-Herausgeber, 1987

»Die sind so schön«: Leni Riefenstahl als Fotografin beim Volk der Nuba im Sudan, Mitte der siebziger Jahre

»Die Fische wie die SA-Männer fotografieren«: Mit über siebzig Jahren machte Riefenstahl noch den Tauchschein und überraschte mit spektakulären Unterwasseraufnahmen

»Die alten Netzwerke funktionierten noch«: Hitlers Architekt und Rüstungsminister Speer auf der Feier von Riefenstahls 75. Geburtstag 1977

auf die Nachwelt ausübt, so war Leni Riefenstahl zweifellos groß. Selbst wenn die Hälfte ihre Filme nicht gezeigt werden darf, so sind sie doch dank ihrer Film- und Schnitttechnik, ja selbst in offenen Anspielungen und Zitaten längst cineastisches Allgemeingut geworden. Der amerikanische Regisseur George Lucas gibt freimütig zu, für einige Szenen seiner Science-Fiction-Trilogie »Krieg der Sterne« Anleihen bei »Triumph des Willens« gemacht zu haben. Unzählige Filme und Werbeplakate zitieren ihre Ästhetik des schönen, starken Körpers. Und so müssen Riefenstahls Kritiker mit der Zumutung leben, dass ausgerechnet die Profiteurin des »Dritten Reiches« einen der namhaftesten Beiträge der Deutschen zum internationalen Film geliefert hat.

Doch es ist fraglich, ob die Renaissance ihrer Kunst auch zu einer Rehabilitation der Künstlerin führen wird. Seit dem Erscheinen ihrer Memoiren sind Historiker und Journalisten dabei, anhand von Dokumenten und Überlieferungen das Gebäude ihrer Erinnerungskunst Stück um Stück zu relativieren. Noch ist nicht klar, was am Ende übrig bleiben wird, doch eine späte Absolution ist unwahrscheinlich. Zu sehr fehlt das Element der Reue in Leni Riefenstahls Leben, zu sehr stellt dieses in exemplarischer Weise die Frage nach der politischen und moralischen Verantwortung des Künstlers. Auf diese Frage hat Leni Riefenstahl keine Antwort gegeben. Sie hat sie bewusst verweigert.

Literatur

Zu Heinz Rühmann

Görtz, Franz Josef / Sarkowicz, Hans: Heinz Rühmann (1902–1994). Der Schauspieler und sein Jahrhundert. München 2001.
Körner, Torsten: Ein guter Freund. Heinz Rühmann – Biographie. Berlin 2001.
Karasek, Hellmuth / Rühmann, Heinz: Meine frühen Ufa-Jahre. Nach Gesprächen mit Heinz Rühmann im Januar 1992 unter Zuhilfenahme von zeitgenössischen Quellen, Dokumenten und den Filmen. München 1992.
Moeller, Felix: Der Filmminister. Goebbels und der Film im Dritten Reich. Berlin 1998.
Prost, Hans-Ulrich: Das war Heinz Rühmann. Bergisch Gladbach 1994.
Rühmann, Heinz: Das war's. Erinnerungen. Frankfurt/Main, Berlin 1995.
Sellin, Fred: Ich brech' die Herzen… Das Leben des Heinz Rühmann. Reinbek 2001.

Zu Hans Albers

Blumenberg, Hans-Christoph: In meinem Herzen, Schatz… Die Lebensreise des Schauspielers und Sängers Hans Albers. Frankfurt/Main 1991.
Cadenbach, Joachim: Hans Albers. München 1982.
Norbert Grob: »Ein deutscher Mann der Tat. Hans Albers und seine Filme zwischen 1929 und 1944«. In: Koebner, Thomas: Idole des deutschen Films. Eine Galerie von Schlüsselfiguren. München 1997, S. 188–207.
Krützen, Michaela: Hans Albers. Eine deutsche Karriere. Weinheim, Berlin 1995.
Tötter, Otto (Hrsg.): Hans Albers. Hoppla, jetzt komm ich. Hamburg, Zürich 1986.
Wegner, Matthias: Hans Albers. Hamburg 2005

Zu Marika Rökk

Beyer, Friedemann: Die Ufa-Stars im Dritten Reich. Frauen für Deutschland. München 1991.
Marika Rökk. Das Marika-Rökk-Fan-Album. München 1999.
Quanz, Constanze: Der Film als Propagandainstrument Joseph Goebbels'. Köln 2000.
Rökk, Marika: Herz mit Paprika. Erinnerungen. Mit einer Filmographie. München 1993.
Romani, Cinzia: Die Filmdiven im Dritten Reich. München 1982.
Sarkowicz, Hans (Hrsg.): Hitlers Künstler. Die Kultur im Dienst des Nationalsozialismus. Frankfurt/Main, Leipzig 2004.

Zu Heinrich George

Daiber, Hans: Schaufenster der Diktatur – Theater im Machtbereich Hitlers. Stuttgart 1995.
Drews, Berta: Heinrich George. Ein Schauspielerleben. Hamburg 1959.
Drews, Berta: Wohin des Wegs – Erinnerungen. Frankfurt/Main, Berlin 1992.
Fricke, Kurt: Spiel am Abgrund – Heinrich George. Eine politische Biographie. Halle 2000.
Laregh, Peter: Heinrich George – Komödiant seiner Zeit. Mit zahlreichen Dokumenten sowie Verzeichnissen der Theater- und Filmrollen. Frankfurt/Main, Berlin 1996.
Maser, Werner: Heinrich George – Mensch aus Erde gemacht. Die politische Biographie. Berlin 1998.
Pfennigs, Daniele: »Heinrich George und das Schiller-Theater«. In: Berlin in Geschichte und Gegenwart. Jahrbuch des Landesarchivs Berlin. Berlin 1993, S. 173–201.

Zu Max Schmeling

Friedrich, Dorothea: Max Schmeling und Anny Ondra. Ein Doppelleben. Berlin 2001.
Drews, Tobias (Hrsg.): Max Schmeling. Stuttgart 1996.

Forster, Mathias: Max Schmeling. Sieger im Ring – Sieger im Leben. München, Zürich 1986.
Margolick, David: Max Schmeling und Joe Louis. Kampf der Giganten – Kampf der Systeme. München 2005.
Kluge, Volker: Max Schmeling. Eine Biographie in 15 Runden. Berlin 2004.
Krauß, Martin: Schmeling. Die Karriere eines Jahrhundertdeutschen. Göttingen 2005.
Pfeifer, David: Max Schmeling – Berufsboxer, Propagandafigur, Unternehmer. Die Geschichte eines deutschen Idols. Frankfurt/Main, New York 2005.
Püschel, Walter (Hrsg.): Boxen ist doch auch 'ne Kunst. Anekdoten von Max Schmeling. Berlin 2000.
Schmeling, Max: Erinnerungen. Berlin 2005.
Schmeling, Max: ... 8 ... 9 ... aus. München 1956.
Schmeling, Max: Ich boxte mich durchs Leben. Stuttgart 1967.

Zu Leni Riefenstahl

Collignon, Ilse: »Liebe Leni...« Eine Riefenstahl erinnert sich. München 2003.
Filmmuseum Potsdam (Hrsg.): Leni Riefenstahl. Berlin 1999.
Kinkel, Lutz: Die Scheinwerferin. Leni Riefenstahl und das »Dritte Reich«. Hamburg, Wien 2002.
Riefenstahl, Leni: Memoiren. München, Hamburg 1987.
Rother, Rainer: Leni Riefenstahl. Die Verführung des Talents. Berlin 2000.
Taschen, Angelica (Hrsg): Leni Riefenstahl – Fünf Leben. Eine Biographie in Bildern. Köln 2000.
Trimborn, Jürgen: Riefenstahl. Eine deutsche Karriere. Biographie. Berlin 2002

Personenregister

Kursive Seitenangaben verweisen auf Abbildungen, **halbfette** auf ausführlichere Textpassagen.

Agte, Claus Robert 211
Albers, Hans 7f., 24, 34, 45, 66, **67–111**, *68, 71f.*, 77, 79, 80, 83, 85, 87, 93, 95, 97f., 99, 102ff., *107,* 110, 176, 183
–, Johanna 70
–, Philipp 70, 72
Alexander, Peter 147
Allgeier, Sepp 274, 290, 300
Althen, Michael 125, 127, 131, 142, 149
Angst, Richard 278,
Arnheim, Rudolf 84
Arno, Siegfried 258
Astaire, Fred 119, 122
Augstein, Rudolf 313

Baarovà, Lida 46
Baer, Max 232ff., *234,*
Baker, Josephine 80
Balász, Béla 280, 284
Banks, Monty 120
Barlach, Ernst 9, 154, 161
Basil, Friedrich 20
Bauer, Alfred 188
Becher, Johannes 154f.
Beckmann, Max 9, 154, *175,* 176

Beinhorn, Elly 34f.
Benz, Wolfgang 134
Beregi, Oskar 121
Bergner, Elisabeth 159,171
Bernauer, Rudolf 76
Bernheim, Maria 8, 26f., 32, 34, 36, 39ff., 47
–, Otto 43
Bersarin, Nikolai 202
Beyer, Friedemann 138
Bibler (Rotarmist) 203
Billing, Rudolf 216
Bloch, Ernst 91
Blumenberg, Hans-Christoph 80, 86, 89, 102, 105
Blydt, Erich 94
Boese, Carl 131
Bohnen, Michael 216
Bonaglia, Michele 226
Bouhler, Philipp 256
Braddock, James 245
Brand, Hans-Erich 57
–, Hans-Jürgen 199
Brandt, Willy 114
Brausewetter, Hans 50, *51,*
Brecht, Bertolt 9, 70, 154f., 161, 171, 216

Brice, Pierre *148*
Bruckner, Theo 201, 285
Brückner, Wilhelm 236
Brundage, Avery 239
Bülow, Arthur 214f., *215*, 220
Burg, Eugen 70, 78, 89, 103
–, Hansi 9, 45, 69, 79f., 80, 84f., 89f., 92, 94ff., *110*, 111

Canaris, Wilhelm 11, 54
Carpentier, Georges 213
Caruso, Enrico 78
Castleberry, Edward 247
Churchill, Sir Winston 50
Clausewitz, Carl von 10, 192
Collignon-Riefenstahl, Ilse 297, 310
Cooper, Gary 69, 88
Corbett, James 227
Cziffra, Geza von 147

Dagover, Lil 47
D'Annunzio, Gabriele 122
Dall, Karl 69
Damski, Paul 228, 232, 235
Daniels, Gipsy 219
Deinert (Künstler, Truppenbetreuung) 36
Delarge, Fernand 216
Deltgen, René 188
Dempsey, Jack 213
Dietrich, Marlene 8, 12, 67f., *68*, 70, 83, 111, 121, 128, 168, 216, 241, 280
Dix, Otto 176
Döblin, Alfred 166, 168
Döhring, Herbert 296
Dönitz, Hans 108

Dreihann, Trude 307f.
Drews, Berta 22, 163, 168, 172f., 176, *195*, 196, 202, 204
Dreyfus, Alfred 166
Dublies, Hans 103, 111
Düringer, Annemarie 111
Dux, Claire 77, 78

Einstein, Albert 166, *167*
Engel, Thomas 17
Erfurth, Ulrich 146
Erhardt, Heinz 146
Ertl, Hans 270, 277, 294, 297

Fanck, Arnold 271ff., 275, *278*, 279ff., 285, 288
Farley, Jim 262
Fehling, Jürgen 206
Feiler, Hertha 46, *47*, 51, 57f., 64
Feindt, Cilly 218
Fejos, Paul 169
Felsenstein, Walter 186
Fernau, Rudolf 111
Flannery, Harry W. 252
Flechtheim, Alfred 216
Fleischer, Nat 250
Franck, Walter 21f.
Freisler, Roland 237
Frentz, Walter 297f., *298*, 300
Frick, Wilhelm 109
Fritsch, Willy 28, 30f., *30*, 84, 92, 138
Fröbe, Gert 60, 99
Froboess, Cornelia 146
Froehlich, Carl 84
Froitzheim, Otto 276, *276*
Fuchsberger, Hans Joachim 209, 239, 264

7.80 DM GANZLEINEN

Wir empfehlen: Wladimir Majakowski
              Ausgewählte Gedichte und Poeme

Majakowskis beste Schöpfungen sind ein Hymnus auf das neue Leben, auf das Zeitalter des zerbrochenen Alten; sie stellen der Welt eine Dichtkunst von großer stofflicher und gedanklicher Reichweite vor Augen, eine Dichtkunst der großen Maßstäbe, der kühnen Verallgemeinerungen, der scharfsichtigen Ausblicke.

Übersetzung von Hugo Huppert.

576 Seiten, Ganzleinen, 10,80 DM

ZWEIERLEI BERLIN (1924)

Im Wagen
            den Kurfürstendamm hinsausend,
reiß ich die Augen auf:
                        sonderbar, —
ja, Deutschland
              hat sich entschieden gemausert,
so wars noch nicht
                  im vorigen Jahr.
Zunächst erscheint
mir alles glatt:
hier wird nicht gegreint;
der Deutsche ist satt.
Galt früher
          der Dollar
                    als blendendste Strahlung,
heißts jetzt:
            „Wir nehmen nur Reichsmark in Zahlung."
Heut stiefelt
            der Deutsche
                        schon nackenstark;
jüngst
      rann er noch scheu
                        wie ein Wässerlein.

Das macht, jawohl,
                die gefestigte Mark,
sogar
     sein Grinsen
              ist Marmorstein.
Doch halt!
         wenn gesättigte Fratzen
                         sich röten –
wozu ist denn
           überall
                  Schupo vonnöten?
Ich schlendre
      durchs Arbeiterreich
                  Berlin-Nord.
Die Not
     gibt hier allem
                sein mageres Maß.
Hier heißts:
     „Die Wolfs...
               ja, Doppelselbstmord...
samt Kindern...
         vor Hunger...
                    vergiftet durch Gas..."
Das dümmste Gör,
        wenns verwundert hier wandert,
wird sicher aus allem
          den Ratschluß ziehn:
Hier muß es zur Welt kommen,
              hier,
                  ein andres,
ein besseres,
       drittes,
            ein Rotes Berlin!
Nicht lang wirds
            in Kerkern und Vorstädten nisten,
es bricht durch die Sperren,
                    es kommt bestimmt.
Erste Vorbotschaft:
          für die Kommunisten
haben
     drei Millionen gestimmt!

VERLAG VOLK UND WELT · BERLIN W 8

Lesezeichen zu Tucholsky, „Panter, Tiger und andere"

Funk, Walther 177, *177*,
Furtwängler, Wilhelm 201

Gabin, Jean 67, *68*,
Gable, Clark 69, 88
Garbo, Greta 128
Garland, Judy 118
Geibel, Emanuel 153
George, Götz 10, 154, 162, 169, 204, 207
–, Heinrich 7, 9, 90, *152*, *153–207*, *155*, *157*, *160*, *164f.*, *167*, *172*, *174f.*, *177*, *181*, *184*, *189*, *191*, *193*, *194f.*, 200, 206
–, Jan (Albert) 163, 170, *175*, 176, 203
Gerron, Kurt 89, 128
Geysenheyner, Max von 185
Gneisenau, Neidhardt von 198
Goebbels, Joseph 8 ff., 15, 35 f., 38, 42, 45 f., 50, 56 f., 60, 69, 88, 90 ff., 94, 102 ff., 108 f., 121, 125, 127 ff., 132 ff., 136, 138 f., 150, 154, 170 f., 173 ff., 177 ff., *181*, 186 ff., 194 ff., *195*, 199 ff., 203, 209, 230, 237, 241, 242, 244 ff., 251 f., 258, 287 ff., 294 f., 296, *299*, 300, 302 f., 306
–, Magda 242
Goethe, Johann Wolfgang von 9, 154, 178, 186
Gold, Käthe 22
Göring, Hermann 43, *48*, 52, 54, 57, 114, 173, 230, 238, 241, 251, 256
Gorki, Maxim 9, 154, 161
Gorter, Richard 20 ff.
Gottschalk, Joachim 146

Grillparzer, Franz 20, 24
Grosz, George 216, 241
Grothe, Franz 124, 139
Gründgens, Gustaf 42, 103, 171, 173, 188, 216

Hake, Sabine 134
Halbsguth, Ruth 297
Hamann, Carl Otto 213
Hamas, Steve 234 f.
Harlan, Veit 135, *189*, 190, 199
Hartung, Gustav 168, 174 ff.
Harvey, Lilian 28, 31, 36 f., *37*, 97
Hauptmann, Gerhart 201
Haymann, Ludwig 255
Heckmair, Anderl 277
Heesters, Johannes 125, 129, 134 f., 139, 142 f., 149 f.
Heisig, Bernhard 57
Hellmis, Arno 210, 241
Helm, Brigitte *165*
Hemingway, Ernest 114, 247
Heß, Rudolf 135, 227, 291
Heuser, Adolf *98*
Heymann, Werner Richard 89
Hielscher, Margot 78
Hilpert, Heinz 82
Himmler, Heinrich 190, 255, 291, *293*
Hindenburg, Paul von 35 f.
Hinkel (Reichspropagandaleiter) 258
Hippler, Fritz 196, 296
Hirschfeld, Magnus 166
Hitchcock, Alfred 82
Hitler, Adolf 7, 9 ff., 15, 20, 35, 38, 45 f., *48*, 56 f., 74, 88, 90, 121, 133, 135 f., 140, 154, 168 f.,

323

172f., 177ff., *181*, 184, 192,
197, 209f., 221, 227ff., 232ff.,
236f., 239, 241, *243*, 251,
254ff., 267, 278, 284ff., *286*,
288, 291ff., *292f.*, 295ff., *299*,
300, 302f., 304f., 308f.
Hoffman, Ancil 233
Hoffmann, Heinrich 256
Höhn, Carola 147
Hollaender, Friedrich 36ff., 89
Hölscher, Heinz 312
Homolka, Oskar 82
Hoppe, Marianne 147
Hopwood, Avery 25
Horn, Camilla 90, 99, 147
Horney, Brigitte 124
Husemann, Martha *184*

Ibsen, Henrik 154
Ihering, Herbert 29, 82, 85
Irmen-Tischet, Konstantin 124, 133

Jacob, Peter 278, 308, *309*,
Jacobs, Joe 220, *221*, 235, 246
Jacoby, Georg 122ff., *124*, 131, 138f., 142f., 147
Jacoby(-Rökk), Gabriele 113, 140, *144*, 150
Jahr, John 262
Jandorf, Helene 46
Jannings, Emil 83, 90, 123, 176, 188, 219
Joseph II., österr. Kaiser 138

Kahn, Edgar 186
Kálmán, Emmerich 142
Kaplan, Hank 221, 241

Karl Alexander, bad.-württemb. Herzog 188
Karlweis, Oskar 28, 30, 30,
Karoly, Maria Caroline Charlotte 114f.
Kästner, Erich 103, 105, 223, 311
Käutner, Helmut 78, 105, 108
Kelly, Gene 118
Kettelhut, Erich 124
Kettner, Horst 278, 312
Kleist, Heinrich von 174, 186
Klemperer, Victor 233
Klitsch, Ludwig 38
Klöpfer, Eugen 74
Kluge, Volker 223, 226, 232, 235ff., 244, 247, 251f., 254, 256f.
Knabe, Hubertus 203f.
Knuth, Gustav 24
Kokoschka, Oskar 9, 154, 157
Körner, Theodor 199
Körner, Torsten 17, 26, 54f., 60
Kortner, Fritz 69, 89, 121, 216, 226
Krauß, Werner *160*
Kreuder, Peter 124, 133
Krützen, Michaela 86, 111

Lamac, Karel 228
Lamarr, Hedy 118
Lang, Fritz 75, 121, 128, 162, *165*,
Lantschner, Gustav (»Guzzi«) 274, 297, 303
Laregh, Peter 162, 176
Lazek, Heinz 256
Leander, Zarah 131, 146
Legal, Ernst 192
Legro, Lola 218
Leonhard, Wolfgang 58

Lewin, Henry 244, 257
Ley, Robert *193*, 234
Lieven, Albert 40
Lingen, Theo 24, 143, 187
Löbel, Bruni 16f.
Lorre, Peter 89, 121
Louis, Joe 209, 239ff., *242*,, 245ff., 248f., 263, *264*, 264f.
–, Willy 213
Louis Barrow, Joe jr. 245, 247
Louis-Joseph, Candice 245, 250, 263
Löwenstein de Witt, Hans Oskar 140
Lubitsch, Ernst 75, 128, *221*, 241
Lucas, George 316
Lutze (SA-Chef) 291, *293*

Machon, Max 215, *215*, 233, 246, 259
Maetzig, Kurt 146
Mahlow, Wilhelm 197
Mann, Heinrich 216
–, Thomas 12
Marenbach, Leny 41f., *41*, 46
Marian, Ferdinand 188
Marshal (US-Captain) 113
Maser, Werner 154
Meinhardt, Gunnar 211, 219, 229, 240
Meyer-Hanno, Hans 183
Millöcker, Karl 124, 129
Minetti, Bernhard 162
Mitscherlich, Margarete 300
Moeller, Felix 193
Möller, Kai 180
Monte, Joe 220
Morell, Theo 256

Morgenstern, Christian 58
Morris, Glenn 277
Moser, Blanca 44f.
–, Hans 44f., 94, 187
Muhammad Ali 264
Mühr, Alfred 162
Müller, Renate 2*17*,
Murnau, Friedrich Wilhelm 75
Mussolini, Benito 133, 226

Napoleon I., franz. Kaiser 198
Nauckhoff, Rolf von 43
Nettelbeck, Joachim 199
Neusel, Walter 232, 235
Newton, Helmut 313
Nispel, Otto 213
Nordhaus, Theo 113

Ondra, Anny 228f., *229*, 236f., 241, *242f.* 260, 263, 265
Ophüls, Max 89
Oppenheimer, Josef Süß 188
Ossietzky, Carl von 114, 223, 226
Otto, Hans 170f.
Oven, Wilfred von 306
Owens, Jesse 301

Pabst, Georg Wilhelm 128
Paganini, Nicolò 226
Paolino (span. Boxer) 240
Patalas, Enno 312
Pfeiffer, Max 124
Philipp II., span. König 186
Pickler, Henry 169
Pinthus, Kurt 82
Piscator, Erwin 84, 161, f.
Platte, Rudolf 24
Pommer, Erich 29f., 36

325

Poppek, Kurt 192
Porten, Henny 79
Porter, Cole 119
Powell, Eleanor 118f., 128f.
Puschkin, Alexander 153

Quadflieg, Will 153, 180, 182, 197, 207

Raddatz, Carl 138
Radisch, Iris 150
Raether, Arnold 287
Rahl (Künstler, Truppenbetreuung) 136
Raucheisen, Michael 136
Raul, Fred 143, 147
Raymond, Fred 142
Reinhardt, Max 78, 82, 159, 270
Renker, Gustav 281
Rentschler, Eric 128
Ress, Sabine 124
Reutter, Otto 71
Rhode, Gerhard 127
Rickard, Tex 220
Riefenstahl, Alfred 268f.
–, Bertha 268
–, Heinz 184, 269, 309f.
–, Leni 7, 12f., 110, 135, 138, *266*, **267–316**, *269, 272f., 278, 282, 289, 292f., 295, 298f., 301, 304, 309, 311, 314f., 316*
Riess, Curt 131
Rilke, Rainer Maria 58
Ringelnatz, Joachim 34
Rogers, Ginger 122
Röhm, Enst 291
Rökk, Eduard 114f.
–, Edus 114f.

–, Marika 7, 10, *112*, **113–151**, *116f., 120, 123f., 126, 129f., 132, 137, 141, 143ff., 149*
Roosevelt, Franklin D. 230, 245f., 262
Rosen, Willy 258
Rosenbauer, Hans 313
Rother, Rainer 267f., 281, 291, 297
Rudolf, österr. Erzherzog 279
Rühmann, Heinz 7f., *14*, **15–65**, *18, 23, 28, 30, 32f., 37, 41, 45, 47, 48f., 51, 53, 55, 59, 61, 62f., 67, 82, 96, 97, 138, 146, 187*
–, Hermann 17ff.
–, Hermann Heinrich *18*,
–, Ingeborg Ilse *18*,
–, Margarethe 17

Saefkow, Anton 183
Sager, Irene 183
Sahner, Paul 151
Sammons, Jeffrey T. 233
Sander, Otto 63
–, Ulrich 185
Sandner, Wolfgang 127
Sandwina, Ted *214*
Schamoni, Peter 113, 147f.
Scheel, Walter 62
Scheiwe, Horst 201
Schiller, Friedrich von 9, 71, 154, 156, 159, 170, 179, 186, 192
Schmeling, Edith 211, *212*, 219
–, Max 7, 11, 34, *98*, 208, **209–265**, *212, 214f., 217, 221, 224f., 229, 234, 238, 242f., 248f., 251, 253, 259, 260f., 264*

–, Rudolf 211, *212*,
Schmitt-Walter, Karl 136
Schneeberger, Hans 274, 277, *278*, 280
Schneider, Romy 81
–, Wilhelm 133, 288
Schulz, Franz 252
–, Georg August Friedrich Hermann siehe George, Heinrich
Schulze-Boysen, Harro *184*
Schünzel, Reinold *217*,
Schwanneke, Victor 218
Schwarz, Hanns 31
Schwerin von Krosigk, Lutz 237
Seelig, Erich 232
Seeßlen, Georg 16, 25, 187
Seip (Künstler, Truppenbetreuung) 136
Sellin, Fred 8, 17, 39
Selpin, Herbert 99, *101*, 102f., 105
Sers, Edi 294
Shakespeare, William 154, 186
Sharkey, Jack 222f., *224f.*, 226,
Sieber, Josef 50, *51*,
Singer, Kurt 113
Sinjen, Sabine 81
Siodmak, Robert 111
Söderbaum, Kristina 188, 190, 193, 199, 200
Söhnker, Hans 108
Sokal, Henry (»Harry«) 270ff., 274, 280, 282ff., 313
Sonnemann, Emmy 43
Sontag, Susan 312
Speelmans, Hermann 172
Speer, Albert 305, *316*
Sperber, Harry N. 222

Spoerl, Heinrich 55
Springer, Axel 262
Stahl-Nachbaur, Ernst 155, 203
Staudte, Wolfgang 146
Steinhoff, Hans 109
Sternberg, Josef von 68, 280, 284
Sternheim, Carl 17
Stewart, James 119
Stovroff, Irwin 254
Streicher, Julius 284
Stribling, Young 223, *225*, 245

Teich, Hans-Henning 194
Thoma, Ludwig 22
Thorak, Josef 244, 258
Toller, Ernst 154f., 161
Tolstoi, Leo 9, 154
Tracy, Spencer 88
Trebitsch, Gyula 109
Trenker, Luis 271f., 275
Trimborn, Jürgen 303
Trotzki, Leo 114
Tschaikowsky, Peter 131
Tschammer und Osten, Hans von 235, 252
Tschechowa, Olga 109, *217*, 218, 228
Tucholsky, Kurt 80f.

Ucicky, Herbert 121
Udet, Ernst 33, 34f., 52, 54f. *289*
Uhlen, Gisela 185
Uhlig, Anneliese 178
Ulbrich, Franz 173
Ulbricht, Walter 58, *59*
Unruh, Fritz von 158, 161

Vackovà, Jarmila 218
Valérien, Harry 218, 222, 240f., 262, 265
Veidt, Conrad 36, 38
Verhoeven, Michael 15
Vogt, Richard 259, 252
Vollmer, Werner 262

Wayne, John 69
Wedekind, Frank 20, *157*
Wedel, Dieter 139
Wegener, Matthias 76, 90, 105
Weihmeyer (Kameramann) 290
Weisenborn, Günther 159, 161, 182f., *184*, 202f.
Weissner, Hilde 97
Weizsäcker, Richard von 231
Wenders, Wim 64f.

Werner, Ilse 108, 138
Weston, Stanley 256
Wicke, Peter 139
Wieman, Mathias 186, 281
Wilde, Oscar 79
Wilder, Samuel (»Billy«) 89, 121
Wilkens William 211
Winter, Rosa 306
Wohlbrück, Adolf 27
Wohlgemuth, Hertha 64
Woltmann, Herbert 213

Zander, Peter 139
Ziegfeld, Florence 118f.
Zober, Werner 54
Zola, Emile 161, *165*, 166, 180
Zuckmayer, Carl 34, 69, 83f., 157f., 216

328

Verzeichnis

der im Text erwähnten Bühnenaufführungen,
Filme, der Boxkämpfe Schmelings sowie TV-Produktionen
(*kursive* Seitenangaben verweisen auf Abb.)

Boxkämpfe Schmeling:
- Max Baer 232 ff., *234*
- Michele Bonaglia 226
- Gi psy Daniels 219
- Fernand Delarge 215
- Max Dieckmann 215
- Steve Hamas 234 f.
- Joe Louis 209, 239 ff., *242*, 245 ff., *248f.*
- Willy Louis 213
- Joe Monte 220
- Walter Neusel 235
- Otto Nispel 213
- Jack Sharkey 222 f., *224f.*
- Young Stribling 223, *225*
- Richard Vogt *259*, 262
- Werner Vollmer 260

Bühnenaufführungen:
- »Ball im Savoy« (Operette) 146 f.
- »Brautschau« (L. Thoma) 22
- »Charley's Tante« (siehe auch Filme, Rühmann) 27, 61
- »Der Blaue Boll« (E. Barlach) 161
- »Der Mustergatte« (A. Hopwood, siehe auch Filme, Rühmann) 25 ff., 28, 60
- »Der Postmeister« (A. Puschkin, siehe auch Filme, George) 153, 204
- »Der Urfaust« (J. W. v. Goethe) 204
- »Der zerbrochene Krug« (H. v. Kleist) 174
- »Des Meeres und der Liebe Wellen« (F. Grillparzer) 24
- »Die Affäre Dreyfus« (E. Zola, siehe auch Filme, George) 161
- »Die Csárdásfürstin« (siehe auch Filme, Rökk) 146
- »Die Erwachsenen« 29
- »Die ewige Kette« (E. Kahn) 186
- »Die Räuber« (F. v. Schiller) 159
- »Die Verbrecher« 82
- »Don Carlos« (F. v. Schiller) 186
- »Erster Klasse« (L. Thoma) 22
- »Faust« (J. W. v. Goethe) 20
- »Gelähmte Schwingen« (L. Thoma) 22
- »Götz von Berlichingen«

329

(J. W. v. Goethe) 162f., *164*, 170, *177*, 178, *184*
- »Gräfin Mariza« 146, *148*, 149
- »Heinrich IV.« (W. Shakespeare) 186
- »Hello Dolly« 146
- »Hinkemann« (E. Toller) 161
- »Kabale und Liebe« (F. v. Schiller) 179, 192
- »Mann ist Mann« (B. Brecht) 161
- »Maria Stuart« 20
- »Marquis von Keith« (F. Wedekind) *157*
- »Maske in Blau« 146
- »Mein Freund Harvey« 61
- »Mein Freund Teddy« 25
- »Nachtasyl« (M. Gorki) 161
- »Othello« (W. Shakespeare) 22
- »Platz« (F. v. Unruh) 160
- »Rivalen« 83
- »U-Boot S 4« (G. Weisenborn) 161
- »Wallenstein« (F. v. Schiller) *160*, 169
- »Wallensteins Lager« 73
- »Weh dem, der lügt« (F. Grillparzer) 20
- »Wie werde ich reich und glücklich« 29
- »Wilhelm Tell« (F. v. Schiller) 71, 170

Filme allgemein:
- »Broadway Melody« 129
- »Das Testament des Dr. Mabuse« (F. Lang) 121
- »Der blaue Engel« (J. v. Sternberg; siehe auch Filme, Albers) 280
- »Der Golem« (F. Lang) 75
- »Die große Liebe« 138
- »Die Mörder sind unter uns« (W. Staudte) 146
- »Die vom Rummelplatz« 228
- »Ehe im Schatten« (K. Maetzig) 146
- »Jud Süß« (V. Harlan, siehe auch Filme, George) 80, 133
- »Krieg der Sterne« (G. Lucas) 316
- »Moral und Liebe« (G. Jacoby) 123
- »Nosferatu« (F. W. Murnau) 75
- »Quo vadis« (G. Jacoby) 123
- »SA-Mann Brand« 38, 171, 290
- »Wunschkonzert« (E. v. Borsody) 136f., *137*
- »Ziegfeld Girl« 118

Filme, Albers:
- »Bomben auf Monte Carlo« 96
- »Carl Peters« 88, 91, *101*, 102
- »Das Herz von St. Pauli« 111
- »Der blaue Engel« 68, 83
- »Der Draufgänger« 87
- »Der Mann, der Sherlock Holmes war« 91, 97, 97, 187
- »Der Sieger« 85f.
- »Die Nacht gehört uns« 84, 111
- »F. P. 1 antwortet nicht« 86, 87
- »Flüchtlinge« 86, 88, 90

- »Große Freiheit (Nr. 7)« 69, 105, *107*, 108, 111
- »Hans in allen Gassen« 85
- »Henker, Frauen und Soldaten« 88, 91
- »Inge Larsen« 79
- »Münchhausen« 69, 103 ff., *104*
- »Sergeant Berry« 99, *100*
- »Shiva und der Galgenvogel« 109
- »Trenck, der Pandur« 102
- »Varieté« 93
- »Wasser für Canitoga« *100*, 102

Filme George:
- »Berlin Alexanderplatz« 154, 166
- »Der Postmeister« 190 f., *191*
- »Die Affäre Dreyfus« 165, 166, 180
- »Die Degenhardts« 198
- »Hitlerjunge Quex« 154, 171 ff., *172*, 187, 203, 290
- »Jud Süß« 154, 188 ff., *189*, 203
- »Kolberg« 198 ff., 200,
- »Metropolis« 154, 162 f., *165*,
- »The Big House« (»Menschen hinter Gittern«) 166, *167*
- »Unternehmen Michael« 187, *189*

Filme Riefenstahl:
- »Das blaue Licht« 280 ff., *282*
- »Das Schicksal derer von Habsburg« 279

- »Der große Sprung« 279
- »Der Heilige Berg« 273, 273 ff., 278
- »Der weiße Rausch« 279
- »Die schwarze Fracht« 311 f.
- »Die weiße Hölle von Piz Palü« 110, 279
- Olympia-Film 138, 296 ff., *298f.*, 300 ff.
- »S. O. S. Eisberg« 279, 285, 289, *289*
- »Sieg des Glaubens« 290
- »Stürme über dem Montblanc« 278, 279
- »Tag der Freiheit« 295 f.
- »Tiefland« 278, 305 ff., 307
- »Triumph des Willens« 187, 291 ff., *292f.*, *295*, 303, 308, 316
- »Wege zu Kraft und Schönheit« 272

Filme Rökk:
- »Bühne frei für Marika« 143
- »Das Kuckucksei« 147
- »Der Bettelstudent« 123, 125
- »Die Csárdásfürstin« 123
- »Die Csárdásfürstin« (Remake) 142
- »Die Fledermaus« 147
- »Die Frau meiner Träume« 127, 135, 139 f., *141*, 146
- »Die Nacht vor der Premiere« 143
- »Die Puppe« 142
- »Eine Nacht im Mai« 123, 131
- »Frauen sind doch bessere Diplomaten« 138
- »Fregola« 142

- »Gasparone« 129 ff., *130*
- »Hab mich lieb« 135, 139
- »Hallo, Janine« 131
- »Heißes Blut« 122 f., *123*,
- »Karussell« 129
- »Kind der Donau« 142
- »Kísérterek vonata« (»Geisterzug«) 120 f.
- »Kiss me, Sergeant« 120
- »Kora Terry« 123, 132 f., *132*
- »Leichte Kavallerie« 121 ff., *123*
- »Maske in Blau« 142
- »Mein Mann, das Wirtschaftswunder« 146
- »Nachts im Grünen Kakadu« 142
- »Schloss Königswald« 147
- »Tanz mit dem Kaiser« 138
- »Und du, mein Schatz, fährst mit« 124 f.
- »Why Sailors Leave Home« 129

Filme Rühmann:
- »Berliner Ballade« 60
- »Charley's Tante 61, *61*
- »Das chinesische Wunder« 64
- »Der brave Soldat Schweijk« 61
- »Der Hauptmann von Köpenick« 61, *61*
- »Der Mann, der seinen Mörder sucht« 31
- »Der Mustergatte« 43
- »Die Drei von der Tankstelle« 28 ff., 30, 38
- »Die Feuerzangenbowle« 55 ff., *55*, 187
- »Drei blaue Jungs, ein blondes Mädel« 38
- »Ein Mann geht durch die Wand« 61
- »Einbrecher« 31
- »Es geschah am hellichten Tag« 61
- »Heimkehr ins Glück« 38
- »Ich und die Kaiserin« 36 f., *37*
- »In weiter Ferne, so nah« 63, 65
- »Lauter Lügen« 46
- »Männer müssen verrückt sein« 46
- »Quax, der Bruchpilot« 53, 54
- »Wenn wir alle Engel wären« 41, *41*

Filme Schmeling:
- »Ein Filmstar wird gesucht« 218
- »Liebe im Ring« 217, 218
- »Max Schmelings Sieg – ein deutscher Sieg« 210

TV-Drama »Der Tod des Handlungsreisenden« (A. Miller) 65
TV-Serie »Die Schöngrubers« 147

Abbildungsnachweis

AKG Images, Berlin 14, 55, 87 o., 87 u., 93, 100 o., 107 o., 172, 175 r., 191, 200, 221 l., 276, 286
Archiv Werner Mohr, Berlin 28
Bayerische Staatsbibliothek, München/Hoffmann 137 u., 293 u.
Bildarchiv Preußischer Kulturbesitz, Berlin 243 u.; -/E. Andres 106; -/A. Grimm 238; -/E. Groth-Schmachtenberg 307; -/Press Photo-Dienst Schmidt 160; -/F. Seidenstücker 224 u. Bundesarchiv, Koblenz 85, 95, 98, 116 u., 126, 129, 174, 184 o., 189 o., 193, 195 u., 221 r., 229, 248, 253 o., 253 u., 278, 298
Cinetext, Frankfurt 41, 63 o., 97, 100 u., 104, 132, 137 o., 141, 167 o., 282
Corbis/Bettmann 225 u., 234, 249 o., 249 u., 264, 301
Deutsche Kinemathek – Marlene Dietrich Collection Berlin 68
Deutsche Kinemathek/Sammlung Rühmann, Berlin 23, 35, 45
Getty Images/Hulton Archive 112
Interfoto, München 61 l., 61 r., 123 r., 143, 144, 164, 260
Keystone, Hamburg 269, 311, 316; -/KPA/Zuma 314, 315; -/TopFoto/Alinari 124
Picture Alliance/dpa 62 u., 145 u., 148 o., 148 u., 261; -/ZB-Fotoreport 206
Privat: 18, 47
Stadtmuseum Berlin/Eva Kemlein 59
SV Bilderdienst, München 72, 80, 304; -/AP 62 o.; -/KPA 53 u.; -/Neuwirth 145 o.; -/Scherl 30, 48, 49, 77, 79, 83 o., 83 u., 101 o., 101 u., 123 l., 155, 167 u., 177, 189 u., 195 o. 266, 289, 299 o., 299 u.; -/S.M. 53 o; -/Teutopress 63 u.
Ullstein Bild, Berlin 34, 37, 51, 66, 71, 107 u., 110, 116 o., 117 o., 117 u., 120, 130, 152, 157, 165 u., 175 l., 181 o., 181 u., 194, 204, 212, 217 o., 217 u., 224 o., 225 o., 242 o., 243 o., 251, 259, 272, 273, 292, 293 o., 295; -/AP 242 u.; -/Granger Collection 208; -/KPA 165 o.; -/M. Machon 214, 215; -/R. Viollet 309; -/SV Bilderdienst 184 u.